Garrelt Riepelmeier: ***Das konnte ja keiner ahnen!***

GARRELT RIEPELMEIER

Das konnte ja keiner ahnen!

EIN BUCH ÜBER DIE BAND

ROCKMUSIK FÜR KINDER

REGIONALIA
VERLAG

ATLAS

Ein riesiger Erfolg war unser Konzert am 24. Januar 2016 im Berliner *Columbia Theater* — die Hauptstadt gehörte uns: den Herren Riepelmeier, Keller, Vahle und Jürgen! Stephan Röcken nutzte die Gelegenheit und machte neben diesem Foto zahlreiche tolle Aufnahmen für das Video zu *Randale Rock'n'Roll* und fuhr dafür innerhalb eines Tages rund 800 Kilometer von und nach Bielefeld.

SR

Oh, wie schön dieses Trommlerleben doch meistens ist. Und wie traurig, dass zwei alte Begleiter nicht mehr dabei sein können.

Andreas Hoberg und Norbert Wilke — für euch.

Inhalt

ROCKMUSIK FÜR KINDER
SEIT 2004

Ein Vorwort – nicht so lang wie von Erich Kästner, aber immerhin

Mensch – ich bin total aufgeregt! Kennt ihr das? Wenn ich eine neue Idee habe oder etwas Neues ausprobieren möchte, dann werde ich total zappelig und will das sofort machen. Oft geht das gar nicht direkt, weil ich anderes tun muss oder soll. Aber gestern Abend habe ich mich endgültig entschieden: Ich schreibe ein Buch über *Randale*! Genau, über diese Band, die mein Leben schon seit so vielen Jahren enorm prägt.

Also, ich habe schon mal ein Buch geschrieben, sogar mehrere. Da stand zwar nur Eisenbahnquatsch drin, aber die waren trotzdem alle super. Doch das hier, das wird ganz neu und anders und voll total aufregend. Ich glaub, ich fass es nicht!

Gestern Abend, am 29. September 2020, da wurde ich immer nervösestericher. Und dann war mir plötzlich klar: Ich muss jetzt sofort dieses Buch schreiben, das geht gar nicht anders, das halte ich sonst gar nicht aus, ich kann einfach nicht länger warten! Dann rasten immer mehr Gedanken durch meinen Kopf, obwohl es schon so spät war. Da habe ich erst mal einige alte Papierfotos aus meinem Archiv gesucht, die werde ich nachher einscannen und beschriften und sortieren. Und ich wurde gar nicht müde. Da habe ich mir einen Zettel und einen Stift mit ins Bett genommen und ganz viele Ideen aufgeschrieben. Um mich abzulenken, habe ich dann noch einen Krimi gelesen und bin erst gegen Mitternacht eingeschlafen – und war um sechs Uhr schon wieder wach. Und total rappelig in der Birne. Denn mir war klar: Jetzt, es muss jetzt sofort losgehen. Da bin ich aufgestanden, habe den Computer angestellt, Pipi gemacht und die Hände gewaschen, natürlich! Aber ich hatte nicht mal Zeit, mir einen Tee zu machen, so aufgeregt war ich! Total verrückt, oder?

Jetzt habe ich also schon mal einige Zeilen geschrieben, und damit geht es mir gleich ein bisschen besser. Aber das reicht nicht, ich bin noch immer total rappelig und will heute schreiben, schreiben, schreiben. Wahnsinn. Vorher schmiere ich noch einige Butterbrote für die drei Damen meiner Familie, damit die in der Schule und bei der Arbeit nicht verhungern. Und dann mache ich mir endlich den Tee und schreibe gleich weiter, juchu! Dabei trinke ich noch mehr Tee. Und stelle vielleicht noch eine Waschmaschine an. Und hänge die Wäsche auf. Aber nur in den Pausen.

Ach ja, fast vergessen: Ich bin Garrelt, der Trommler von *Randale*, nur damit ihr gleich wisst, mit wem ihr es hier zu tun habt. Trommeln ist wahrscheinlich so ziemlich absolut fast das Allerbeste, was man im Leben machen kann. Tatsache. Dazu erzähle ich später noch mehr. Und natürlich zu den anderen dreien in der Band und den ganz vielen Menschen, die mit uns bis hierher diese spannende Zeit erlebt haben.

Na ja, jetzt erst einmal die Butterbrote. Und die Äpfelchen. Und die Wasserflaschen. Doch dann geht es gleich weiter, schnallt euch schon mal an. Echt, das ist ja nicht zum Aushalten, für mich zumindest.

Zeitsprung 17. April 2024: Und dann hat es alles doch viel länger gedauert, als ich das zunächst gedacht hatte, aber seht selbst …

Ein Besuch im *Tierpark Sababurg* ohne Waffel am Stiel? Das geht auf gar keinen Fall! Der Meinung war am 14. Oktober 2023 nicht nur der aufgeregte Autor, sondern auch Fototochter Aki.

2004

Alles nur wegen Lina!

Wie Jochen aus Genervtheit eine neue Band gründet und wir nicht richtig über die Regenwürmer nachdenken.

Dass wir mal mehr als nur eine CD aufnehmen und ein paar Konzerte spielen würden und die Band zu unserem (Haupt)Beruf werden sollte – das konnte ja keiner ahnen! Aber wie kam es dazu? Schuld daran ist Jochen, das ist schon mal klar. Eigentlich aber sogar seine Tochter Lina, also die beiden zusammen, die sind schuld. So, dann wäre auch das also schon mal geklärt. Aber was war genau passiert?

Als Lina klein war, hat Jochen ganz viel mit ihr gespielt und natürlich auch Musik gehört. Aber die Kindermusik, die hat ihn oft genervt, die war ihm zu seicht oder zu langweilig. Denn er hatte ja sein Leben lang selbst Rockmusik gemacht. Und eigentlich wollte er längst mal eine Band gründen, die Lieder von den *Beatles* als Punkmusik spielt, also total schnell und wild. Doch dann passierte etwas, woran er zunächst gar nicht gedacht hatte: Durch Zufall merkte er, dass Lina im Alter von drei Jahren auch die Musik gut fand, die er selbst mochte. Das waren zum Beispiel *Die Ärzte* oder die *Ramones*. Und da dachte er sich: »Hm, vielleicht könnte man ja auch solche Lieder schreiben, bei denen die Musik eher wild ist und die Texte eher für Kinder sind …« Wichtig war aber, dass auch die Eltern die Musik gut finden würden, denn denen sollte es ja nicht genauso gehen wie Jochen.

Das sind sie, Lina und Jochen, bei unserem Konzert am 13. Januar 2013 im *Heimathafen Neukölln*. Die beiden haben das alles hier im Prinzip ausgeheckt und hätten sich gar nicht träumen lassen, wo die Reise hingehen und wie lang sie werden würde …

Allein Musik zu machen ist oft nicht so lustig, vor allem bei Rockmusik. Also braucht man Leute, die da mitmachen. Und wen hat man am liebsten dabei? Freunde natürlich! In einer seiner früheren Bands hatte Jochen schon ganz viel mit Marc zusammengespielt, den fragte er als Erstes. Marc wollte – und zack, schon hatte Jochen einen Gitarristen für seine neue Band. Dann fragte er mich. Wir hatten zwar noch nie wirklich zusammen Musik gemacht, kannten uns aber auch schon viele Jahre. Und ich sagte ebenfalls »Jau!«, und damit gab es auch einen Trommler. Aber es fehlte noch ein Bassist. Da passte es total gut, dass ich in verschiedenen Bands schon ganz viele Konzerte mit Christian gespielt hatte, den fand ich super und der sollte unbedingt mitmachen. Wir nannten ihn schon damals Kritze, weil er sich früher selbst so genannt hat. Kaum zu glauben: Der wollte auch dabei sein, und so waren wir komplett!

Und was braucht eine Band, vielleicht sogar als Erstes und spätestens, wenn sie ein Konzert spielen will? Einen Namen, na klar. Deswegen haben wir uns an einem Frühlingstag (ich glaube, zumindest, dass es Frühling war) im Jahr 2004 im Birnensaftgarten der Gaststätte *Stolander* getroffen, um unter dem schönen Bielefelder Himmel zusammen etwas zu trinken, zu Abend zu essen und das Projekt weiter zu planen. Jeder warf irgendwelche Namen in die Runde. Manche waren lustig, manche eher doof, und wir wissen nicht ganz genau, wer neben vielen anderen Vorschlägen schließlich auf *Randale* kam. Ich zumindest meine, dass es Kritze war.

Randale. Wir waren uns erst nicht sicher, ob das nicht zu übel klingt, so nach Ärger und Stress. Aber dann fanden wir es doch alle super, weil in dem Wort ja auch Krach und Wildheit drinstecken und die stecken ja auch in den meisten Kindern drin. Das passte dann doch ganz gut. So hatten wir also schon mal einen Namen. Was fehlte jetzt noch? Lieder natürlich. Und Konzerte. Jochen hatte dazu gleich eine Idee: In Bielefeld gibt es den großartigen *Heimat-Tierpark Olderdissen* (aber alle sagen nur »Ollerdissen«, das macht man in Ostwestfalen so). In dem Tierpark gab es einen kleinen Kiosk, und da konnte man Becher und Teller und Bücher kaufen, auf denen ganz tolle Tierzeichnungen drauf waren. Und als er bei einem Besuch mit Lina in Olderdissen sah, wie ein neues Buch über den Tierpark in großen Mengen ›von der Palette weg‹ verkauft wurde, da dachte er sich: »Man könnte ja mal eine CD mit Tierliedern aufnehmen, vielleicht verkauft die sich dann auch so gut …« Das war eine super Idee, denn: Kinder lieben Tiere (und Tierlieder) — das weiß doch jedes Kind!

Also schrieb Jochen einige Texte über Tiere, und dazu sollten einige Lieder kommen, die schon jede/r kennt, Klassiker also. All das kombinierten wir dann mit verschiedenen Musikstilen, die wir super fanden oder schon immer mal ausprobieren wollten. Große Klasse war, dass die Leute vom Tierpark uns erlaubten, auch die Zeichnungen von ihren Tellern und so weiter zu verwenden. Dadurch entstand der Kontakt zum Grafiker Peter Zickermann (Peter Z), der diese Zeichnungen angefertigt hatte. Er begleitet uns also praktisch von Anfang an und hat sich im Laufe der Jahre noch viel mehr Zeichnungen zu unseren Liedern einfallen lassen. Ein toller Typ ist das, der kann nicht nur Tierzeichnungen anfertigen, nee, nee — der kann auch anders! Zum Beispiel hat er dieses ganze Buch hier genau so zusammengebaut, dass es exakt so aussieht, wie es das tut. Wahnsinn!

Noch bevor es *Randale* gab, hatte Peter Zickermann eine ganze Reihe von Zeichnungen für den *Heimat-Tierpark Olderdissen* angefertigt. Jochen sah die und fand sie so toll, dass er sie auch für unsere erste CD haben wollte, und weil der Tierpark das erlaubte, hat die sich auch so gut verkauft.

Aber um das mal gleich klarzustellen: Wir arbeiten ja wohl nur mit total super tollen Typen und Typinnen zusammen! Und da gibt es noch einen, der von vornherein mit dabei war. Das ist Erhard Kanicki, den kannten wir schon lange, denn Jochen und ich hatten mit anderen Bands bereits Aufnahmen in seinem *Traveller Studio* gemacht. Das war zunächst an zwei verschiedenen Plätzen in Bad Oeynhausen, also nicht so weit weg von Bielefeld, wo wir alle wohnen. Dann zog Erhard mit seinem Studio kurz vor der Jahrtausendwende nach Künsebeck — das liegt noch näher an Bielefeld — und genau da, in seinem großen Keller mit vielen Räumen, nahmen wir im August 2004 unsere erste CD *Tierparklieder aus Olderdissen* auf. Und seitdem hat Erhard einfach mal all unsere CDs aufgenommen, gemischt, gemastert und uns immer wieder Tipps zu allen möglichen Dingen gegeben, dazu aber später noch mehr.

Vorher hatten wir die Lieder im Proberaum ausgearbeitet und gingen dann ziemlich schnell ins Studio. Als ich meinen alten Kalender aus dem Jahr 2004 durchforstete, stand da für den 8. Juli »19:45 Ollerdissen-Probe«. Das dürfte die allererste Probe gewesen sein — an einem Donnerstag. Und wenn mein Kalender nicht lügt, dann haben wir auch an den drei folgenden Donnerstagen sowie am 16. und 17. August (montags und dienstags jeweils um 18:00 Uhr — was sollte das denn?!) geprobt.

Jedenfalls waren wir alle ziemlich aufgeregt, denn ins Studio zu gehen ist immer aufregend. Da nimmt man Lieder auf, und wenn die aufgenommen und gemischt und auf CDs gepresst sind, dann sind die so wie sie sind und man kann nichts mehr daran ändern. Deswegen will man das dann meistens auch möglichst gut machen. Das ist so wie bei einer Klassenarbeit in der Schule, wenn da unbedingt eine gute Note herauskommen soll.

Wir begannen also am 19. August 2004 um 18:00 Uhr mit dem Aufbau und nahmen ab dem Tag darauf über das Wochenende insgesamt 16 Lieder auf. Sieben davon hatten wir selbst komponiert. Einen Tag davor passierte etwas, das für uns alle ganz neu war und das uns richtig nervös machte: Wir spielten am Nachmittag des 18. August im Tierpark Olderdissen unser allererstes Konzert vor Kindern (und ihren Eltern). Na klar, jeder von uns hatte schon viele, viele Konzerte vor Erwachsenen gespielt, das kannten wir ja. Erwachsene zeigen einem meistens, ob sie etwas gut oder nicht gut finden, oft sind sie aber auch höflich und wollen es nicht so direkt sagen, wenn es ihnen nicht gefällt. Bei Kindern ist das aber ganz anders, die zeigen sofort, ob sie etwas toll und spannend finden oder ob es sie unheimlich langweilt. Deswegen waren wir ja so nervös. Wir hatten keine Vorstellung, wie das sein würde, ob die Kinder unsere Lieder überhaupt mögen würden. Weil wir so unsicher waren, versuchten wir ganz leise zu spielen und hatten außer den Gesangsmikrofonen nur einen E-Bass, ein ganz kleines Schlagzeug und eine Akustikgitarre dabei. Außerdem waren Notenständer für die Texte und Leadsheets (mehr dazu ab Seite 80) im Spiel, weil wir das Material noch gar nicht genug kannten. Sagen wir mal so: Das war ganz okay, aber ein Riesenerfolg sieht anders aus ... Dennoch: Wir hatten genug Mut, um weiterzumachen.

Die CD wurde im Herbst fertiggestellt, und deswegen stellten wir sie am 7. November im Bielefelder *Zweischlingen* und am 12. Dezember auf dem Weihnachtsmarkt bei *Radio Bielefeld* mit zwei weiteren Konzerten vor. Eigentlich wollten wir die CD erst so richtig zum Weihnachtsgeschäft herausbringen, aber dann musste es doch schneller gehen. Warum? Weil Jochen einer unserer Tageszeitungen, der *Neuen Westfälischen*, ein Interview gegeben hatte. Und weil die das Thema ›Rockmusik für Kinder aus Bielefeld‹ so spannend fanden, veröffentlichtn die den Artikel einfach zwei Wochen früher als wir das gedacht hatten. So sind die Leute von der Presse eben: Die verraten einfach unheimlich gern Geheimnisse! Deswegen musste auch die CD früher in den Verkauf, weil plötzlich ganz viele Menschen sie haben wollten. Dabei hatten wir gar nicht ahnen können, wie groß der Erfolg sein würde. Jochen gerät heute noch in Verzückung, wenn er erzählt, dass er Heiligmorgen 2004 um sieben Uhr losfahren musste, um weitere CDs in die Läden zu bringen, damit dort noch genügend ›Aufdenletztendrückergeschenke‹ vorhanden waren. Und weil die erste Auflage so schnell ausverkauft war, mussten wir gleich eine zweite nachlegen.

Das Bielefelder *Zweischlingen* gehört bis heute zu unseren absoluten Lieblingshäusern. Genauso geht es uns mit dessen Chefin Esha – sie ist eine unserer absoluten Lieblingschefinnen!

Die *Tierparklieder aus Olderdissen* ist übrigens bis heute unsere am meisten verkaufte CD – einfach, weil alle Leute Tiere und den Tierpark lieben. Die CD ist sogar in zwei verschiedenen Ausführungen erschienen: Bei der zweiten Auflage fehlen nämlich die Lieder *Murmelska*, *Murmelrock* und *Murmelfunk*. Das sind Interpretationen von *Hört ihr die Regenwürmer husten?*, und wir dachten, das Lied ist Gemeingut und das darf jeder aufnehmen. Ha, Pustekuchen! Was wir nämlich nicht wussten: Das Lied ist eine deutsche Version des englischen Originals *Get me to the church in time* aus dem Musical *My Fair Lady*. An dem Lied haben aber andere Leute die Urheber- und Verwertungsrechte. Das heißt, die dürfen zum Beispiel bestimmen, ob und wie und von wem das aufgenommen und veröffentlicht werden darf. Und wenn die das nicht erlauben und man es trotzdem macht, dann kann es ganz schön Ärger geben. Die erfuhren dann auch von unseren Versionen und meldeten sich bei Jochen. Und sie sagten: »Wenn wir wollten, dann könnten wir euch jetzt eure Gitarren und die Wohnzimmerschränke und die Playmobilsammlung wegnehmen – so teuer wäre das! Das wollen wir nicht wirklich, aber ihr müsst uns versprechen, dass ihr die Lieder in Zukunft nicht weiter auf CD verkauft.« Da waren wir ganz froh und versprachen das hoch und heilig, und daran halten wir uns bis heute. Und deswegen ist die erste Auflage der CD heute noch besonderer als die zweite.

Jedenfalls motivierte uns der Erfolg unheimlich, weitere Taten anzugehen. Und da passte es super, dass Jochen schon 1994 mit seinem Kumpel Tommy Kummerfeldt die Firma *NewTone Musik- und Kulturmanagement* gegründet hatte und sich daher schon bestens damit auskannte, wie man Konzerte und alle möglichen anderen Dinge organisiert.

Das Cover unseres Debut-Albums war sehr eng an die Merchandise-Kollektion des Tierparks angelehnt und bewirkte den reißenden Absatz der Erstauflage. Überhaupt: Dass es so gut lief, war nicht zuletzt Jochens *NewTone*-Partner Tommy Kummerfeldt zu verdanken, der von Anfang an hinter dem ganzen Projekt stand und auch gleich für angemessene Gagen sorgte.

Mit unserer soeben fertiggestellten ersten CD und einem geradezu winzigen Verkaufsstand wagte sich Jochen am 24. Oktober 2004 – einem Sonntag – erneut in den *Tierpark Olderdissen*, um das ofenfrische Produkt unter die Leute zu bringen – und es funktionierte.

Wer schießt schneller als sein eigener Schatten? *Lucky Luke* natürlich! Und wer zeichnet so schnell, dass die Tinte gefriert, bevor sie das Papier erreicht? Wenn ihr irgendwo einer in die Luft gemalten Laus begegnen solltet, dann wisst ihr: Peter Z was here!

Im August 2004 war der technische Stand der Digitalfotografie noch Lichtjahre vom heutigen entfernt, und erschwingliche Kameramodelle boten etwa acht Pixel pro Bild ... Egal, was sind wir froh, dass Catharina Hillebrand uns damals bei der ersten Session in Erhard Kanickis *Traveller Studio* in Künsebeck ablichtete!

CH

Im Vergleich zu späteren Jahren war alles noch bescheiden: Wir begnügten uns mit Akustikgitarren, aßen brav Äpfelchen statt gebratenem Auerochsen am Spieß und waren entsprechend schlanker. Times go by …

Unser allererstes Konzert überhaupt fand am 18. August 2004 im *Tierpark Olderdissen* statt – was waren wir nervös! Manch einer musste seinen Beitrag noch vom Blatt abspielen, aber das Publikum war gnädig mit uns.

Am 7. November 2004 fand unser zweites Konzert im Bielefelder *Zweischlingen* statt, und mit Frederik Kopp hatten wir einen Gasttrommler für die *Waschbärtrommel* und *Hört ihr die Murmeltiere husten* mit dabei.

Da wir es mit weiteren Konzerten versuchen wollten, mussten natürlich Pressefotos her. Die ersten Aufnahmen machte Pit Wehowsky am 30. Oktober 2004 in seinem Studio in der Viktoriastraße, das später sogar zur *Randale*-Zentrale werden sollte.

Beste Freunde – unsere Instrumente

Wieso eine klassische Viererbesetzung die beste und wer der heimliche Chef ist.

Von der Besetzung her sind wir eine klassische Rockband mit Gesang, Gitarre, Bass und Schlagzeug. Das hat schon bei ganz großen Bands der Rockgeschichte bestens funktioniert, zum Beispiel bei *Led Zeppelin*, *Kiss* oder *Queen* (na gut, manchmal waren auch Tasteninstrumente mit im Spiel) — eure Großeltern wissen noch, wer das jeweils war. Na ja, und deswegen funktioniert es bei uns auch ganz wunderbar. Jeder weiß in der Regel, was er zu tun hat (es sei denn, er hat den Text, die Akkorde, das Tempo oder gleich den ganzen Song vergessen). Bei den Konzerten singen Marc und Kritze auch noch ein wenig mit, ich traue mich das aber nicht. Außerdem muss ich immer dafür sorgen, dass die Jungs schön in der Tempo-Spur bleiben, und versuche sie durch die Songs zu manövrieren. Das ist nämlich eine der Hauptaufgaben beim Schlagzeugspielen. Und daher ist der Schlagzeuger der heimliche Chef der Kapelle, immer und überall. Lass die anderen doch glauben und erzählen, was sie wollen …

Beim Musikmachen ist es mit den Leuten genauso wie mit den Instrumenten: Manchmal braucht es einfach eine längere Suche, bis klar ist, wer zu einem passt. Wie wir zu unseren Instrumenten kamen, das können wir am besten jeder selbst erzählen. Und weil ich hier das Buch schreibe, während die anderen mal wieder vom nächsten Urlaub träumen oder Erdnussflips futtern, darf ich auch anfangen. Also, das war so:

Achtung — heimlicher Chef einer jeden Kapelle ist der Trommler, immer und überall!

Mein bester Trommelfreund Norbert sagte einmal: »Weißt du was, Herr Riepelmeier? Trommeln macht einfach Spaß!« Welch kühne Natur wollte es wagen, ihm da zu widersprechen?!

Garrelt und das Schlagzeug

Wie es nach der Stempelchen-Zeit und dank Hilfe eines Schotten zögerlich dem Hauptberuf entgegengeht.

Aufgewachsen bin ich in Gohfeld, das gehört zu Löhne, aber mit Telefonvorwahl von Bad Oeynhausen – verrückt! In Bad Oeynhausen wurde ich übrigens 1969 auch geboren – das war im letzten Jahrtausend! –, in der *Privatklinik Dr. Strempel* in der Roonstraße. Und meine Schulbus-Haltestelle hieß lustigerweise *Jöllenbeck*, so wie der heutige Ortsteil von Bielefeld. Damals hatten wir noch einen richtigen eigenen Bahnhof in Gohfeld. Von dem aus fuhr ich im Mai 1983 mit meinem Bruder Jörn in die große Stadt nach Bielefeld, weil ich mir vom Konfirmationsgeld unbedingt bei *Drechslers Modelleisenbahnen* in der Rathausstraße 3 meine damalige Lieblingslokomotive (eine *Köf II* von *Horst Günther Modellbau* aus Veringenstadt, das liegt in Baden-Württemberg) kaufen wollte. Das hatte auch alles ganz wunderbar geklappt – aber was wollte ich jetzt noch mal erzählen …? Ach ja, die Musik. In meiner Straße gab es zwei gleich alte Nachbarskinder, Andrea und Markus. Die hatten irgendwann Blockflötenunterricht bekommen, und als meine Eltern das erfuhren, dachten die, dass das vielleicht auch für mich gut wäre. War es aber nicht. Ich habe nämlich nicht geübt und konnte dann die Stücke auch nicht vorspielen und musste deswegen im Unterricht auch einmal weinen, weil das so peinlich war. Aber ich hatte schon mal was fürs Leben gelernt, nämlich dass die Blockflöte überhaupt nicht mein Ding ist und mir in Zukunft gefälligst mal ganz schön gern gestohlen bleiben kann. Danach hatte ich ein wenig musikalische Früherziehung an der *Jugendmusikschule der Stadt Löhne*. Das war schon besser. Da verstand ich zwar auch fast nichts, aber wenn man im Gruppenunterricht die Aufgaben erledigt hatte, gab es immer lustige Stempelchen ins Heft, die sahen sehr gut aus. Als die Stempelchen-Zeit vorbei war, meinten meine Eltern und die Schulleitung, dass ich es mal mit einem ›richtigen‹ Instrument versuchen sollte. Und dann wurden mir verschiedene Geräte gezeigt, die in einer Kammer aufbewahrt wurden: Akustikgitarre, Trompete, Akkordeon und so weiter. Die fand ich aber alle doof und hatte eigentlich überhaupt keine Lust weiterzumachen. Aber die Erwachsenen ließen nicht locker, und damit die endlich Ruhe gaben, sagte ich: »Na gut, dann will ich eben Schlagzeug spielen.« Da wussten wir alle noch gar nicht, worauf wir uns eingelassen hatten, vor allem meine Familie. Denn die ruhigen Zeiten, die waren in der Gohfelder Wacholderstraße sowohl bei uns im Haus als auch bei einer ganzen Reihe von Nachbarn für die nächsten zehn Jahre erst einmal vorbei …

Wusstest du, …

dass *Gohfeld* vom 15. Oktober 1902 bis zum 1. Juni 1991 einen eigenen Personenzughalt hatte?

Meine erste bewusste Begegnung mit einem Schlagzeug hatte 1978 in einem Keller der Jugendmusikschule stattgefunden, als ich von außen durchs Fenster geschaut hatte. Und das muss dann wohl doch (fast) so etwas wie Liebe auf den ersten Blick gewesen sein. Also bekam ich Schlagzeugunterricht bei Ronald Mott. Der war Schotte – also so eine Art Engländer – und ein lustiger Typ. Er konnte mit seinen bunten Trommelstöcken aus Aluminium ganz wunderbar perlende Trommelwirbel auf der Fensterbank spielen. Und Klavier und Klarinette konnte er auch. Und als ich in Löhne aufs Gymnasium kam, leitete er dort auch das Schulorchester. Das war aber gar kein richtiges Orchester, sondern genaugenommen nur ein Haufen Quatsch: Blockflöten (da waren sie wieder!) und Akkordeons, garniert mit Klavier, Akustikgitarren und Schlagzeug. Weil das mit den verfluchten Blockflöten und Akkordeons nur schwer auszuhalten war, gründeten mein Freund Christoph (der spielte Gitarre) und ich zusammen mit Jens (der spielte auch Gitarre, musste dann aber auf Befehl von Christoph Bass lernen, das war wahrscheinlich der beste Befehl, den Christoph je gegeben hat!), Klaus an der zweiten Gitarre und Roger am Klavier unsere erste Band *Prisma*.

Mr. Ronald Mott from Scotland war mein erster Schlagzeuglehrer. Er liebte Pfefferminzpastillen und Einstecktücher, fuhr einen *Renault 16* und konnte herrlich perlende Wirbel auf die Fensterbank zaubern.

Mit der Band spielten wir auf Schul- und Straßenfesten, und das war jedenfalls schon mal 'ne ganze Ecke cooler als der Quatschhaufen.

Der Leiter der Musikschule in Löhne, Gerd Sowa, der machte damals für uns vieles möglich: Er gründete eine Big Band und organisierte 1987 und 1989 sogar Rock-Workshops mit Profi-Musikern. Da durfte auch ich mitmachen, und später hatte ich noch bei verschiedenen andere Menschen Unterricht. So auch bei Norbert Wilke aus Herford. Der wurde bald mein bester Trommelfreund und half mir sehr weiter. Er lebt leider nicht mehr, aber mein bester Trommelfreund wird er immer bleiben. Und je länger ich dabeiblieb, umso besser fand ich das Schlagzeugspielen. Im Laufe der Jahre habe ich in vielen Bands spielen können, meistens im Rock-Bereich und ab 1990 auch in Bielefeld.

Meine erste CD konnte ich im Januar 1994 mit *How come hysteria* aufnehmen. What a band! And what a cover by Gio Löwe!

Viele waren wirklich toll, manche aber auch doof oder nur anstrengend, so wie das sonstige Leben eben auch. Ganz wichtig war auch meine erste ›richtige‹ Band *How come hysteria*. In der konnte ich mit Uli an der Gitarre (er ist seit über 30 Jahren mein bester Musikfreund und überhaupt, juchu!), Casey am Gesang (er kommt auch aus Löhne, und das sagt ja wohl alles!) und (nacheinander) Jens, Peer und Bert am Bass Musik machen. Das war enorm wichtig für mich. Fast 16 Jahre habe ich in Bielefeld sogar selbst an der großartigen Musikschule *POW!* unterrichten dürfen. Aber vor allem durch *Randale* wurde die Musik dann nach langem Zögern doch noch zu meinem Hauptberuf, und das ist ein ganz großes Glück.

Noch heute ist es so, dass ich mich bei jedem Konzert mindestens einmal ganz stolz vor mein Schlagzeug stelle, um es mir anzuschauen. Und dann finde ich immer, dass es das schönste Schlagzeug auf der ganzen Welt ist. Ich bin einfach total darin verliebt! Mein erstes Schlagzeug war von *Sonor*, und die Oberfläche sah aus wie gebürstetes Silber. Überhaupt: Das Auge trommelt mit, und ich stehe total aufs Glitzern. Deswegen sind meine Schlagzeuge (ich habe nämlich genau genommen drei, was für eine Angeberei!) auch alle mit ›sparkle‹, das heißt, es schimmern kleine Silberplättchen unter einer durchsichtigen farbigen Folie durch. Und weil ich meine Schlagzeuge so lieb habe, putze ich die auch regelmäßig, mindestens einmal pro Jahr. Damit die immer möglichst frisch aussehen und das auch dann noch tun, wenn ich noch älter und grauer bin, als ich es jetzt sowieso schon bin.

Das Großartige am Schlagzeug ist, dass es sich ganz nach Belieben aus vielen verschiedenen Elementen zusammenstellen lässt. Im Wesentlichen gibt es zwei Gruppen von Schlaginstrumenten: Trommeln und Becken. Wie viele davon jede Trommlerin und jeder Trommler zum Konzert mitnehmen kann, hängt meist davon ab, wie viel Platz auf der Bühne und im Auto ist …

In der Regel haben die einzelnen Instrumente Namen, die aus dem Englischen kommen. Trommeln sehen aus wie große bunte Dosen und sind aus ganz vielen verschiedenen Teilen zusammengesetzt. Das Wichtigste ist der Kessel. Er besteht meistens aus Holz, es gibt aber auch welche aus Metall oder Kunststoff. Auf den Öffnungen liegen die Felle auf. Die sind schon seit Jahrzehnten meistens aus Kunststoff, aber es gibt auch heute noch Tierfelle für bestimmte Zwecke. Früher gab es sogar nur Felle aus Tierhaut, die war denen vorher in den Schlachtereien über die Ohren gezogen worden. Aua …

Auf den Fellen befinden sich die Spannreifen, und die werden mit den Spannschrauben gehalten, und die laufen wiederum in den Gewindehülsen, und die sitzen dann in den Böckchen, und die sind schließlich mit anderen Schrauben am Kessel befestigt. Da ist eine Menge Metall im Spiel, und überhaupt ist es ganz schön kompliziert. Jedenfalls lassen sich Trommeln über die Spannschrauben stimmen, so dass sie höher oder tiefer klingen.

Wusstest du, …

wie ein *Böckchen* aussieht? Hier ist die berühmte *Imperial Lug* zu sehen, die typisch für die *Supra Phonic Snare* von *Ludwig* ist.

Die wichtigste Trommel ist die Snare, sie ist das Herz des Schlagzeugs und ohne meine Lieblings-Snare hätte ich ganz schlechte Laune und bräuchte gar nicht zum Konzert zu fahren. Deswegen nehme ich die auch immer mit, dann kann ja fast nix schiefgehen. Im Deutschen heißt Snare übrigens so viel wie ›Schnarre‹, denn sie schnarrt, wenn man sie spielt, weil sie auf der Unterseite einen Spiralteppich besitzt. Der besteht aus ganz vielen kleinen gebogenen Metalldrähten und wenn der gegen das untere Fell der Trommel drückt, dann schnarrt sie wie verrückt. Und mit einer gut gestimmten Snare lässt sich vom leisesten Flüstern bis zum lautesten Brüllen alles spielen. Ganz wunderbar.

Die Snare hat auch einen Hebel, mit dem man den Snareteppich abschalten kann, und dann klingt sie so ähnlich wie die anderen Trommeln. Die heißen zum Beispiel Tom-Toms. Manche von ihnen sind an einem Stativ befestigt und andere stehen auf drei eigenen Beinen. Die Bass Drum ist meistens die größte Trommel im Schlagzeug, und somit ist sie für den tiefsten Ton verantwortlich. Anders als die anderen Trommeln liegt sie auf dem Boden, wird dabei mit Füßen von der Seite abgestützt und mit einem Fußpedal gespielt.

Becken sind sehr viel flacher als die Trommeln, und sie bestehen aus Metall. Wenn man von der Seite schaut, sehen sie ungefähr so aus wie leicht gebogene Scheiben oder platt gedrückte Hüte. Anders als die Trommeln lassen sie sich nicht stimmen, aber zum Beispiel mit Tüchern dämpfen, oder man kann kleine Ketten für einen perligen Klang drüber hängen. Es gibt ganz viele verschiedene Becken. Sie sind unterschiedlich groß und dick und haben deshalb auch jeweils einen ganz eigenen Klang. Und auch sie haben Namen, die aus dem Englischen kommen. Die Hi Hat ist am spannendsten, denn sie besteht aus zwei übereinander liegenden Becken, die sowohl mit den Stöcken als auch mit einem Fußpedal gespielt werden können. Dann gibt es noch das Ride für durchgehende (›gerittene‹) Figuren, das Crash für besonders laute oder die kleinen Splash und Bell für eher leisere Akzente. Sehr laut sein kann auch das China, das hat — anders als alle anderen Becken — einen gebörtelten, also einen abgeknickten Rand.

Und dann gibt es noch die große Welt der Percussion, die sich aus unendlich vielen verschiedenen Instrumenten zusammensetzt. Von denen habe ich nur einige, zum Beispiel Cowbells, Shaker, Cabasa, Kastagnetten und Rototoms (das sind ganz flache Trommeln, die fast nur aus einer Art Metallfelge, Spannreifen und Fell bestehen), und auf jedem *Randale*-Album kommen einige von ihnen zum Einsatz.

Die Trommeln und Becken werden auf verschiedenen Stativen befestigt, so lassen sie sich gut spielen und kullern nicht in der Gegend herum. Gespielt wird übrigens mit Trommelstöcken oder sogenannten Besen oder Rods. Da gibt es ganz viele verschiedene, zum Beispiel dünne für leise und dicke für laute Musik. Und Felle gibt es auch in vielen verschiedenen Ausführungen. Was dann noch fehlt, ist ein Hocker, um entspannt sitzen und gleichzeitig alle Hände und Füße bewegen zu können. Ich selbst sitze übrigens sehr tief, weil sich das für mich am besten anfühlt. Andere Leute sitzen wiederum sehr hoch, und ganz wenige brauchen gar keinen Hocker und spielen im Stehen, zum Beispiel *Slim Jim Phantom* von den *Stray Cats* oder *Bela B.* von *Die Ärzte*.

Hatte ich das schon gesagt? Ich liebe meine Instrumente! Wie verrückt. Schon bei meinem ersten Schlagzeug war die Hi Hat von *Paiste*, und weil die mir vom Klang und vom Aussehen unheimlich gut gefielen und das noch immer so ist, habe ich bis heute fast nur Becken von *Paiste* gespielt. Im September 2011 konnte ich mit der Firma sogar einen Werbevertrag abschließen, das nennt man Endorsement (schon wieder Englisch). Das war zwar nur ein kleiner Vertrag, weil ich ja im Vergleich zu den großen Helden der Rockmusik auch nur ein kleines Trommellicht bin, aber ich war trotzdem unheimlich froh und stolz. Jedenfalls ist die Kernbotschaft bei einem Endorsement, dass der Musiker sagt: »Das Instrument ist suuuper!«, und der Hersteller sagt: »Der Musiker ist suuuper!« Und das glauben dann alle, die es lesen. Oder vielleicht auch nicht ... Bereits ein Jahr vor dem *Paiste*-Endorsement hatte ich übrigens eine ähnliche Vereinbarung mit *Agner Drumsticks* abschließen können. Das habe ich Trommelkumpel Jan Hofmann zu verdanken, da er den Kontakt hergestellt hatte.

Rototoms sah ich zum ersten Mal 1984 im *Jump*-Video bei *Alex Van Halen* — und konnte es kaum glauben ...

Und bei den Trommeln? Als ich im Frühjahr 1984 im Fernsehen zum ersten Mal das *Jump*-Video von *Van Halen* sah, da war es um mich geschehen: Der Song war großartig, und der Trommler *Alex Van Halen* hatte vier Bass Drums, auf denen vorn jeweils *Ludwig* draufstand, dazu hatte er Rototoms, eine Menge Becken, und auf der Snare war das Schlagfell schwarz abgeklebt. Und er hatte Feuerlöscher an die Bass Drums montiert. Geht's noch, wie cool war das denn?! Und deshalb ging ich in Löhne sofort ins *Musikhaus Erz* in der Königstraße und fragte: »*Ludwig*, was ist das?!« Dort bekam ich einen Katalog und wusste sofort, dass das die besten Schlagzeuge der Welt sind, zumindest für mich. Durch einen Ferienjob konnte ich mir dann im Sommer 1986 meine erste *Ludwig*-Snare kaufen, eine gebrauchte 6,5" *Black Beauty* in *Super Sensitive*-Ausführung. Später wurden es dann noch mehr Snares und auch ganze Schlagzeuge. Mannmannmann, mehr konnte ich vom Trommlerleben ja wohl nicht verlangen, oder?! Doch: Als ich im April 2012 auch noch mit dem holländischen *Ludwig*-Vertrieb *Fentex* einen Kleinetrommellichtwerbevertrag abschließen konnte, da war ich so froh und stolz, dass ich mir auf der Rückfahrt im Intercity vom Flughafen Amsterdam Schiphol unbedingt ein kleines Belohnungsgetränk im Bordrestaurant kaufen musste. Das war zwar viel zu warm und schmeckte überhaupt nicht, aber das war mir in dem Moment total egal.

»*Ludwig*, was ist das?!« Ganz einfach: die beste Trommelfirma der Welt mit dem schönsten Logo, dem 1969 eingeführten *Blue & Olive Badge*.

Und noch etwas ganz Wichtiges: Musik machen möchte ich, solange ich lebe. Ich will nicht in Rente gehen, ich will trommeln bis zum Schluss, so sieht das nämlich aus. Oder um es mit den Worten meiner geliebten Großtante Änne vom 21. Februar 1996 zu sagen: »Lust und Liebe zum Ding machen Mühe und Arbeit gering!« Dabei hat sie damals scheinbar selbst die alte römische Dichtersocke Publius Ovidius Naso zitiert — was die Sache aber ja keinen Deut schlechter macht.

Oh jeee — hier gibt es viel zu erzählen ... Ihr seht das Proberaum-Set, mit dem auch die *Sandkastenrocker*-CD aufgenommen wurde. Es ist ein *Ludwig Classic Maple*. Alle Becken sind natürlich von *Paiste* aus der *Formula 602 Modern Essentials*- bzw. *Line*-Serie. War das genug Nerd-Quatsch? Nein! Denn die Snare ist eine im August 1983 gebaute *Yamaha Recording SD-970 RA*. Die habe ich mir am 6. August 1992 auf der Rückfahrt aus einem Urlaub in Südfrankreich im Musikhaus *Sandner* in Limburg an der Lahn gekauft, und die ist unheimlich oft umgebaut und mit neuer Folie bezogen worden, und ich liebe sie wie verrückt und ... Na gut, ich hör ja schon auf ... :-(

Des Trommlers Kulturtasche mit allem, was man vor der Übernachtung beim Konzert so braucht.

Es gibt verschiedenste Stöcke für die unterschiedlichsten Zwecke. Am meisten spiele ich mit den beiden unteren Typen: dünnere für leisere und dickere für lautere Musik.

Schlagzeug-Mikrofone, von oben nach unten: *NT5* von *Røde* für Hi Hat und Becken, *SM57* von *Shure* für die Snare, *e 604* von *Sennheiser* für die Toms und *Beta 52A* von *Shure* für die Bass Drum.

Ein Kopfhörer ist bei Studioaufnahmen unerlässlich, auch um gut zum Click spielen zu können.

Das ist ein Snareteppich, er versteckt sich an der Unterseite der wichtigsten Trommel und lässt sie ganz wunderbar schnarren.

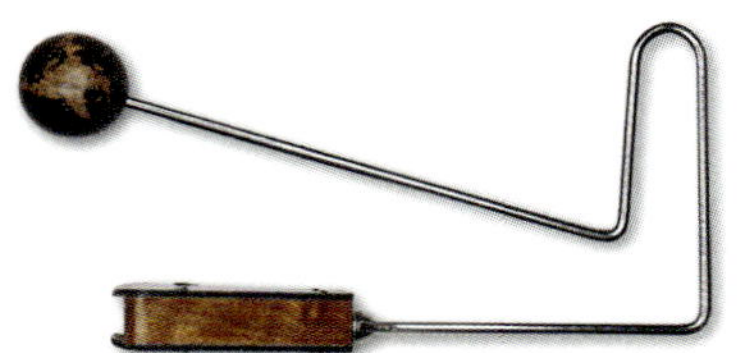

Mit dem Vibraslap lassen sich tolle Rappelgeräusche erzeugen. Außerdem ist er total tierfreundlich, denn er wurde entwickelt, damit die Leute nicht mehr auf Esel-Totenköpfe mit klappernden Zähnen eindreschen mussten. Das ist kein Witz – macht euch mal schlau, was ein Quijada ist …

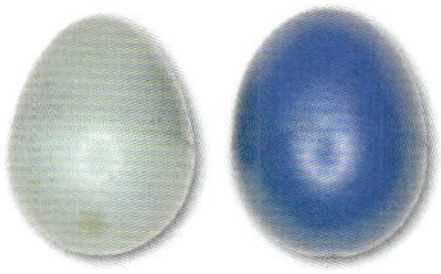

17" Crash

22" Ride

22" China

Geschüttelte Eier – für den kleinen Hunger zwischendurch, aber Pfeffer und Salz nicht vergessen!

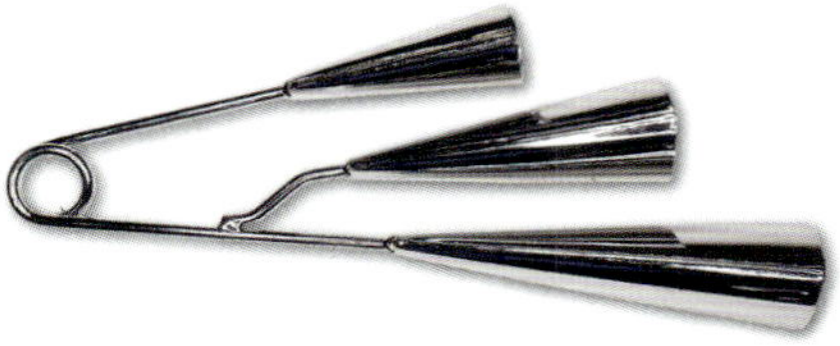

Floor-Tom
16" × 16"

Floor-Tom
18" × 16"

Agogo Bells – besonders beliebt bei Samba tanzenden kleinen dicken Hunden.

Hocker

Bass Drum Pedal

Eine richtige Cowbell – super für Stadion-Rock und Zwergenaufstände.

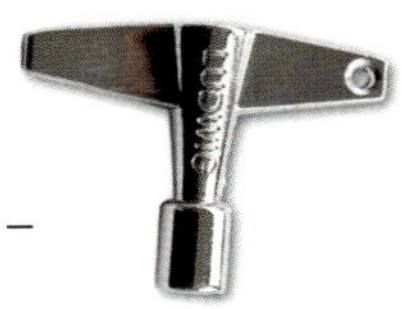

Um eine Trommel zu stimmen, bedarf es eines Stimmschlüssels – hier ein *Ludwig P41*.

Maracas – Mick Jagger vergöttert sie und hat zur Sicherheit immer ein Pärchen dabei.

Bei den Konzerten gibt es im Prinzip nur zwei Aufbauten, entweder kommt das kleine oder – viel lieber – das große Set zum Einsatz. Im Studio sieht das ganz anders aus, weil da alles erlaubt ist, was gefällt.

Hier seht ihr die Classic-Maple-Käpt'n-Wurstsalat-Kiste mit extrem gedämpften Toms, ultratief gestimmter Snare und wurstbekloppten Kombinationen aus zum Teil kaputten Becken im *Watt Matters Studio* (11. Februar 2014).

Am Tag zuvor besaß das Set noch zwei weitere kleine Toms und eine Legacy Snare aus Holz für die Aufnahme von *Omma und Oppa*.

Dasselbe Set reiste am 20. Februar 2015 mit ins Bünder *Universum*, wo es erst bei *Randale* und direkt danach bei meiner zweiten Lieblingsband *Big Balls* zum Einsatz kam.

Bei den *Dornröschen*-Aufnahmen ging es im Theesener Proberaum ganz kompakt zu: Ein winziges Questlove-Set von *Ludwig* mit der wunderbaren Legacy-Snare und den Becken natürlich von *PaistePaistePaiste* waren alles, was ich benötigte (15. Juni 2017).

Wieder ein Classic Maple und wieder im *Watt Matters*, allerdings am 15. November 2018: bereit für *Blitz und Donner* mit 6,5" tiefer Supra Phonic.

Ein Jugendtraum wurde am 22. Januar 2022 im Sprudelstudio wahr: *Simmons*-Pads, *Supra Phonic* und *Paiste*-Mix machten *Samstags Nachmittags Fieber* möglich.

In Würde zu reifen ist nicht immer leicht, gerade als Trommler. Am zarten Anfang der Karriere stand unsere Band *Prisma*: Roger, Christoph, Jens, Klaus und ein Gohfelder im August 1984.

Ebenfalls mit *Prisma* ging es am 12. Juli 1986 auf die *Löhner Rocknacht* in die *Werretalhalle* – eindeutig ein Bewerbungsfoto zum Einstieg bei *Spandau Ballet*!

Derselbe junge Mann am 27. September 1987 beim Konzert des *Jazz Workshop* bei *Ratio* Gohfeld. Viel interessanter als der zarte Oberlippenflaum mutet die Tatsache an, dass neben eine *Ludwig* Super Sensitive Snare aus gehämmerter Bronze eine *Excalibur* Hi Hat von *Jacques Capelle* zum Einsatz kam!

Mit frischem *Paiste*-Deal in der Tasche und zwecks Bewerbung bei *Ludwig* betrieb Steffi Behrmann am 9. Januar 2012 in ihrem Studio großartige Trommleregopflege.

Anfang Januar 1994 ging es mit *How come hysteria* ins Bad Oeynhausener *Traveller Studio* – nun mit *Tama Lever Glide* Hi Hat.

Bei der schönsten Arbeit der Welt mit *Big Balls* auf dem *Leinewebermarkt* am 31. Mai 2015.

Was ist viel wichtiger als der am 7. März 2022 ebenfalls von Steffi abgelichtete alte Mann? Natürlich das Logo der *Dänischen Staatsbahnen DSB* auf seiner Mütze!

GR

Jochen und der Gesang

Wie ein Tennisschläger und *The Sweet* den Weg zum Glück ebnen.

Sängerinnen und Sänger haben es meistens leicht: Sie brauchen sich nur selbst mitzubringen und schon können sie loslegen. Jochen singt aber nicht nur, er spielt auch ein bisschen Mundharmonika und probiert immer gern etwas Neues aus. So hat er auf Aufnahmen und live schon Mundharmonika, Glockenspiel und Kuhglocken (die hat er angeblich auf dem Flohmarkt gekauft) gespielt. Für *Trompete* auf *Kinderkrachkiste* hat er sich sogar eine Trompete gekauft und das, obwohl er die überhaupt gar nicht spielen konnte, der traut sich was! Und warum hat er das überhaupt gemacht? Er hatte davon geträumt, dass er eine Trompete hätte. Deswegen hat er die gekauft und wollte sie auch ausprobieren, auf der CD und bei Konzerten. Und seitdem ist die Trompete fast immer mit dabei. Wir anderen drei würden jetzt nicht sagen, dass Jochen Trompete spielt, sondern eher, dass er sie immer wieder ausprobiert und eigentlich immer mit demselben Ergebnis ... Manchmal fällt sie ihm auch auseinander, weil er sie nicht richtig zusammengesteckt hat, da haben wir dann immer etwas zu lachen. Aber als er uns ankündigte, dass er sich bald auch noch eine Posaune kaufen wollte – tja, da haben wir uns dann doch richtig Sorgen gemacht. Seitdem schlafen wir nachts nicht mehr so gut, denn wir haben Angst, was ihm noch so einfallen könnte. Vielleicht ein Sousaphon, eine Harfe oder gar eine Kirchenorgel? Den Lkw und die vielen starken Männer und Frauen, die es für deren Transport braucht, die soll er aber dann ja wohl gefälligst von seinem eigenen Taschengeld bezahlen, so! Aber wie ist Jochen eigentlich zur Musik gekommen? Das soll er doch am besten direkt selbst erzählen:

Eine Originalkassette von *Die Rambowskis* – derartige Devotionalien werden heute an der Börse hoch gehandelt und in Hochsicherheitstrakten aufbewahrt.

»Ich bin schon als Fünfjähriger mit einem Tennisschläger als Gitarre und einem Stock als Mikrofon vor den großen Mädchen in unserer Straße rumgehüpft und habe *Ballroom Blitz* von *The Sweet* gesungen. Das fanden die super. Und ich auch. Das mit der Gitarre habe ich aber gar nicht erst angefangen, und meine Mutter meinte, ich solle es mal mit dem Klavier versuchen. Habe ich dann auch. Aber ich war so schrecklich faul und am Instrument untalentiert, dass meine Klavierlehrerin froh war, als ich es schnell wieder aufgegeben habe. Dann war erst mal Pause. Ich fand Musik zwar super, aber Musik machen war lange keine Option.

Dann bin ich 1987 auf eine Jugendbildungsfreizeit nach Radstadt in Österreich gefahren, und mein bester Freund Alex war auch mit dabei. Abends wurden da immer alle möglichen Sachen vorgeführt. Sketche oder Minitheaterstücke und eben auch Lieder. Und da haben Alex und ich einige Songs von unserem damaligen Helden *King Rocko Schamoni* aufgeführt. Unter dem grandiosen Namen *Die Rambowskis* war der Auftritt ein voller Erfolg. Ich hatte Blut geleckt und wollte jetzt mehr.

Ein Jahr später waren *Die Rambowskis* schon wieder Geschichte, aber mit meinen Schulkollegen Peter Keller (der spielt heute bei *Peter Maffay* und ist ungelogen auch der musikalische Leiter von *Tabaluga!*), Oli Paroli und Eudel haben wir dann für den letzten Schultag vor meinem Abitur die *Seltaebs* gegründet. *Seltaebs* ist übrigens rückwärts gelesen *Beatles* (mit einem angehängten ›s‹), aber wir haben fast nie was von den *Beatles* gespielt. Na ja, egal. Auch mit dieser Band (die es übrigens heute noch gibt, wenn auch in anderer Besetzung) haben wir nicht nur das Bielefelder *Kellerbandfestival* gewonnen, sondern auch wirklich viele Konzerte mit nachgespielten Liedern von den *Ramones*, *AC/DC*, *Extrabreit*, *Nena*, *The Clash* oder *Fischer Z* absolviert. Und auch damals galt es, nicht immer nur gut zu spielen, sondern vor allem darum, die Leute zu unterhalten und viel Spaß mit dem Publikum zu haben. Das gilt ja für *Randale* auch immer noch.

Die *Seltaebs* wurden 1988 gegründet und sind Jochens dienstälteste Band. Das Pressefoto von 2012 zeigt sie in der schon seit 1990 bestehenden Besetzung mit Martin Mauntel, Jochen, Florian Altenhein und Oliver Damaschek.

Da ich aber das Problem hatte, dass ich nach Konzerten immer total heiser war, war mir schnell klar, dass ich wohl doch mal fleißig sein musste und wollte Gesangsstunden nehmen. Die halbe Bielefelder Szene an männlichen Sängern hatte damals bei dem ungarischen Opernsänger Béla Perencz Unterricht. Der hatte ein Engagement am Bielefelder Stadttheater und war gleichzeitig als Gesangsdozent an der Bielefelder Hochschule tätig. Ich habe privat Unterricht bei ihm genommen, und das war wirklich gut. Fast sechs Jahre bin ich ein- bis dreimal in der Woche bei ihm (und manchmal auch bei seiner Frau) gewesen, und alles, was ich heute mit meiner Stimme kann, das habe ich bei ihm gelernt. Béla ist heute ein wirklich berühmter Opernsänger und bekannt für seine Wagner-Rollen.

Zwei Jahre später stand ein Einstieg bei den *Thirty Dirty Birdz* an: Carsten Hinze, Daniel Sieker, Jochen Longhair-Vahle und Stephan Eckstein.

Immer nur die Lieder von anderen nachzusingen, war mir irgendwann nicht genug. Bei einem Konzert habe ich dann 1990 die *Thirty Dirty Birdz* gesehen, und weil die einen Sänger suchten, bin ich bei denen eingestiegen. Unser Spruch war: »Die *Thirty Dirty Birdz* kombinieren den Irrwitzfunk der *Red Hot Chili Peppers* mit dem Rasiermessercharme der *Suicidal Tendencies*«. Aha. Das war so richtig Crossover. Wir haben Musik gemacht, die ihr auch heute noch bei *Randale* wiederfinden könnt. *Randale*-Songs wie *Flummi*, *Mamma lauter*, *Kuhglockenrock* oder *Müll* könnten auch alle von den *Thirty Dirty Birdz* sein. Schon damals haben wir mit den *Birdz* alle unsere Studioaufnahmen mit Erhard Kanicki gemacht. So lange kennen wir den jetzt schon. Über 30 Jahre. Wir haben zwei tolle CDs herausgebracht, waren viel auf Tournee und sogar mal die »Gruppe des Monats« im Fachblatt *Musikmagazin*.

Dann wurde auf einmal der Komiker und Musiker *Helge Schneider* total berühmt, und ich wusste sofort: So etwas will ich auch machen. Lustig auf der Bühne sein und viel Quatsch machen. Da habe ich dann Marc Jürgen kennengelernt und mit ihm ein total verrücktes Musikcomedy-Duo gegründet. Mit Keyboard und Gesang haben wir drei CDs herausgebracht und sogar mal beim *Wacken Open Air* und bei *Rock am Ring* und *Rock im Park* auftreten dürfen. Den Namen des Duos verraten wir aber lieber nicht. Das war von Kindermusik nämlich seeeeeeeeeeeehr weit entfernt. Dann gab es die *Thirty Dirty Birdz* nicht mehr und das Comedy Duo auch nicht und nur noch die *Seltaebs* …

Und dann — ja dann haben wir 2004 *Randale* gegründet. Da darf ich singen und eigene Lieder und Texte schreiben, Mundharmonika spielen, sogar Trompete und lustig sein. Alles, was mir Spaß macht, vereint in einer Band. Besser geht es gar nicht. Was für ein Glück!«

Real Wild Child:
Jochen am 14. August 2021 im *Ricklinger Bad* in Hannover.

Wusstest du, …

dass Jochen einen Orden tragen darf? Am 16. Mai 2022 wurde er für seine Leistungen im Bereich Kindermusik vom ***Lions Club International*** mit der ***Medal of Merit*** ausgezeichnet — wenn das kein Grund zum Angeben ist!

Alles, was des Jöllenbecker Quatschmachers Bühnenherz begehrt!

Das wohl wichtigste Utensil ist das Proberaum-Mikrofon, ein *Shure SM48*. Es wurde vom Sänger mit viel Liebe individuell verbeult und besitzt eine ganz eigene Geruchsnote.

Ohne Harleylenker, Schutzbrille und Lederhelm würde es Jochen gar nicht wagen, sich ins Polonaisenpublikum zu stürzen – das wäre nämlich viel zu gefährlich!

Intimer Einblick: In diesem Rumpumpelkoffer versteckt Jochen alles, was er auf der Bühne braucht oder früher mal brauchte – auch vollgerotzte Taschentücher! Er hat sich ganz fest vorgenommen, ihn irgendwann einmal aufzuräumen. Nun gut, vielleicht …

Die Trompete bestellte sich Jochen angeblich nach einem Traum mitten in der Nacht für 69 Euro im Internet. Dann ging er zurück ins Bett, vergaß alles wieder und wunderte sich, als eines Tages ein Paket ins Haus trudelte. Wir glauben ihm die Geschichte fast – und raten ihm seit Jahren schon, besser auf das Schätzchen aufzupassen, weil während der Konzerte immer wieder einzelne Teile abfallen …

Beim Publikum äußerst beliebt ist die in einer Fachwerkstatt in Moby-Dick-Maßen speziell angefertigte Zahnbürste. Sie ist knapp 22 Meter lang. Also, fast …

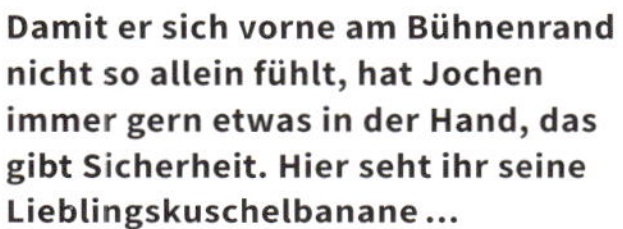
Damit er sich vorne am Bühnenrand nicht so allein fühlt, hat Jochen immer gern etwas in der Hand, das gibt Sicherheit. Hier seht ihr seine Lieblingskuschelbanane …

… und hier die noch flauschigere kleine Bärenfamilie. Die hat bereits viel mitgemacht, denn der Punkpanda verlor beim wilden Gepoge in der Menge schon mal ein Auge, das ihm im Rahmen einer mehrstündigen Operation wieder zurückoperiert werden konnte. Puh!

Und der Reggaebär? Der sagt immer, dass er seit Jahren schon zu alt fürs anstrengende Tourleben ist und dass er am liebsten nur ganz gemütlich in Jochens Büro sitzen und Oreganozigaretten rauchen will. Da man das Alter achten soll, lassen wir ihm seinen Willen.

Kaum zu glauben, wie teuer gestimmte Kuhglocken sein können. Diese hier sollten eigentlich 700 Euro kosten, aber beim Räumungsverkauf eines Musikgeschäfts schlug der Mann für 200 zu und zack – schon konnten wir den *Kuhglockenrock* aufnehmen.

Mit seiner Blues Harp von *Hohner* nervt Jochen uns schon seit … ähhhh … er hat jedenfalls sehr viel Freude beim hingebungsvollen Spielen dieses wunderschönen Instruments!

ALLE FOTOS: GR

Ein Mann und seine vielen Gesichter: Während wir in den ersten Jahren nach der Bandgründung noch alle sehr babyspeckig daherkamen, setzt Jochen schon lange auf den gepflegten Bartwuchs des gereiften Herren. Klar ist aber auch: Der Vogel traut sich was und liebt, was er tut! Egal ob beim Schaschlik-Wettessen im Studio (Künsebeck im September 2005), dem Gang mit dem *Harley*-Lenker ins Publikum (Geislingen am 1. Oktober 2022), beim Singen (Bielefeld am 29. Mai 2016) oder beim Kuhglocken-Gezauber im Proberaum (6. Oktober 2021) bzw. auf der Bühne (Hannover 14. August 2021).

Konzentration bitte: Hochgradig virtuoses *Sonntag*-Glockengespiele (Berlin am 25. Januar 2015) beherrscht der Tausendsassa ebenso wie asketisches Trompetieren, das ihn zum ostwestfälischen Hörnchenhybrid *Till Armstrong* werden lässt (Hannover am 14. August 2021 und Bielefeld am 6. Oktober 2021). Nur in seinem Bemühen um ein Endorsement beim Mundharmonika-Spezialisten *Hohner* erlitt er eine schmerzhafte Bauchlandung. Vielleicht wäre ein anderes Bewerbungsfoto hilfreich gewesen …?

Marc und die Gitarre

Wieso es von der Orgel zur Gitarre geht, Bassisten weinen und Sänger meckern.

»Hallo. Ich bin Marc und ich komme aus Jöllenbeck in Bielefeld. Geboren bin ich aber am 15. Juli 1973 in Werther, das Krankenhaus lag näher. Das war ein Sonntag, und der Nummer-Eins-Hit in den deutschen Charts war *Get Down* von *Gilbert O'Sullivan* – ein Lied, in dem E-Gitarre gespielt wird (könntest du jetzt anmachen und hören)!

In Jöllenbeck habe ich auch mein erstes Instrument gelernt: Orgel. Meine Eltern, Gerd und Marita Jürgen, dachten, dass es wohl gut für mich wäre, ein Instrument zu lernen. Klavier fanden beide gut. Ich war sechs und fand, dass die Kirchenorgel viel lauter und darum auch viel besser ist. Also habe ich Orgel gelernt, mit Händen und Füßen – also mit den Füßen wird der Bass auf der Orgel gespielt und mit den Fingern die hohen Töne. Meine Lehrerin war Frau Klein. Irgendwann wollte die aber nicht mehr, und dann kam Herr Merker. Und die Orgel wurde durch ein Keyboard ersetzt. Da habe ich dann angefangen, Popmusik zu spielen. Mit 13 habe ich dann das erste Mal *Iron Maiden* gehört. Bei Marion, das ist die Schwester meines Freundes Frank. Das fand ich ziemlich cool. Da war aber kein Keyboard dabei … Egal, erst mal weiter Keyboard spielen.

Zwei Jahre später, mit 15 Jahren, war ich dann über Silvester in Holland und habe da eine Band gesehen!!! Mit Gitarre! Rock und Punk! Laut! Das wollte ich auch. Die Band waren die *Seltaebs* aus Bielefeld. Da hat damals schon Jochen gesungen, und Martin hat Gitarre gespielt. Den habe ich dann gefragt, ob er mein Gitarrenlehrer sein will. Wollte er.

Dann ging es zu Papa und Mama, um denen zu sagen, dass ich nicht mehr Keyboard, sondern Gitarre spielen möchte. Papa und Mama haben gesagt: »Okay, aber die Gitarre musst du dir selbst kaufen.« Dann habe ich bei einer Weberei in den Ferien die Maschinen geputzt, um Geld zu verdienen. Davon gab es die erste Gitarre: Ein *Squire Stratocaster* in Schwarz und dazu einen *Dynacord* 30-Watt-Verstärker. Damit konnten wir dann sofort eine Band gründen. Die hieß *Brace A.P.*: Frank (der Bruder von Marion) hat gesungen, Andre spielte Bass, Alexander Schlagzeug und Jan die zweite Gitarre. Es sollte Hardcore-Punk werden und der war es dann auch, wir konnten nämlich alle noch gar nicht spielen. Egal.

Wusstest du, …

dass der Ausdruck *Heavy Metal* im musikalischen Zusammenhang bereits 1968 im Lied *Born to Be Wild* der amerikanischen Band *Steppenwolf* auftauchte?

Das hat sooo viel Spaß gemacht, dass ich aufgehört habe, Handball zu spielen, um mehr Musik machen zu können. Wir haben drei Tage pro Woche geprobt und sind immer besser geworden. Ich habe dann nur noch Punkrock, Hardcore und Heavy Metal gehört. Mein Lieblingslied war damals *I saw your Mommy* von *Suicidal Tendencies*. Vielleicht kannst du da ja jetzt mal reinhören. Mein erster Lieblingsgitarrist war dann natürlich Rocky George. Den hörst du in dem Lied. Mein anderer Immernochlieblingsgitarrist ist Martin von den *Seltaebs*. Mit dem kann ich auch super Grünen Tee trinken und quatschen.

Wenn du gerade Musik hören kannst: Am besten wäre jetzt beim Weiterlesen *Run to the hills* von *Iron Maiden*. Heavy Metal ist toll, aber darum geht es hier ja nicht. Obwohl, irgendwie schon, denn Gitarre ist halt das beste Instrument der Welt … Aber egal.

Garrelt hat gesagt, ich soll hier mal erklären, wie man E-Gitarre spielt. Das ist einfach: Kabel rein, Verstärker anschalten, alles auf 10 drehen (das ist unheimlich laut), den Verzerrer antreten (erkläre ich gleich) und dann ordentlich in die Saiten schrammeln. Fertig. Einfach, oder? Dachte ich auch. Isses aber nicht.

Ohne üben geht es nicht. Mist. Wenn ich das gewusst hätte … Hab ich dann aber gemacht. Es gilt sechs Saiten, die unterschiedlich dick sind, an unterschiedlichen Stellen runterzudrücken, damit die kürzer werden und der Ton dann an der gedrückten Seite höher wird. Wenn alle Saiten an der richtigen Stelle runtergedrückt und die Saiten unterschiedlich lang sind und verschieden schwingen, dann klingt das super!

Dazu muss die Gitarre richtig gestimmt sein, und der Verstärker sollte auch richtig eingestellt sein und noch viel mehr Gedöns … Is doch nicht sooo einfach. Also werden dafür die Finger und Füße benötigt (wie bei der Orgel). Mit den Fingern kann man die Saiten runterdrücken und anschlagen und mit den Füßen natürlich rumspringen beim Spielen, aber auch die Effektgeräte an- und austreten.

Mit den Effekten kann der Sound bzw. Ton verändert werden. Es gibt einen Hall, dann klingt alles wie in einer riesigen Halle, ein Echo (»Wie heißt der Bürgermeister von Wesel?«) und natürlich mehrere Verzerrer. Die Verzerrer machen, dass Gitarren nach Rock, Heavy Metal, Punkrock und Punk klingen. Das ist sehr wichtig. An dieser Stelle wäre es gut, ein neues Lied anzuhören: Ich empfehle *Slayer* mit *Seasons in The Abyss*. Dann versteht ihr beim Hören, warum Gitarre das beste Instrument der Welt ist.

Ein weiterer wichtiger Teil beim E-Gitarre spielen ist der Verstärker. Der muss alt sein und Röhren haben, die glühen. Und groß muss er sein. Sehr groß. Am besten ein Full Stack: Das sind dann zwei Boxen und ein Verstärker obendrauf. Das Full Stack ist im besten Fall größer als die Gitarristen oder Gitarristinnen und vor allen Dingen so laut, dass die Leute am Bass weinen, weil die sich im Proberaum selbst nicht mehr hören können. Sänger weinen nicht, die meckern, wenn es zu laut ist. Garrelt weiß, wovon ich rede.

moews GUITARS

Wegen des Weinens und des Meckerns spiele ich einen kleinen *Fender*-Verstärker auf der Bühne, der ist nicht so groß und auch nicht zu laut. Dazu kommen mehrere Effekte und fast nur noch Gitarren von *Det Moews*. Der baut die Gitarren extra für mich. Det hat mir so eine Art Werbevertrag gegeben: Ich bekomme die Gitarren etwas billiger von ihm, dafür spiele ich die auf der Bühne. Gute Verabredung finde ich. Die letzte Gitarre, die Det mir gebaut hat, ist wieder eine *Stratocaster*. Wie meine erste Gitarre, aber jetzt in Weiß.

Ein Full Stack habe ich aber auch noch: zwei *Marshall*-Boxen und einen *Hiwatt* DR103-Röhrenverstärker. Immer wenn ich schlechte Laune habe oder traurig bin, fahre ich in den Proberaum, stelle das Full Stack, das größer ist als ich, an, drehe sehr weit auf, trete alle Verzerrer auf einmal an und spiele Lieder von *Slayer*, *Iron Maiden*, *Metallica* oder *Suicidal Tendencies*. Manchmal auch Lieder von *Randale*, aber viel lauter und schneller als sonst.

An dieser Stelle solltet ihr ein weiteres Lied hören: zum Abschluss *One* von *Metallica*. Wie ihr jetzt alle schon wisst, ist E-Gitarre das coolste Instrument auf dem Planeten. Ich finde, das kann die geneigte Hörerschaft bei *Metallica* auch so richtig gut hören und fühlen. Gitarre kann ich nicht nur hören, sondern auch fühlen. Das ist das Beste daran. Probiert das doch einfach mal aus. Is gar nicht sooo schwer …«

Tja, so sehen echte Rockstars aus: Marc mit seiner Detmoewsnurfürihnundsonstkeinenstratocaster beim *Summer Breeze* am 19. August 2023. Die coole Sonnenbrille hatte er sich übrigens eine halbe Stunde vorm Konzert für 50 Cent im Kaugummiautomaten gezogen.

Damit das schon mal klar ist: Gitarren haben allerabsolutmeistens sechs Saiten, auch die von Marc. Sehr beruhigend. Außerdem haben sie einen relativ großen Korpus (Körper), der lässt sich in jeder gewünschten Farbe lackieren.

Gitarristen und auch Bassisten benutzen gern Plektren, um damit die Saiten anzuschlagen. Mit ihnen lässt sich lauter spielen als mit den Fingerspitzen, und ganzobercoole Socken haben sogar welche mit eigenem Aufdruck. *Randale*gitarristen zum Beispiel.

Was *Fast Fret* ist? Das ist so eine Art blechdosenversteckte Zahnbürstenzahnpasta für Gitarrensaiten. Damit di immer schön sauber sind und Marc noc flitzeflinker spielen kann. Funktioniert

Akustikgitarren haben einen dicken Resonanzkörper und ein Schallloch, damit sie lauter klingen.

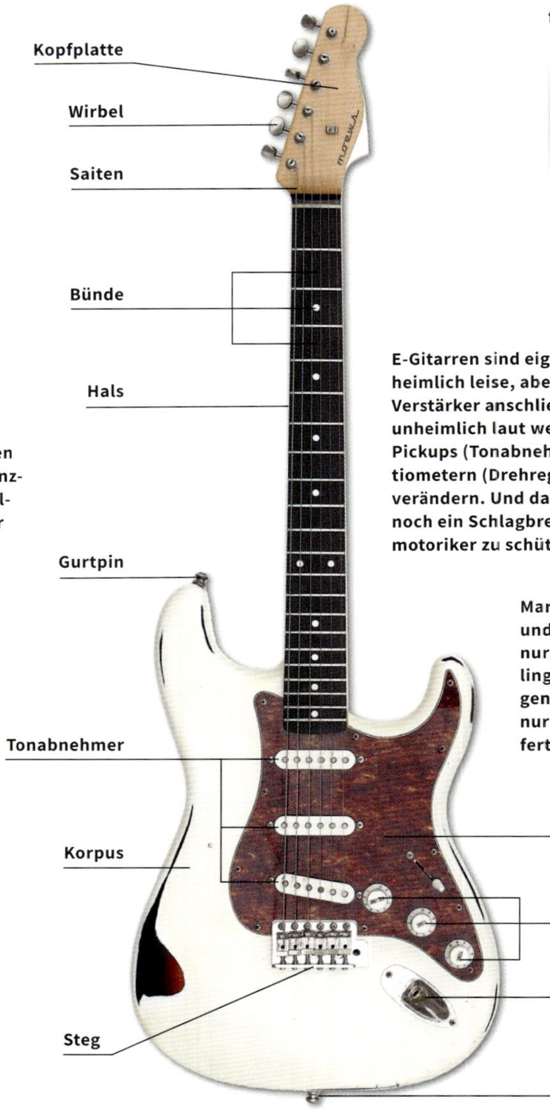

Kopfplatte

Wirbel

Saiten

Bünde

Hals

Gurtpin

Tonabnehmer

Korpus

Steg

Schlagbrett

Potentiometer

Kabelbuchse

Gurtpin

E-Gitarren sind eigentlich erst mal unheimlich leise, aber wenn man sie an einen Verstärker anschließt, dann können sie unheimlich laut werden. Dafür sorgen die Pickups (Tonabnehmer) und mit den Potentiometern (Drehreglern) lässt sich der Klang verändern. Und dann haben alle Gitarren noch ein Schlagbrett – um sie gegen Grobmotoriker zu schützen …

Marc liebt Gitarren von Det Moews, und seit Jahren schon spielt er fast nur noch diese. Sein absoluter Liebling ist diese im Jahr 2020 extra ganz genauso, wie er es haben wollte, nur für ihn und sonst keinen angefertigte *Stratocaster* in Cremeweiß.

Auf unseren ersten beiden Alben spielten Akustikgitarren noch eine viel größere Bedeutung für unseren Sound als heute, so auch bei den Aufnahmen zur *Wackelpeter*-CD. Das Foto entstand Mitte September 2005 im *Traveller Studio* Künsebeck.

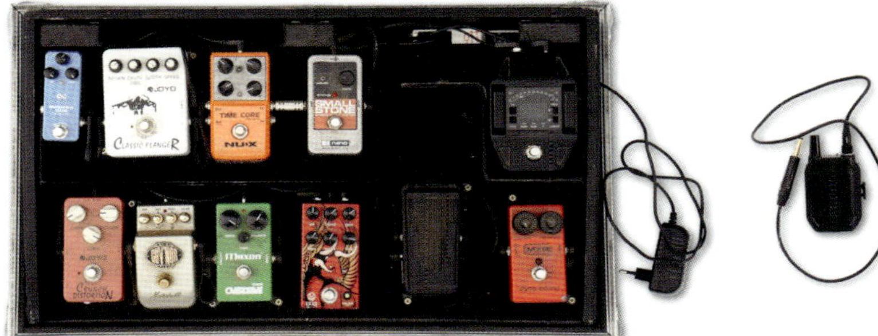

Dieses Effektboard ist die Schaltzentrale von Marcs Gitarrensystem. In der Kiste ist mehr versteckt als in dieses Buch passt, vor allem in den zwölf unteren Etagen. Aber das ist alles streng geheim. Nicht geheim ist allerdings, dass er kein Kabel, sondern einen Sender von *Shure* benutzt, um die Gitarrensignale in die Schaltzentrale zu schicken. Das ist so etwas wie WLAN für Gitarristen.

Um sich Gitarren umhängen zu können, gibt es spezielle Gurte. Marc steht unheimlich auf solche aus gepolstertem Leder, weil die bequem sind und ein wenig wie Cowboygürtel aussehen, und das sorgt schon mal für Respekt. Alle Achtung.

Die babyschlüpferblaue *Telecaster* kaufte er allerdings 2012 genau so, wie sie bei Det im Laden stand.

Und die Macken an den E-Gitarren? Damit sehen die unheimlich alt und benutzt aus. Stimmt aber gar nicht, denn die wurden schon beim Bau angebracht, genauso wie die Löcher bei manchen neuen Jeans. Alles gelogen – that's Showbusiness!

Das ist sein Verstärker, ein Fender *Hot Rod Deluxe PR 246*. Die vier schwarzen Klebestreifen sind übrigens Geheimzeichen. Damit signalisiert er den Bühnentechnikern, dass sie genau in der Mitte der Geheimzeichen ein Mikrofon davorstellen müssen, weil sich dahinter der Lautsprecher versteckt. Aber das soll keiner wissen!

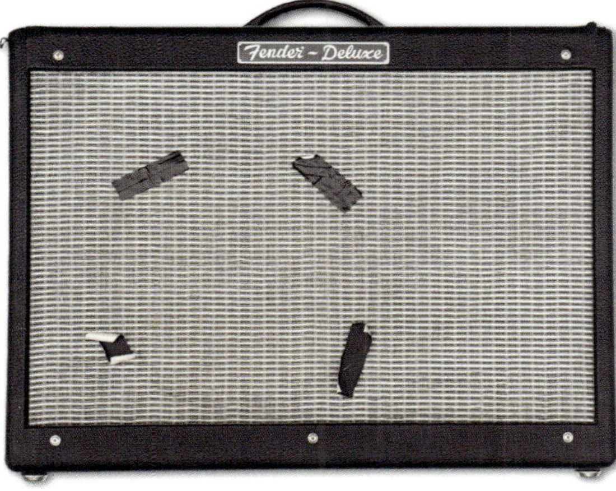

Marcs erste Band war *Brace A.P.*, die wir hier im legendären *ZAK Jöllenbeck* sehen: Jan Kimpel, Andre Müller, Frank Baumann, Langhaarmattenmarc und am Schlagzeug (nicht zu sehen) Alexander Karbouji.

Da kann man sich schon mal wundern, denn: …

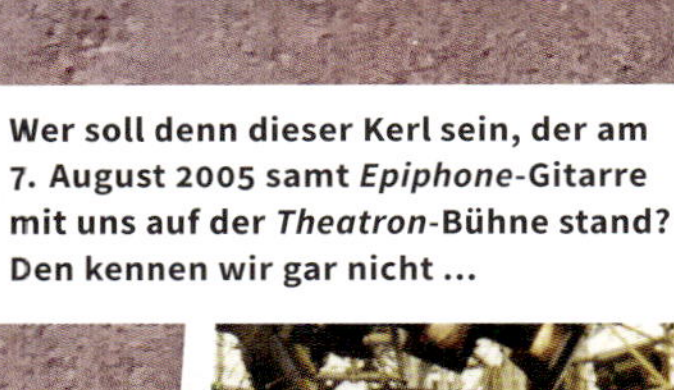

Wer soll denn dieser Kerl sein, der am 7. August 2005 samt *Epiphone*-Gitarre mit uns auf der *Theatron*-Bühne stand? Den kennen wir gar nicht …

Und am 19. November 2006 hatte sich im *Zweischlingen* schon wieder einer dazu gemogelt, nur dass der sich eine *Gibson*-SG umgehängt hatte — den kannten wir auch nicht!

Ahhhh — das ist endlich Marc, wie wir ihn seit Jahren kennen: reif bebartet und mit einer *Telecaster* von Det Moews beim Altstadtfest in Rheda am 8. September 2019.

Steffi Behrmann ist schon seit Jahren so eine Art Hoffotografin für uns. Am 29. Mai 2016 besuchte sie unser Konzert auf dem *Leinewebermarkt*, um unter anderem Marc abzulichten. Schon am 5. November 2012 hatte der sich wiederum in ihr Studio begeben, um dort tolle Aufnahmen von seiner von Det Moews gebauten *Randale*-Gitarre machen zu lassen, deren Form an die *Telecaster* angelehnt ist.

Die neuen Steffibehrmannssandkastenrockerpressefotos entstanden am 7. März 2022 auf einem Spielplatz in Paderborn. Es war kalt, aber die Laune eine gute.

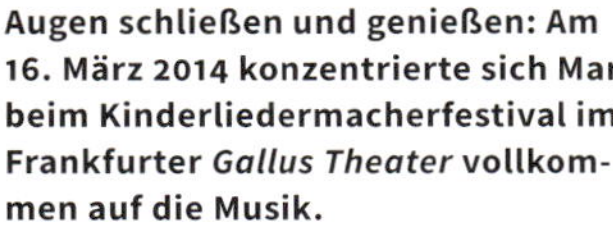

Augen schließen und genießen: Am 16. März 2014 konzentrierte sich Marc beim Kinderliedermacherfestival im Frankfurter *Gallus Theater* vollkommen auf die Musik.

Kritze und der Bass

Wieso die Schauspielerei an den Nagel gehängt wird und Opas Inspiration erst spät wirkt.

»Hallo ihr Lieben, ich bin Christian und spiele den Bass. Auch ich erzähle euch ein wenig von meiner Reise durch die Musik in meinem Leben, an der ihr großen Anteil habt – aber dazu später. Zunächst probierte ich mich als Schauspieler. Das muss so 1977, ich war fünf, gewesen sein, denn ich spielte meine erste und letzte Hauptrolle in dem Stück *Der dicke fette Pfannkuchen*. In dem Kindergarten, in dem wir es aufführten, war es ein großer Erfolg. Aber im Mittelpunkt zu stehen und – viel schlimmer – Text auswendig zu lernen, das war gar nicht mein Ding. Also hatte sich das mit der Schauspielerei für mich schon früh erledigt.

GRS

Wusstest du, …

dass die *Bielefelder Philharmoniker* auf das 1901 offiziell gegründete *Städtische Orchester* zurückgehen?

Dann wurde ich eingeschult, und meine Eltern hielten es für notwendig, mich bei der musikalischen Früherziehung anzumelden. So saß ich vor einer *Bontempi*-Orgel und lernte die ersten Töne zu spielen. So richtig mochte ich das aber auch nicht. Später wurde ich beim Blockflötenunterricht angemeldet. Oh Mann, wenn Eltern garantiert nicht möchten, dass ihre Kinder ein Instrument lernen, dann sollten sie diesen Weg gehen.

Ich komme aus einer sehr musikalischen Familie. Mein Großvater spielte Querflöte bei den *Bielefelder Philharmonikern*, also dem Orchester der Stadt, und auch sonst spielten alle Mitglieder meiner Familie Instrumente. Ich wuchs also mit Musik auf. Meine Eltern hörten viel Rock- und Popmusik, und bei meinem Opa bekam ich am Rande mit, wie professionelle Musiker am Theater so arbeiten und dass das viel Übung erforderte. Und ich? Ich wollte nicht mehr. Kein Schauspiel, keine Musik! Da war ich ungefähr sieben Jahre alt, und manche Entscheidungen im Leben muss man dann doch vielleicht später nochmal überdenken.

1979 wurde ich eingeschult, und als ich im 3. Schuljahr war, stieß ich im Radio auf eine Sendung namens *Mal Sondocks Hitparade*. Diese Sendung sollte für mich ganz wichtig werden, weil dort die Musik gespielt wurde, die von nun an für mich zu meinem Leben dazugehörte. Es war eine Zeit, in der sich in England, Amerika und Deutschland viele Bands gründeten und Musiker bekannt wurden, die bis heute große Wirkung entfalten und von denen ihr auch noch viele kennt. Ich lernte *Nena* und die *Neue Deutsche Welle* kennen, aber auch *U2*, *Simple Minds*, *Visage* … und viele, viele mehr! Darüber könnt ihr alles bei Google nachlesen und bei Streamingdiensten nachhören, wenn es euch interessiert. Das war eine sehr lustige Zeit, weil viele junge Musikerinnen und Musiker mit schrägen Ideen im Radio und Fernsehen zu hören und zu sehen waren.

So saß ich als kleiner Junge vor dem Radio und nahm Musik auf Kassetten auf. Viel wichtiger aber war, dass ich merkte, was Musik alles bei mir auslöste. Sie konnte mich nachdenklich machen oder zum Träumen bringen. Ich konnte Traurigkeit damit bekämpfen sowie Ärger und Wut. So merkte ich, dass Musik auf mich eine besondere Wirkung entfaltete. Und ahnte auch, dass Musik, Mode und das Nachdenken über die Welt irgendwie miteinander zusammen hängen mussten. Aber ich hatte immer noch kein Instrument gefunden, das ich spielen wollte …

Dann waren wir mal wieder im Urlaub auf Terschelling und besuchten dort ein Café, wie wir es immer taten. Es war ein Musikcafé, und überall dort lagen Musikzeitschriften rum. Auf deren Titelblättern waren Leute wie *Sting*, *Adam and the Ants* und andere abgebildet. Das fand ich megacool. Wie die so aussahen! Der Besitzer des Cafés heißt *Hessel* und spielte jeden Abend in seiner Kneipe live auf seiner Gitarre und sang dazu. Er war damit in Holland recht erfolgreich und sollte es in den nächsten Jahren noch mehr werden. Ich merkte, dass dies eine gewisse Anziehungskraft zunächst auf meine Eltern und später auch auf mich haben sollte.

OSM

Wusstest du, …

dass die westfriesische Insel *Terschelling* Kritzes absoluter Lieblingsort ist und er total durchdrehen und super unglücklich werden würde, wenn er nicht einmal pro Jahr dort Camping-Urlaub machen könnte?

Erst einmal fing ich an, mich für Schlagzeug und Rhythmik zu interessieren. Immer wenn ich bei meiner Oma und meinem Opa war, was recht häufig vorkam, tat ich so, als würde ich Schlagzeug spielen. Ich nahm die Stricknadeln meiner Oma und kloppte auf ihrem Klavierhocker und ihren Sofakissen rum. Dabei hatte ich einen Riesenspaß und wollte unbedingt Schlagzeug lernen. Etwa mit 12 oder 13 Jahren lernte ich jemanden kennen, der Schlagzeug spielte. Er ging in meine Parallelklasse und hatte zu Hause seinen eigenen Proberaum. Mann, da war ich neidisch, und ich sagte meiner Mutter, dass ich Schlagzeug lernen wolle. Diesmal war sie aber nicht so schnell zu begeistern wie noch bei der Blockflöte, was ja auch eher ihre Idee gewesen war. Unsere Wohnung war aber zu klein, um ein Schlagzeug mit einer schalldichten Übekabine unterzustellen. So musste ich diese Idee begraben. Zum Glück, weil ja Garrelt unser Schlagzeuger ist. Aber ich möchte euch ja auch erzählen, dass es nicht so leicht ist, sein Instrument zu finden. Doch man sollte nie aufgeben, wie sich nun zeigen wird!

Mein kleiner Bruder bekam damals eine Gitarre. Zunächst interessierte mich das nicht so sehr, denn ich spielte mittlerweile im Verein Handball und hatte mich mit dem Thema Instrument spielen länger nicht beschäftigt, weil ich andere Sachen zu tun hatte. Aber rein zufällig ergab es sich, dass ich mit Freunden Gitarren-Gruppenunterricht ausprobierte. Mich interessierte die Idee, Gitarre zu spielen und dazu zu singen. Das musste mit diesem Musikcafé auf Terschelling zu tun haben. Dort spielte mittlerweile ein Bassist namens *Luud Smits*, und den fand ich richtig super. Er spielte toll und sah sehr cool aus. Wenn ihr aufgepasst habt, wisst ihr, dass das irgendwie miteinander zu tun zu haben scheint.

Kritze in action – am 14. August 2021 pflügte er sich durch das *Ricklinger Bad* zu Hannover.

So passierte es dann doch noch endlich: Nach einem halben Jahr Gitarrenunterricht wollte ich Bass spielen lernen! Zunächst übte ich weiter auf Gitarre und Bass, aber irgendwann konzentrierte ich mich auf den Bass. Mein Basslehrer hatte sehr schnell eine großartige Idee. Er brachte mich mit einem anderen Gitarrenschüler zusammen, der schon eine Band hatte. Von nun an sollte ich der Bassist der *Faces of the Gone* sein. Wir spielten düsteren Gothic Rock im Sinne von *The Sisters of Mercy* und hatten einen Riesenspaß.

Am Bass fasziniert mich die Kombination von Melodie und Rhythmus. So bin ich nah am Schlagzeug und seinen Rhythmen und nehme doch auch Einfluss auf die Melodie. Was mich auch immer angetrieben hat, ist der Wunsch, mit anderen zusammen etwas zu entwickeln, Songs zu komponieren. Manchmal hat man nach einer Probe das Gefühl, einen Riesenhit geschrieben zu haben. Das ist ein sehr schönes Gefühl, und man nimmt die Melodien mit nach Hause in den Schlaf. Ich glaube, hier geht es uns allen bei *Randale* ähnlich, weil wir alle diese Erfahrung schon gemacht haben.

Kritze und sein kleiner Bruder Sebastian sind beide Linkshänder und Bass(gitarr)isten. Wer hier wer ist? Das verrate ich nicht!

Seit 1995 machen Kritze und Trommelmeier zusammen Musik, zunächst mit Mützenträger Brömel an Gitarre und Gesang bei *snoid*. Bassisten trugen damals geschwärzte Haare, und Trommler waren äußerst froh, noch welche zu besitzen, die sich dann sogar blondieren ließen.

Nach meiner ersten Band stieg ich dann bei einer anderen Bielefelder Band ein. Sie hieß *Jeafoucy* und suchte einen neuen Bassisten. Da blieb ich einige Zeit. Als meine Schulzeit zu Ende war, mittlerweile war ich 20, stieß ich zu einer größeren Gruppe von Schauspielern und Musikern und es gründete sich die *Musical Company*. Da war zum ersten Mal die Verbindung von Musik und Theater, die ich schon früh erlebt und die mich oft fasziniert hatte. Und es geschah etwas, was auf mein musikalisches und sonstiges Leben großen Einfluss hatte. Ich lernte Garrelt kennen. Wir spielten zusammen beim Musical *Müllers Büro* und gründeten währenddessen mit Jörn Brömelmeyer die Band *snoid*.

Zu dieser Zeit hatte ich zwar angefangen, an der Uni zu studieren, um Lehrer zu werden, aber Bass spielen nahm einen großen Raum in meinem Leben ein. Es musste viel geprobt und zu Hause geübt werden, um das alles zu schaffen.

Das war eine tolle Zeit — so viel Musik machen, in Bands spielen, proben, Konzerte spielen und hören ... Zu vielen Menschen aus dieser Zeit habe ich noch Kontakt oder spiele noch mit ihnen. Wir *Randale*-Jungs kennen uns auch daher. Auch Arthuro ist zum Beispiel jemand, der schon beim Musical dabei war und der jetzt bei *Randale* manchmal aushilft, wenn Marc nicht kann und mit dem Garrelt und ich noch bei *Shantallica* spielen. Aber das ist eine andere Geschichte.

Als das zu Ende war, folgten noch zwei Bands, mit denen ich länger spielte: *Tsunami* (könnt ihr euch bei *Spotify* anhören) und die *OneNightBand*. Das war eine Coverband, also eine Band, in der man Lieder nachspielt, mit meinen Chefs aus der Musikschule *POW!*, in der ich damals arbeitete. Da habe ich nochmal viel an meinem Instrument gelernt. Im Jahr 2019 habe ich eine CD mit *Sam Reckless* aufgenommen. Das war sehr interessant und hat viel Spaß gemacht.

Anders als Garrelt und Marc spiele ich keine speziellen Instrumente bestimmter Marken. Meistens kaufe ich meine Bassgitarren und anderen Gitarren gebraucht. In einem Geschäft könnte ich mich gar nicht für eine einzelne entscheiden. Wichtig aber ist, dass es Menschen wie Det Moews und Peer Oewerdieck gibt, die meine Instrumente und Verstärker reparieren und einstellen, weil sie sich bei den vielen Konzerten natürlich auch abnutzen.

Nun komme ich aber zum Ende. Ich spiele schon lange in dieser wundervollen Band *Randale* mit diesen drei tollen anderen Herrschaften zusammen, und wir durften sogar zweimal in Stücken am Theater mitwirken. Das *Tierpark*-Musical hatte unsere eigenen Lieder als musikalischen Rahmen. Darauf bin ich wirklich ein bisschen stolz. Wer kann schon von sich behaupten, dass seine eigene Musik Teil eines Musicals ist?! Und zu Beginn saß ich tatsächlich in einem Übungsraum an dem Theater, an dem mein Opa und später auch meine Cousine im Orchester arbeiteten. Das war sehr aufregend für mich.

Bei *Randale* ist kein Ende in Sicht, weil ihr hören wollt, was wir uns ausdenken, und so zahlreich zu unseren Konzerten kommt! Und hier schließt sich der Kreis zum Anfang meiner Geschichte. Ihr seid nämlich ein großer Teil unseres musikalischen Schaffens, und ich hoffe, dass ihr genauso einen Spaß habt, wenn ihr unsere Lieder hört, wie wir ihn haben, wenn wir sie schreiben und wie wir ihn hatten, als wir als Kinder unseren musikalischen Helden zugehört haben. Schön, dass wir das mit euch erleben dürfen.«

Auch bei der wunderbaren *Musikschule POW!* war die *Randale*-Rhythmusgruppe über Jahre als Lehrer tätig.

Wenn Kritze schlechte Laune hat, dann schmollt er manchmal ein bisschen, das hat er früher schon so gemacht. Aber er hält das gar nicht lange aus, denn er hat viel zu gern gute Laune.

Was er auch sehr gern macht, das ist schicke Sachen anziehen und manchmal spielt er sogar Akustikgitarre. Fällt euch etwas auf? Obwohl Kritze Linkshänder ist, spielt er seine Instrumente wie ein Rechtshänder! Er liebt es einfach, Leute zu verwirren.

Auch im Studio legt der Mann großen Wert auf akkurate Kleidung und einen gepflegten Stil. Das bewies er unter anderem am 10. Februar 2014 bei den Aufnahmen zur *Randale Rock'n'Roll* im *Watt Matters Studio*.

PZ

Kritze ist mit seiner Ausrüstung sehr genügsam. Er liebt die Form des 1960 von *Fender* entworfenen Jazz Basses und steht auf ausgeglichene Instrumente, mit denen er alles spielen kann.

Seine beiden absoluten Lieblinge hat er gebraucht gekauft, und sie stammen von der Firma *Marleaux* aus Clausthal-Zellerfeld. Das ist ein Luftkurort im Harz mit gut 15.000 Einwohnern, und dort wurde auch mal Bergbau betrieben. Na ja, jedenfalls trägt sein links zu sehender Favorit die Nummer 055 und der in der Mitte die Nummer 103.

Und dann gibt es noch den von Det Moews auf Basis eines Squire-Jazz-Basses modifizierten *Randale*-Bass, aber der schläft meistens in seiner Transporttasche im Lager. Warum eigentlich?!

Sehr praktisch: ein faltbares Stativ für Gitarren und Bässe – damit man die Instrumente auch mal kurz allein lassen kann, ohne dass sie gleich umkippen.

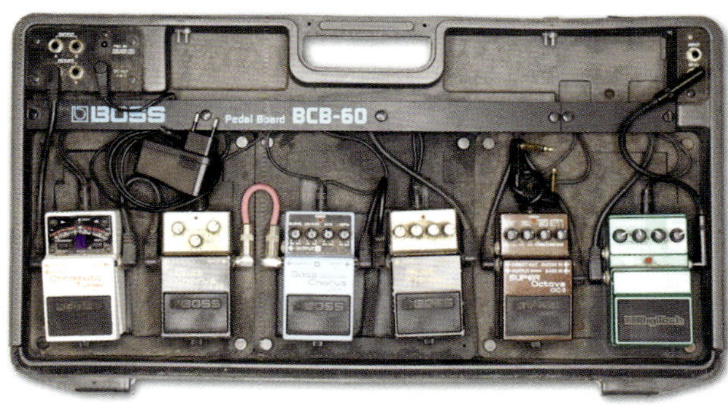

Stets mit dabei ist Kritzes Pedalboard, in dem er sechs Effektgeräte für besondere Sounds und einige Kabel versteckt hat. Außerdem ist die Kiste ein Langzeitversuch im Auftrag der Industrie: Wie viele Jahrzehnte können elektrische Geräte überleben, ohne dass sie auch nur ein einziges Mal gereinigt werden?!

Auch unser Bassist benutzt bequeme Gurte, um entspannt im Stehen spielen zu können. Am Korpus jedes Basses seht ihr unten und links oben je ein Knöpfchen (Gurtpin), an dem der Gurt befestigt wird. In den beiden Löchern der Gurte sind wiederum Straplocks (Gitarrengurtschlösser) montiert, die die Gurtpins umschließen und so verhindern, dass das Instrument auf den Boden fallen kann. Gute Idee. Außerdem haben Bässe meistens nur vier Saiten, das macht das Bassistenleben leichter. Noch gutere Idee.

Der Mann ist klassischer Kabeltyp, damit stellt er die Verbindung zwischen Bass und Verstärker her. Das haben schon seine Väter, deren Vätersväter und auch deren Vätersvätersväter so gemacht, und genauso soll es bleiben – das Zepter wird einfach weitergereicht.

Im Proberaum hat er noch sein altes und sehr schweres Equipment versteckt, aber auf Tour nimmt er seit vielen Jahren schon nur sehr kompaktes Material mit. Die Box – eine *Aguilar SL 112* – ist sehr klein und leicht, aber bei Bedarf wahnsinnig laut. Oben drauf thront die Verstärker-Abteilung: ein *Professional Tube Preamp-Digital Power Amp* von *Headlite* sowie ein *Tone Hammer 350* von *Aguilar.*

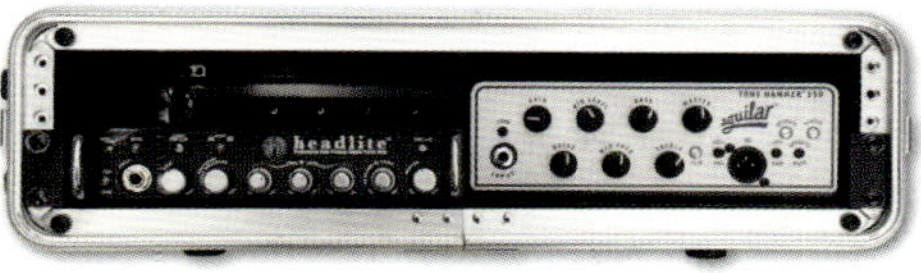

Zu jedem Konzert nimmt Kritze diese Tasche mit. Sie ist wahnsinnig schwer und deswegen nennen wir sie »die Betontasche«. Er macht sie nie auf, und wir anderen dürfen auch nie reinschauen. Ich wette, dass er darin seine Wackersteinsammlung versteckt hat, das aber keiner wissen soll.

Soundcheck im Kindercamp: Schon am 10. August 2007 hatte Kritze sein Pedalboard und seinen zweitliebsten *Marleaux*-Bass mit nach Niedersachsen genommen.

Auf der Bühne darf die Kleidung schon etwas sportlicher sein, das sah Kritze auch beim Weihnachtskonzert im *Zweischlingen* am 2. Dezember 2007 so.

Erneut sehr fußballpolosportlich gab man sich hingegen am 9. August 2009 auf der Bühne der *Ballon-Fiesta* in Bielefeld.

Beim Konzert im Berliner *Heimathafen* am 25. Januar 2015 bewies der Mann, dass sich rechtschaffenes Bühnengepose und ein schickes Leibchen keineswegs ausschließen.

Man kann sagen, was man will, aber der Kerl sieht auf der Bühne einfach super aus, und genauso hielt ihn Steffi Behrmann am 29. Mai 2016 auch auf dem Bielefelder *Leinewebermarkt* im Bild fest.

SB

Seinen volltotalliebsten Lieblingsbass, den spielt er schon seit vielen Jahren eigentlich immer — erst recht, wenn er den beinharten Rockfans auf dem *Summer Breeze* mal wieder zeigen will, wo der Kinderrockbandhammer so hängt: ziemlich weit oben (19. August 2023).

MS

MS

PZ

2005

Schnell noch 'ne Platte

Wie man mutiger wird, weniger Tierlieder schreibt und selbst zum Tanzbären mutiert.

Als wir unsere erste CD fertig hatten, verkauften wir sie für jeweils zehn Euro. Davon gingen zwei Euro als Spende an den Tierpark, weil die Leute dort uns so toll unterstützt hatten. Denn sie hatten uns ja erlaubt, die großartigen Tierzeichnungen von Peter Z zu benutzen, und wahrscheinlich haben wir nicht zuletzt aufgrund der Zeichnungen so viele CDs verkauft. Aber auch von den übrigen acht Euro pro CD blieb nicht viel bei uns: Die Hälfte ging an alle Geschäfte, die sie verkauften, und von den restlichen vier Euro mussten wir die Aufnahmen, die Pressung, die Gebühren an die *Gesellschaft für musikalische Aufführungs- und mechanische Vervielfältigungsrechte* (*Gema*) und noch einiges andere bezahlen. Reich wird man so nicht …

Jedenfalls war das erste Jahr für uns schon ziemlich aufregend. Und deswegen war für alle klar: Es sollte unbedingt weitergehen! Natürlich wollten wir gern noch mehr CDs verkaufen und auch mehr Konzerte spielen, und das funktionierte auch beides. Insgesamt spielten wir im Jahr 2005 elf Konzerte, das waren schon mal — Achtung: Mathe! — fast viermal so viele wie im ersten Jahr. Aber vor allem nahmen wir Ende September und Anfang Oktober 2005 gleich unsere zweite CD *Kinderparty am Wackelpeter* auf. Bei der gingen wir auch eine ganze Ecke mutiger ans Werk: Von 13 Liedern hatten wir nämlich elf selbst geschrieben, und wir wagten mehr Experimente, zum Beispiel setzten wir mehr E-Gitarren ein. Denn es sollte auch ein bisschen wilder klingen. Klar war aber auch, dass wir nicht nur wilde Musik machen wollten. Denn wild ist total super, aber nur wild kann irgendwann auch anstrengend und langweilig sein. Also wollten wir ganz viele verschiedene Arten von Musik machen: Auf jeden Fall Rock, denn Rock ist das, worauf so richtig coole kleine und große Leute am meisten abfahren — wir natürlich auch! Aber es sollte auch Pop geben und Reggae und Country und überhaupt alles, wozu wir Lust haben würden. Das machen wir bis heute so, und insgesamt haben wir schon auf ziemlich viele Musikarten Lust gehabt.

Auch bei den Themen und Texten wurde die zweite CD viel bunter, denn es waren nur drei Lieder mit Tieren dabei. Eines davon war *Affendisco*, und dieser Song bekam auch bei den Konzerten eine besondere Rolle. Denn eigentlich sind wir ja eine Live-Band, das heißt, wir spielen immer alles selbst, was das Publikum zu hören bekommt. *Affendisco* kam dann aber als große Ausnahme immer als Voll-Playback von der CD. Warum? Damit wir dazu tanzen konnten, so richtig mit Konzept und ausgedachten Bewegungen zu den einzelnen Teilen der Lieder. Die Bewegungen hatte sich meine Frau Gudrun ausgedacht, und weil die uns ziemlich gut kannte, war ihr von vornherein klar, dass sie nur möglichst wenige und einfache Figuren verwenden durfte. Genau genommen hatten wir ihr nämlich nur maximal fünf Bewegungen erlaubt — denn wie sollten wir ungelenken Tanzbären das sonst überhaupt hinbekommen?! Zwischendurch gab es aber auch eine Stelle, an der wir ins Publikum rennen und die Leute durchkitzeln konnten, das war immer ein großer Spaß.

Ready for Primatendisco: Marisa Rosato malte dereinst eine sehr schöne Interpretation unseres Pressefotos. Wer wohl wer ist?

Neu bei der CD war auch, dass Peter Z uns als Comicfiguren gezeichnet hatte, die seitdem auf jeder Platte mit dabei sind. Damit auch alle gleich wissen, um wen es sich handelt. Lustig war, dass manche Leute gar nicht verstanden, dass die CDs mit den Tieren und den Comicfiguren darauf von derselben Band waren, und so hieß es manchmal: »Oha, ihr habt jetzt aber Konkurrenz bekommen!« Vorgestellt wurde die CD am 13. November 2005 – natürlich wieder im *Zweischlingen*. Das ist aus vielen Gründen einer unserer absoluten Lieblingsläden, und es ist eine Tradition, dass wir dort spielen oder auch Teile unserer Videos drehen und anschließend in dem dazugehörigen Restaurant lecker essen (All time favourite: das Zwiebelhühnchen mit Glasnudeln!). Genauso sieht es mit unseren Weihnachtsmarkt-Konzerten bei *Radio Bielefeld* aus, die sind auch Tradition. Schon 2004 hatten wir da das letzte Konzert des Jahres gespielt (na ja, es waren ja auch nur drei in dem Jahr), und das machten wir 2005 genauso und auch später immer wieder. Zwar hatten wir in diesem Jahr weiterhin fast nur in Bielefeld gespielt, uns aber auch ein wenig über die Stadtgrenzen hinausgewagt. Zum Beispiel nach Halle in Westfalen, das war nicht so weit. Deutlich weiter entfernt lag der *Zoo Krefeld*, wo wir vor allem Tierlieder spielten hab. Und richtig wichtig konnten wir uns fühlen, als wir am 7. August auf der *Theatron*-Bühne im Münchener *Olympiapark* spielen durften. Das war schon ein echtes Abenteuer für unsere kleine Band: Mit Anreise am Vortag, Birnensaftgartenbesuch in Regensburg und Übernachtung in Kelheim, wo wir uns wie normale Touristen die *Befreiungshalle* auf dem *Michelsberg* ganz genau angeschauen konnten. Die wurde nämlich nach Plänen von Friedrich von Gärtner und Leo von Klenze zwischen 1842 und 1863 aus Kelheimer Kalkstein gebaut – weil König Ludwig I. von Bayern das so haben wollte. Und der hatte ja viel haben wollen und auch bekommen, der Ludwig. Jaja.

Mit dem *Wackelpeter*cover schuf Peter Z 2005 das Motiv der schmeichelhaft jugendlich daherkommenden Comickapelle. Dass es sich als ungeplant zeitlos erweisen würde, bewies unter anderem diese erst eine Dekade später eingeführte Autogrammpostkarte.

Am 7. August 2005 stand ein Konzert auf der *Theatron*-Bühne im Münchener *Olympiapark* an, und mit Kris Köhler am Bass hatten wir zum erstem Mal einen Aushilfsmusiker dabei. Für den T-Shirt- und CD-Verkauf war an diesem Tag Oliver Alexander zuständig, der uns mit seinem Verlag von Beginn an begleitet. Morgens war sogar Zeit für etwas Sightseeing, und so ging es auf das Dach der Kelheimer *Befreiungshalle*.

Die Aufnahmen zur *Wackelpeter*-CD starteten Mitte September 2005, und um die Mannschaft bei Laune zu halten, kümmerte sich Jochen sehr um unser leibliches Wohl und warf den Grill an. Mit vollem Bauch ging dann aber nicht mehr viel …

GR

GR

Ein Weihnachtsmarkt-Konzert auf der Bühne von *Radio Bielefeld* markiert seit 2004 im Prinzip das Ende der Saison. Das zweite fand am 11. Dezember 2005 statt, und da wurden natürlich auch Songs der neuen CD präsentiert.

GIR

GR

2006

Weihnachten im Hochsommer

Wie ein Eisenbahnspinner und Möchtegernlinkshänder dank *The BossHoss* nichts zu trinken bekommt.

Im Jahr 2006 weiteten wir unseren Aktionsradius mit 28 Konzerten noch einmal deutlich aus, und es waren immer mehr dabei, für die wir immer weitere Fahrten unternehmen mussten. Eine davon führte uns am 16. September 2006 nach Dortmund ins *Westfälische Industriemuseum Zeche Zollern*. An dem Tag war auch Cora Bothe, die erste Auszubildende bei *NewTone*, mit dabei. Als wir alle zusammen vor dem Konzert hinter der Bühne quatschten, fingen die werten Kollegen mal wieder an, Witzchen über den bekloppten Trommler zu machen, weil der ja nicht erwachsen werden will und sich noch immer für Eisenbahnen interessiert. Wagt das mal bei einem Fußballfan, das würde sich keiner trauen! Jedenfalls bekam das auch Cora mit und sagte: »Echt, du bist auch so ein Eisenbahnspinner?! Genau wie mein Papa ... Da solltet ihr euch mal kennenlernen.« Und so kam es auch, denn Dietrich Bothe wurde kurz darauf gleich nach meinem absoluten Lieblingsverleger Wolfgang Klee zu meinem mindestens zweitbesten Eisenbahnfreund.

Wusstest du, ...

dass die Jungs von *Randale* tatsächlich mal ein Konzert auf dem Dach einer Pommesbude gespielt haben?

Aber zurück zum eigentlichen Geschäft. Und zum Fußball. Beide galt es am 20. Mai 2006 nämlich beim Sommerfest der *Arminis*, das ist der Kinder-Familienclub von *Arminia Bielefeld*, in der *SchücoArena* zu vereinen. Mit der *Kinderfankurve* hatten wir seit 2005 einen passenden Song im Programm. Allerdings hatten die Veranstalter nicht daran gedacht, dass Kinderkonzerte am besten halbwegs auf Augenhöhe des Publikums stattfinden sollten. Und so wunderten wir uns ziemlich, als sie uns sagten, unsere Bühne sei unter der Tribüne auf dem Dach der Pommesbude. Wir nahmen die Herausforderung an, aber es war genauso lustig wie bescheuert: Die Kinder und auch die Erwachsenen bekamen alle ganz steife Hälse, wenn sie uns sehen wollten, weil wir ja mehrere Meter über ihnen standen. Und wir selbst mussten die ganze Zeit versuchen, da oben zwischen Bratwurstschwaden und heißem Pommesfett noch irgendwie Sauerstoff zum Atmen zu bekommen. Und ihr könnt euch denken, wie sowohl wir als auch unsere Instrumente nach dem Konzert gestunken haben! Bei späteren Veranstaltungen dort gab es allerdings immer eine richtige Bühne. Was aber blieb, war, dass gerade dort immer sehr lustige Leute auflaufen — meine Damen und meine Herren!

Gleich mehrere Konzerte spielten wir im Juli und August des Jahres für den Veranstalter *Ruf-Jugendreisen*, der uns über einige Jahre sehr unterstützte. In Walsrode-Vethem hatte *Ruf* das *Micky Maus-Kindercamp* eingerichtet, und dort fuhren wir auch in den folgenden beiden Jahren noch oft hin, immer freitagabends. Das Camp lag mitten in einem Waldstück, und wir spielten in einer kleinen Halle, die uns an einen Flugzeughangar erinnerte. Für die Kinder war es meist der Abschluss einer Urlaubswoche, und die waren daher ganz schön aufgeregt und wild. Und da wir das ja auch waren, passte das gut zusammen. Eine neue Erfahrung für uns war, dass wir dort als wirkliche ›Rockstars‹ angekündigt wurden und nach unserem ersten Konzert eine Autogrammstunde geben sollten. Draußen waren für uns Tische und Stühle aufgebaut worden, an denen die Kinder vorbeiliefen, damit wir allen eine Unterschrift auf unsere Autogrammkarten geben konnten. Die Karten hatten wir nämlich vorher schon machen lassen, genauer: Jochen hatte die in Auftrag gegeben. Der ist ganz schön schlau. Sehr oft jedenfalls. Aber nicht immer. Na ja. Und als diese ganzen jubelnden und aufgeregten Kinder an uns vorbeiliefen und sich so freuten und kreischten, da fühlten wir uns richtig ein wenig berühmt. Fast so wie bei den *Beatles*. Oder bei *Roland Kaiser*.

Darüber hinaus waren wir 2006 auch wieder im Studio fleißig und nahmen die CD *Randale unterm Weihnachtsbaum* auf. Das war für uns schon ein erstaunliches Tempo, das wir von unseren alten Bands nicht kannten: drei Jahre hintereinander jeweils eine neue Platte aufzunehmen. Aber dafür wurde die neue auch nur eine ›kleine‹ Platte, eine sogenannte ›EP‹ (Extended Play) mit sechs Liedern — drei eigene und drei Klassiker, denen wir ein neues Gewand verpasst hatten. Auf dem Cover hatten wir natürlich einen Weihnachtsbaum, und als Comicfiguren trugen wir alle Weihnachtsmützen — Weihnachtsrocker ohne Weihnachtsmützen ging ja nun gar nicht, deswegen mussten die sein. Und Weihnachtsmützen — so etwas zeichnet jemand wie Peter Z doch mit links! Aber eigentlich ist er Rechtshänder, wie die meisten Menschen. Jochen und Kritze hingegen sind waschechte Linkshänder. Marc ist wiederum Rechtshänder, und ich war das auch. Dann habe ich mich aber mit ungefähr 15 Jahren selbst zum ›Bihänder‹ umerzogen. Warum? Weil ich in einer Schlagzeug-Zeitschrift gelesen hatte, dass man die schwache Seite besonders trainieren sollte, um mit beiden Händen möglichst gleich gut und schnell spielen zu können. Das fand ich total einleuchtend, und seitdem schmiere ich zum Beispiel Butterbrote immer mit links, trage schwere Sachen mit der linken Hand und putze meine Zähne mit links. Aber das ist ja vielleicht nicht so wichtig. Wobei: Das Zähneputzen schon, aber das hatten wir allen, die es hören wollten oder auch nicht, ja schon auf der ersten CD mit dem *Biberlied* einzubläuen versucht. Jedenfalls sind wir – Achtung, wieder eine Info für die Mathe-Fans – eine Band mit 62,5 Prozent Linkshänderanteil. Das soll uns mal eine andere Kapelle nachmachen!

Die Weihnachts-CD war jedenfalls komplett ›tierfrei‹, das war auch mal ganz gut. Was sich aber ganz komisch anfühlte: Wir mussten die Weihnachtslieder im Hochsommer, genauer: vom 7. bis zum 9. August aufnehmen. Das passte überhaupt nicht zur Jahreszeit und zum Gefühl von Sommer, Eis essen und Strandurlaub. Aber was sollten wir machen? Wenn wir die Lieder an Weihnachten aufgenommen hätten, dann wären sie erst zu Karneval fertig gewesen und dann hätte sich niemand mehr dafür interessiert. So aber konnten wir sie am 19. November wieder im *Zweischlingen* präsentieren und zwei Wochen später auch auf dem kleinen und schönen Weihnachtsmarkt in Brilon.

Doch noch mal zurück in den Sommer: Am 13. August spielten wir auf der *Ballon-Fiesta* in Bielefeld, das war ein riesengroßes Spektakel mit Heißluftballons und sehr vielen Besuchern. Es war Sonntag und ziemlich warm. Bei so einem Wetter kann man schon mal Durst bekommen, und es ist eine Selbstverständlichkeit, dass es bei einer Veranstaltung für alle Musiker und Techniker immer etwas zu essen und zu trinken gibt. Das war an diesem Tag aber schwierig, es war gar nichts mehr da, denn: Am Vorabend hatten *The BossHoss* dort gespielt. Das ist eine Country-Rock-Band aus Berlin, und die Jungs und ihr Gefolge scheinen sehr viel mehr Durst und Hunger zu haben als die meisten anderen Menschen in Mitteleuropa. Als wir im Backstage-Bereich ankamen, gab es dort nur Sitzgelegenheiten und Tische, ansonsten war alles leer, auch der Kühlschrank. Wir fragten, ob wir etwas zu trinken bekommen könnten, und da hieß es: »Nein, das haben leider die Jungs von *BossHoss* gestern alles mitgenommen, das Wasser, die Limonaden, den Birnensaft, den Wein, den Schnaps, den Kaffee und den Tee.« Dann fragten wir: »Wir haben ziemlich großen Hunger, könnten wir etwas zu essen bekommen?« Und die Antwort lautete: »Nein, tut uns leid, das haben die Jungs von *BossHoss* mitgenommen, wirklich alles.« Und dann erklärte uns ein Techniker, dass die Kollegen aus der Hauptstadt sogar die ganze Kondensmilch und alle Pakete mit Würfelzucker eingesteckt hätten. Die hätten nämlich immer eine extra große Kiste mit Rollen dabei, in die sie alles einpacken würden, was sie selbst gebrauchen können. Deswegen müssten sie auch, wenn sie wieder zu Hause sind, nicht so oft einkaufen gehen. Ganz schön gerissen!

Noch eine neue Erfahrung: In Bielefeld gab es die von der *Musikkooperative Auftakt* ins Leben gerufene Konzertreihe *Kneipenkult*. Und wie der Name schon sagt: Die Konzerte fanden in Kneipen statt. Da gehen Kinder meistens nicht allein hin, schon gar nicht abends. Aber genau da und dann spielten wir. Das war, na ja, okay. Aber nicht wirklich toll. Denn eine Kinderrockband ohne Kinder im Publikum – das funktioniert einfach nicht so richtig, zumindest bei uns.

Ein weiteres bisschen berühmt konnten wir uns am 8. Dezember 2006 fühlen, als wir unser erstes Fernsehkonzert *Randale unterm Weihnachtsbaum* bei *Kanal 21* in Bielefeld aufzeichneten – wie jung (und dünn) wir damals noch waren! Und ich kann euch sagen: Da waren wir ganz schön nervös. Denn beim Fernsehen wird ja alles, was man macht, im Bild festgehalten. Das können sich die Leute dann später immer wieder anschauen. Zum Beispiel, wenn man sich verspielt oder blöd guckt. Oder wenn das Hemd nicht richtig in die Hose gesteckt ist oder wenn die Haare nicht richtig liegen. Na ja, damit habe zumindest ich keine Probleme ... Was auch ganz schlecht ankommt, ist, wenn man in der Nase bohrt – das hat die Fernseh-Polizei nämlich schon mal gar nicht erlaubt!
Aber Hauptsache: Wir waren im Fernsehen!

Wusstest du, ...

dass *Randale* im Jahr 2006 ihr erstes Fernsehkonzert gegeben haben?

Cora Bothe (heute Hasbargen) war die erste Auszubildende bei *NewTone*. Am 16. September 2006 begleitete sie uns zum Konzert ins *Westfälische Industriemuseum Zeche Zollern* nach Dortmund.

GR

Gezähmte Tanzbären in Aktion: Die *Affendisco* wurde meistens als letzte Zugabe zum Playback getanzt, hier am 19. November 2006 im *Zweischlingen*.

PZ

GIR

Hausaufgaben: Manchmal mussten wir Autogramme auf Vorrat schreiben. Der Trommler erledigte das im August 2006 am eigenen Küchentisch.

Da waren es nur noch drei: Am 19. November 2006 spielten wir *Zehn kleine Weihnachtsmänner* und die übrigen Weihnachtslieder erstmals im *Zweischlingen* vor Publikum.

PZ

Dienst am Kunden: Das Geben von Autogrammen steht bis heute nach fast jedem Konzert auf dem Programm.

Randale auf und vor der Bühne: Im Sommer 2006 fuhren wir an fünf Freitagen ins Kindercamp nach Vethem und konnten uns dort wie Rockstars fühlen.

Soundcheck in der *Zeche Zollern* am 16. September 2006: Auch während des Konzerts sollte an diesem Tag noch so mancher Stuhl leer bleiben ...

Noch einmal kurz in sich gehen, die Aufzeichnungen sortieren und dann wird es ›weihnachtsernst‹ für Kritze und Marc.

Weihnachten im Hochsommer?! Jochen hatte sich zum Einsingen immerhin ein farblich passendes T-Shirt angezogen.

Kurzes Innehalten: Kritze nutzt eine Pause während der Weihnachts-Aufnahmen zur Entspannung.

Jetzt gilt es: Der Schlagzeuger ist bereit für die Aufnahme der sechs Weihnachtslieder.

Konzentration bitte: Beim Kontrollhören der Aufnahmen können wir keine Störung ertragen.

Auf den ersten CDs spielten wir noch möglichst viele Lieder live ein. So waren Kritze und Marc auch 2006 gleichzeitig zusammen parallel im selben Moment im Aufnahmeraum.

PZ

2007 CD-Pause

Wie man Kinder gerecht verteilt und kein Geld verdient.

Das Jahr 2007 wurde zum ersten, in dem wir keine CD aufnahmen. Das lag einerseits daran, dass es ja auch immer mit einer ganzen Menge Arbeit verbunden ist, so etwas vorzubereiten. Außerdem wurde Jochen zum dritten und ich zum ersten Mal Papa. Das war natürlich noch viel aufregender und anstrengender als Musikmachen. Überhaupt haben wir das mit den Kindern in der Band ganz gerecht aufgeteilt: Jochen hat drei, ich zwei, Kritze eins und Marc keins. Da kennen wir uns also mit allen Situationen aus. Oder denken das zumindest manchmal ...

Andererseits spielten wir in 2007 wieder eine ganze Reihe Konzerte und lernten dabei ganz neue Ecken kennen. So waren wir am 11. März zum ersten Mal über *Ruf* in Berlin auf der *Internationalen Tourismus-Börse* (*ITB*). In der lauten Umgebung einer Messehalle zu spielen, in der sich kaum jemand für uns interessierte, weil fast alle von tausend anderen Dingen abgelenkt waren, das war überhaupt kein Spaß. Dafür sollten die meisten der vielen noch folgenden Berlin-Konzerte ungleich größere Erfolge werden.

Gelegentlich spielten wir auch Benefiz-Veranstaltungen für verschiedene gute Zwecke und machen das heute auch noch. Anders war es, als wir am 1. September beim Kinderfest in Essen-Rüttenscheid auftraten. Da wollten wir eigentlich Geld verdienen, damit wir unsere Kühlschränke wieder auffüllen konnten und natürlich wollten wir noch berühmter werden. Aber das klappte leider beides nicht. Als Top Act war die Sängerin *LaFee* angekündigt (die heißt aber in Wirklichkeit Christina Klein), und die Bühne war riesig. Doch gleich beim Eintreffen hatten wir ein komisches Gefühl. Es schien alles viel zu groß geplant zu sein, der Eintritt war enorm hoch, und es kam kaum Publikum. So war es letztlich auch kein Wunder, dass die gesamte Veranstaltung in jeder Hinsicht zu einer Pleite wurde und wir nach unserem Konzert auch die vereinbarte Gage nicht bekamen. Für viel bessere Laune sorgten dafür die übrigen Konzerte in der weiteren Heimat sowie im Kindercamp Walsrode, Homburg/Saar, Ratingen, Fürth, Hilpoltstein und beim Eisenbahnfest *Vivat Viadukt* in Altenbeken. Tja, und dann war das Jahr auch schon wieder vorbei.

GR

Seit unserem ersten Auftritt im Kindercamp Walsrode gehören Permanentmarker zu unseren wichtigsten Werkzeugen – wie hätten wir denn sonst Abertausende von Autogrammen geben sollen?! Jochen hütet die Stifte wie seine Augäpfel, beschriftet sie mit unseren Namen, verteilt sie vor jedem Konzert und sammelt sie anschließend wieder ein. Nur Marc, der klaut immer welche und versteckt sie heimlich in seiner Schreibtischschublade. Angeblich hat Jochen in einem unbeobachteten Moment mal 37 Stück daraus zurückerobert!

PZ

Stopp — wer kennt diese Männer?! Was für Milchbubis … Nun, so sah man am Abend des 14. Dezember 2007 eben aus, und genau das wurde von Pit Wehowsky für Presse-Zwecke gewissenhaft im Bild festgehalten.

Die meisten Kindercamp-Konzerte fanden in einer Halle statt, die aussah, als wären dort früher sehr große Silvesterraketen gebaut worden. Am 26. August 2007 war das anders, denn da durften Kinder, Eltern, Betreuer und Kapelle an die frische Luft.

Der 10. August 2007 war ein Freitag, und so ging es mal wieder ins von *Ruf-Jugendreisen* betriebene *Micky Maus-Kindercamp* nach Walsrode-Vethem. An diesem Tag war Peter Z mit dabei und hielt einige Eindrücke vor, während und nach der Show im Bild fest.

PZ

PZ

PZ

Noch mehr Peter Z-Bilder: Schon 2004 wurde die lang anhaltende Tradition der Weihnachtskonzerte im Bielefelder *Zweischlingen* begründet. Am 2. Dezember 2007 war die *Waschbärtrommel* noch eine feste Größe im Programm, und dafür wurden nur Mikrofone, ein Schlagzeug, Percussioninstrumente und (damals noch nicht ganz so) wohlgenährte Bäuche benötigt.

Unsere Heimat – der Proberaum

Wofür ein Teppich von der Spielwarenmesse gut ist und wie der Schimmel uns vertreibt.

Eine Band ohne Proberaum ist so etwas wie eine Fußballmannschaft ohne Fußballplatz – das geht gar nicht. Denn der Proberaum ist so etwas wie das Zuhause der Band. Da wohnt sie, zumindest während der Proben. Aber zum Glück haben wir auch alle noch ein richtiges Zuhause.

Im Laufe unserer *Randale*-Jahre hatten wir bislang drei Proberäume in Bielefeld. Angefangen haben wir in einem alten Luftschutzbunker, der lag unter einem Parkplatz in der Cheruskerstraße 1 in Brackwede, neben dem Roten Amt. Das war damals ›mein‹ Raum, den ich vom *Auftakt Musikkooperative Bielefeld e. V.* gemietet hatte und in dem Kritze und ich schon mit anderen Bands geprobt hatten. Eigentlich war der Raum ganz schön, wir hatten ihn schon Jahre zuvor auf dem Boden und an allen Wänden komplett mit blauem Teppich ausstaffiert. Damit es nicht so laut war. Den Teppich hatte mein alter Lokführertrommelkumpel Herr Berg besorgt – der wohnt in Löhne, ja wo denn wohl sonst?! Allerdings war er damals noch gar nicht Lokführer, sondern konnte sich seinen Jugendtraum erst zur *EXPO 2000* in Hannover erfüllen, weil *DB Regio Niedersachsen/Bremen* damals 150 neue Lokführer suchte. Aber das ist ja vielleicht nicht so wichtig. Jedenfalls war der Teppich zuvor von der Modellbaufirma *Revell* aus Bünde nur wenige Tage auf der Spielwarenmesse in Nürnberg genutzt worden und sollte weggeschmissen werden, und das wäre ja wohl Quatsch gewesen, und deswegen übernahmen wir den. Das Proben dort machte oft Spaß. Allerdings war es immer ein bisschen unheimlich, besonders wenn es nach einem Konzert mitten in der Nacht noch allein die quietschenden schweren Eisentüren zu öffnen und die ganzen Klamotten in den Keller zu bringen galt.

Herr Professor Dr. Berg ist ein ganz alter Löhnerlokführertrommelkumpel und hat mir schon sehr viel geholfen. Hier zu sehen beim Pilotieren von E-Lok 141 266 am 1. Oktober 2004.

Und es gab mit der Zeit ein immer größer werdendes Problem: Der Raum war ganz schlecht zu lüften, das haben Bunker so an sich. Und deswegen wurde es immer schlimmer mit dem Schimmel – nicht nur für die Instrumente, sondern vor allem auch für unsere Atemwege. Und immer, wenn wir nach einer Probe nach Hause kamen, rochen wir, als hätten wir uns Wochen vorher mit nassen Klamotten ins Bett gelegt und seitdem nicht geduscht. Sehr unangenehm und eben auch ganz schlecht für die Gesundheit. Zum Schluss proben wir dort nur noch im Notfall und nutzten den Bunker eher als Lager. Und damit war klar: Wir brauchen unbedingt einen neuen Proberaum! Darum kümmerte sich Jochen, denn der kannte doppelt so viele Leute wie wir anderen drei zusammen, und all denen erzählte er, dass wir auf der Suche waren. So konnten wir zum Jahresbeginn 2011 einen neuen Proberaum in der Jöllenbecker Straße 439 in Theesen beziehen, und unsere Vermieter waren Astrid und Albert vom *Duo Agil*. Ab da mussten wir nicht mehr über eine Treppe in den Keller, sondern über eine andere Treppe in den ersten Stock. Dort war nämlich ein ehemaliger Partyraum frei geworden, der hatte insgesamt vier Fenster und somit endlich Tageslicht. Die schrägen Wände waren schon mit Holz verkleidet, wir brachten Schaumgummipolster zur Dämmung an und verlegten Teile des nicht verschimmelten blauen Teppichs. Das war ein toller Raum mit viel Platz und einem super Klang, nicht zu laut und auch ganz wunderbar für Aufnahmen. So nahmen wir dort im Juni 2017 die *Dornröschen*-CD und auch einzelne Songs wie *Kein Bock auf Waschen?*, *Einhorn* oder *M-I-L-C-H.* bzw. *Die Nachtfalterin* auf. Die anderen drei meckerten immer, dass wir unsere Instrumente für die Konzerte immer erst die Treppe runter- und dann wieder hochtragen mussten. Ich fand das nicht so schlimm, und die anderen finden das Schleppen bis heute doof. Für mich ist das etwas anders, ich sehe das Auf- und Abbauen des Schlagzeugs und der anderen Klamotten als ›Teil der sportlichen Gesamtleistung‹, und damit geht es mir gleich leichter von der Hand.

Das *Einhorn* entstand ›eher zwischendurch‹ für die *Reggaebär*-CD und ist aus der Setliste nicht mehr wegzudenken.

Schlimm aber war, dass das Haus verkauft worden und zum Abriss vorgesehen war, weil dort ein großes Neubaugebiet entstehen sollte. Damit brauchten wir also wieder einen neuen Raum. Nach langer Suche (die mal wieder Jochen zum größten Teil übernommen hatte), wurden wir im Bielefelder Norden im Sprudelweg fündig. Dort haben wir jetzt einen anderen tollen Raum, der – endlich! – im Erdgeschoss liegt. Dafür sind die Wege etwas weiter. Weil er deutlich kleiner ist als der alte und wir so viele Klamotten unterbringen mussten, haben wir noch einen zweiten Raum als Lager dazugenommen. Zugegeben: Das ist schon ein ziemlicher Luxus. Denn wir haben immer eine Gesangsanlage, Gitarren- und Bassverstärker sowie ein Schlagzeug fest aufgebaut und können daher bei den Proben sofort loslegen. Und dann haben wir praktisch die gleichen Klamotten (und noch mehr) noch mal im Lager in Koffern und Taschen verpackt, und die begleiten uns immer zu unseren Konzerten. Nachdem Jochen den neuen Raum praktisch allein renoviert hatte (er wollte keine Hilfe annehmen, und wenn er sich das in den Kopf gesetzt hat, dann macht er das auch so, aber das machen wir anderen eigentlich auch immer so), konnten wir im Dezember 2017 umziehen. Und weil Jochen den Raum so tippitoppi renoviert hatte, sorge meistens ich dafür, dass es auch so bleibt. Das heißt, ich schnappe mir gelegentlich den Stausauger und bringe den Müll und die Pfandflaschen raus. Staubsauger und Aufräumen – solche Worte können manche in der Band nicht mal buchstabieren ...

Und wie oft proben wir in der Regel? Früher, als wir jung waren, da war es oft einfach toll, sich einmal pro Woche zum Proben zu treffen und ein paar Birnensäfte zu trinken. Viele Leute machen das auch heute noch so, da ist das Birnensafttrinken manchmal sogar wichtiger als die Musik. Aber da könnte man ja auch genauso gut in einen Kegelverein gehen oder sich einfach so in der Kneipe treffen. Wenn wir im Proberaum zusammenkommen, dann machen wir das mittlerweile überwiegend, um wirklich und konzentriert zu proben. Da wir aber seit einer ganzen Reihe von Jahren sehr viele Konzerte spielen, sind die so etwas wie ›öffentliches Üben‹. Das heißt, wir halten uns schon durch die Konzerte ordentlich ›spielfit‹. Und deswegen proben wir fast nur noch, wenn es wirklich nötig ist. Also zum Beispiel, wenn wir ein neues Programm mit alten Liedern spielen wollen, mit denen wir erst mal wieder warm werden müssen, oder um einen Aushilfsmusiker einzuarbeiten. Und wir proben vor allem dann am meisten und regelmäßigsten, wenn ein neues Album entstehen soll, daran arbeiten wir dann wirklich sehr gewissenhaft.

Was bei einem Proberaum auch wichtig ist: Dass er trocken ist und dass wir auf einer richtigen Toilette Pipi machen und uns danach die Hände waschen können. Und es gibt noch etwas, das nicht unterschätzt werden darf: ein gutes Verhältnis zum Vermieter. Und da haben wir mal wieder ein riesiges Oberglück gehabt und ein besonders tolles Exemplar erwischt – hallo Roland, du »Mann für (fast) alle Fälle«!

Wusstest du, ...

dass es in der S-Bahn Kopenhagen streng verboten ist, sein Schlagzeug aufzubauen und zu üben? Oh wie glücklich alle Wikinger mit eigenem Proberaum sein müssen!

Kennst du Trommlermikado? Das ist ein bei schlagwerkenden Menschen äußerst beliebtes Spiel! Allerdings gehen die Stöckchen im Eifer des Wettkampfes manchmal auch kaputt ...

Unser erster Proberaum befand sich in der Cheruskerstraße 1 in Brackwede – unter der Erde in einem alten Luftschutzbunker. Ausgekleidet war er mit Teppichbahnen, die von der Firma *Revell* nur kurz auf der Nürnberger Spielwarenmesse genutzt worden waren.

Da sich der Raum nur schlecht lüften ließ, gab es immer größere Probleme mit Schimmel. So stand Anfang 2011 ein Umzug nach Theesen an, nämlich in die …

... Jöllenbecker Straße 439. Dort mussten wir nun immer eine Treppe rauf- statt runterlaufen, aber es gab Tageslicht und frische Luft, so viel wir wollten.

Am 27. Dezember 2017 war der Umzug in unseren neuen Raum schon in die Wege geleitet, denn das Haus sollte abgerissen werden. Oh, wie schade!

Da der Raum einen tollen Klang hatte, entstand dort unter anderem die *Dornröschen*-CD, für die Erhard uns im Juni 2017 mit seinem mobilen Studio besuchte.

Einen noch kürzeren Besuch hatte es bereits am 25. März 2015 gegeben, als mir meine Tochter Signe nur mal kurz erklären wollte, wie das mit dem Amschlagzeuggutaussehen richtig funktioniert.

Von Theesen aus zogen wir Ende 2017 in unseren dritten Proberaum am Sprudelweg, der eine ganze Ecke kleiner ist als seine Vorgänger. Dafür ist er nach der von Jochen ganz allein absolvierten Renovierung auch der sauberste und schönste. Außerdem konnten wir dort einen weiteren Raum als Lager anmieten, und in dem bewahren wir all jene Klamotten auf, die mit uns auf Tour gehen oder die gerade nicht benötigt werden. Auch der Punkpanda schläft hier – am liebsten bäuchlings auf dem Gitterwagen.

GR

GR

GR

GR

GR

Natürlich ist auch im neuen Raum schlagzeugtechnisch fast alles von *Ludwig*, sogar die Felle. Die müssen sich das Regal allerdings mit Percussion, Kleinteilen und einer Menge anderem Krimskrams teilen.

GR

2008

Noch mehr Tierlieder

Wie man dank eines Hasen auch lange nach dem Paläozoikum im *Rock Hard* landet.

Ihr habt das sicherlich schon gemerkt: Die Hauptkapitel hier sind nach Jahreszahlen geordnet. Und wir haben vorm und beim Schreiben überlegt, was denn für jedes Jahr wichtig ist. Und auch das Jahr 2008 ist genauso wie das davor eines, über das sich gar nicht so viel erzählen lässt wie über andere. Dabei brachten wir mit *Der Hardrockhase Harald* eines unserer wichtigsten Alben überhaupt heraus. Denn nach der Baby-CD-Pause des vorherigen Jahres wollten wir jetzt mal wieder zeigen, dass wir uns nicht nur ausgeruht und Windeln gewechselt hatten. Und so hatten wir mal 'ne richtige Rockplatte rausgehauen, zack! Wie der Name schon vermuten lässt, waren da wieder Tierlieder bis zum Abwinken drauf. »Abwinken«, sagt man ja eigentlich, wenn man auf etwas keine Lust mehr oder zu viel davon hatte. Also zum Beispiel vom Birnensaft. Aber eigentlich stimmte das in diesem Fall gar nicht, denn unsere Kundschaft, die fand und findet Tierlieder weiterhin einfach nur großartig. Also komponierten wir wieder Tierlieder, na klar. Denn die Kundschaft, die soll ja zufriedengestellt werden, damit die uns weiterhin lieb hat und zu den Konzerten kommt und auch CDs und T-Shirts kauft. Klingt logisch, finde ich zumindest.

Mit dem Titelsong veröffentlichten wir ein Lied, das seitdem bei praktisch keinem Konzert mehr fehlen darf, denn die Leute lieben den Hardrockhasen wie keinen anderen. Der ist so etwas wie unser *Smoke on the water* geworden. Das ist ein riesiger Hit von *Deep Purple*, den die mal im Paläozoikum aufgenommen haben – also ungefähr zu einer Zeit, als es noch echte Dinosaurier und Piraten, aber keine Handys gab! Oder so ähnlich … Jedenfalls, wenn so ein Lied nicht gespielt wird, gehen alle Leute im Publikum traurig nach Hause, weinen sich in den Schlaf und putzen zwei Wochen lang nicht die Zähne. Und das wollen wir ja nicht!

Erstmals präsentierten wir die neue Platte am 10. August auf dem *Wackelpeter* in Bielefeld, und da passierte etwas ganz Merkwürdiges: Während wir den Hardrockhasen spielten, liefen plötzlich ziemlich viele Leute von der Bühne weg und wir dachten: »Mist, die finden das doch zu hart und jetzt kommen die nie wieder …« Aber das Gegenteil war der Fall! Der Song kam so gut an, dass die sofort den Verkaufsstand stürmten und dort Tommy und Cora die CDs fast aus den Händen rissen. Ruckzuck waren alle mitgebrachten CDs ausverkauft, und Cora musste noch zwei Mal ins *NewTone*-Büro laufen, um neue Kartons voller CDs zu holen. Zum Glück war das Büro nur einige hundert Meter entfernt. Wir konnten es kaum glauben: Damit war der bis dahin größte Rekord bei unseren Verkäufen erzielt. Überhaupt ging es nach dieser CD erst so richtig los, und wir waren mit dem *Hardrockhasen* im November sogar auf einer CD-Beilage des Magazins *Rock Hard* vertreten. Das ist eine Zeitschrift für die Fans richtig harter Musik. Und da waren manche unserer ›erwachsenen‹ Bielefelder Rockmusikkollegen doch ein bisschen neidisch, dass wir kleinen Kinderrocker so etwas geschafft hatten. Und wir selbst waren natürlich total stolz und erzählten sogar dem Kassierer beim Einkaufen: »Haha, wir sind mit *Randale* im neuen *Rock Hard* – und jetzt kommst du!« Dass wir überhaupt im *Rock Hard* landeten, haben wir Carsten Keule Collenbusch zu verdanken. Er machte von 2008 bis zu seinem Tod im Juni 2021 ganz viel Promotion für uns und hat einen wesentlichen Anteil daran, dass wir und unsere CDs auch auf verschiedenen anderen Kanälen immer bekannter wurden.

Ab 2008 sorgte Carsten Collenbusch dafür, dass wir noch bekannter wurden. Er verstand viel vom Geschäft, unter anderem, weil er selbst Gitarrist war. Am Heiligabend 2014 gab er sich ganz entspannt und wurde so von seinem Bruder Peter im Bild festgehalten. Leider starb er im Juni 2021.

Ansonsten waren wir wieder gut unterwegs und absolvierten 28 Konzerte. Die meisten waren in und rund um Bielefeld wie etwa auf dem *Heeper Ting*, der zu einer weiteren Konstante in unserem Tour-Leben werden sollte. Aber wir waren auch in der Ferne unterwegs, etwa im *Ruf*-Kindercamp und sogar in Hamburg, Pegnitz und in Wyk auf Föhr. Dort gaben wir am 10. Juli zur Einweihung des *Ruf*-Kinderhotels ein Konzert in der Orchestermuschel an der Promenade. Für diese Bühne waren wir als Rockband eigentlich überhaupt nicht geeignet, denn normalerweise spielen dort nur Tanzbands ganz zarte Schlagermusik für, sagen wir mal: deutlich gereifte Menschen mit einem sehr speziellen Geschmack. Na ja.

Was für coole Typen dieser Peter Z und dieser Hardrockhase doch sind! Sie begleiten uns schon seit 2004 beziehungsweise 2008 und stehen unheimlich auf Sonnenbrillen und Hasenohren – Rockstars eben. Ein *Randale*leben ohne die beiden ist einfach nicht vorstellbar.

Was bisher niemand wusste: Schon im Schnulleralter stand Kleinharald auf Gitarren, tauschte die Ukulele aber später aus gutem Grund gegen eine feuerrote Metalaxt ein. Außerdem war er zeitweise Mitglied bei den *AHTKP* (*Anonyme Hasentotenkopfpiraten*), die – um nicht aufzufallen – stets in ordinärer *HTKP*-Uniform auftraten. Und dann auch das noch: Er ist bis heute gegen Atomkraft und ein heimlicher Fan des *Kraftwerks Heyden* in Petershagen-Lahde, das mit schweren und von Großdiesellokomotiven gezogenen Kohlegüterzügen beliefert wird. Wo er das bloß her hat?!

Bei den Aufnahmen zur *Harald*-CD wussten wir mittlerweile, wo der *Hardrockhase* lang läuft, denn es war schon unsere vierte Platte. Das Konzept war bewährt: Kuscheleinheiten, Quatschmacherei, Grillen und Konzentration bescherten uns ein tolles Endergebnis.

Das Studio in Künsebeck war uns bestens vertraut und schlagzeugtechnisch wurde alles aufgefahren, was möglich war. Dazu gehörten natürlich auch drei Snares von *Ludwig* sowie meine beim *Harald* zu hörende geliebte 7" *Yamaha 9000 Recording*. Die Fotos entstanden am 10. und 11. Mai 2008.

Schon am 1. Mai hatte sich Jochen in der Nachbarschaft anlässlich des Stadtfestes *Haller Willem* als ›Evil Esel‹ mit einer von Dani Kluge geschaffenen Mütze präsentiert, die später immer bei *Mama Lauter* zum Live-Einsatz kam.

2009

Fürther Lakritz

Wie William Wilson Nürnberg und das Mekka der Schokobananen zusammenbrachte.

Das Konzertjahr startete für uns am 22. Februar mit einer Karnevalsparty im *Zweischlingen*. Am Tag darauf fuhren wir zum zweiten Mal ins Spaßbad *Fürthermare* nach Fürth, wo wir nur in Badehosen und Badeschlappen auftraten. Ojemine, so was würde heute erst recht niemand mehr sehen wollen ... Schwierig war, dass durch das ganze Wasser und die feuchte Luft nicht nur die Instrumente ziemlich nass wurden – die mögen das gar nicht! –, sondern auch die Finger so aufquollen, dass es unheimlich schwer war, damit die Gitarren- und Basssaiten zu bearbeiten. Andererseits konnten wir zwischendurch so viel schwimmen und die Rutsche runterdonnern, wie wir wollten, juchu! Da mussten wir schon mal ein kleines Opfer bringen. Die Rückfahrt dauerte aber sehr lang, und richtig doof war, dass unser Bulli noch in Fürth einen Platten hatte und wir deswegen in der Winterkälte einen Reifen wechseln mussten. Das war kein Spaß.

Da immer mehr Veranstalter mitbekamen, dass es uns gab und wir gerne in die Ferne fuhren, erhielten wir auch immer mehr Angebote. So traten wir am 18. März zum ersten Mal im Stemweder *Life House* auf, wo wir seitdem fast jedes Jahr waren. Zwei Tage später ging es zu den *Kinderkulturtagen* nach Idar-Oberstein. Die Stadt ist bekannt für ihre Edelstein-Geschichte, aber wir wollten als Gegenleistung für unsere Musik gar keine Rubine und Smaragde, sondern nur normales Geld haben. Das gab es dann auch und obendrein eine Übernachtung in einem 23 Stockwerke zählenden Wolkenkratzer neben einem Verkehrskreisel im Ortsteil Idar. Das Gebäude hatten irgendwelche Leute dort 1971 bis 1973 als Diamant- und Edelsteinbörse errichten lassen. Dabei sieht das Haus eigentlich so aus, als hätten sie es rund 400 Kilometer weiter nordöstlich geklaut ....

HG

Wusstest du, ...

dass Idar-Oberstein einen 23-stöckigen Wolkenkratzer mit Diamant- und Edelsteinbörse besitzt und wir da schon übernachtet haben?

Zwei Monate später durften wir am 17. Mai 2009 im belgischen Bütgenbach-Worriken auftreten und waren damit erstmals im Ausland, cool. Aber wir durften da nur hin, weil dort ohnehin ganz viele Leute Deutsch sprechen und so auch die Texte verstehen. Der Aktionsradius wurde eben immer größer, und wir spielten auf vielen Festen. Zum Beispiel auf dem *Parkfest* in Waltrop, dem *Altstadtfest* in Jena und dem *Drachenfest* in Lemwerder. Neu für uns war auch die Teilnahme beim *Rock im Feld-Festival* in Rotenhain im Westerwald und vor allem: am 28. Juni beim *Ulmer Zelt*. An dem Tag wurde mein Papa 64 und Jochen wurde einen Tag später 40. Weitere zwei Tage zuvor war Michael Jackson gestorben, aber wir hörten auf der Fahrt nicht nur seine Musik, sondern auch das großartige Album *I-Empire* von *Angels & Airwaves*.

Das *Ulmer Zelt* ist jedenfalls eine ganz wunderbare Veranstaltung in und rund um ein Zirkuszelt direkt an der Donau. Dort finden über viele Wochen noch viel mehr Konzerte und andere Veranstaltungen statt, und es gibt viele leckere Dinge zu essen. Also an alle: hinfahren! Noch eine halbe Stunde vor dem Konzert dachten wir im ziemlich großen und komplett leeren Zelt: »Da kommt ja keiner, das wird der totale Reinfall!« Aber als wir auf die Bühne gingen, war die ganze Bude gerammelt voll und die Leute tobten so, dass es riesige Staubwolken gab, so als ob in *Buffallo Bill und die Indianer* eine Herde Büffel wegrennt. Rennen die da überhaupt weg? Keine Ahnung. Jedenfalls mussten wir nachher alle Sachen abputzen. Aber das war es uns bei dem tollen Konzert auch wert. Fast noch besser: Bei dieser Gelegenheit konnten wir wirklich alle T-Shirts und CDs verkaufen, die wir mit dabeihatten. Alle. Wahnsinn.

Mit Staub hatten wir es auch am 15. August 2009 auf dem *33. Stemweder Open Air* zu tun. Dort spielten die Bands nämlich auf einem Stoppelfeld. Es war ziemlich trocken und heiß, es liefen echte Punks herum, und plötzlich brannte nicht weit von der Bühne entfernt ein ganzes Auto aus. Warum, das haben wir nicht erfahren, aber als Jochen die Rauchschwaden sah, kam ihm sofort die Idee zum Lied *Tatü Tata*.

Der *Hardrockhase Harald* feierte zu dieser Zeit seinen ersten Geburtstag, und es war eine große Ehre für uns, dass wir mit ihm den 1. Jury-Platz beim *Deutschen Kinderliederpreis* belegen konnten. Das Lied und einige weitere durften wir daher am 10. Oktober in der Nürnberger *Tafelhalle* beim *11. Geraldino Kindermusikfestival* spielen. Allerdings machten wir vor Ort beim Publikum nur den zweiten Platz – angeblich mit einer Stimme Unterschied! Im Anschluss machten wir abends etwas, was wir unheimlich gern tun: Wir gingen noch zusammen essen. Im benachbarten Fürth war nämlich Stadtfest. Wusstet ihr übrigens, von wo nach wo die erste Eisenbahnstrecke in Deutschland führte? Na klar: Von Nürnberg nach Fürth! Die war sechs Kilometer lang und wurde am 7. Dezember 1835 eröffnet. Und die Lokomotive hieß *Adler* und war aus England herangeschafft worden, und der erste Lokomotivführer in Deutschland war auch Engländer und hieß William Wilson, weil es in Deutschland noch gar keine Lokomotiven und Lokomotivführer gab. Aber das wollt ihr ja wahrscheinlich gar nicht wissen – obwohl das ja schon zur Allgemeinbildung gehört …

Wusstest du, …

dass der 1935 fertiggestellte Nachbau des *Adler* 2005 bei einem Brand schwer beschädigt wurde und nun restauriert im Nürnberger *DB Museum* steht?

Jedenfalls war das Ausgehen abends große Klasse. Auf dem Stadtfest aßen wir Backfisch, der in einer Fischbude im ersten Stock gebraten wurde und dann über eine Rutsche nach unten zu den hungrigen Leuten gesaust kam. Toll! Und Fürth erwies sich als wahres Schokobananen-Mekka – die waren da nur halb so teuer wie auf dem Bielefelder Weihnachtsmarkt, kaum zu glauben! Kritze und ich überlegten sogar, ob wir vielleicht einen größeren Vorrat mit nach Hause nehmen sollten, aber dann dachten wir: »Ach neee, wenn die gute Belgische Schokolade (oder war es nur billige Fettglasur?) schmilzt, dann ist das ja auch nicht mehr so toll …« Und zum Schluss mussten wir ganz spät unbedingt noch in einem CD- und Schallplatten-Geschäft flüssiges Lakritz aus kleinen Flaschen trinken. Der Laden gehörte nämlich einem Freund von Marc, und der war Finne, und die Finnen, die mögen flüssiges Lakritz wie nix anderes. Wir aber nicht ganz so sehr, das merkten wir ziemlich schnell. Danach waren wir jedenfalls ganz schön satt, und uns war schwummerig, und es blieb nur noch: Zähneputzen und ab ins Bett.

Außerdem wohnt da Jochens und Marcs alter Kumpel Speedy. Der nennt sich im richtigen Leben Thomas Schier, war mal Gitarrist der Bremer *Dimple Minds* und arbeitet als Geschäftsführer von *Vision Fürth e. V.* Manchmal bucht er uns sogar für Konzerte und dann können wir bei ihm übernachten. Aber wenn sich Speedy beim nächsten Mal wieder nachts um halb drei im Wohnzimmer so laut durch seine Heavy-Metal-Sammlung fräsen sollte, dass nicht mal die Inuit auf Grönland schlafen können, dann rufen wir doch die Polizei und lassen ihn einfach abholen!

Warum wir so gern nach Fürth fahren? Weil es da die bestbilligsten Schokobanen gibt. Und Flüssiglakritz.

2009 ging es quer durch die Lande. Jochen posierte am 1. August mit *Harald* im Bielefelder *Raspi-Park*, am 13. September wurde die gesamte Kapelle in Dissen aus Bühnen-Perspektive abgelichtet und am 9. August in Fußball-Polo-Shirts auf der *Ballon-Fiesta*. Groß war der Andrang am 20. September beim Weltkindertag in Werther, und nicht nur am 20. August in Rotenhain war für zwei gebürtige Jöllenbecker viel Wartezeit zu überbrücken …

Ein großer Erfolg war unser Auftritt beim *11. Geraldino-Kindermusikfestival* in der Nürnberger *Tafelhalle* am 10. Oktober 2009, bei dem es einen vom Hausherren überreichten Scheck gab. Hatten wir bei der Jury den 1. Platz belegt, so setzte uns das Publikum lediglich auf den 2. — angeblich mit nur einer Stimme Unterschied …

GGS

Dass sich mit rockiger Kindermusik auch Erwachsene zur Polonaise verführen lassen, bewies unser Auftritt beim *Stemweder Open Air* am 15. August 2009.

JFK

GR

2010

Hasen und Piraten und Totenköpfe

Wie leicht es ist, im Studio schlecht zu trommeln, und was die Kollegen beim Konzert wirklich beschäftigt.

Das erste Konzert des Jahres spielten wir am 29. Januar im Bielefelder Jugendzentrum *Kamp*. Es war eine Benefiz-Veranstaltung für die Opfer einer Erdbeben-Katastrophe, die sich 17 Tage zuvor auf Haiti ereignet hatte. Gut zwei Monate später waren wir schon wieder genau da, also im *Kamp*, nicht auf Haiti, und führten vom 6. bis 9. April 2010 einen viertägigen *Randale*-Bandworkshop mit etwa 40 Kindern durch. Veranstaltet wurde er vom Kinder- und Jugendverband *Die Falken*. Dort konnten die Kinder in verschiedenen Gruppen singen, tanzen und Instrumente spielen, zum Teil auch ohne Vorkenntnisse. Insgesamt war es sehr lustig, und es gab viele wirklich schöne Momente. Aber mit so vielen Kindern auf einem Haufen kann es auch ganz schön anstrengend sein, und wir waren abends immer froh, wenn wir mal ein wenig Ruhe hatten. Gekrönt wurde das Ganze von einem Abschlusskonzert, bei dem alle Beteiligten auf und vor der Bühne standen.

PZ

Zwischendurch waren wir ein weiteres Mal im Studio gewesen, denn: Die Uhr tickte! Es waren einfach schon wieder zwei Jahre seit dem *Hardrockhasen* vergangen, und es sollte eine neue CD her, damit sich weder die Band noch das Publikum bei den Konzerten allzu sehr langweilen würden. Klar war: Es sollte wieder eine Mix-Platte mit verschiedensten Themen werden, denn: noch eine Tierplatte? Das hätten wir bei aller Liebe zur Kreatur an sich nervlich gar nicht durchgestanden. Ganz ohne Tiere ging es aber irgendwie auch nicht, und so waren immerhin ein paar Hühner mit dabei.

Und der Name der CD? Der entstand, weil Jochens Sohn Benno zu ihm gesagt hatte, dass die neue CD unbedingt etwas mit Piraten und mit Totenköpfen und auch mit Hasen zu tun haben sollte. Daraus wurde dann *Hasentotenkopfpiraten* (*HTKP*). Das war für manche ein schwieriges Wort, denn nicht alle kleinen Leute konnten das sofort richtig aussprechen. Meine Tochter Aki zum Beispiel sagte immer »Hasenpirotenkopf« und das gefiel zumindest mir sogar noch besser.

Beim Namen der CD war klar, dass irgendein Piraten-Motiv auf das Cover musste. Und so entwickelte Peter Z das großartige *HTKP*-Logo mit dem Totenkopf und den gekreuzten Möhrchen. Und weil das so super aussah, verliebten sich die Leute am Verkaufsstand und im Bestell-Shop auf unserer Homepage immer sofort darin. Schon dadurch wurde die CD auch zu unserer bestverkauften nach der ersten.

Die Aufnahmen fanden Mitte März statt, aber irgendwie ließ es sich etwas zäh an. Vor allem ich war mit mir selbst nicht zufrieden. Und war dann auch noch so blöd gewesen, mittendrin am späten Samstagabend ein Konzert mit meiner *AC/DC*-Tribute-Band *Big Balls* in Soest anzunehmen. Das ist übrigens die längste Band meines Lebens, weil ich dort schon im Februar 1999 eingestiegen war — fünf Jahre vor der Gründung von *Randale*, kaum zu glauben. Und es ist einfach eine Offenbarung mit Chicken, Haver, Pete und Sendman genau das zu veranstalten, was wir nur allzu gern zusammen tun: öffentliches Selbstdarstellungs-Rock'n'Roll-Yoga für immer älter werdende Männer.

Jedenfalls war ich am Sonntagmorgen unheimlich müde. Anschließend im Studio schlecht zu trommeln, das war dann ganz einfach, probiert das ruhig mal selbst aus. Aber mit dem Ergebnis musste ich wohl leben und hatte mal wieder etwas gelernt: Keine Konzerte mehr, während ich im Studio bin. Richtig gut war allerdings ein Radio-Beitrag, den ich auf der Fahrt nach Soest gehört hatte. In dem ging es um einen Parteitag, der irgendetwas mit demokratisch und frei zu tun haben sollte, und dazu wurde *Won't get fooled again* von *The Who* gespielt. Manche Musikredakteure haben eben Verstand und Geschmack gleichzeitig.

Obwohl ich nur so halbwegs mittelausreichend getrommelt hatte, sagte Jochen damals, ich würde ihm »ein Sofa aus Rhythmus« hinstellen. Das freut einen dann ja doch auch mal. Und so konnte ich mich auch nicht dagegen wehren, dass wir am 8. Mai 2010 auf dem Feuerwehrfest in Jöllenbeck ein erstes Produkt unserer jüngsten Aufnahmen präsentierten. Es war die Maxi-CD *Drei Feuerwehrlieder*. Aber warum gerade in Jöllenbeck? Weil Jochen und auch Marc dort herkommen. Und weil Jochen seine Heimat liebt, ganz besonders Jöllenbeck und fast noch mehr das Feuerwehrfest. Da hat er als Jugendlicher nämlich sehr viele schöne Erfahrungen sammeln können, die ihn zu dem schönen und grundgescheiten und gerade richtig dicken Mann in seinen besten Jahren haben werden lassen, der er heute ist. Was für ein Glück!

Aber nur Jöllenbeck, das reichte dann doch nicht. So sausten wir am 27. Juni 2010 mit dem Bulli wieder nach Belgien, dieses Mal aber zum *Hof der Regierung* auf dem *Musikmarathon* in Eupen. Kritze sagte, ich soll dazu unbedingt mit reinscheiben, dass an dem Tag gleichzeitig mit unserem Konzert ein bedeutendes Spiel der Fußballweltmeisterschaft in Südafrika stattfand, das sei ihm ganz wichtig. In dem besiegte die deutsche Nationalmannschaft das Team aus England in Bloemfontein mit 4:1 (Halbzeitstand 2:1). Sehr praktisch war, dass einer der Techniker nicht nur unser Konzert mischte, sondern gleichzeitig auch das Spiel auf einem kleinen Fernseher schaute. Und er war so nett, uns über sein Talkback – das ist so eine Art Geheimmikrofon für Gespräche zwischen Mischer und Band – immer den aktuellen Stand mitzuteilen. Nun, dann hat Kritze hiermit also seinen Willen bekommen und kann hoffentlich wieder gut schlafen.

Die neue CD präsentierten wir schließlich am 29. August erneut auf dem *Wackelpeter*, das war mittlerweile auch schon Tradition. Und am 19. September ging es zur *WDR Kinderliederwelt* in Köln. Dort war eine Bühne direkt neben der Hohenzollernbrücke am Rhein aufgebaut. Es spielten verschiedene Bands, und wir waren mit dabei, weil wir mit unserem *Geburtstagslied* den 1. Platz beim Geburtstagslieder-Wettbewerb des *WDR* gemacht hatten. Schirmherr des Wettbewerbs war übrigens Rolf Zuckowski, also ein absoluter Profi und der kennt sich mit Geburtstagsliedern ja nun mal wirklich aus. Super!

2010 hatten wir insgesamt 27 Konzerte gespielt, also etwas weniger als im Jahr davor. Dafür sollte das kommende Jahr mehr als doppelt so viele Auftritte bringen – nicht zuletzt, weil wir uns auf etwas völlig Neues eingelassen hatten …

Ein Live-Favorit ist seit vielen Jahren unser Song *Hasentotenkopfpiraten*. Hierfür holen wir immer einige Leute aus dem Publikum auf die Bühne, die dann auf Eimern aus dem Baumarkt trommeln. Das dürfen aber nur Erwachsene – weil die Eimer so erbärmlich chemische Dämpfe absondern und wir die Kinder nicht vergiften wollen …

Es ist ja wohl kein Wunder, dass auch Bullen Bock auf *Randale* ham' – denn Tierlieder stehen schon seit 2004 auf der Setliste!

Im März 2010 ging es für die CD *Hasentotenkopfpiraten* wieder ins Studio Künsebeck, in dem wir uns längst zu Hause fühlten. Es war eben alles vertraut und bewährt: Hocker und Notenpult für den Sänger, letztere auch für die Saiten-Fraktion samt ihren Verstärkern und Instrumenten.

Das *HTKP*-Motiv wurde entworfen, damit alle sofort sehen, was für gefährliche Typen wir sind.

Genauso wichtig: Entspanntes Quatschen unter Erhards wachsamen Ohren, die eine oder andere Leckerei und genug zu trinken.

Und natürlich gab es wieder die totale Trommel-Angeberei mit allem, was der stolze Besitzer so im Regal hatte.

Am 22. Mai 2010 ging es vor dem Video-Dreh zum *Feuerwehrlied* direkt neben Jochens Haus ins Rapsfeld, wo Stephan Röcken aktuelle Pressefotos von uns machte. Die unmittelbar nach der Session eingeleitete Untersuchung der Patienten ergab: kein Zeckenbefall — Glück gehabt!

Bereits am 9. April 2010 fand als Abschluss eines viertägigen Workshops mit rund 40 Kindern ein Konzert im Jugendzentrum *Kamp* statt. Schön war's – und wir ebenso froh, uns anschließend ein wenig erholen zu können …

Fast alles selbst gemacht – die Songs

Wie man vor einer roten Ampel Texte schreibt und wer jeweils zum Lesen der Geheimschrift zu blöd ist.

Jochen ist ein Mensch, der hat unheimlich viele Ideen zu allen möglichen Belangen des Lebens und die müssen zwischenzeitlich auch mal raus, weil: Sonst würde ihm irgendwann der Kopf platzen. Und das will ja keiner! Und weil er so viele Ideen hat, verarbeitet er die sehr oft in Liedtexten. Und er hat, wie ich finde, eine tolle und sehr oft lustige Sprache, um diese Ideen so umzusetzen, dass sie für Kinder und Eltern gleichermaßen passen. Er sagt uns immer mal wieder, dass wir anderen ja auch Texte schreiben könnten (damit verdient man nämlich auch mehr Geld bei der *GEMA*), aber irgendwie haben wir uns bislang noch nicht getraut. Vermutlich, weil die Messlatte so hoch liegt. Und uns einfach nix einfällt.

Es gibt Phasen, da schreibt Jochen unheimlich schnell unheimlich viele Texte. Die würden gar nicht alle auf ein Album passen, und es sind sicherlich auch nicht immer alle gleich gut. Aber das ist ein großer Vorteil: Wenn wir ein neues Album aufnehmen wollen, können wir so aus dem Vollen schöpfen und zusammen überlegen, welche Themen denn wohl am besten zueinander passen würden. Meist sind die Texte schon komplett fertig, bevor wir auch nur das kleinste Stück Musik komponiert haben. Das machen wir in der Regel nämlich zusammen. Manchmal trifft sich Jochen aber auch schon mal halbheimlich mit Christian oder Marc am Küchentisch. Dann gehen sie ganz ohne Mikrofon und nur mit einer Akustikgitarre die ersten Ideen und Harmonien durch und schreiben das auf. Das macht es oft leichter, wenn wir uns alle treffen und bestimmte Dinge schon geklärt sind. Was es allerdings wieder schwerer macht, ist, wenn die Zettel nicht wieder auftauchen ...

Die Texte zeigt Jochen uns, damit wir eine Vorstellung von den Inhalten bekommen und auch sagen können, was uns daran gefällt und was nicht. Und er erzählt unheimlich viel zu den Texten – so wie sonst eigentlich auch immer zu allem. Wir lassen ihn dann meist erst mal reden, wir kennen ihn ja ganz gut und wissen, dass er das braucht. Aber kurz bevor uns schwindelig wird oder wir Ohrenschmerzen bekommen, da sagen wir dann doch mal, dass er jetzt vernünftig sein und aufhören soll. Wie gut, dass er uns hat. Und für seine Familie ist das ja wohl bestimmt auch total super, dass er uns vollquatschen kann, dann müssen die sich das nicht alles anhören. Obwohl: Vielleicht erzählt er denen ja andere Geschichten? Oder dieselben, weil er die so gut findet? Das wissen wir gar nicht so genau.

Vor allem auf der ersten CD bedienten wir uns noch bei anderen Kompositionen, denn wir nahmen eine ganze Reihe von sogenannten Coverversionen von schon möglichst bekannten Liedern auf. So etwas mögen viele Leute, und wir wussten damals ja noch gar nicht richtig, wo es für uns überhaupt hingehen sollte. Da schien uns das der passende Weg. Schon ab der zweiten CD schrieben wir aber fast nur noch eigene Lieder, weil das viel spannender für uns war.

Die Musik zu *Guten Tag Herr Kapitän* heckten Kritze, Marc und ich ganz allein ohne Jochen, und da sind wir bis heute voll stolz drauf.

Wenn ein *Randale*-Lied entsteht, dann gibt es am Anfang also immer einen Text zu einem bestimmten Thema. Soweit ich mich erinnern kann, gibt es da nur eine Ausnahme: *Guten Tag Herr Kapitän*. Da probten nämlich Kritze, Marc und ich im Jahr 2005 einmal ohne Jochen, probierten rum und dachten uns einen ganzen Song aus. Und so konnte Jochen anschließend überlegen, welcher seiner Texte wohl dazu passen könnte.

Generell arbeitet Jochen sehr schnell. Einen Text – ich meine, es war der zur *Waschbärtrommel* von der ersten CD – hat er angeblich mal während einer Rotphase an einer Verkehrsampel geschrieben. Und als es grün wurde und er weiterfahren konnte, da war der Text praktisch fertig. So schnell rattert es in seiner Birne. Unglaublich! Aber es geht auch anders. *Afrika Randale* war zum Beispiel ein Song, den Jochen mir während einer Autofahrt nach Berlin vorgesungen hatte. Er saß am Steuer und ich auf dem Beifahrersitz. Und ich hatte sofort einige Ideen fürs Schlagzeug und für Percussion-Instrumente und schrieb die Ideen direkt auf, damit ich sie nicht vergaß.

Wenn wir uns endlich alle zusammen im Proberaum treffen, teilt Jochen uns meistens mit, dass er schon eine ziemlich klare Vorstellung zu diesem und jenem Song hat. Also, ob er zu einem bestimmten Text eine eher wilde oder eine eher ruhige Musikrichtung haben möchte. Dann sagt er zum Beispiel: »Der nächste Song soll unbedingt nach *Iron Maiden* klingen. Die Gitarre soll dies und das machen und das Schlagzeug am besten so sein wie im Lied XYZ und der Bass natürlich dann so und so!« Dann verdreht Kritze sofort die Augen und sagt: »So 'n Quatsch, ich will mir da selbst was ausdenken und mich nicht in meiner Kreativität einschränken lassen.« Oder Marc sagt: »Das ist ja mal wieder schlimmster Ostwestfalen-Funk, da mach ich einfach nicht mit!« Und ich sage: »Hier, das ist meine Idee dazu, denn das habe ich ganz tief in mir drin als Erstes gefühlt, und mein Erstgefühl, das lässt mich fast nie im Stich und da lass ich gar nicht erst mit mir diskutieren — eat this: trommeltrommeltrommel!«

Oft kommen am Ende völlig andere Sachen raus, als Jochen oder ein anderer von uns sich das ursprünglich mal vorgestellt hatte. So etwas anzunehmen ist nicht immer leicht, aber Kritik ist eben auch wichtig und letztlich entscheiden wir immer zusammen, womit wir gut leben können. Denn am Ende soll immer ein möglichst guter Song herauskommen. Dabei ist es mal wieder ein riesiges Glück, dass wir praktisch frei sind in dem, was wir machen möchten. Zum Beispiel bei den Musikstilen. Und wir haben auf viele Stile Bock, dann wird es weder für uns noch für das Publikum allzu schnell langweilig. So haben wir uns schon mit Rock, Punk, Pop, Reggae, Samba, Walzer, Disco, Bossa Nova, Country, Ska, Crossover, Hardrock, Beat, Wave, Metal, Polka, Balladen und sogar ein bisschen Fastsoetwaswiejazz ausgetobt.

Wusstest du, …

dass ein englisches *Zoll* (inch) ungefähr 2,54 Zentimetern entspricht? Das ist Mathe für Profis!

Was wir übrigens alle vier mögen, das ist englische Musik. Überhaupt ist ganz allgemein viel England mit drin bei der Musik. Das liegt zum einen daran, dass ganz viele coole Bands aus England kommen und die englische Sprache in vielen Teilen der Welt gesprochen wird. Außerdem werden im Musikbereich sehr viele Maße nicht in Zentimetern angegeben, sondern in Zoll. Ein Zoll (oder englisch »inch«) sind 2,54 Zentimeter. Wenn wir zum Beispiel eine Trommel mit einem Durchmesser von 14" (Zoll) haben, dann sind das 35,56 Zentimeter. Das ist ja wohl schon mal ganz schön kompliziert, so etwas auszurechnen. Na ja, aber das ist eben Mathematik und Mathematik ist eben kompliziert, das weiß ja auch jedes Kind.

Aber zurück zum Liederschreiben, dem Songwriting. Ein Song besteht meist aus verschiedenen Bausteinen, die sich beliebig zusammenstellen lassen, das ist so etwas wie ›*Lego* für die Ohren‹. Die wichtigsten Bestandteile sind:

· *Intro* — damit fängt der Song an, eine Einleitung, oft noch ohne Text,
· *Strophe* — davon gibt es mehrere und da wird durch den Text in Abschnitten eine Geschichte erzählt,
· *Refrain* — der ›Kehrreim‹, er kommt meist in ziemlich gleicher Form immer wieder vor,
· *Bridge* — die ›Brücke‹, eine Überleitung, zum Beispiel von der Strophe zum Refrain,
· *Solo* — bei uns meist für die Gitarre, und wenn Marc Bock hat, kann er da voll den Angeber raushängen lassen.
· *Outro* — das Ende.

Aus diesen Bestandteilen basteln wir unsere Lieder zusammen. Aber wir haben unterschiedliche Methoden, wie wir unsere Ideen und die Abläufe festhalten. Jochen schreibt seine Texte, tippt die in den Computer und dann druckt er sie auf Papier aus. Dann hat er die schon mal vorliegen. Und wir auch. Den Rest trägt er in seiner Birne rum — und wenn er etwas vergisst, dann fragt er eben uns. Oder auch nicht. Und dann sehen wir, was dabei herauskommt …

Kritze und Marc schreiben sich in der Regel die Harmonien und Akkorde für Gitarre und Bass auf ein Blatt Papier. So etwas nennt sich Leadsheet. Das heißt so viel wie ›Führblatt‹, also ein Blatt, das einen durch das Lied führt. Damit sollten die beiden eigentlich auch eine Woche später noch wissen, was sie sich am letzten Montag so ausgedacht haben. Was aber auch nichts hilft, wenn sie gar nicht mehr wissen, was das Aufgeschriebene eigentlich genau heißen soll oder — noch besser — gleich die Zettel verlegt haben. Und dann fangen sie wieder von vorne an …

Meinereiner wiederum schreibt meistens zunächst das Tempo auf, in dem wir das Lied spielen wollen. Wenn wir zum Beispiel ein typisches Disco-Tempo haben wollen, dann schreibe ich ganz oben auf mein Blatt in eine der beiden Ecken so etwas: ♩=120. Aber das Tempo kann sich während der Proben auch ändern, wenn wir der Meinung sind, dass es schneller oder langsamer besser wäre. Und dann schreibe ich mir auch die wichtigsten Rhythmen und Fills auf. Fills sind Füller, mit denen sich verschiedene Songteile verbinden lassen — schon wieder Englisch! Das mache ich mit speziellen Schlagzeugnoten. Die sind so eine Art Geheimschrift, die die anderen drei gar nicht lesen können, weil sie dafür zu blöd sind. Aber dafür kann ich deren Aufzeichnungen auch nicht lesen, weil ich dafür zu blöd bin. Das nennt sich ausgleichende Gerechtigkeit. Aber wir sind schon wieder beim Thema Mathe, das lässt sich aus der Musik fast gar nicht wegdenken, zum Beispiel: In welcher Taktart soll das Lied sein? Bei uns (und überhaupt bei den meisten Songs) sind es oft 4/4, also vier Schläge innerhalb eines Abschnitts, dem sogenannten Takt. Weitere Mathe-Fragen sind: Wie viele verschiedene Teile bekommt das Lied, wie oft spielen wir die, und wie lang sind die jeweils? Und es gilt noch mehr Fragen zu beantworten: Wie genau sollen Anfang und Ende gestaltet werden? Machen wir ein Fadeout? Das ist, wenn wir eigentlich immer weiterspielen, es aber bei der Aufnahme schließlich so klingt, als würde die Lautstärke immer leiser gedreht werden, bis nichts mehr zu hören ist. Wenn Cowboys am Ende eines Films in den Sonnenuntergang reiten, dann würde auch ein Fadeout gut passen, weil die dann ja immer kleiner werden. Und so ähnlich lässt sich das bei der Musik auch machen. Nun, das schreibe ich mir jedenfalls nach Möglichkeit alles auf. Und weil ich so pingelig und so ein Ordnungsfan bin, verliere ich meine Zettel praktisch nie und kann sie eigentlich auch immer lesen …

Randale – Studio Januar 2022

1. Geisterkrank 160 BPM
Normal, Splashes, kleine Crashes.

2. Bagger 102 BPM
Normal, hohe Snare, 20" Crash mit Kette, kleine Crashes.

3. Bumm Bumm Banana 92 BPM
Normal, heavy Snare.

4. R.A.N.D.A.L.E. 144 BPM
Normal, heavy Snare.

5. Sandkastenrocker 135 BPM
Normal, broken China als Hauptcrash, Tambourine auf Hi Hat.

6. Lama Drama Ding Dong 78 BPM
Normal, Besen, Bass gedämpfter Beater, C-Teil Cabasa.

7. Dingsbums 124 BPM
Normal, Besen, Tambourine auf Hi Hat.

8. Ich mag den Sommer 170 BPM

Normal, kleines Crashes un…

9. Schlummerpunk
Normal, Bass gedämpfter … Stick, rechts Rod (Strophe…

10. Müll
Normal, vier Toms, heav… Cowbell-/Agogo-Overd…

11. Kilometer
Normal, vier Toms.

12. Hasenparadies
Normal, heavy Snare

13. Flaschenpfand
Normal, vier Toms, … Percussion: Shaker, …

14. Samstagnach…
Simmons, fette Sn…

Der *Randale*trommler steht unheimlich auf Ordnung und Struktur. Deswegen legte er vor den Aufnahmen zur *Sandkastenrocker*-CD eine Liste für die 14 neu aufzunehmenden Songs an, in die das jeweilige Tempo und Besonderheiten der Instrumentierung eingetragen wurden. Ganz links seht ihr handschriftlich vermerkt, in welcher Reihenfolge die Lieder aufgenommen wurden — ganz anders, als sie auf der CD hintereinander kommen.

Für den Proberaum beschaffte Jochen ein Whiteboard, das eigentlich nur für die Schreibphase neuer Lieder genutzt wird. Auf dem vermerkte er mit »Phase I bis III« sowie »Studio« verschiedene Kategorien, um abschätzen zu können, wie weit die Projekte gediehen sind. Dann bastelte er Magnetschildchen für jedes anstehende Lied, die sich lustig hin und her schieben lassen. Es ist eben wichtig, immer etwas zum Spielen zu haben, falls die Langeweile überhandnehmen sollte.

GR

GR

Stichwort ›ordnungsfanatischer *Randale*trommler‹ die Nächste: Im Proberaum sind eine Menge Ordner archiviert, in denen sich Hunderte Seiten mit Noten zu den Songs vieler Bands verstecken, in denen er mal das Vergnügen spielen zu dürfen hatte. Gute Grammatikkonstruktion, oder? Jedenfalls finden sich dort beim Rückblick immer wieder interessante Dinge und die lassen sich ganz wunderbar nutzen, falls man zum Beispiel mal ein Buch über eine Band schreiben sollte …

GR

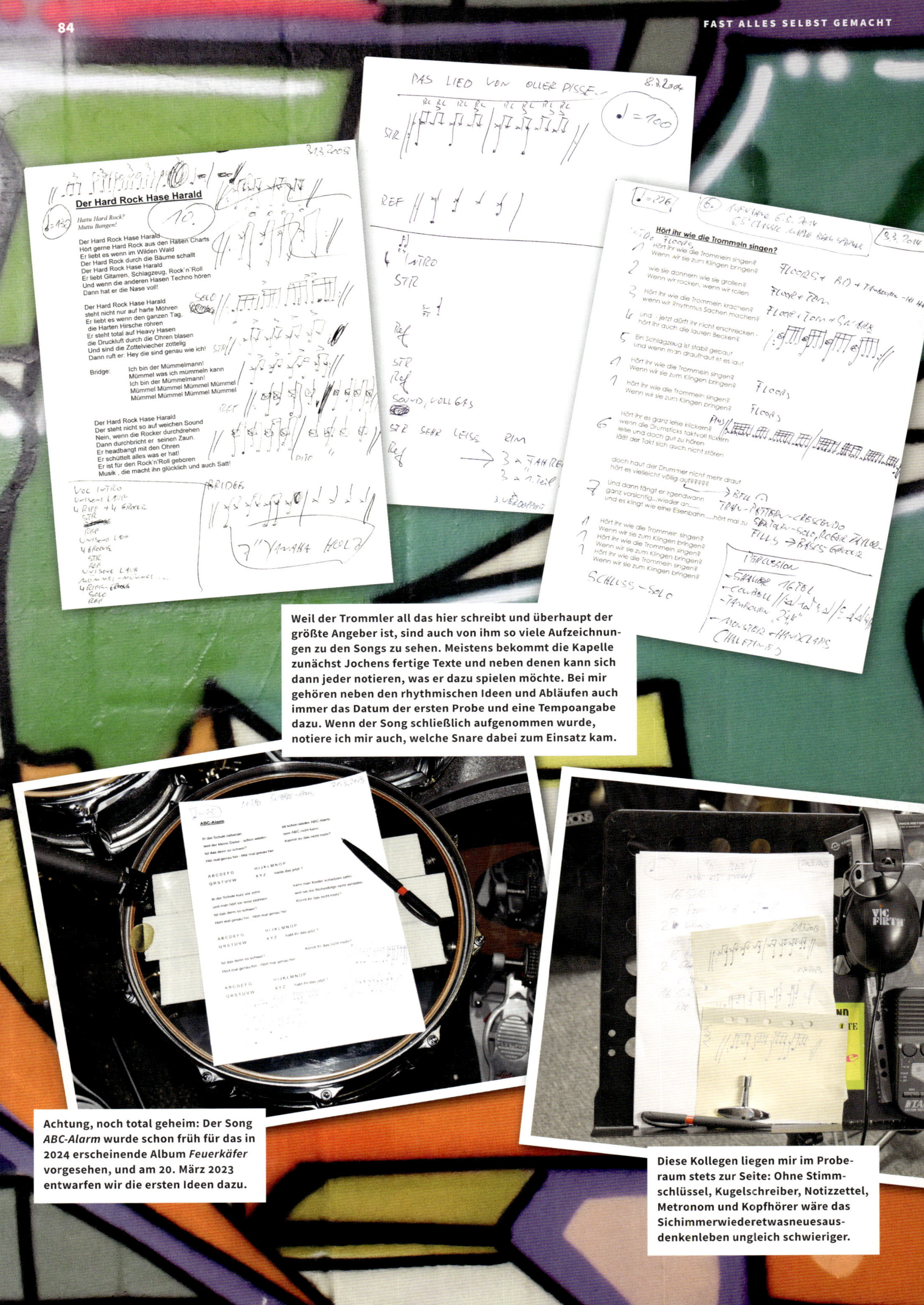

Weil der Trommler all das hier schreibt und überhaupt der größte Angeber ist, sind auch von ihm so viele Aufzeichnungen zu den Songs zu sehen. Meistens bekommt die Kapelle zunächst Jochens fertige Texte und neben denen kann sich dann jeder notieren, was er dazu spielen möchte. Bei mir gehören neben den rhythmischen Ideen und Abläufen auch immer das Datum der ersten Probe und eine Tempoangabe dazu. Wenn der Song schließlich aufgenommen wurde, notiere ich mir auch, welche Snare dabei zum Einsatz kam.

Achtung, noch total geheim: Der Song *ABC-Alarm* wurde schon früh für das in 2024 erscheinende Album *Feuerkäfer* vorgesehen, und am 20. März 2023 entwarfen wir die ersten Ideen dazu.

Diese Kollegen liegen mir im Proberaum stets zur Seite: Ohne Stimmschlüssel, Kugelschreiber, Notizzettel, Metronom und Kopfhörer wäre das Sichimmerwiederetwasneuesausdenkenleben ungleich schwieriger.

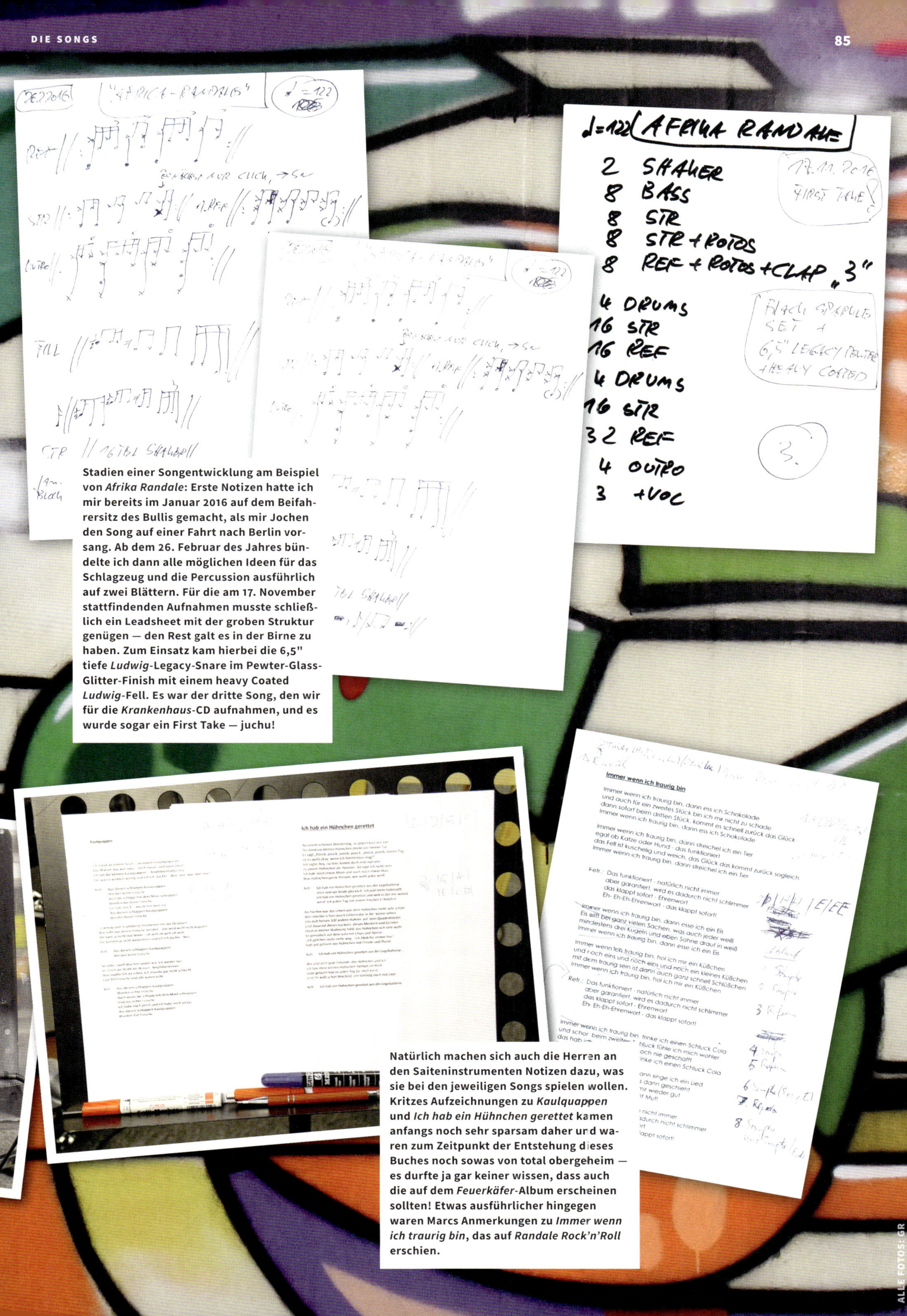

Stadien einer Songentwicklung am Beispiel von *Afrika Randale*: Erste Notizen hatte ich mir bereits im Januar 2016 auf dem Beifahrersitz des Bullis gemacht, als mir Jochen den Song auf einer Fahrt nach Berlin vorsang. Ab dem 26. Februar des Jahres bündelte ich dann alle möglichen Ideen für das Schlagzeug und die Percussion ausführlich auf zwei Blättern. Für die am 17. November stattfindenden Aufnahmen musste schließlich ein Leadsheet mit der groben Struktur genügen — den Rest galt es in der Birne zu haben. Zum Einsatz kam hierbei die 6,5" tiefe *Ludwig*-Legacy-Snare im Pewter-Glass-Glitter-Finish mit einem heavy Coated *Ludwig*-Fell. Es war der dritte Song, den wir für die *Krankenhaus*-CD aufnahmen, und es wurde sogar ein First Take — juchu!

Natürlich machen sich auch die Herren an den Saiteninstrumenten Notizen dazu, was sie bei den jeweiligen Songs spielen wollen. Kritzes Aufzeichnungen zu *Kaulquappen* und *Ich hab ein Hühnchen gerettet* kamen anfangs noch sehr sparsam daher und waren zum Zeitpunkt der Entstehung dieses Buches noch sowas von total obergeheim — es durfte ja gar keiner wissen, dass auch die auf dem *Feuerkäfer*-Album erscheinen sollten! Etwas ausführlicher hingegen waren Marcs Anmerkungen zu *Immer wenn ich traurig bin*, das auf *Randale Rock'n'Roll* erschien.

2011

Auf ins Theater

Wie ein vegetarischer Wolf zum Dienst geht und die Kapelle unvermutig die Instrumente rettet.

Das Jahr 2011 wurde das bis dahin wohl aufregendste für uns. Das lag einerseits an unserer Musik und andererseits am Theater. Wenn Musik und Theater kombiniert werden, nennt sich das Musiktheater oder auf Neudeutsch: Musical.

Weil es in Bielefeld so viele Leute gibt, die gern ins Theater gehen, werden dort viele verschiedene Stücke gespielt, und deswegen gibt es dort neben einigen anderen Theatern gleich zwei, die von der Stadt betrieben werden. Das sind das große *Stadttheater* und das kleine *Theater am Alten Markt* (*TAM*). Theater — das klingt irgendwie immer ein wenig geheimnisvoll, so nach großer Welt und so.

Jochen hatte bei irgendeiner Gelegenheit Ende 2008 einmal den Intendanten Michael Heicks, also den Theaterkapitän, getroffen und ganz mutig gefragt: »Wollen wir nicht mal etwas zusammen auf die Beine stellen?« Das fand der gleich gut, weil er auch mitbekommen hatte, dass wir immer erfolgreicher wurden, und das Theater war ja sowieso erfolgreich, und dann könnten wir ja auch alle zusammen erfolgreich sein. So etwas nennt sich Win-win-Situation, also so, als ob es beim Fußballspiel keine Verlierer, sondern nur Gewinner gibt. Aber wäre das dann nicht ›unentschieden‹? Egal. Jedenfalls wollten sie unbedingt ein Theaterstück über ein Bielefeld-Thema machen, und da bot sich natürlich der ebenfalls sehr erfolgreiche Tierpark an — also noch ein Gewinner!

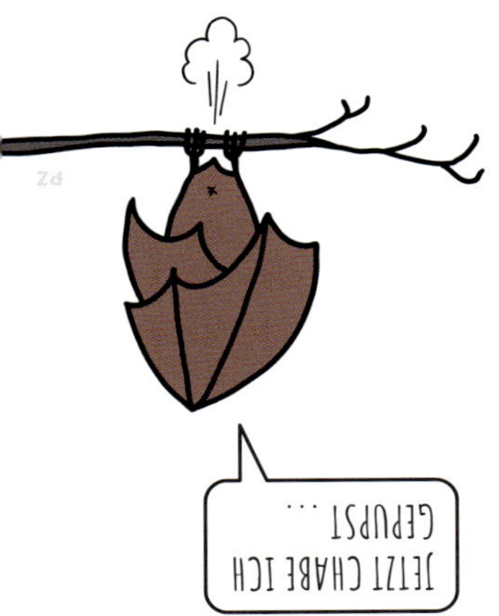

Die Bielefelder Schauspielerin Carmen Priego wollte sowieso längst mal ein Theaterstück schreiben, und genau die bekam dann auch den Auftrag für *Randale im Tierpark*. Dabei stimmte sie sich immer wieder möglichst gut mit Jochen ab, auch weil sie einige von ihm ausgedachte Figuren in das Stück mit einbauen wollte. So geht es vor allem um den Hardrockhasen Harald, der aus ungeklärter Ursache aus dem Tierpark verschwindet, und seine Freunde, die nach ihm suchen und ihn finden — vielleicht ... Die Freunde, das sind der Hase Conny, das Schaf Julia, der vegetarische Wolf Manfred (der ist total in das Schaf verliebt und will es deswegen nicht fressen), die rumänische Fledermaus Vladimir und viele andere Tiere. Der Tierpfleger Ottokar und die Tierpflegerin Martina sind auch dabei. Carmens Text ist wirklich sehr lustig, und manche Zitate leben bei uns heute noch fort. Zum Beispiel Vladimirs Bekenntnis: »Jetzt chabe ich gepupst!«

Die Organisation an einem Theater ist eine ganz schön komplizierte Sache. Weil da so irre viel Leute dranhängen, muss das Programm mit den verschiedenen Stücken von langer Hand im Voraus geplant werden. Bei unserem kleinen Vierleutehaufen ist das oft sehr viel einfacher, und wir können schneller reagieren. Zum Beispiel, wenn jemand spontan eine Party machen möchte und uns fragt, ob wir da nicht spielen können, dann telefonieren wir schnell untereinander und können ganz fix zu- oder absagen. Beim Theater ist das ganz anders, die müssen dann sagen: »Spontane Party — wisst ihr eigentlich, was hier bei uns los ist?! So etwas könnt ihr heute für den Herbst in drei Jahren buchen ...«

Also hatte auch unser Stück einen recht langen zeitlichen Vorlauf. Wirklich neue Musik mussten wir nicht schreiben, die hatten wir schon auf den beiden Tierlieder-CDs zur Genüge produziert. Aber es musste eine Auswahl getroffen und die einzelnen Lieder so verändert und meist auch gekürzt werden, dass sie möglichst gut zum Stück passen würden. Das war Aufgabe des Regisseurs Peter Kirschke, und der war eigentlich auch Musiker. Für uns war das manchmal etwas komisch, wenn uns ein anderer sagte, wie wir unsere eigene Musik ändern sollten, aber das klappte am Ende doch ganz gut. Zum Beispiel übernahmen wir Peters Vorschlag für ein neues dramatisches Gitarren-Intro zur *Fli-Fla-Fledermaus* auch in unser normales Konzertprogramm.

Besonders war, dass wir als Live-Band mit auf der Bühne sein und uns selbst darstellen würden. Und im Rahmen unserer äußerst bescheidenen Möglichkeiten sollten wir sogar schauspielern. Bis auf Jochen mussten wir anderen aber gar kein Wort sagen, das war auch gut so. Aber wenn der Regisseur zu uns sagte: »Schaut an der und der Stelle mal total verwundert aus der Wäsche!«, dann versuchten wir das auch. Wäsche hatten wir sowieso an und verwundert geschaut, das hatten wir in unserem Leben schon ein paar Mal sehr erfolgreich getan. Trotzdem fühlte sich es komisch an: Verwundert schauen, wenn man gar nicht verwundert ist. Das ist irgendwie wie flunkern. Jedenfalls ist es doch ganz gut, dass wir eben lieber Musiker statt Schauspieler geworden sind.

Aber es gab natürlich mal wieder ein sehr schwieriges Thema: die unbändige Lautstärke des Berserker-Schlagzeugers, ach herrje … Dabei sieht der gar nicht so aus. Aber er tut gern so. Und das finden längst nicht immer alle gut, gerade im Theater. Und dann wird auch schon mal mit zusammengebundenen Mikado-Stäbchen gedroht, die mit Plastikband in Evangelischlila zusammengehalten werden. Jedenfalls kann man im Leben manchmal einfach froh sein, wenn andere Leute endlich in Rente gehen. Auch wenn uns das in dem Moment damals nicht half … Bei der letzten Nummer war die Lautstärke aber kein Problem, denn da tanzten wir einfach wieder die *Affendisco* zum Playback.

Zum Theaterstück gab es eine CD mit den im Musical auftauchenden Liedern. Die waren an manchen Stellen leicht verändert worden oder auch mal ohne Gesang mit drauf. Im Stück selbst wurden die Lieder zum Teil aber noch einmal anders gespielt, und überhaupt gab es bis zur Generalprobe fast jeden Tag immer wieder kleine Änderungen bei den Abläufen und der Musik. Das war manchmal ziemlich verwirrend, und wir waren uns überhaupt nicht sicher, ob wir uns das immer in der neuesten Version merken konnten. Deswegen schrieben wir alle Anweisungen mit und versuchten, möglichst viel auswendig zu lernen. Denn das mussten die Schauspielerinnen und Schauspieler ja auch. Die konnten nicht mitten in der Aufführung sagen: »Moment mal, ich habe gerade meinen zweistündigen Monolog vergessen, ich geh mal gerade in den zweiten Stock in die Garderobe und schau im Textbuch nach …«

Nach fast drei Monaten Konzertpause fand unser erster Auftritt am 6. März bei einer Einführungsmatinee im *TAM* statt. Bei der Gelegenheit wurden das Stück, die Figuren und die Musik schon einmal in kurzen Ausschnitten vorgestellt. Insgesamt war *Randale im Tierpark* allerdings ungefähr eine Stunde und 15 Minuten lang, ohne Pause. Dass unser Musical im kleinen Haus stattfand, lag übrigens an einer ganz einfachen Gleichung: Rockmusik für Kinder = kleine Leute = kleine Kapelle = kleines Theater, also das *TAM*. Dort zu spielen war aber trotzdem eine sehr große Ehre für uns.

Wusstest du, …

dass ein *Monolog* eine Art Gespräch ist, in dem man sich mal so richtig mit sich selbst ausquatschen kann?

Immer mit der Ruhe! Während der Proben und vor allem vor der Premiere von *Randale im Tierpark* waren wir wahnsinnig nervös, total aufgeregt und fast unheimlich am Durchdrehen dran. Gut, wenn wir uns in der *TAM*-Backstage mal ein wenig gegenseitig zu beruhigen vermochten (7. März 2011).

Am Abend des 12. März wurde endlich die Premiere gefeiert, und es gab sogar ein eigenes Programmheft nur für unser Stück! Allerdings waren wir wahnsinnig aufgeregt. Sogar meine Eltern waren da, und so schlimm hatten wir uns noch nie vor einem Konzert gefühlt. In der Garderobe rasten wir wie wilde Tiger, die jeder eine ganze Kiste Cola auf ex getrunken hatten, immer an der Wand lang und hatten Herzklabastern und wollten gar nicht mehr leben. Dazu kam, dass es im Theater bei einer Premiere üblich ist, dass alle Leute von allen anderen Leuten kleine Geschenke bekommen. Aber das hatte uns niemand gesagt! Und da saßen bzw. rasten wir nun in unserer Garderobe herum, waren voll total am Durchdrehen dran und hatten obendrein noch ein schlechtes Gewissen, weil wir mit Geschenken überhäuft worden waren, aber ja selbst gar keine mitgebracht hatten. Marc verriet uns dann den Trick, dass man sich bei geschlossenen Augen ganz leicht auf die Augäpfel drücken kann. Aber nur ganz, ganz leicht, sonst wird es gefährlich. Das würde beruhigen — und es funktionierte tatsächlich. Dann ging es auf die Bühne, und es war wie ein Rausch, und alles klappte super, und die Leute waren ganz aus dem Häuschen, und alle hatten gute Laune — wie im Märchenbuch. Puh!!!

Toll am *TAM* ist, dass es dort im Erdgeschoss ein kleines Lokal gibt, in dem leckere Häppchen und auch Birnensaft gereicht werden. Dort stärkten und erholten wir uns nach den Proben und Aufführungen sehr oft. Jedenfalls blieb vermutlich die Hälfte unseres Geldes gleich im Haus. So etwas nennt sich Warenkreislauf: Die beschäftigen uns, und wir beschäftigen die. Oder so ähnlich.

Was sich für uns als Rockmusiker allerdings merkwürdig anfühlte, war, dass im Theater ›Dienst nach Vorschrift‹ angesagt war. Es sollte immer alles möglichst genau gleich sein, und die Leute auf und hinter der Bühne sprachen tatsächlich von »Dienst«, auch die Schauspielerinnen und Schauspieler. Das klang irgendwie so nach Pflichterfüllung, dabei sprachen wir ja immer von »Konzert« und das bedeutet für uns ›Spaß und Aufregung‹. Und so waren wir auch sehr froh, zwischendurch immer wieder ›normale‹ Konzerte spielen zu können.

Die beiden vorerst letzten Musical-Aufführungen fanden am 12. Juni statt, und so waren wir anschließend wieder ausschließlich in eigener Sache unterwegs. Überwiegend in Ostwestfalen, aber auch wieder in Ulm, Ahaus, Hamm, Hundsmühlen bei Oldenburg oder in Delmenhorst. Am 9. Juli kamen wir beim Bielefelder *Wiesenrock* sogar noch mal mit dem Leben davon. Es war eigentlich ein schöner Tag, aber es herrschten enorme Sturmböen. Wir hatten gerade unseren Soundcheck beendet, waren bereit für das Konzert und wollten nur noch einmal kurz kontrollieren, ob hinter der Bühne wirklich genügend Kekse und Gummibärchen für uns bereitlagen. Leider war aber die gesamte Bühne nicht wirklich gut gegen Sturm gesichert, und plötzlich gab es einen wahnsinnigen Windstoß, der das Dach der Bühne mit dem ganzen Gestänge einmal anhob und wieder fallen ließ. Danach sah fast nichts mehr so aus wie zuvor ... Alle Gerüstteile standen schief, und das ganze Dach drohte einzustürzen. Die Feuerwehr wollte uns nicht mal mehr erlauben, unsere Sachen aus der Gefahrenzone zu holen. Aber da waren wir ausnahmsweise unvernünftig und mutig zugleich, also unvermutig, und retteten ganz schnell unsere Instrumente. Danach mussten wir improvisieren und spielten das Konzert mitten auf dem Rasen auf einer schnell zusammengebastelten Bühne. Dort konnte uns wenigstens kein Dach mehr auf den Kopf fallen, nur der Himmel.

Ebenfalls nicht rund lief es auf der Kindermesse *Playit!* am 17. Juli in Osnabrück, da müssen wir gar nicht ins Detail gehen. Dabei ist die Stadt eigentlich so toll und hatte bis zum Bau des neuen Berliner Hauptbahnhofs sogar den größten Turmbahnhof in ganz Deutschland. Wusstet ihr das schon? Bei Turmbahnhöfen kreuzen sich die Gleisstränge auf mindestens zwei verschiedenen Ebenen. Also, das kann ich ja bei Gelegenheit noch mal genauer erklären, jetzt habe ich aber keine Zeit dazu. Na ja, jedenfalls war der 17. Juli in vielerlei Hinsicht mal so richtig ›nicht so gut‹! Egal, in solchen Fällen halten wir es mit den Jungs der Band *Kettcar*: »Das Gute an schlechten Zeiten: Pferde satteln, weiterreiten.«

Im August veranstalteten wir zum zweiten Mal mit den *Falken* einen viertägigen Bandworkshop mit 32 Kindern im Jugendzentrum *Kamp*. Und es gab noch einen kleinen Rekord, zumindest für uns: Am 10. September standen gleich drei Konzerte auf dem Zeitplan. Doch der war so eng, dass wir sogar mit zwei Backlines (Instrumente und Verstärker) arbeiten mussten. Also nahmen wir nicht nur unsere eigenen Instrumente mit, sondern liehen alles noch mal bei unserem Kumpel Brömel. Der sammelt nämlich Unmengen von allen möglichen Instrumenten und Verstärkern und verleiht die dann auch — das ist ein toller Hobbyberuf. Und dann lief es so ab: Wir fuhren zuerst zum zweiten Konzertort in Bielefeld und bauten da unsere eigenen Sachen auf. Dann sausten wir zur ersten Veranstaltung in Stukenbrock, bauten dort die Sachen von Brömel auf, spielten direkt und fuhren anschließend zum zweiten Konzert, wo ja schon alles parat stand. Dann spielten wir dort, bauten ab und wären am liebsten für eine Woche in den Urlaub gefahren, weil wir so schlapp waren. Das ging aber nicht, denn wir mussten ja noch zum dritten Konzert. Dort bauten wir mit letzter Kraft auf und dachten: »Wir schaffen jetzt nur noch ein paar Balladen und Kuschellieder«. Aber dann kam — paff! — die dritte Luft und wir legten das ganze Bielefelder Theaterfest in Schutt und Asche. Wunderbar.

Zwischendurch gab es immer noch Leute, die fragten: »Rockmusik für Kinder — was soll das denn sein?!« oder: »Und davon kann man leben?« Na ja, immer mehr, irgendwie. Und um bei der Tradition zu bleiben, spielten wir eines der Weihnachtskonzerte wieder im *Zweischlingen*. Und ganz früh am nächsten Morgen kam meine zweite Tochter Signe zur Welt. Das hatte die perfekt geplant, weil sie ja wusste, dass sie das Konzert abwarten musste, damit ich erst noch ein wenig Geld verdienen konnte, um jetzt wieder ganz schnell neue Windeln kaufen zu können.

Unser Kumpel Brömel gehört hier einfach noch mal hin — obwohl er nach seiner Heirat eigentlich Raschel heißen müsste ... Er betreibt den Instrumentenverleih *Grand Tourismo* und ist seit 2017 stellvertretender Technischer Leiter des Theaters Gütersloh.

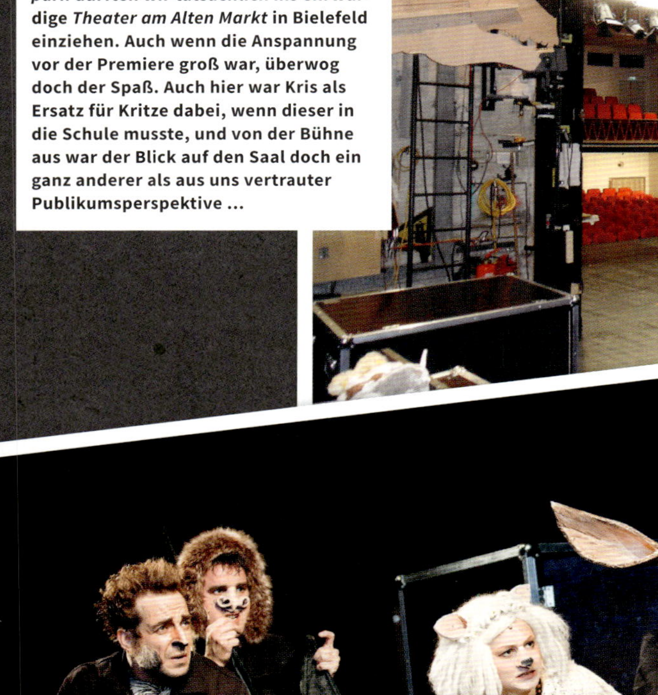

Was für eine Ehre: Mit *Randale im Tierpark* durften wir tatsächlich ins ehrwürdige *Theater am Alten Markt* in Bielefeld einziehen. Auch wenn die Anspannung vor der Premiere groß war, überwog doch der Spaß. Auch hier war Kris als Ersatz für Kritze dabei, wenn dieser in die Schule musste, und von der Bühne aus war der Blick auf den Saal doch ein ganz anderer als aus uns vertrauter Publikumsperspektive …

Auf der Suche nach Harald: Wolf Manni (Guido Wachter), Fledermaus Vladimir (Lukas Graser), Schaf Julia (Julia Friede) und Hase Conny (Nicole Paul) wollen um jeden Preis ihren Freund finden!

So sieht ein Hensch aus: Georg Böhm verkörperte den Harald auf großartige Weise und fühlte sich zwischenzeitlich als Mischung aus Hase und Mensch.

Das ist Liebe! Wolf Manni und Schaf Julia waren einfach füreinander geschaffen.

Grande Finale: Am Ende einer jeden Show stand natürlich der vom gesamten Ensemble präsentierte Song vom *Hardrockhasen*. Hier sind auch Christina Huckle (mit roter Weste) als Tierpflegerin Martina und Oliver Baierl (mit gelber Jacke) als Tierpfleger Ottokar zu sehen.

PO

PO

PO

PO

GR

Auf Tuchfühlung mit *Simply Red*, *Smokie* und Robbie Williams — so präsentierte der lokale Fachhandel unsere CDs im Januar 2011, und da konnte man schon ein wenig stolz sein.

Gelebtes Bandfamilienglück! Vor allem die Kollegen von der Saiten-Fraktion zeigten sich beim Konzert im Bielefelder *Kamp* am 17. Juni 2011 einander besonders zugeneigt.

Noch mal mit dem Leben davongekommen! Eine heftige Windbö brachte am 9. Juli 2011 in Friedrichsdorf praktisch die gesamte Bühnenkonstruktion mangels ausreichender Sicherung zum Einsturz, und so musste das Konzert eben auf einer schnell gebastelten Ersatzbühne auf dem Rasen stattfinden.

Applaus, Applaus, Applaus! Am 17. Juli 2011 galt dieser der *KiKa*-Moderatorin Singa Gätgens bei der *Playit!* in Osnabrück.

Fest im Angebot sind seit vielen Jahren unsere Karnevalskonzerte, hier die tagesaktuelle Kostümierung vom 6. März 2011 im *Zweischlingen*.

Ganz alte Bühnen-Regel: Wenn gefragt wird, immer melden – egal, worum es geht! Hauptsache, alle tun so, als hätten sie aufgepasst, so auch beim *Ulmer Zelt* am 26. Juni 2009.

2012

Roter Salon und grüner Gitarrist

Wieso Egon Olsen den Durchblick hat und Jochen später für die Volkshochschule pupsen könnte.

Also, 2011 war ja wohl ganz schön viel los gewesen. Und auch 2012 sollte unheimlich intensiv werden. Gleich zu Anfang ging es am 22. Januar nach Berlin, in den *Roten Salon* der *Volksbühne am Rosa-Luxemburg-Platz*. Das hatten wir Patricia Parisi zu verdanken. Seit 2011 macht sie Veranstaltungen unter dem Namen *Milchsalon*, und so holte sie auch uns in die große Stadt und betreut uns dort bis heute. Nach dem eher unglücklichen Auftritt auf der *ITB* war es unser erstes ›richtiges‹ Berlin-Konzert, und wir hatten nur vorsichtige Erwartungen. Die sollten aber bei weitem übertroffen werden.

Kurz vor dem Konzert gingen Marc und ich noch mal auf die Toilette, und dort befanden sich neben den Waschbecken Fenster, die bis zum Boden reichten. Von dort aus konnten wir eine Schlange von Leuten sehen, die mehrere Stockwerke unter uns am ganzen Gebäude entlangstand. Die Kasse war aber schon längst geöffnet, und erst da kapierten wir, dass auch das ganze Treppenhaus voll mit Leuten sein musste, die uns sehen wollten. Da waren wir wirklich sehr stolz. Und weil es so gut lief, buchte Patricia uns sofort wieder, damit wir am 6. Mai gleich zwei Konzerte spielen konnten, je eines am Vor- und Nachmittag.

Der 3. Februar brachte um 17:00 Uhr die Wiederaufnahme unseres Musicals am *TAM*. Zwar standen noch einmal einige Proben an, aber nun waren wir den ganzen Zirkus ja schon gewöhnt und längst nicht mehr so aufgeregt wie vor der Premiere. 24 Tage darauf fand in der *Alten Hechelei* in Bielefeld die Verleihung der *Kultursterne des Jahres 2011* statt. Veranstaltet wurde sie von örtlichen Tageszeitungen, genauer: der *Neuen Westfälischen*, dem *Haller Kreisblatt* und der *Lippischen Landes-Zeitung*. Einer von zwölf Sternen ging an *Randale im Tierpark*, und den teilten sich Carmen und Jochen stellvertretend für das Theater und die Band. In Bielefeld wurde das Stück am 25. März zum letzten Mal gespielt. Das war schon etwas traurig, aber auch irgendwie gut. Denn wir wollten ja nicht nur ›Dienst‹ machen, sondern vor allem frei rocken. Ganz vom Bielefelder Theater verabschiedet hatten wir uns damit noch nicht. Am 22. April traten wir nämlich noch einmal im Rahmen der speziell für Kinder gedachten Veranstaltungsreihe *Musik voll fett* unter dem Motto *So geht's nicht weiter! Musikalische Protestnoten* auf. So durften wir ausnahmsweise mal im großen Haus spielen, dem *Stadttheater*, und da konnte man doch schon mal wieder ein wenig Bammel haben. Es waren klassische Werke von Claude Joseph Rouget de Lisle, Ludwig van Beethoven, Oliver Knussen, Kurt Weil/Max Schönherr, Mauricio Kagel und Richard Strauss angekündigt – gespielt von den *Bielefelder Philharmonikern* mit all den an ›ernsten‹ Instrumenten virtuos ausgebildeten Musikerinnen und Musikern. Über allen thronte der Dirigent, aber wie gern die sich alle untereinander hatten, konnten wir nicht beurteilen. Hoffentlich ist es in Bielefeld nicht so schlimm wie am *Königlichen Theater in Kopenhagen*. In *Die Olsenbande sieht rot* klärt Egon Olsen seine Kollegen Benny Frandsen und Kjeld Jensen nämlich auf, wie es dort in Wirklichkeit aussieht: »Der Dirigent – (...) er hasst das Orchester. Das Orchester, die Kapelle, hat dauernd nur Stunk mit den Opernsängern, die Sänger verachten das Ballett, die Balletttänzer die Schauspieler, die Schauspieler krachen sich untereinander, und die Techniker sind überzeugt, dass überhaupt nur sie arbeiten!«

Wusstest du, ...

dass die *Olsenbande* am liebsten Tresore der Marke *Franz Jäger* aus Berlin knackt, aber ihre Coups fast immer scheitern?

Neben all diesen studierten Dam- und Herrschaften sollten wir kleinen Quatschmacher also bestehen – Halleluja! Noch ein Problem: Theater sind meistens so gebaut, dass jedes auf den Boden fallende Sandkörnchen einzeln zu hören ist. Damit auch leise Texte bestens zu verstehen sind. Und bei lauten Sachen ...? Bei uns standen drei Songs auf dem Programm: *Nein*, der *Hardrockhase* und *Das ist Liebe*. Bei aller Angst und Respekt beschloss ich in der Not, dass es nur eine Möglichkeit gab: Die Flucht nach vorn und zeigen, wie wir wirklich sind. So gaben wir richtig Gas und ließen die Wände wackeln. Und das kam sogar bei fast allen gut an. Nur in der ersten Reihe verließ ein Opa beim *Hardrockhasen* schimpfend den Saal und faselte irgendetwas von »Körperverletzung«. Aber vielleicht musste der auch nur zum Klo oder pünktlich zum Mittagessen zu Hause sein. Die letzten beiden Musical-Aufführungen fanden jedenfalls am 15. und 17. Juni als Gastspiele im *Theater Gütersloh* statt, und am 25. August durften wir noch einmal beim Theaterfest vorm *TAM* auf dem Alten Markt auftreten. Dann war es aber auch wirklich mal gut.

So konnten wir uns wieder voll auf unsere Tonträger und Konzerte konzentrieren. Bereits am 8. April war unsere Sampler-CD *Randale am Strand* erschienen. Die enthielt überwiegend ältere Lieder (zum Teil mit neuen Texten), aber auch zwei neue, nämlich *Föhr!* und *Urlaub*. Die hatten wir ganz frisch im März aufgenommen. *Urlaub* war dann auch auf dem folgenden ›richtigen‹ Album *Punkpanda Peter* enthalten. Das ist übrigens meine heimliche Lieblingsplatte. Für die waren wir Anfang Juni im Studio, und trotz des Titelsongs, *Kleine dicke Hunde* und *Der Läuse-Song* war auch dies kein Tierlieder-Album. Einen Monat später fuhren wir unserer Strand-CD hinterher und präsentierten sie am 10. und 11. Juli im *Schapers* in Wyk auf Föhr live – natürlich direkt am Strand.

Vom 9. bis 12. Oktober stand der nächste Workshop mit Kindern an. Wieder über vier Tage und wieder im *Kamp*. Bei der Gelegenheit: Es geschieht ziemlich oft, dass wir von Kindern selbstgemalte Bilder, Zeichnungen und Plakate bekommen. Ein solches hatte auch die Workshopteilnehmerin Inga angefertigt und dabei endlich mal auf den Punkt gebracht, worum es hier wirklich ging: »*Randale* ist cool und wer das nicht weiß, ist ein IDIOT!« Keine weiteren Fragen, Euer Ehren.

Ansonsten fuhren wir wieder viel im Land umher. Zum Beispiel nach Kelsterbach bei Frankfurt. Und Köln. Und Duisburg. Und Dorsten. Und Nattheim. Wo das liegt? Na ja, ziemlich weit unten in Baden-Württemberg, an der Grenze zu Bayern. Jedenfalls muss man da aus Richtung Bielefeld von der Autobahn rechts abfahren, dann links drunter durch, im Kreisel die zweite Ausfahrt und dann ist man praktisch schon da. Nattheim ist uns durch verschiedene Konzerte in Erinnerung geblieben, aber eines sticht besonders hervor: das am 14. Oktober 2012 in der Gemeindehalle.

Zum Glück erleben wir als Band vor allem gute Tage zusammen. Aber jeder von uns hat auch mal einen schlechten Tag. Dann zwickt es hier und dort, derjenige ist übellaunig, mault rum und hat zu wirklich nix, aber überhaupt mal gar keine Lust nicht mehr. Marc zum Beispiel bekommt ganz schnell sehr schlechte Laune, wenn er Hunger hat. Am 14. Oktober hatte Marc keine schlechte Laune, weil es eine wirklich riesige Vesper-Platte vom örtlichen Schlachter gab, mit – Achtung, wieder Mathe! – weit über einhundert Prozent Fleischanteil. Aber zum Glück waren da auch noch andere Sachen dabei, Brezeln und Alibigemüse und so. Jedenfalls gab es schon vor dem Konzert mehr als genug zu essen. Dann gingen wir auf die Bühne und spielten. Die Bühne war recht groß, und wir standen alle ziemlich weit auseinander. Mitten in einem Song drehte sich Marc plötzlich wie in Zeitlupe zu mir um und lief innerhalb einer Sekunde grün an. So etwas hatte ich noch nie gesehen. Dann rannte er sehr schnell in meine Richtung, Hauptsache weg von Jochen und er keuchte mit letzter Kraft: »Das gibt es doch einfach nicht …« Und dann traf es auch mich mitten vor den Kopf und von allen Seiten, ich wollte nur noch aufspringen und wegrennen. Es war ein Gestank in einem Ausmaß, das in Worte zu fassen ich mich auch für den Rest meines Lebens außerstande sehen werde. Tut mir leid.

Kritze wusste in dem Augenblick noch gar nicht, was los war, aber dann erwischte es auch ihn und sein Gesicht verzerrte sich zu einer Mischung aus Verzweiflung, Entsetzen und Fassungslosigkeit. Er sah schon fast nicht mehr wie ein Mensch aus. Und Jochen? Der hatte inzwischen auch gemerkt, was er mit seinem Pups angerichtet hatte, und konnte vor Lachen schon nicht mehr singen. Der Gestank war so schlimm, dass wir anderen uns gar nicht zwischen Heulen, Kreischen, Japsen, Lachen und Winseln entscheiden konnten, es war einfach zu viel. Wir versuchten, den Song irgendwie weiterzuspielen, aber so richtig klappte das nicht. Und wir mussten nach Luft schnappen, obwohl wir die ja besser nicht einatmen sollten, weil Jochen die gerade so vergiftet hatte. Gut, dass die Bühne so hoch war und die Pupsgewitterwolke nach oben abziehen konnte. Da wackelte zwar kurz das Dach, aber wenn sie nach unten gezogen wäre, dann hätte es wahrscheinlich einige Schwerverletzte im Publikum gegeben. Die Leute sahen natürlich, wie wir uns auf der Bühne bogen, lachten und heulten, und da fragten einige nachher: »Mensch, was habt ihr da immer für einen Spaß auf der Bühne, wie macht ihr das eigentlich?!« Das wollten wir in der Situation lieber nicht verraten. Klar ist jedenfalls: Jochen kann so gut pupsen, dass er schon überlegt hat, ob er sein Geld nicht später einmal mit Fortgeschrittenenkursen an der Volkshochschule verdienen könnte!

Aber es gibt noch andere Dinge, die für uns als Band überhaupt nicht lustig sind. Zum Beispiel wenn wir direkt neben einem Spielplatz auftreten sollen oder noch schlimmer: neben einer Hüpfburg. So war es auch bei zwei Konzerten, die im November im *Springolino* in Herford auf dem Plan standen. In der Halle herrschte ein wahnsinniger Krach. Für den sorgten ganz allein die Kinder, und da konnte auch ich nicht gegen antrommeln. Aber die Hüpfburg, herrjemine, wir mussten wieder einmal zugeben: »Die größte Feindin der Kinderrockband ist die Hüpfburg!« Kinder lieben es, zu Musik zu springen und hüpfen. Aber noch viiiiel mehr lieben sie es, auf einer Hüpfburg zu springen und zu hüpfen. Da hast du als Kinderrockband aber mal so was von gar keine Chance nicht und bist abgemeldet, bis du in Rente gehst. Die Band, die es schafft, eine Hüpfburg zu besiegen, die muss jedenfalls erst noch gebaut werden.

Wieder Karneval, wieder im *Zweischlingen*. Um nicht den gleichen Anblick wie im Vorjahr zu bieten, hatten wir am 19. Februar 2012 die Kostüme deutlich variiert.

Unser Konzert am 22. Januar 2012 im *Roten Salon* der *Volksbühne* gab den Auftakt zu einer bis heute anhaltenden Reihe wunderbarer Hauptstadt-Konzerte in Zusammenarbeit mit Patricia Parisi.

Viele Jahre war der *Hühner-Ska* fester Bestandteil unserer Konzerte. Jochen nutzte ihn immer zum Bad in der Menge, so auch am 5. Mai 2012 in der Grundschule Gartnisch in Halle.

Wir können gar nicht sagen, wer von den beiden beliebter ist, der Hardrockhase oder der Punkpanda. Da es beide als Patches gibt, kann man sie sich super auf die Rockerkluft nähen (lassen).

Back to the Studio! Am 2. Juni 2012 entstanden während der *Punkpanda*-Sessions diese Aufnahmen vom mal wieder einen Kasper verschluckt habenden Jochen, dem sich warm spielenden Kritze und dem immer mal wieder leicht variierten Schlagzeug-Aufbau. Von all unseren Alben gehört dieses zu meinen absoluten Favoriten.

GR

Am 10. und 11. Juli 2012 spielten wir die ersten beiden Konzerte im *Schapers* am Südstrand in Wyk auf Föhr. Für die Band waren es auch in den folgenden Jahren stets wunderbare Tage, die außer der Musik auch viel Gelegenheit zur Erholung und ›Belohnung‹ boten. Ausnahmsweise begleitete Erhard uns als Live-Techniker, und er genoss die Zeit genauso wie wir. Aber warum noch mal, um Himmels willen, wollte er am nächsten Morgen eine Kopfschmerztablette von mir haben und konnte diese gar nicht bei sich behalten …?!

DLRG
CS
JV
CS
CS

Zwei Räder genügen – die Schornsteinfeger Glückstour

Was sich nicht nur in Freilassing und im *Tatort* mit Rennrad und festem Willen bewerkstelligen lässt.

Für die meisten unserer Lieder – genauer: für die Texte – gibt es einen konkreten Anlass. Denn Jochen redet nicht nur viel, der macht sich auch eine Menge Gedanken. Im Idealfall sogar, bevor er redet. So gab es auch für den auf der *Punkpanda*-CD enthaltenen Song *Schornsteinfeger* einen besonderen Grund. Als Jochen einmal seinen Sohn Benno zum Fußballtraining begleitete, lernte er dort nämlich durch Zufall Stephan Lander kennen, der wiederum seinen Sohn Moritz zum Training begleitete. So geschehen im *Naturstadion* des *TuS Jöllenbeck* vor mehr als einer Dekade. Immer wieder dieses Jöllenbeck – das muss ja eine geradezu magische Anziehungskraft haben! Da die beiden Herren jedenfalls nicht nur ›Fußballväter‹ sein, Bratwürstchen essen und das Wetter diskutieren wollten, unterhielten sie sich auch über ihre Berufe. So erfuhr Stephan, dass Jochen hauptamtlicher Quatschmacher mit Hang zum rockigen Kindergesang und obendrein Kulturveranstalter ist, und Jochen wiederum erfuhr von Stephan, dass der es schon Jahre zuvor zum Schornsteinfegermeister gebracht hatte. Als solcher war er mittlerweile auch für den *Zentralverband Deutscher Schornsteinfeger (ZDS)* in Erfurt zuständig und meldete Bedarf nach einem kindgerechten Song über das seiner Meinung nach schönste und wichtigste Handwerk der Welt an. So kam es also zu unserem Lied. Außerdem wurden wir durch Stephan auf den *Glückstour – Schornsteinfeger helfen krebskranken Kindern e.V.* aufmerksam gemacht und die hier tätigen Leute haben schon sehr viel bewegt.

Schornsteinfeger gelten ja nun mal als Glücksbringer und hatten längst ein musikalisches Denkmal verdient. Das bauten wir ihnen 2012 im Studio.

Warum gelten Schornsteinfeger eigentlich als Glücksbringer? Die Gründe dafür reichen mindestens bis ins Mittelalter zurück, als Handwerksgesellen auf Achse waren, um praktisch alle erdenklichen Schornsteine zu reinigen. Denn nur möglichst freie und saubere Schornsteine boten den Menschen die Gelegenheit, ihre Häuser unbeschwert heizen und in ihnen kochen zu können. Zudem bestand durch zu starke Verrußung die Gefahr von Schornsteinbränden, und die führten vor allem bei weitestgehend aus Holz bestehenden Gebäuden schnell zu nicht mehr aufzuhaltenden Katastrophen … Deswegen boten die Schornsteinfeger durch ihre Arbeit größtmögliche Sicherheit, und darüber waren die Leute glücklich und freuten sich immer, wenn ein Schornsteinfeger um die Ecke kam. Und das ist in vielerlei Hinsicht bis heute so geblieben.

Ihren Ursprung hat die *Glückstour* im Engagement von Schornsteinfeger Jürgen Stricker und seiner Frau Barbara, die nach dem Verlust ihrer einzigen Tochter 2005 den Verein *Kaminkehrer helfen krebskranken Kindern* gegründet hatten. So entstand noch im selben Jahr der Kontakt zu Klaus Bewer, Werner Klein und Ralf Heibrok, die ebenfalls allesamt Schornsteinfeger waren, und es entwickelte sich eine enge Freundschaft. Diese wiederum führte zur ersten im Jahr 2006 veranstalteten *Glückstour*, deren Sinn es war, das Leben der von der Krankheit betroffenen Kinder und ihrer Familien zu erleichtern und auch auf Kinderkrebs-Stationen Verbesserungen zu ermöglichen. Grundgedanke der *Glückstor* war, dass möglichst viele Schornsteinfeger mit dem Rennrad durchs Land fahren und Geld zur Unterstützung von Kindern sammeln sollten, die an Krebs oder anderen schweren Krankheiten litten. Und das Auf(fahrrad)achsesein, das kannten die Schornsteinfeger ja ohnehin schon mindestens seit dem Mittelalter.

Da die erste Tour ein großer Erfolg war, sollte es unbedingt weitergehen, und so kamen immer neue Ideen auf den Tisch, von denen auch viele umgesetzt werden konnten. Leider starb auch Jürgen im Sommer 2010 an den Folgen einer Krebserkrankung, aber für seine Freunde und Kollegen galt: »Jetzt erst recht!« Und so machten sie weiter, stellten jedes Jahr eine neue *Glückstour* auf die Räder und wollen das auch in Zukunft tun. Mitradeln durften zuerst nur echte Schornsteinfegerinnen und Schornsteinfeger, so waren die Spielregeln. Heute ist das Fahrerfeld allerdings bunt gemischt und wird immer wieder durch verschiedene Gastfahrer bereichert.

Für jede dieser Touren gab und gibt es enorm viel zu organisieren. Zum Beispiel, wer alles auf welchem Rad mitfährt, wo genau die Radler langfahren sollen, wer sie im Versorgungs-Bulli begleitet, wo alle Beteiligten schlafen, was es zu essen gibt, und natürlich müssen immer ausreichend Getränke vorhanden sein. Die Sache soll ja rundlaufen, und all das ähnelt schon sehr all jenen Dingen, die es auch bei einer Band auf Tour zu beachten gilt. Während der einzelnen Fahrrad-Etappen wird allerdings nicht nur Geld gesammelt, zwischendurch werden nämlich auch Spenden an einzelne Hilfs- und Forschungsprojekte übergeben.

Der Start für die *Glückstour 2023* fand am 8. Juni in Freilassing statt, das liegt in Bayern, ziemlich nah an der Grenze zu Österreich. Und da die Bayern dort unten auch eisenbahnerisch voll auf Zack sind, haben die da ein riesiges Eisenbahnmuseum in einem ehemaligen Bahnbetriebswerk eingerichtet. Das ist ein Ort, an dem früher Lokomotiven beheimatet waren und repariert und versorgt wurden. Auch für die kleine Eisenbahn war Freilassing sehr wichtig. Zum einen hatte dort früher der österreichische Modellbahn-Produzent *Roco* seine deutsche Vertretung. Noch wichtiger: Mit *Ingenieur Fritz Nemec* gab es hier einen absoluten Spezialisten für Kleinstprofile und Eisenbahn-Modellbau (später *Johann Schullern* und anschließend *Hassler-Profile*). Und wisst ihr was? Der Fritz war der Mann von Vinka, und die war die Großtante von Miroslav Nemec, der 1954 als Mirsolav Stikanec im kroatischen Zagreb geboren und mit zwölf Jahren von der in Deutschland lebenden Verwandtschaft adoptiert wurde. So wuchs er in Freilassing auf, ging zum Gymnasium in Traunstein, studierte anschließend am Salzburger *Mozarteum* Musik mit Schwerpunkt klassisches Klavier und machte einen Abschluss als Fachlehrer für Musik – um dann später doch Schauspieler zu werden. An seinen diesbezüglichen Taten kann man sich unter anderem seit 1991 öffentlich-rechtlich erfreuen. So lange schon ermittelt der Nemec Miroslav als Batic Ivo nämlich zusammen mit dem Wachtveitl Udo (der wurde 1958 in München-Pasing geboren) als *Leitmayr Franz* im Münchener *Tatort* und sorgt dafür, dass es im Freistaat mit Recht und Ordnung zugeht. Die setzen sich also für das Gute ein, und das machen die Schornsteinfeger ja auch, nur auf ganz andere Art.

Die *Glückstour 2023* ging jedenfalls als 18. ihrer Art von Freilassing aus immer schön gen Nordwesten, nämlich über die Zwischenstationen Landshut, Roth, Kitzingen, Aschaffenburg und Bingen nach Bonn, wo der Tross nach sechs Tagen und rund 730 Kilometern sein Ziel erreichte. Dort konnte dann praktischerweise auch noch der Bundesverbandstag des Schornsteinfegerhandwerks abgehalten werden.

Spenden können natürlich alle Leute, egal ob die Schornsteinfeger gerade bei ihnen vor der Haustür vorbeisausen oder nicht. Denn immer wieder sammeln auch einzelne Menschen, Vereine, Firmen oder Gruppen Geld für die *Glückstour*, zum Beispiel im Jahr 2019 die Schülerinnen und Schüler der Klasse 6b des *Gymnasiums St. Kaspar* aus Neuenheerse. Also: Haut rein und macht mit! Alles weitere dazu findet ihr am einfachsten auf *www.glückstour.de.*

Wussest du, …

dass der Batic Ivo und der Leitmayr Franz schon seit 1991 im Münchener *Tatort* ermitteln?

Spendenkonto Glückstour e.V.
Kreissparkasse Wiedenbrück
IBAN: DE57 4785 3520 0025 0167 34
BIC: WELADED1WDB

Zum Dank für unseren Song *Schornsteinfeger* verliehen uns die Schornsteinfeger das goldene Kehreisen. Das versteckt Jochen unterm Kopfkissen und will nix davon abgeben – ist ja aus Gold und soll ihm als Altersvorsorge dienen!

Für die *Glückstour* wird jedes Jahr ein neues Trikot entworfen. 2020/21 war es schwarz, während der Tross im Jahr darauf in Dunkelgrün unterwegs war, hier zu sehen am 3. Juni 2022 auf der Etappe von Dresden nach Lübbenau.

Da Stephan Lander uns zum *Schornsteinfeger* angestiftet hatte, musste er am 13. Januar 2013 im Berliner *Heimathafen* mit auf die Bühne, um bei dem Song seine stimmlichen Qualitäten unter Beweis zu stellen.

Ganz wichtiges Nerd-Wissen: Arthuro spielte an diesem Tag sein 36. *Randale*-Konzert und das mit seiner *Gretsch Silver Jet*, die er sich 2008 vom Taschengeld gebraucht gekauft hatte. Angeblich sind aus dieser Serie planetenweit nur 2.000 Gitarren gebaut worden, man glaubt es nicht …

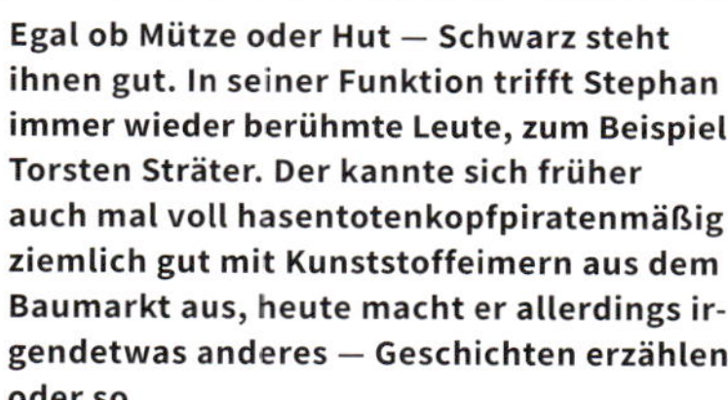
Egal ob Mütze oder Hut – Schwarz steht ihnen gut. In seiner Funktion trifft Stephan immer wieder berühmte Leute, zum Beispiel Torsten Sträter. Der kannte sich früher auch mal voll hasentotenkopfpiratenmäßig ziemlich gut mit Kunststoffeimern aus dem Baumarkt aus, heute macht er allerdings irgendetwas anderes – Geschichten erzählen oder so …

SGS

SGS

Die Glückstour 2023 startete am 8. Juni in Freilassing. Bereits am Tag zuvor fand dort eine Auftaktveranstaltung statt, auf der Ralf Heibrok und Thaddäus Mußner die Verknüpfung von Radfahrern und Schornsteinfegerzunft verkörperten. Bei derselben Gelegenheit übergaben dann auch die Ingolstädter Kaminkehrer einen symbolischen Scheck in Höhe von 15.500 Euro – stark!

SGS

Rock'n'Roll Rabbit Robert und Konsorten

Geheimversionen im Tresor und tonträgerfreie Fremdsprachlichkeit.

Wenn ihr das Buch genau durchschaut, dann werdet ihr hinten ab Seite 230 unsere Diskografie mit all jenen von unseren Liedern finden, die jemals auf CD, Kassette oder LP erschienen sind. Aber da steht eben nicht alles drin, was wir jemals aufgenommen haben, denn: Einige Songs oder Versionen von Songs schlummern nämlich im Tresor unseres Geheimarchivs, da kommt außer uns gar keiner ran. Was dort nicht schlummert, aber auch nicht auf Tonträgern, sondern nur im Internet veröffentlicht wurde, das sind sieben englische Versionen von Songs, die wir bereits mit deutschen Texten auf verschiedenen Platten herausgebracht hatten. Warum es die gibt? Vielleicht, weil Jochen ein riesengroßer Fan von *Bruce Springsteen* ist und vor allem auf unseren endlos langen Autofahrten sämtliche *Springsteen*-Songs voller Inbrunst auswendig mitsingt? Das wäre denkbar, aber so war es gar nicht. Denn den Ausschlag gab Jochens Freundschaft mit Schornsteinfegermeister Stephan Lander, auf dessen Anregung bereits unser Lied *Schornsteinfeger* entstanden war. Später hatte Stephan die Idee, dass der Song doch auch ganz prima in englischer Version an seinen nordamerikanischen Kollegen Mr. John Pilger geschickt werden könnte. Der ist nämlich *President at Chief Chimney Services, Inc.* in Smithtown, New York in den Vereinigten Staaten von Amerika! Ein Wahnsinn. So geschah es und der *Chimney sweeper* erschien als erste englischsprachige *Randale*-Single bei *Spotify*. Doch das interessierte nur wenige Leute, und auch die US-amerikanischen Schornsteinfeger hatten leider Wichtigeres zu tun, als gerade uns in Übersee berühmt zu machen.

Trotzdem dachte Jochen sich, dass man ja auch noch einige andere Songs auf Englisch herausbringen könnte. Neue Kompositionen sollten dafür nicht entstehen, sondern lediglich schon vorhandene neu eingesungen werden. Aber zunächst musste er überlegen, welche deutschen Inhalte sich auch im Englischen gut transportieren lassen würden. Wie viele und welche Songs das sonst noch waren? Das waren ganz genau sechs, nicht mehr und nicht weniger, denn die Wahl fiel schließlich auf *Der Hardrockhase Harald*, *Wackelzahn*, *Ein Hase saß im tiefen Tal*, *Affendisco*, *Der kleine Luchs* und *Hühner-Ska*. Daraus wurden dann *Rock'n'roll Rabbit Robert*, *Wobbly Tooth*, *The flying Sheepdog*, *Kindergarten Disco*, *The little cat* und *Chicken run*.

Alle Texte mussten natürlich erst einmal übersetzt werden, und das wollte Jochen selbst übernehmen. Da die Übersetzung aber auf keinen Fall Fehler enthalten sollte, wollte er das von einem Profi prüfen lassen. Da fiel ihm sofort Sabine Gomersall ein, die ist nämlich im nordirischen Londonderry geboren und in Bad Oeynhausen aufgewachsen. Und sie ist die Schwester von Anatole und Jakob Gomersall, die wiederum schon mal mit Saxophon und Trompete bei Aufnahmen und Konzerten von Jochens alter Band *Thirty Dirty Birdz* mitgewirkt hatten. Daher kannte er Sabine. Ich kannte Sabine nur vom Hören, also vom Erzählen, denn mein bester Musikfreund Uli, der kommt gebürtig auch aus Bad Oeynhausen, und er kannte sie auch mal so was von ziemlich gut. Aber das ist schon lange her. Jedenfalls ist Sabine als Englisch-Muttersprachlerin eine 1A-Adresse, wenn es um eine makellose Übersetzung geht. Deshalb prüfte sie Jochens Übersetzungen, befand sie für fast makellos und musste nur sehr wenig korrigieren. Sie meinte zwar, dass echte Engländerinnen und Engländer in Sachen Grammatik manchmal ein wenig anders abbiegen würden, aber insgesamt wäre Jochens Arbeit doch »poetic and quite charming«!

Nachdem Sabine also ihr Okay gegeben hatte, konnte Jochen den Gesang bei Erhard neu aufnehmen, so dass dieser den neuen Gesang nur über die alte Musik drüberzustülpen brauchte – zack, fertig. The wonders of technology sei Dank! Auch wenn die Lieder bislang noch nicht so viel Aufmerksamkeit bekommen haben, wer weiß schon, was in Zukunft noch alles passieren wird? Vielleicht gehen wir ja noch mal auf Tournee durch Wales. Oder Schottland. »Are you the two whales from Scotland?!«

Fast as a shark! Wenn Sabine Gomersall Texte kontrolliert, dann macht sie das superschnell. Und Englisch kann sie fast genauso gut wie ihre Tochter Daisy.

SG

Rock'n'Roll Rabbit Robert

Who is the Rock'nRoll Rabbit in town?
Rockn'n'Roll Rabbit Rob-bop-bop-bop-bop-Robert!

Rock'n'Roll Rabbit Robert is gonna rock all over the world
playing his guitar in a leather jacket and an old band shirt
Rock'n'Roll Rabbit Robert is gonna rock hoppin rockin and hop
he bops til he drops and maybe he's never gonna stop

REFRAIN: Who is the Rock 'n 'Roll rabbit in town?
Rock'n'Roll Rabbit Robert!
Who is the Rock 'n 'Roll rabbit in town?
Rocking Rabbit Robert Rocking Robert Rocking Robert and
Rock

Rock'n'Roll Rabbit Robert is number one in the animal charts
everybody loves him he is breaking all the bunny hearts
Rock'n'Roll Rabbit Robert is gonna play his carrot'n'roll
all the bunnies scream at him at the farmhouse bowl!

REFRAIN: Who is the Rock 'n 'Roll rabbit in town?
Rock'n'Roll Rabbit Robert!
Who is the Rock 'n 'Roll rabbit in town?
Rocking Rabbit Robert Rocking Robert Rocking Robert and
Rock

I am the Rocking Robert
Rocking Rabbit Rock Robert!
Rock'n'Roll Rabbit Robert
Rocking Rabbit Robert Rocking Robert Rocking Robert and Rock

REFRAIN: Who is the Rock 'n 'Roll rabbit in town?
Rock'n'Roll Rabbit Robert!
Who is the Rock 'n 'Roll rabbit in town?
Rocking Rabbit Robert Rocking Robert Rocking Robert and
Rock

Wobbly Tooth

REFRAIN: I have a wobbly tooth
look at me a wobbly tooth
wobble double wobbly tooth
it is a strange kind of loose wobbly tooth
I have a wobbly tooth
double-trouble- wobbly tooth
it is a strange kind of loose
wobbly doubly troubly tooth

gettin out a wobbly tooth
oh, this is just no fun
I finally made it double time
I know how it's gonna work
you gotta push it up and down
you turn it upside down
and — whoop — you finally made it
the tooth is in your hand

REFRAIN: I have a wobbly tooth
look at me a wobbly tooth
wobble double wobbly tooth
it is a strange kind of loose wobbly tooth
I have a wobbly tooth
double-trouble- wobbly tooth
it is a strange kind of loose
wobbly doubly troubly tooth

if a tooth is out and done
it's never really gone
you pick it up and leave it under the pillow
at night the tooth fairy comes up to you
givin you some money or a gift — only for you
givin you some money or a gift — only for you

Wobbly wobble trouble
on a wobbly wobble double
a wobbly wobble whopp wopp
wobbly never stops blops
Wobbly wobble trouble
on a wobbly wobble double
a wobbly wobble whopp wopp
wobbly never stops blops
Wobbly wobble trouble
on a wobbly wobble double
a wobbly wobble whopp wopp
wobbly never stops blops

In Spain there is no fairy tooth, you know but there is
a little rat who is called Ratoncito Pérez
at night she comes to the sleeping kids
takin the teeth from the beds and leavin tiny gifts

REFRAIN: I have a wobbly tooth
look at me a wobbly tooth
wobble double wobbly tooth
it is a strange kind of loose wobbly tooth
I have a wobbly tooth
double-trouble- wobbly tooth
it is a strange kind of loose
wobbly doubly troubly tooth

So sieht das aus, wenn Jochen den *Harald* und den *Wackelzahn* mal in eine andere Sprache transferiert. Da wird aus dem *Wackelzahn* ein *Wobbly Tooth*, und der englische Ausdruck für *Harald* ist angeblich *Robert*. Komisch, oder?

2013

Ein erstaunlich großer Nager, dieser Kris

Wie wir am Rhein shoppen gehen, der Kellner fast in Ohnmacht fällt und wir gegen die Zauberenergie keine Chance haben.

Das Jahr 2013 ging gleich gut los, da traten wir nämlich am 13. Januar wieder in Berlin auf. Nun aber nicht mehr im *Roten Salon*, sondern im *Heimathafen Neukölln*. Es war ein grandioses Konzert mit einer ganz tollen Stimmung in diesem alten Theater-, Kino- und Ballhaus, schaut euch mal die Fotos nebenan an! Dass wir regelmäßig unsere Heimat und das Umland bedienten, das verstand sich ja wohl von selbst. Und trotzdem folgten wir nur allzu gern immer wieder dem lieblich frohlockenden Ruf der Ferne, um deren überbordende Schönheit zu genießen. Manchmal aber auch ihre Hässlichkeit. Egal, jedenfalls ging es im Mai zum *Kultursommer Rheinland-Pfalz* in Lahnstein und zum Altstadtfest in Lippstadt und im Juni zum *Alles muss raus! Theater/Musik/Fest* nach Kaiserslautern. Dann hatten wir auch noch das Glück, in das vom *Kulturbüro Gütersloh* ausgeschriebene *Förderprogramm Kindertheater* der Sommerferien zu kommen. Dort gab es Zuschüsse für verschiedene Konzerte in Nordrhein-Westfalen. Und weil Jochen und die anderen *NewTone*-Leute weiter fleißig die ganzen Aufträge per Telefon und Computer entgegennahmen, ging es unter anderem nach Heidenheim, Herne, Wittmund, Fürth und im Juli wieder nach Föhr. Die Auftritte dort im *Schapers* sollten von 2012 bis 2017 mit zu unseren absolut liebsten gehören. Von 2013 bis 2017 war ich sogar auch mit *Big Balls* dort — mit zwei Lieblingsbands gleichzeitig, das war die schönste Schwerstarbeit, die ich mir denken konnte.

Eine alte Bekannte ist für uns aber auch Köln. Dort waren wir Anfang August für mehrere Auftritte gleich vier Tage hintereinander, mit Hotel und allem Pipapo. Den ersten Auftritt hatten wir am 2. August draußen direkt neben dem *Schokoladenmuseum* im Rheinauhafen. Da waren wir leider noch nicht drin, das kommt aber noch, Ehrensache für uns Leckermäulchen! Und als gerade ein Ausflugsschiff vorbeikam, stimmten wir spontan *Guten Tag Herr Kapitän* an, um den Chef des Schiffs, den Schiffschef, bei guter Arbeitslaune zu halten. Hat geklappt.

Da wir zwischendurch viel Zeit hatten, gingen Kritze, Marc und ich zusammen ins Musikgeschäft, um zu schauen, ob es da Sachen gab, die wir brauchten. Brauchten wir aber nicht, wir hatten jeder schon so viele tolle Instrumente samt Zubehör, und dann wollten wir ja auch mal vernünftig sein. Aber wir brauchten einfach mal wieder neue Sachen zum Anziehen, und so tranken wir uns erst mit einem wässrigen Birnensaft Mut an und gingen dann zum Shoppen in die Fußgängerzone — mit Erfolg: Bei mir waren es eine Jacke, ein Paar Turnschuhe und ein Paar Schnürsenkel. Was die anderen kauften, das habe ich leider vergessen. Jochen war gar nicht mit dabei, der wollte sich wohl mal von seinem ganzen Gerede selbst erholen oder so. Da Kritze am Montag wieder als Lehrer in die Schule musste, kam Kris dazu, um ihn bei den letzten beiden Konzerten würdig zu vertreten. Kris war auch abends schon mit zum Essen, und da verdiente er sich sogar eine *Randale-Vielfresser-Medaille*. Er bestellte sich nämlich ein ausgewachsenes ›Schinkenhämchen‹, das ist eine Fleischkeule, so groß wie beide Beine vom Tyrannosaurus Rex zusammen. Kris nagte das bis auf den Knochen ab, und das sah so gut und sauber aus, dass wir kurz überlegten, ob das nicht am besten im Naturkundemuseum ausgestellt werden sollte. Auch der Kellner und die anderen Gäste fielen vor Begeisterung fast in Ohnmacht. Ein erstaunlich großer Nager, dieser Kris!

Der Mann macht einfach keine Gefangenen — egal ob am Bass auf der Bühne, am Computer beim Videodreh oder am Schinkenhämchen im Restaurant. Nicht nur dafür lieben wir Kris!

Die Konzerte in Köln waren wirklich klasse, aber zwischendurch wurde uns wieder mal gespiegelt, dass wir eben keine Superhelden sind. So gastierten wir am 19. September 2013 beim Weltkindertag im Schlosspark in Barntrup. Das wurde für uns zu einem absoluten Reinfall. Und das lag nicht daran, dass es für mehrere hundert Gäste genau eine einzige Kloschüssel in einem Kellerverschlag des Schlosses gab. Nein, wir hatten einfach einen Tag erwischt, an dem sich wirklich niemand für das interessierte, was wir auf der Bühne veranstalten. Und schon vorher lief es nicht rund: Wir stellten uns an einem Verpflegungsstand an, und die anderen drei holten sich jeweils einen Kaffee. Ich wollte unbedingt einen Schoko-Donut haben, aber es gab nur noch einen einzigen. Und genau den schnappte sich ein Kind direkt vor mir in der Schlange, wie sollte ich denn da noch mit guter Laune trommeln?!

Vor uns war ein Kinderzauberer auf der Bühne, und bei dem, was der machte, dachten wir ganz hochnäsig: »Pah, den stecken wir aber ganz schnell in die Tasche, mit links und mit rechts!« Von wegen. Er führte einen Trick vor, den wir unheimlich langweilig fanden. Aber er sagte: »Aaaah, diese Zauberenergie – ich glaub, ich fass es nicht!« Genau dieser Spruch aber verzauberte das ganze Publikum total, und alle Kinder und Erwachsenen fanden den Zauberer von oben bis unten super. Und dann wollten sie von uns eben einfach mal gar nix mehr wissen.

Eineinhalb Monate später gab es vom 28. bis 31. Oktober den nächsten Workshop mit Kindern. Na, wo? Im *Kamp* natürlich! Und für den darauffolgenden Sonntag hatte sich Jochen etwas wirklich Besonderes ausgedacht: Am 3. November veranstaltete *NewTone* im kleinen Saal der Bielefelder Stadthalle ein Lichterfest. Auf dem wollten wir – der Jahreszeit entsprechend – ein eher ruhiges Konzert spielen. Und ruhige Lieder, die hatten wir auf den ganzen krachigen Platten regelmäßig dabeigehabt, zum Beispiel das *Laternelied*. Der technische Aufwand war für unsere Verhältnisse ungewöhnlich groß. Es gab viele tolle Lichteffekte, und das war schon beeindruckend. Auch wenn wir gern noch viel mehr Zuschauer gehabt hätten, war es ein sehr schöner Nachmittag. Aber woran niemand gedacht hatte: Dass irgendjemand so ein besonderes Konzert auch fotografieren sollte, und so gibt es hiervon in unserem Archiv leider keine gelungenen Bilder. Ach menno …

Was war das für eine wunderbare Veranstaltung! Aber dass irgendjemand auch schöne Bilder davon hätte machen sollen, daran hatten wir einfach nicht gedacht …

Eines unserer schönsten Pressefotos – aufgenommen von Steffi Behrmann am 17. Juni 2012. Warum es hier steht? Weil wir es – gerissen und sparsam, wie wir waren – einfach auch im Jahr 2013 noch als topaktuell verkauften.

Aus purer Angst vor Unterzuckerung betreiben wir regelmäßig Prophylaxe mit festem und flüssigem Eis, so auch in Wyk und Spenge (23. bzw. 20. Juli 2013) — dann reichen die Kräfte auch für den nächsten Strandspaziergang.

Die Presse will mal wieder ein Poser-Foto? Das bekommt sie immer, auch in Winsen (Luhe) am 15. Juni 2013.

Ende Oktober 2013 fand einer unserer Workshops im *Kamp* statt, und in diesem Jahr hatten wir Arthuro und Jan (beide oben Mitte) als Unterstützung dabei.

Alle haben Entspannung verdient, egal ob als *Punkpanda* vorm Kölner *Schokoladen-museum* (4. August 2013) oder als auf das Konzert wartender Musiker in Eisleben (10. November 2013).

Arthuro begleitete uns am 15. September 2013 auch zum *Kraut & Rüben-Festival* nach Mainz.

Unser Konzert im *Heimathafen Neukölln* am 13. Januar 2013 war das erste des Jahres. Auch an diesem Tag stand Arthuro mit uns auf der Bühne des wunderbaren, aber akustisch nicht ganz unproblematischen Saales. Festgehalten wurde das Ereignis mit großartigen Bildern von Günter Sawatzky.

Da Marc am Vorabend plötzlich krank geworden war, sprang am 14. Dezember 2013 Markus spontan an der Gitarre ein und rettete so das mal wieder bestens besuchte *Radio Bielefeld*-Konzert auf dem Weihnachtsmarkt. Tolle Bilder auch hier von Danny Kötter!

GR

Im Studio – wie ein Album entsteht

Wie Erhard mit seinen ganzen Klamotten auf Reisen geht, und wo der Trommelgott wohnt.

Wenn eine Band ein Album aufnehmen will, dann bedeutet das meistens, dass sie sehr viel Arbeit vor sich hat. Aber: Es ist eine ganz tolle und spannende Arbeit, bei der sich immer wieder etwas Neues ausprobieren und lernen lässt. Für Aufnahmen geht es meistens ins Studio. Das besteht oft aus mehreren Räumen, und einige davon sind vollgestopft mit elektronischen Geräten und Kabeln und Stativen und Boxen und Mikrofonen. Und es gibt praktisch immer eine Kaffemaschine und einen Kühlschrank, damit keiner verdursten oder verhungern muss.

Bis zur *Punkpanda Peter* haben wir alle CDs in Erhard Kanickis *Traveller Studio* in Künsebeck aufgenommen. ›Traveller‹ ist mal wieder Englisch und heißt ›Reisender‹. Man könnte jetzt meinen, er hätte das so genannt, weil er so gern verreist. Das machen er und seine Frau Katrin zwar auch heute noch, so oft es geht, aber in diesem Fall geht es einfach nur um die Musik. Denn Erhard kaufte sich vor über 30 Jahren ein Achtspurgerät, mit dem er damals oft Bands bei Live-Konzerten (auf acht verschiedenen Tonspuren) aufnahm. Damit reiste er also durch die Gegend. Und als er dann sein erstes festes Studio im ersten Stock einer ehemaligen Lederfabrik in der Heinrichstraße in Bad Oeynhausen bezog, da behielt er den Namen einfach bei und der gilt bis heute. Danach hatte er in Bad Oeynhausen noch ein Studio, fast nebenan, in einem Keller neben der Feuerwache in der Königstraße. In dem waren Jochen und ich schon lange vor *Randale* mit anderen Bands zu Besuch.

Das trugen die Herren damals so: Unser geliebter Vokuhila-Erhard mit zarten 28 Jahren frisch verheiratet im Studio Königstraße in Bad Oeynhausen während der Aufnahmen zur CD von *How come hysteria* im Januar 1994.

Jedenfalls lag das Studio in Künsebeck auch in einem Keller, und es bestand aus vielen Räumen, die Erhard da zum Teil selbst rein gebaut hatte. Am wichtigsten war und ist der Kontrollraum für das Mischpult und ganz viel Elektrokram – das ist so etwas wie die Kommandobrücke bei einem großen Schiff, und Erhard ist so etwas wie der Aufnahme-Kapitän, im Zweifelsfall darf er der Bestimmer sein. Na ja, jedenfalls ein bisschen.

Dann gab es da einen Raum für die Gesangsaufnahmen, dahinter einen für den Bass und die Gitarre und dahinter den für das Schlagzeug. Da konnte man alle Instrumente gleichzeitig aufnehmen, ohne dass die sich gegenseitig störten. Denn bei einer Aufnahme soll ja immer alles möglichst klar und gut zu hören sein.

Bei den ersten CDs spielten wir die meisten Lieder als komplette Band ein, also ungefähr wie bei einem Konzert. Wenn das Schlagzeug und im besten Fall gleichzeitig auch noch der Bass in Ordnung war, dann konnten danach die Gitarren aufgenommen werden. Anschließend kam der Gesang und als Letztes noch Besonderheiten wie eine Mundharmonika oder Percussion-Instrumente.

Darüber hinaus gab es einen Raum zum Ausruhen und Essen, eine Toilette und noch einen Lagerraum. In dem machten wir 2012 sogar Schlagzeug-Aufnahmen für einige Lieder der *Punkpanda Peter*-CD. Aber diese CD war leider auch die letzte, die wir in Künsebeck aufnehmen konnten. Denn Erhard hatte sich entschieden, das Studio aufzugeben und sich zu Hause in Gütersloh auf dem Dachboden ein neues, kleineres einzurichten, weil das einfacher und nicht so teuer war. Nur kann er in dem Studio aus Platz- und Lautstärkegründen kein Erdbebenschlagzeug oder Gewittergitarren aufnehmen – sonst würden ihm seine Nachbarn ganz schon die Meinung sagen, aber hallo! Deswegen müssen wir die lauten Sachen seitdem immer an anderen Orten aufnehmen. Und zu denen reist Erhard denn wieder mit einem Teil seiner ganzen Studioklamotten. Denn das ist ja wohl mal klar: Eine *Randale*-CD ohne Erhard, wie sollte denn das wohl gehen?!

So war dann die *Randale Rock'n'Roll* die erste Platte, die wir zum größten Teil im Bielefelder *Watt Matters Studio* von Henning Strandt aufgenommen haben. Und es muss mal ganz klar gesagt werden: Das ist eines der schicksten Studios, die wir uns vorstellen können. Mit einem riesigen Aufnahmeraum, einem kleinen Nebenraum und einem schönen Ruhebereich mit Küche, Sofas und Fernseher. Dort lässt es sich wunderbar entspannen, wenn einer von uns eine Pause hat oder sich vom ganzen Stress erholen muss. Und ein astreines Badezimmer gibt es obendrein, mit Dusche! Da lässt sich auch der ganze Aufnahmeangstschweiß abspülen. Ein toller Laden ist das, und da auch Henning ein sehr netter Mensch ist, können wir wieder mal sagen: Was haben wir doch für ein Glück gehabt!

Aber auch im Proberaum lassen sich gute Aufnahmen machen. So war es beispielsweise bei der *Dornröschen*-CD, die zu großen Teilen in unserem zweiten Proberaum in Bielefeld-Theesen entstand. Und in unserem jetzigen Proberaum haben wir auch schon eine ganze Reihe von Liedern aufgenommen, zum Beispiel zwei neue für die CD *Randale unterm Weihnachtsbaum zweipunktnull* und dann sogar fast die ganze *Sandkastenrocker*-CD.

Was ich aber noch gar nicht erzählt habe, ist, wie die Aufnahme-Tage ablaufen. In der Regel treffen sich Erhard und ich am ›Tag Null‹ zum gemeinsamen Aufbau. Der liegt vor dem ›Tag X‹, an dem aufgenommen wird. Denn mit dem Schlagzeug fangen wir an, und weil ein Schlagzeug aus so vielen einzelnen Instrumenten besteht, dauern auch der Aufbau und das genaue Ausrichten der Mikrofone und das Einstellen der Klänge am längsten. Außerdem muss Erhard ja auch noch sein ganzes Studioreisegepäck ausladen und aufbauen. Da ist es entspannter, wenn wir die Arbeit erst mal hinter uns bringen und am nächsten Tag mit frischer Birne und frischen Kräften mit den eigentlichen Aufnahmen loslegen können.

Oft ist Jochen mit dabei, weil er so neugierig ist und immer gern weiß, was so los ist, das kann der sonst gar nicht aushalten. Und die anderen beiden können so lange noch in ihren Hauptberufen arbeiten oder sitzen zu Hause rum, futtern Rosinenbrötchen mit Frikadellen, lesen Zeitung und überlegen sich, wie hoch *Arminia Bielefeld* am besten das nächste Bundesligaspiel gewinnen sollte – wenn sie denn mal gewinnen ...

Wenn alle Sachen aufgebaut, eingestellt und noch einmal kontrolliert sind, kann es losgehen. Dann wasche ich meine vor Aufregung schwitzigen Hände, trinke noch einen großen Schluck Wasser, und ab da gilt es.

Wer bei unseren Aufnahmen praktisch immer mit dabei ist, das ist der Click. Das ist so eine Art Computer-Metronom, und der gibt immer ganz genau das Tempo vor. Er heißt so, weil das Geräusch, was er macht, so wie ›Click‹ klingt. Man kann aber auch andere Klänge einstellen, zum Beispiel eine Kuhglocke oder einen Holzblock. Der Click ist so eine Mischung aus Tempopolizeisheriff und guter Freund in einem. Denn er sagt mir ganz genau, mit welcher Geschwindigkeit ich spielen muss (die haben wir uns aber vorher selbst ausgedacht), und da ist er unerbittlich und duldet keine Schlamperei. Wenn ich dann an einer Stelle zu schnell oder zu langsam spiele, dann kommt der Hilfssheriff und verhaftet mich und sagt: »Das war ja aber wohl mal gar nix und das machst du jetzt gefälligst alles noch mal, du Pfeife!« Der Hilfssheriff, das ist übrigens auch Erhard. Aber wenn ich es schaffe, möglichst genau zu spielen, dann verstehe ich mich super mit dem Click und er sich mit mir, und dann führt er mich wie auf Schienen durch den Song. Und ich freu mich natürlich auch, wenn der Hilfssheriff nix zu meckern hat.

Mit ihm ist nicht zu spaßen: Der Tempopolizeisheriff bestimmt, wo es langgeht und wer nicht mitmacht, wird verhaftet!

Was bei der Aufnahme auch passieren kann, ist, dass Erhard zu einem von uns sagt: »Nee, nee, nee, Freundchen – das sind ja wohl mal viel zu viele Noten! Spiel da doch gefälligst mal weniger und mach an der Stelle mal eine Pause und das da hinten ganz anders und überhaupt!« Tja, bei einer solchen Ansage muss der sensible Künstler erst mal kurz schlucken. Und dann sofort versuchen, das Beste draus zu machen ...

Wie ich oben schon geschrieben habe, haben wir bei den ersten CDs meistens alle zusammen aufgenommen. Seit vielen Jahren machen wir das aber anders, denn: Je weniger Leute gleichzeitig da sind, umso ruhiger und konzentrierter können wir arbeiten, und das ist meist gut für das Ergebnis. Mittlerweile machen wir es so, dass wir bei den ersten Aufnahmen nur zu viert sind: Erhard, Jochen, ich und der Click. Erhard, weil das gar nicht anders geht; der Click, weil es ohne den nicht gilt; Jochen, weil der ein wenig zur Orientierung mitsingt; und ich, denn ohne mich können wir mich selbst ja gar nicht aufnehmen. Das nennt man Logik. Bei einigen Songs waren wir sogar nur zu dritt, da haben wir Jochen gar nicht gebraucht. Bei *Tatü Tata* zum Beispiel habe ich mir den Song beim Trommeln im Kopf allein vorgesungen – und es hat geklappt, da war ich total stolz! Kritze wollte das erst gar nicht glauben. Und es gibt noch etwas, worauf wir stolz sein können, das ist nämlich, wenn wir einen ›First Take‹ schaffen. Das heißt, wenn jemand es gleich beim ersten Versuch so gut hinbekommt, dass sich danach praktisch nichts mehr verbessern lässt. Das ist ein ganz tolles Gefühl.

Was mir auch sehr wichtig ist, das ist, ein Lied als ›One Take‹ zu spielen. Den Ausdruck kannte ich zuerst gar nicht, den habe ich von meinem persönlichen Trommelgott übernommen, denn dem ist das auch total wichtig. Er heißt Peter Miklis und war von 1983 bis 1995 Teil der *Verstärkung* von *Heinz Rudolf Kunze*. Ihn fand ich total beeindruckend, weil er so klar und deutlich spielte und dabei auch noch unheimlich gut aussah, mit ganz tollen Bewegungen. Peter wohnt zusammen mit seiner Frau Birte in einem winzigen Dorf, und die beiden haben einige Ziegen, Katzen, Vögel und eine Menge anderer Tierchen und kümmern sich um die. Sie hatten sogar zwei waschechte Esel, aber die sind leider beide schon gestorben. Das Dorf heißt Pölitz und liegt in Schleswig-Holstein, bei Bad Oldesloe, und da gibt es nicht mal einen Kaufmann. Aber was wollte ich jetzt noch mal erzählen ...?

Um Trommelgott Peter Miklis endlich direkt kennenzulernen, musste ich im Frühjahr 2019 allen Mut zusammennehmen – und bin sehr froh darüber, denn er rangiert auf der Totalesupertypenskala ganz weit oben!

Ach ja: ›One Take‹ bedeutet, dass ein Lied in einem Durchlauf gespielt wird, ohne dass Pausen eingelegt werden. Das finde ich am besten, und beim Konzert muss ich das ja auch machen. Aber es ist im Studio auch erlaubt zu stückeln. Frei nach dem römischen Legionär in *Asterix und der Arvernerschild* (S. 24): »Ich spiel die erste Hälfte der ersten Strophe und dann verschnauf ich ein wenig. Dann kommt die zweite Hälfte der ersten Strophe und dann verschnauf ich ein wenig. Dann spiele ich die erste Hälfte vom ersten Refrain und dann ...«

Wenn wir mit ganz kritischen und riiiiiesigen Ohren die Schlagzeug-Aufnahmen kontrolliert haben und uns sicher sind, dass zumindest ich es nicht noch besser hinbekomme, dann habe ich erst mal Pause. Wobei, dann muss ich erst mal alles abbauen, und Erhard baut seiner Mikrofone ab. Genau genommen läuft es sogar andersherum. Denn Erhard ist mit seinen Mikrofonen und Kabeln noch pingeliger als ich mit meinem Schlagzeug – und das will was heißen! Erhard will immer zuerst abbauen, denn obwohl er mich schon so lange kennt und wir uns gut verstehen, hat er zwischendurch immer noch ein bisschen Angst, dass ich mal heimlich mit einer Dampfwalze über seine geliebten Kabel fahre. Die sind nämlich sehr empfindlich. Das würde ich natürlich niemals tun, aber trotzdem darf ich immer erst abbauen, wenn die Schlagzeugmikrofone wieder im Koffer liegen. Na ja, aber dann habe ich Pause und Kritze muss mit seinem Bass ran – so lange bis auch bei ihm alles im Kasten ist. Erst dann darf er sich wieder ausruhen. Das läuft eigentlich genauso ab wie beim Schlagzeug, nur dass der Aufbau und die Einstellungen viel schneller gehen, weil es ja nur ein Instrument ist. Und dann ist Marc mit der Gitarre dran. Dann Jochen mit dem Gesang. Und ganz zum Schluss nehmen wir noch die ganzen Sahnehäubchen wie Chorgesang, Percussion und gelegentlich besondere Instrumente wie Mundharmonika, Akkordeon, Trompete oder Cello auf. Die werden oft von Gästen gespielt, aber dazu kommen wir später noch mal.

Manchmal nehmen wir auch kleine Gags auf. Einer davon ist am Ende vom *Punkpanda Peter* zu hören. Da spielten wir als Band ein total wildes Ende, und danach wollte ich unbedingt noch eine Art ›letztes Wort‹ haben. Das sollte auch wild sein, und so kam ich auf die Idee mit den umfallenden Flaschen. Die mussten leer sein, um gut zu klingen. Aber wir hatten dummerweise nicht genügend leere Flaschen im Studio, und so viel trinken konnten wir auf die Schnelle auch nicht. So musste ich in einen benachbarten Supermarkt fahren, um eine Kiste mit leeren Flaschen zu kaufen. Das war gar nicht so einfach, denn die Leute dort wollten mir erst gar nicht glauben, dass ich leere und nicht volle Flaschen haben wollte ... Damit fuhr ich dann ins Studio zurück, und weil der Teppichboden das Geräusch zu sehr gedämpft hätte, stellte ich die Flaschen auf eine Holzplatte. Erhard platzierte die Mikrofone so, dass es gut klang, wenn ich durch die Flaschen lief und vor mich hin grunzte. Wir brauchten einige Versuche, bis alles im Kasten war, und so musste ich die ›umgelaufenen‹ Flaschen immer wieder aufbauen – das war fast so anstrengend wie auf der Kegelbahn. Da mussten nämlich früher Helfer die umgefallenen Kegel immer wieder aufstellen.

Wussest du, ...

dass für die Studioaufnahme eines *Randale*-Songs mal ein Kasten mit leeren Flaschen gekauft werden musste? (Produktabbildung ähnlich)

Manchmal gibt es sogar ungeplante Nebengeräusche, die man doch auf der Aufnahme lässt. Bei den Sprachaufnahmen zu *Otto der Fischotter* hatte ich meine Tochter Aki dabei. Die war damals erst ein Jahr alt und wollte nicht allein mit Erhard im Aufnahmeraum bleiben. Deswegen hatte ich sie während der Dialoge mit Jochen auf dem Arm. Sie schaute sich während der Aufnahme um und gab immer wieder Kommentare ab, und wer genau drauf achtet, kann sie auch hören.

Die Aufnahme eines *Randale*-Songs lässt sich übrigens mit einem Hausbau vergleichen: Das Schlagzeug legt das Fundament (und den Keller) für den Song, dann kommt der Bass mit dem Erdgeschoss. Im Stockwerk darüber kommt die Gitarre oder besser: die Gitarren. Marc ist zwar nur ein Gitarrist, aber er hat eine ganze Reihe von Gitarren, elektrische und akustische. Und wenn verschiedene Gitarrenfiguren für ein Lied benötigt werden — das können zwei oder auch fünf sein — , dann machen wir das per Overdub. Marc spielt also erst eine, dann die nächste und so weiter. Die werden eben overgedubt, also auf die erste drauf gespielt, so dass nachher alle zu hören sind. Mit anderen Instrumenten geht das übrigens genauso. Im Obergeschoss des Hauses kommt schließlich der Gesang, und den nimmt Erhard meistens bei sich in Gütersloh auf.

Wenn alles aufgenommen ist, geht es ans Mischen. Das macht Erhard zu Hause ganz allein. Dazu braucht er viel Ruhe, denn er muss sich den ganzen Quatsch so oft immer wieder anhören, bis er meint, dass alle Instrumente und die Stimme gut zueinander passen. Dabei werden auch Effekte eingebaut wie ein Hall oder ein Echo, oder er lässt die Stimme klingen, als käme sie durch ein uraltes Telefon. Das macht Erhard alles mit seinem ganzen Elektrokram, da ist er mit allen Technikwassern gewaschen.

Wenn er meint, dass er erst einmal fertig ist, dann bekommen wir die Aufnahmen, um sie uns anzuhören, und wir können Vorschläge für Veränderungen machen. Zum Beispiel ob der Gesang zu laut oder eine Gitarre zu leise ist, oder ob wir irgendetwas ganz weglassen oder doch noch etwas hinzufügen sollten. Das geht meistens über zwei Korrektur-Runden. Wenn schließlich alles passt, folgt als letzter Schritt das Mastern, also das ›Meistern‹, das macht auch Erhard. Dabei werden die Aufnahmen zum Abschluss noch einmal im letzten Feinschliff bearbeitet, sodass alle Lieder auf einer CD oder auch im Radio gleich laut und gut klingen. Danach schickt Erhard alle Daten per Internet ins Presswerk. Das ist eine Art Fabrik für CDs oder Schallplatten, in der auch die Hüllen und die kleinen Booklets (›Büchlein‹) mit den Texten und Infos und vor allem den Zeichnungen hergestellt werden. Die hat Peter Z dann nämlich ebenfalls schon am Computer vorbereitet und ins Presswerk geschickt.

Und eines schönen Tages sind die CDs fertig und kommen per Lkw bei *NewTone* im *Randale*-Büro an. Wenn die da sind, ruft Jochen uns an, und dann fahren wir mit quietschenden Reifen und Blaulicht ins Büro, um uns auch CDs abzuholen, und dann hören wir die wie verrückt. Sehr oft hintereinander (also ich zumindest), bis wir auch ganz bestimmt absolut wirklich sicher sein können, dass sie gut geworden sind. Das ist unheimlich aufregend. Und danach müssen wir uns unbedingt erst einmal wieder beruhigen.

Was im Studio auch ganz wichtig ist: gute Laune! Dazu gehört zum Beispiel, dass wir zwischendurch immer frische Luft schnappen und uns ausruhen können oder dass es leckere Sachen zu essen und genug zu trinken gibt. Denn ihr glaubt gar nicht, wie anstrengend das zum Beispiel sein kann, wenn bei einem Lied total wild getrommelt werden muss. Und wenn ich es dann nicht gleich hinbekomme, immer wieder Fehler mache und es mehrmals probieren muss, dann komm ich ganz schön ins Schwitzen. Aber viel Wasser trinken soll man ja sowieso das ganze Leben lang, da freut sich der Körper. Was auch klasse war: Jochen hat während der Aufnahmen zur *Wackelpeter*-CD sogar mal auf dem Studioparkplatz gegrillt, das war richtig lecker und sehr gut für die Laune!

Die neuen CDs sind fertig? »Lassen Sie mich durch — ich bin Trommler und muss ins *Randale*-Büro!«

Künsebecker *Traveller*-Impressionen: Fress-Besprechung am 7. August 2006, Erhard mit zwischenzeitlicher Kurzhaarfrisur sowie Marcs Gitarren (beide September 2005) und das Flaschen-Domino für das *Punkpanda*-Ende am 13. Juni 2012.

Drei am 15. bzw. 16. November 2018 im *Watt Matters Studio* entstandene Aufnahmen für die erste Rutsche der *Kinderkrachkiste*: alle vier dort zu hörenden *Ludwig*-Snares, Erhard beim Aufbau und Kritze beim Stimmen seines *Marleaux*-Basses.

PZ GR GR GR GR GR GR

Das *Traveller Studio* ging am 20. Februar 2020 mal wieder auf Reisen, um einige Aufnahmen in unserem Proberaum zu machen.

Noch so ein super Typ: Henning Strandt gehört das wunderbare *Watt Matters Studio* (3. Mai 2020).

Erhard allein zu Haus: In seinem Güterslohер Untermdachstudio werden seit Jahren der Gesang sowie die eher leiseren Instrumente aufgenommen und (nicht nur) unsere Songs gemischt (18. Februar 2022).

Schlummersound für den *Schlummerpunk*: Um dem Song gerecht zu werden, sollte unbedingt ein ›weiches‹ Schlagzeug zum Einsatz kommen, und so mussten einige ausrangierte Shirts sowie ein Geschirrtuch als Dämpfung herhalten (21. Januar 2022).

2014

Uli Hoeneß schläft jetzt in Landsberg

Wie Untaten bestraft werden und wir über Exit-Strategien nachdenken müssen.

Die Stadt Bielefeld feierte im Jahr 2014 ihren 800sten Geburtstag, ganz offiziell mit vielen besonderen Veranstaltungen und Attraktionen. Auch wir waren mit dabei und hatten bereits am 9. Dezember 2013 die Single-CD *Bielefeld (gibt's ja gar nicht!)* veröffentlicht. Wenn wir schlau gewesen wären, hätten wir die ja schon viel früher aufnehmen können, zum Beispiel im Rahmen der *Punkpanda*-Sessions im Juni 2012. Aber wer ist schon immer schlau, und dann war es eben wohl doch zu einem anderen Termin oder so ...

Konzertmäßig startete das Jahr für uns am 26. Januar im Berliner *Heimathafen*. Das zweite fand knapp drei Wochen später im großartigen *Universum* in Bünde statt (wieder mal als Doppel-Paket mit *Big Balls*). Dazwischen waren wir aber auch fleißig und legten den letzten Schliff an unsere Songs für das neue Album *Randale Rock'n'Roll*. Das wollten wir ab dem 10. Februar im Bielefelder *Watt Matters Studio* aufnehmen. Fünf Tage vorher stand ein kleiner Urlaub mit meiner Frau auf dem Plan, und was passierte direkt davor? Eines Morgens hatte ich Hunderte von Pickelchen unter der Haut, zum Glück nur an den Händen und Füßen, und es juckte dort wie verrückt. An Trommeln war nicht zu denken, jeder Schritt und jede Bewegung fühlten sich schrecklich an. Da kam sofort ein Verdacht auf: Hatte ich mich etwa bei unserer ähnlich geplagten kleinen Tochter mit der Hand-Fuß-Mund-Krankheit angesteckt?! Die Bestätigung kam direkt vom Kinderarzt, der sagte: »Machen wir uns nix vor: Sie haben die Maul- und Klauenseuche. Da hilft nur abwarten, bis es besser wird.« Na, herzlichen Glückwunsch! Die Tage darauf waren kein Spaß, und ich hatte die ganze Zeit Angst, dass ich den Studiotermin verschieben musste. Aber es klappte dann doch so gerade noch, und wir konnten die CD wie geplant aufnehmen.

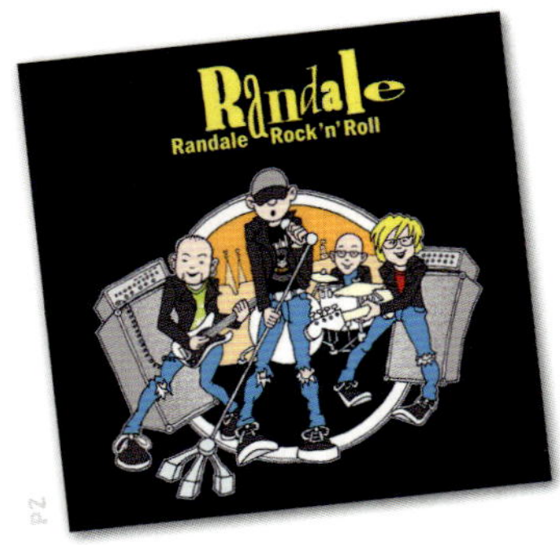

PZ

Kurz darauf spielten Jochen, Kritze und ich am 25. Februar abends im *Zweischlingen* ein sehr leises und sehr winziges Unplugged-Konzert. Anlass war die Eröffnung der Ausstellung *Punkpanda Peter und Freunde* unseres ›amtlichen Hausgrafikers‹ Peter Z. Der sollte nämlich auch endlich mal noch berühmter und bekannter werden, als er das ohnehin schon ist. Deswegen hingen genau drei Monate lang verschiedene Skizzen, CD-Cover und aufbereitete Grafiken an den Wänden des Restaurants. Gut eine Woche später waren wir schon wieder im *Zweischlingen* und spielten — dieses Mal mit Marc — das letzte von drei Karnevalskonzerten. Denn die gehören bei uns genauso zum Saisongeschäft wie die Weihnachtskonzerte. Zu Weihnachten wollen alle besinnlich sein, und an Karneval wollen alle lustig sein. Na klar, das machen wir, die Kundschaft bekommt, was sie bestellt.

Da Kritze und ich mit den *Randale*-Konzerten noch nicht bis zur Besinnungslosigkeit ausgelastet waren, stiegen wir im Frühjahr auch noch als musikalische Begleiter beim Shanty-Chor *Shantallica* ein, aber dazu an anderer Stelle mehr. Für den März hatte uns jedenfalls der Kollege *Ferri* eingeladen, einige Konzerte im Rahmen seines *11. Frankfurter Kinderliedermacherfestivals* in und rund um Frankfurt am Main zu spielen. Das war eine schöne Einladung, die wir sehr gern annahmen, weil wir so mal wieder in eine für uns neue Gegend kamen. Außerdem konnte ich in der freien Zeit mit meiner Kamera endlich mal dem Rangierbahnhof Mainz-Bischofsheim die geneigte Aufwartung machen — alles mitnehmen, was geht!

Aber die Konzerte stehen natürlich immer an erster Stelle. Am 12. März ging es für uns in der Stadtbibliothek in Kelsterbach los. Am Tag darauf wurde Uli Hoeneß, der Präsident und Aufsichtsratsvorsitzende des FC Bayern München, von der 5. Wirtschaftskammer des Landgerichts München II dafür verurteilt, dass er sehr viel mehr Geld vor dem Finanzamt versteckt hatte, als wir das mit *Randale* jemals würden verdienen können. Er sollte für drei Jahre und sechs Monate ins Gefängnis gehen und konnte ab dem 2. Juni in der Justizvollzugsanstalt in Landsberg am Lech mal in aller Ruhe über seine Untaten nachdenken. Das hatte er nun davon, so! Aber auch für uns lief der Vormittag des 13. März nicht ganz so rund. Da standen nämlich zwei Konzerte in der Turnhalle der *Ludwig-Richter-Schule* in Frankfurt-Eschersheim auf dem Programm. Die wurde erst ab dem Schuljahr 2015 zu einer reinen Grundschule, vorher wurden dort aber auch sehr viel größere Kinder unterrichtet. Deren Direktor hatte gemeint, dass er seinen Schülerinnen und

JV

Da Musik bekanntlich durch den Magen geht, bekamen wir im Stemweder *Life House* am 28. März 2014 von Fans diese großartige Hasentotenkopfpiratentorte geschenkt!

Schülern etwa Gutes tun würde, wenn er eine Kinderrockband buchen und als verlängerte Pausenbelustigung auftreten lassen würde. Was er dabei nicht bedacht hatte: Das Alter der Kinder spielt dabei eine wichtige Rolle. Unsere Zielgruppe ist am liebsten so ungefähr zwischen vier und zehn Jahren alt. Wenn die Kinder jünger sind, ist es eher schwierig, weil ihnen solch eine Musik oft zu viel und vielleicht auch zu laut ist. Und wenn sie älter sind, kann es seeeehr schwierig werden. Weil die mit dem ganzen ›Babyquatsch‹ nämlich nichts anfangen können und sich eher angepinkelt fühlen. Erst ab 18, dann finden es viele wieder lustig. Jetzt stellt euch mal vor, wie es 14- bis 16-Jährigen in einem Stadtviertel geht, in dem die Leute sowieso nicht immer gute Laune haben. Wenn denen so eine Kapelle vorgesetzt wird, heieieieiei, das ist kein Spaß! Die schauten uns an, als wollten sie uns zum Mittagessen verspeisen, und wir dachten schon, wir bräuchten jetzt aber mal ganz schnell Personenschutz, Exit-Strategien und neue Identitäten. Aber zum Glück kamen wir da noch mal lebend raus. Weil das gelang, konnten wir dann auch nicht nur das Festival zu Ende spielen, sondern auch viele weitere Konzerte. Zum Beispiel in Paderborn, Erwitte, Dortmund, Duisburg und Braunschweig.

Anfang August mussten wir mal wieder darauf achten, dass wir uns im Bandbulli gut vertrugen, denn es wurde die längste Reise, die wir so an einem Stück gemacht haben. Am 1. August kam ich aus dem Urlaub in Schleswig-Holstein zurück und am 2. stand ein Konzert für die *Manfred-Sauer-Stiftung* in Lobbach auf dem Programm. Die Stiftung kümmert sich besonders um Menschen mit Querschnittslähmung, und die Einladung war über die *Stiftung Deutsche Schlaganfall-Hilfe* zustande gekommen. Lobbach liegt allerdings in Baden-Württemberg in der Nähe von Heidelberg, das sind etwa 360 Kilometer von Bielefeld entfernt. Nach dem Konzert hatten wir noch einen weiten Weg nach Nordosten vor uns. Auf dem hielten wir in Mosbach an, um schnell zu tanken und Pipi zu machen. Mehr Zeit hatten wir leider nicht. Wie schade, denn Mosbach ist doch die Geburtsstätte der *Lokomotivfabrik Gmeinder*, da hätte ich doch nur zu gern kurz mal ... Aber wenn der Weg weit ist und vor allem wenn die Kollegen von Hunger und Durst geplagt werden, dann kennen die keine Gnade. Also weiter, immer weiter. So landeten wir 340 Kilometer entfernt in einem Hotel in Hof im nordöstlichsten Bayern. In den Zimmern war es wahnsinnig warm, und nebenan fand irgendein Fest statt, beim dem die Menschen so viel Birnensaft tranken, dass sie auch eine Woche später noch nicht wieder wussten, wie sie eigentlich hießen. Jedenfalls waren die Leute und die Musik so laut, als hätte irgendjemand mitten im Hotelzimmer zwischen Bett und Badezimmertür eine Flugzeuglandebahn verlegt. Da waren wir am nächsten Morgen beim Frühstück um 7:00 Uhr richtig gut erholt. Das passte super, weil wir gleich wieder gut 520 Kilometer nach Wismar zurückzulegen hatten, wo wir auf dem *10. Internationalen Straßenfest boulevART* auftreten sollten. Vom Konzert aus ging es abends nochmal 370 Kilometer nach Hause. Also, für alle Mathe-Spezies: Wie viele Kilometer hatten wir da in nur zwei Tagen mal so eben ganz fix und schnell abgespult ...?

RANDALEKARTE

Neuland-Bratwurst	2.70
... mit kleiner Portion Pommes weiß	4.20
Neuland-Currywurst	3.70
... mit kleiner Portion Pommes weiß	5.20
Portion Pommes	2.50
mit Dip rot oder weiß	3.00

Welche Band kann schon behaupten, dass nur für sie eine eigene Speisekarte entworfen wird? Uns wurde diese Ehre anlässlich eines Konzerts am 13. September 2014 auf dem Bielefelder Siegfriedplatz zuteil, und das vitaminreiche Angebot war an Ausgewogenheit einfach nicht zu übertreffen.

Und es sollten nicht die letzten Kilometer werden: Fünf Tage später ging es zum zweiten Mal in diesem Jahr nach Rüsselsheim und am 22. August auch wieder nach Berlin. Dort spielten wir im *Ramones Museum* mit ganz kleinem Besteck und recht leise das offiziell erste Konzert zur Veröffentlichung unserer neuen CD *Randale Rock'n'Roll*. Warum gerade da? Weil Peter Z uns auf dem Cover als *Ramones*-Comicfiguren gezeichnet hatte. Das war natürlich mal wieder Jochens Idee gewesen, weil der die *Ramones* fast genauso liebt wie die Feuerwehrfeste in Jöllenbeck. Da passte es jedenfalls perfekt, im Museum aufzutreten, und es war eine große Ehre und überhaupt. Das erste krachige Konzert mit der CD spielten wir am Tag darauf auf dem Wasserfest der *Berliner Wasserbetriebe*. Tja, das war zwar viel weniger Rock'n'Roll, aber auch das gehörte zum Geschäft.

Ende August waren wir zunächst in Wittmund und dann im *Nachtasyl* des Hamburger *Thalia Theaters* zu Gast. Dann war es aber auch mal gut mit dem ganzen Geschaukel auf der Autobahn, denn die letzten vier Monate gehörten ausschließlich der ostwestfälischen Heimat. Die Strecken waren meistens kurz und sonntagabends konnten wir schön um 20:15 Uhr passend zum *Tatort* auf dem Sofa sitzen.

Darüber hinaus gab es Grund zum Feiern, denn wir waren als Kapelle stolze zehn Jahre alt geworden. Den Geburtstag feierten wir am 24. Oktober 2014 in der *Cantine* in Bielefeld auch ganz ordentlich mit vielen Freundinnen, Freunden und Leuten, die uns bis dahin begleitet hatten. Und nicht nur vor denen prahlten wir immer wieder damit, dass wir schon über 45.000 CDs verkauft hatten.

Am 28. Februar 2014 verkleideten sich Markus und Kris, um mit Jochen und mir in der Turnhalle der Bielefelder *Klosterschule* Karnevalsquatsch zu veranstalten. Kritze und Marc hatten mal wieder etwas Besseres vor, arbeiten oder so.

RS

GFS

Am 16. März 2014 spielten wir mit Kris beim Kinderliedermacherfestival im *Gallus Theater* zu Frankfurt am Main. Mit uns auf der Bühne standen Anders Orth alias *Lila Lindwurm*, Helmut Meier, der Gastgeber *Ferri* (der heißt eigentlich Georg Feils), Matthias Meyer-Göllner und die auch irgendwie lilalindwurmige Elke Kamper.

JV

In den Iden des März, am 15. März 44 vor Christus, wurde Gaius Iulius Caesar von über 60 Leuten per Dolchstich ermordet. Das war ganz schön gemein! Auf den Tag genau 2058 Jahre später konnte Jochen nach einem Auftritt im Rüsselsheimer Kulturzentrum *Das Rind* dieses Fahrstuhlbandselfie machen, und alle blieben am Leben. Was waren wir froh!

Seit seinem Konzert in der Mainzer *Phönix-Halle* am 31. Mai 2014 weiß *Alice Cooper* dank Helga Wittmann endlich, wer *Randale* ist – hamma! Aber wisst ihr denn auch, wer *Alice Cooper* ist? Das ist der Erfinder des Kajalstiftes und er ist unheimlich froh, dass die Schule aus ist, so.

Er ist nicht nur ein erstaunlich großer Nager, sondern eben auch eine ganz coole Socke, dieser Kris. Wir nehmen ihn sehr gern mit und machten das auch am 2. August 2014 für das Konzert bei der *Manfred-Sauer-Stiftung* in Lobbach.

»Och neee, schon wieder eine schmale Lkw-Bühne ... Na ja, dann bauen wir uns eben wieder in der Reihe auf«. So geschehen am 17. August 2014 beim *Familienzentrum St. Judas-Thaddäus* in Verl.

Endlich war es so weit: Der für unseren Erfolg in erheblichem Maße mitverantwortliche Peter Z bekam in unserem Stammhaus, dem Bielefelder *Zweischlingen*, eine eigene Ausstellung mit Bildern der für uns entworfenen CD-Cover. Die Vernissage fand am 25. Februar 2014 statt, und da waren auch wir schon ein bisschen stolz.

GIR

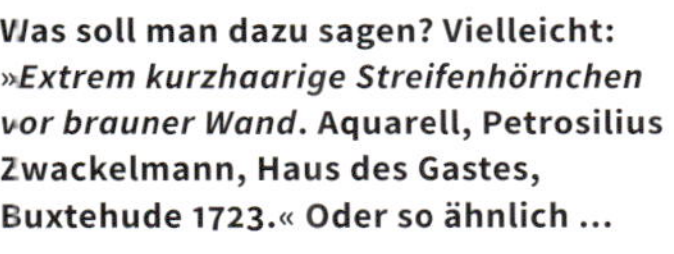

Was soll man dazu sagen? Vielleicht: »*Extrem kurzhaarige Streifenhörnchen vor brauner Wand*. Aquarell, Petrosilius Zwackelmann, Haus des Gastes, Buxtehude 1723.« Oder so ähnlich …

PZ

›Master of Shanties‹ – Shantallica

Warum es auch ohne eigenen Fünfmaster unheimlich Spaß macht, hart am Wind und hart am Glas zu segeln.

Kritze und ich haben den wilden Haufen ja schon an anderer Stelle kurz erwähnt, aber jetzt soll »der etwas andere Shanty-Chor aus Ostwestfalen« doch noch mal ein wenig ausführlicher vorgestellt werden. So wie es weder Spaß macht noch der Gesundheit zuträglich ist, lediglich eine Sache zu essen – egal ob Bœuf Stroganoff oder Avocado-Herzen –, so schädlich kann es bisweilen sein, wenn man nur eine Sorte Musik macht. Deswegen habe ich auch *Big Balls* und bastel zwischendurch mit Bestmusicfriend Uli an seinen Songs. Auch Jochen hat die *Seltaebs*, weil er das eben zur Abwechslung braucht. Und zwischendurch ziehen auch Kritze und ich noch mal zusammen los, um nur mit einem Akustikbass und einer Snare (und manchmal sogar einem zusätzlichen Becken) einfach mal ganz andere Musik zu machen. Das ist gut fürs künstlerische Gleichgewicht. Und das machen wir eben bei *Shantallica*.

Angefangen hat es mit dem Laden im Jahr 2009, denn da feierte die Frau von Rolf einen runden Geburtstag, die wurde 20 oder so. Rolf, der baut jedes Jahr abertausende von Schubladen oder besser: Er lässt die bauen, und deswegen hat er auch immer genügend Taschengeld, wenn er sich ein Spaghettieis mit extra viel Soße und Schokostreuseln kaufen will. Die Frau von Rolf, das ist die *Muddi*, und die kommt gebürtig aus Hamburg, und weil Rolf die *Muddi* so lieb hat, wollte er ihr unbedingt etwas schenken, über das sie sich besonders freut. Und da dachte er sich: »Ich kann zwar nicht singen und meine ganzen lustigen Freunde auch nicht, aber wir singen der *Muddi* einfach trotzdem mal einige Seemannslieder zum Geburtstag. Von wegen Hamburg und Wasser und Hafen und so. Wenn wir Glück haben, dann gefällt ihr das ja vielleicht.« Und wie ihr das gefiel! Und allen anderen Gästen und vor allem Gästinnen auch, und es muss überhaupt ein sehr lustiger Abend gewesen sein. Deswegen traten die Jungs einfach bei weiteren Gelegenheiten auf und beglückten immer mehr Menschen mit ihren – sagen wir mal: sehr eigenen – Interpretationen alter Shanties.

Alles was ein richtiger Shantypirat für seine Kaperfahrt braucht, sind eine Handbreit Birnensaft unterm Kiel und ein Stutzsäbel, um es mit den vom Mundschenk dargebotenen Getränken aufzunehmen.

Es kamen auch immer mehr Sänger in den Chor. In dem sind übrigens nur Männer zugelassen – so ist das eben in manchen aufgeklärt-emanzipierten Gesellschaften … Allerdings sind viele von Rolfs Freunden ganz schön wild und müssen ja irgendwie im Zaum gehalten werden. Einer von ihnen kann sogar richtig singen und auch Gitarre spielen, und das ist Markus. Den stellte Rolf dann als Dompteur für die ganzen Leichtmatrosen, Vitalienbrüder und Klabautermänner ein, damit die auch bei Windstärke 10 wissen, wo es langgeht. Eigentlich wissen die das sowieso – immer auf dem kürzesten Weg zum nächsten Birnensaft-Tresen! Aber Ordnung muss sein, und deshalb wurde der ganze Laden streng nautisch-hierarchisch durchorganisiert, und so bekam praktisch jeder seinen Kampfnamen. Rolf ist der *Käpt'n*, weil er das nicht vorhandene Schiff ja steuert, und Markus ist der *Chief*, weil er den Löwenbändiger gibt, und Andreas ist der *1WO*, weil er als erster Wachoffizier die Finanzen und Vorräte verwaltet. Er muss zum Beispiel immer darauf achten, dass die Mannschaft nicht nur Pökelfleisch zu sich nimmt, sondern zwischendurch auch mal ein Äpfelchen isst. Das ist ganz wichtig für die Zähne und hilft gegen Skorbut. Und Lars als *Bootsmann Larrrs!* ist für die Texte und auch viele der Ansagen bei den Konzerten zuständig. Das kann er deswegen besonders gut, weil er im richtigen Leben Lehrer an der *Realschule Heepen* ist, und die mag er ganz besonders, und das erzählt er auch immer wieder allen möglichen Leuten – am liebsten den Bielefelder *Ratsgymnasiastinnen* und *-gymnasiasten*, wenn die mal wieder anlässlich einer Klassenfahrt auf Langeoog sind und *Shantallica* dort gleichzeitig zur Kaperfahrt einfällt. Dass der Chor dort auf der letzten Kaperfahrt das Zwanzigfache von dem ausgab, was er erbeutete, das ist allerdings eine ganz andere Geschichte …

Auch fast alle anderen Sänger haben ihre Kampfnamen, doch die hier alle aufzulisten, das würde bei rund 50 Leuten wirklich zu weit führen. Aber nur Sänger und ein Dompteur, das reichte den Herrschaften dann irgendwie doch nicht. Deswegen holten sie unseren alten *Randalettenaushilfsundüberhauptfreund* Arthuro als Gitarristen dazu, der schon vorher mit Markus eine Band gehabt hatte. Und als auch das noch nicht genug war, wurden Kritze und ich angeworben, damit wir bei einem Konzert am 30. April 2014 auf *Hof Steffen* in Bielefeld ein rhythmisches Fundament drunter legen konnten. Seitdem sind wir dabei, und wir beiden hatten 1996 auch schon mit Arthuro und Markus (und Uli) bei der Musical-Produktion *Müllers Büro* zusammengespielt – es geht eben nix über alte Seilschaften! Und was soll ich sagen? Es macht einfach unheimlich Spaß, und keiner muss verdursten, erst recht nicht auf der Bühne! Außerdem gibt es noch einen wichtigen Musiker: Andre als *Flötenschlumpf* hatte das Pech, dass er zu gut singen konnte, und da das Sangesniveau des Chores nicht punktuell auf Springflut ansteigen durfte, wurde er kurzerhand ans Akkordeon strafversetzt. So steht er immer schön mit Kritze (*KellA*), Arthuro (*Arturo*) und mir (*Fadz Brown*) zusammen in einer Bühnenecke und freut sich des Möchtegernseemannslebens.

Vor diesem Logo haben rechtschaffene Seeleute noch mehr Angst als vor einer Piratenflagge. Denn sobald es am Horizont auftaucht, wissen alle vom Küchenjungen bis zum Kapitän: Hilfe – in fünf Minuten ist der Birnensaft alle!

Ein eigenes Schiff haben wir zwar nicht, dafür aber eine eigene Hafenkneipe. Das ist die *Villa*, die findet sich in bester Lage am Hang des Teutoburger Waldes und war früher die Heimat des *Bielefelder Kinderchors*. Die *Villa* ist ein wunderbarer Ort, und natürlich wird auch hier in geradezu selbstloser Manier dafür gesorgt, dass niemand verdurstet, und es gibt einen Billardtisch, und man kann Musik hören und grillen und Feuerchen machen und Auswärtsspiele von *Arminia* auf einer Großbildleinwand anschauen. Überhaupt: *Shantallica* ohne *Arminia* – das wäre gar nicht denkbar! Dass es andersherum mal genauso wird, daran wird seit Jahren hart gearbeitet. Denn das Repertoire besteht eben nicht nur aus originalen englischen Shanties, sondern umfasst auch eine ganze Reihe von *Larrrs!* auf Deutsch neu betexteter Lieder, und von eben denen sind nicht wenige dem Heimatverein gewidmet. Die Liebe zu diesem ist einfach unerschütterlich – egal auf welchem Tabellenrang oder, schlimmer noch, in welcher Liga er sich gerade mal wieder aufhalten zu müssen meint …

Zentrales Motto bei *Shantallica* ist: »Bei uns kommt der Mensch vor der Note!« Wenn also mal ein Sänger (oder auch 20 …) bei den Konzerten tonal etwas daneben liegt – geschenkt! Bei Tonträgern soll es aber schon möglichst gut werden. So nahmen wir im November 2015 eine erste CD mit dem Titel *Unser Hafen ist »Die Alm«* mit fünf Liedern auf – natürlich mit unserem Lieblingserhard! Mit den Instrumenten blieben wir im *Randale*-Proberaum in Theesen, während es sich der Chor einige Tage später knapp vier Bielefelder Seemeilen weiter südlich kurzzeitig im *Cafe Europa* gemütlich machen durfte. Im September 2019 nahmen wir wieder mit Erhard in der *Villa* – deren Saal hat dank seines Holzbodens einen großartigen Klang – weitere acht Songs auf, und die neuen Lieder erschienen noch im selben Jahr zusammen mit den alten als CD *Weit weit raus …*

Obwohl dem Ruf der Ferne schon in viele Städte und sogar zwei Mal bis La Palma gefolgt wurde, stellen der *Leinewebermarkt* und der Weihnachtsmarkt bei *Radio Bielefeld* feste Anlaufhäfen im Shanty-Kalender dar. Genauso wie bei *Randale* und auch hier klappt es meistens ganz prächtig, alle von den Enkeln bis zu den Großeltern zum Mitsingen und -schunkeln zu bewegen. Nur dass bei *Randale* eben nicht wie bei *Shantallica* versucht wird, bei jedem Konzert einen neuen Inderöffentlichkeitbirnensafttrinkenweltrekord aufzustellen. Ach, wie schön das Seemannsleben doch sein kann! Und so werden wir mit *Shantallica* hoffentlich noch möglichst viele Jahre kenterfrei nicht nur über die ostwestfälischen Meere ziehen.

The only boy who could ever preach me was the son of a teacherman: Seit Herbst 1989 ist Uli Albert eine der wichtigsten Konstanten in meinem (Musiker)Leben. Im Sommer 2023 nahm er meine Trommelei für drei *Shantallica*-Songs auf und wilderte dabei ausnahmsweise in Erhards Revier (18. November 2023).

GR

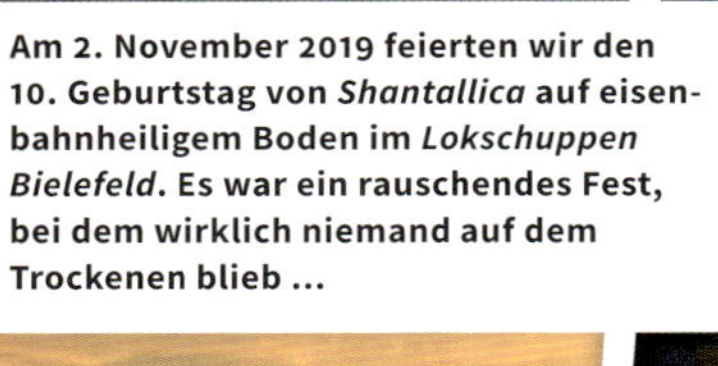

Am 2. November 2019 feierten wir den 10. Geburtstag von *Shantallica* auf eisenbahnheiligem Boden im *Lokschuppen Bielefeld*. Es war ein rauschendes Fest, bei dem wirklich niemand auf dem Trockenen blieb …

JMF

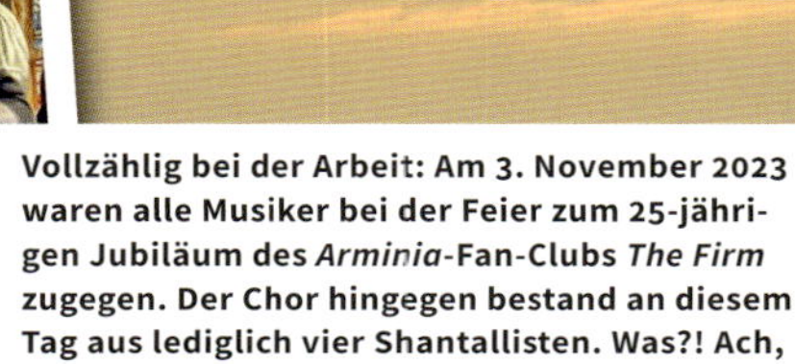

Vollzählig bei der Arbeit: Am 3. November 2023 waren alle Musiker bei der Feier zum 25-jährigen Jubiläum des *Arminia*-Fan-Clubs *The Firm* zugegen. Der Chor hingegen bestand an diesem Tag aus lediglich vier Shantallisten. Was?! Ach, das hat fast keiner gemerkt …

MBÖ

Die Konzerte auf dem heimischen Weihnachtsmarkt bei *Radio Bielefeld* werden im Shantykalender stets fett und rot markiert. Am 15. Dezember 2023 präsentierten wir hier unsere neue Hymne *Bei uns in Bielefeld* und es war einfach großartig.

JMF

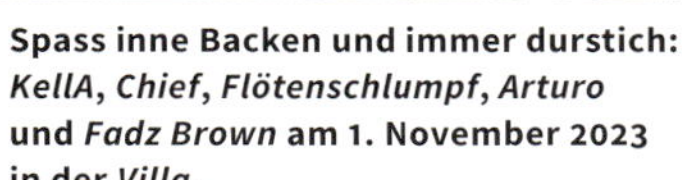

Spass inne Backen und immer durstich: *KellA*, *Chief*, *Flötenschlumpf*, *Arturo* und *Fadz Brown* am 1. November 2023 in der *Villa*.

UA

Bei einem derart wichtigen Termin wie einer Studioaufnahme wollte natürlich (fast) keiner fehlen. Um die strapazierten Kehlen zu schonen, bediente sich ein Großteil der Klabautermatrosen ausnahmsweise an den Wasserfässern und Colakrügen.

GR

Man kann es nicht oft genug sagen: Ohne Erhard geht es einfach nicht! Am 1. November 2023 machte er zum dritten Mal Aufnahmen mit dem Chor. Wie schon gut vier Jahre zuvor fanden diese in unserer Hafenkneipe, der *Villa*, statt.

GR

GR

2015

Katamarane anzünden verboten

Warum man dicke Pullis einpacken sollte und warum Zähne ziehen mitten im Konzert nicht klappt.

Da wir gerade erst eine neue CD präsentiert hatten, konnten wir es in diesem Jahr mit der Kreativität etwas ruhiger angehen lassen. Dafür spielten wir wieder reichlich Konzerte, insgesamt wurden es 73 Stück. Das erste fand gleich am 5. Januar im Wiesbadener *Schlachthof* statt, und schon sechs Tage später waren wir im E-Werk in Erlangen und bald auch schon wieder im Berliner *Heimathafen*. Generell durften wir immer öfter in Läden auf der Bühne stehen, auf denen auch schon ›größere‹ Bands gespielt hatten, die wir selbst gut fanden. Dazu gehören bis heute beispielsweise *Kettcar*, *Heinz Rudolf Kunze*, *Billy Bragg*, *Die Ärzte*, *Beatsteaks*, *Agnostic Front*, *New Model Army* und sogar *AC/DC* (deren erstes Konzert in Deutschland fand nämlich am 15. September 1976 im Rahmen der *High Voltage European Tour* in der *Fabrik* in Hamburg statt)!

Es ist ein sehr schönes Gefühl, dass wir uns über die Jahre eine ziemlich lange Reihe von Veranstaltungen und Clubs erspielt haben, von denen wir immer wieder eingeladen werden. Die sind dann für einen Tag so eine Art Zuhause. Oder vielleicht ist es eher wie ein Kurzurlaub am immer gleichen Ort. Auch wenn es mittlerweile sehr viele sind, so freuen wir uns auch jedes Mal, eine neue Bühne in einer neuen Stadt kennenzulernen, egal ob in der Heimat oder in der Ferne.

Die Heimat, das ist für uns ja nun einmal Bielefeld, und genau dort fand vom 30. Januar bis 1. Februar im *Theaterlabor* ein erstes *Kindermusikfestival* statt. Organisiert hatten es Jochen und *NewTone* für das Netzwerk *Kindermusik.de*, und so traten dort nicht nur wir, sondern auch zahlreiche andere Künstlerinnen und Künstler auf.

Im Februar stand wieder ein bisschen Karnevalsquatsch an, und dazu passte bestens unsere neue Bekloppten-Polka *Käpt'n Wurstsalat*. Nachdem wir im März wieder nach Stemwede, Bad Oeynhausen, Idar-Oberstein und Mönchengladbach gefahren waren, ging es ausnahmsweise sehr früh nach Föhr — zu Ostern. Dort spielten wir am 4. und 5. April wieder draußen im *Schapers*. Allerdings war es da zu dieser Zeit doch eine ganze Ecke kälter als im Sommer. Also hatten wir lange Hosen, dicke Pullis und Jacken eingepackt. Und Kris nahmen wir auch noch mit, damit der die Technik betreuen konnte. Und er musste aufpassen, dass abends niemand auf die Idee kam, heimlich einen Katamaran ins Lagerfeuer zu ziehen. Das ist nämlich ziemlich verboten. Es sind höchstens Bänke erlaubt und das auch nur in Ausnahmefällen und eben eigentlich doch gar nicht. Schade irgendwie ...

PZ

Wusstest du, ...

dass ein *Katamaran* ein Boot oder Schiff mit zwei Rümpfen ist?

Was ebenfalls anders war: Am Samstag traten wir erst am Abend von 19 bis 22 Uhr auf. Natürlich spielten wir einige unserer rockigsten Lieder, aber auch viele andere Songs von ganz großen Helden, zum Beispiel *Rebell Yell* von *Billy Idol*, *Born to Be Wild* von *Steppenwolf* oder *Angels* von *Robbie Williams*. Das hatte Jochen den Leuten vom Schapers nämlich versprochen. Und was soll ich sagen? Wenn Jochen etwas verspricht, dann müssen auch Kritze, Marc und ich dafür sorgen, dass das Versprechen eingehalten wird, auch wenn wir das selbst vielleicht gar nicht so gut finden. Mitgefangen, mitgehangen, und so. Na ja, jedenfalls fühlte es sich sehr verdächtig so an wie fast acht Jahre zuvor beim *Elternabend-Kneipenkult* in Bielefeld. Kollektives Fazit: »Das ging so einigermaßen, und es sind ja nicht alle Leute weggelaufen — müssen wir aber auf gar keinen Fall bestimmt überhaupt nicht nochmal machen ...« Am Ostersonntag gab es dann wieder ein normales Kinderkonzert, da waren wir auf der sicheren Seite. Und weil die Kinder am Strand Ostereier suchten, stand natürlich auch *Ostereiersuchen am Strand* auf der Liste. Das ist ja eigentlich die *Hochland Melodie*, nur mit anderem Text. Aber das weiß ja gar keiner, und das hat ja auch gar keiner gemerkt und so ...

Danach gaben wir wieder normale Konzerte und kontrollierten, ob es die schönen Gemeinwesen Ahaus, Exter, Eupen, Halle, Lage, Hamm und so weiter noch gab. Die waren zum Glück alle noch da, und so konnten wir da auftreten und Quatsch machen und Geld verdienen und lecker essen. Auch im Kalletal, in Hunteburg, Rietberg, Fürth und Ulm ging das — genauso hatten wir uns das gedacht. Wobei: In Ulm bekam ich nichts von dem tollen Essen ab, das dort serviert wurde. Das lag daran, dass ich mir nach einem wunderbaren Hotelfrühstück natürlich gewissenhaft die Zähne gereinigt hatte und dabei mit Zahnseide die Füllung eines früher schon gebrochenen Zahns aus der Verankerung geholt hatte. Das war so nicht geplant, der hing jetzt schief im Mund, und ich konnte den Kiefer gar nicht richtig schließen. Aber wir mussten nun mal ins *Ulmer Zelt*. Dort versuchte ich nach dem Aufbau und auch noch während der Show — immer wenn Jochen wieder eine längere Ansage machte —, mir den Zahn selbst zu ziehen und schwitzte dabei im wahrsten Sinn Blut und Wasser. Es funktionierte aber nicht, und so banden sich die anderen nach dem Konzert ihre Lätzchen zum Spachteln um, während ich mein Lätzchen beim Zahnärztlichen Notdienst zwecks Extraktion des Delinquenten bekam. Danke noch mal, lieber Zahnarzt!

Vom 30. Juli bis zum 2. August 2015 fand im *Neurologischen Rehabilitationszentrum Friedehorst* in Bremen der Workshop *Feel like a Rockstar* statt. Das war eine Kooperation mit der *Stiftung Deutsche Schlaganfall-Hilfe*, und es waren 27 Kinder im Alter von sechs bis 16 Jahren aus der ganzen Bundesrepublik dabei. Die machten Musik, wurden mit coolen Klamotten ausgestattet und obendrein noch gestylt und geschminkt. Wie richtige Rockstars eben. Dort trat die Kapelle — wie schon bei den anderen Workshops — mit großer Unterstützung unserer Aushilfsmusiker an. Das Team bestand daher aus Jochen, Kritze, Marc, Arthuro, Markus, Kris und Jan. Ich selbst hatte aber gekniffen und kam erst zum Abschlusskonzert dazu, weil ich mit *Big Balls* ausnahmsweise nur vor und nicht gleichzeitig mit *Randale* nach Föhr fahren konnte. Und ein Konzert mit *Big Balls* lasse ich nach Möglichkeit überhaupt nicht ausfallen, weil mir das so wichtig ist.

BIG BALLS

Für die anderen war der Workshop wie eine Klassenfahrt, ihr kennt das vielleicht: Alle sind total aufgedreht und haben für eine bestimmte Zeit ihre ganz eigenen Erlebnisse und eine eigene Sprache und ihre eigenen Gags. Da war es für mich sehr schwierig, dran anzuknüpfen, ich fand die alle komisch. Und die fanden mich komisch. Aber ich durfte dann trotzdem noch mal mit nach Föhr — für mich zum dritten Mal in diesem Jahr, und wir spielten da ausnahmsweise auch gleich drei weitere Konzerte.

Bald darauf ging es nach Gütersloh, Bad Homburg, Berlin, Rotenhain, noch mal nach Berlin, Darmstadt, Geislingen an der Steige (ein weiterer sehr berühmter Eisenbahnstandort!), ins *Rock'n'Roll-Museum* nach Gronau, in den *Tierpark Sababurg* bei Hofgeismar (da gibt es unschlagbar gute Waffeln am Stiel, also auch da: hinfahren!), in den *Monkeys Music Club* nach Hamburg, nach Schwerin, Osnabrück und Köln. Nach den beiden letzten Konzerten am 13. Dezember in Gütersloh und Isselhorst hatten wir uns dann aber auch mal so richtig drei Wochen Weihnachtspause verdient.

Big Balls — was wir mit dieser Kapelle alles schon erlebt haben, wäre ein eigenes Buch wert! Aber hier muss erst mal ein Bild vom _AC/DC_-Fantreffen in Geiselwind am 14. Oktober 2016 genügen: Fadz, Pete, Haver, Chicken und Sendman hatten an diesem Tag ihren Spaß.

Günter Sawatzky war auch am 25. Januar 2015 im *Heimathafen Neukölln* zugegen, um das Konzert der Originalbesetzung im Bild festzuhalten. An diesem Tag zeigte auch der vollbekloppte *Käpt'n Wurstsalat* der Hauptstadtbevölkerung, wo der Quatschhammer hängt.

GS

GS

GS

GS

Zu den schönsten Häusern, in den wir seit vielen Jahren regelmäßig zu Gast sind, gehört das *Universum* in Bünde. Tradition ist hier ein recht später Start um 17:00 Uhr genauso wie eine für mich um 20:00 Uhr anstehende zweite Show mit *Big Balls* (Aufnahme vom 20. Februar 2015).

Auch den Bielefelder *Leinewebermarkt* markieren wir jedes Jahr fett im Tour-Kalender. Besonders schön waren die stets bestens besuchten Konzerte auf dem *Alten Markt* (Aufnahme vom 31. Mai 2015).

Schwitzen auch nach der Show: Ein Garten-Konzert in Hunteburg am 4. Juli 2015 gehörte aufgrund der Temperaturen zu den anstrengendsten, die wir je gespielt haben.

Möhrchen für die Öhrchen – das ist ja wohl das genialste aller *Randale*-Produkte! Wir haben es hier mit der überaus gelungenen Synthese aus Zielgruppenwertschätzung und künstlerisch-merkantiler Stringenz zu tun. Wenn wir die hier nicht abbilden täten, dann könnten wir uns ja gleich auflösen!

Kraft tanken: Am 19. September 2015 strandeten wir nach einem Konzert in Bad Driburg im rund 450 Kilometer entfernten Geislingen an der Steige. Um uns für die dort am kommenden Tag anstehende Show zu wappnen, war ein gemütlicher Abend mit Chips und Birnensaft im Hotel die beste Lösung.

Ab dem 30. Juli 2015 fand im Bremer *Rehabilitationszentrum Friedehorst* in Zusammenarbeit mit der *Stiftung Deutsche Schlaganfall-Hilfe* der Workshop *Feel like a Rockstar* statt. Den Abschluss bildete am 2. August ein Konzert mit allen beteiligten Kindern und Musikern. Unterstützung hatten wir durch Kris (zu sehen beim Bassunterricht), Markus (auf der Bühne mit Kritze), Arthuro und Jan. Die *Omma und Oppa*-Polonaise und der Tanz zur *Affendisco* waren selbstredend Ehrensache.

2016

Summer Breeze, wir kommen!

Was die Fans harter Musik auszeichnet, und wie wichtig es ist, Herzensangelegenheiten zu verfolgen.

Genau wie im Jahr davor fand das erste Konzert im Wiesbadener *Schlachthof* statt, und im Verlauf des Jahres sollten wir wieder enorm viel herumkommen. Das zweite Konzert führte uns am 24. Januar ins *Columbia Theater* nach Berlin, wo wir vor ausverkauftem Haus ein grandioses Konzert spielen konnten. Zum Glück war Stephan Röcken mit dabei und hielt sehr viele Eindrücke im Bild fest. Bei der Gelegenheit entstanden auch das Foto ganz vorn im Buch und das Video zu *Randale Rock'n'Roll*. Am Tag darauf waren wir noch im Berliner *FEZ*, spielten im Februar ein weiteres Fernsehkonzert bei *Kanal 21* sowie wieder eine Reihe von Karnevalskonzerten. In der Ferne lockten Köln, Gronau, Wandlitz, Düren, Münster, Monheim und zwei Tage auf der *Kieler Woche*. Außerdem ging es nach Essen, Unna, Nattheim, Ochtrup, Spandau, Föhr, Mainz, Olpe, Hittfeld, Techelsdorf, Duisburg, in den *Tierpark Sababurg*, nach Münster, Osnabrück und Brilon.

Am Nachmittag des 4. Juni konnten wir erneut in der *SchücoArena* auftreten, dieses Mal sogar beim *111 Jahre Arminia Bielefeld Open Air* auf riesiger Bühne, und wisst ihr, wer da auch spielte? Die nimmersatten *BossHoss*! Und weil einige von denen unseren Auftritt richtig super fanden, futterten und soffen die uns ausnahmsweise nicht alles weg, sondern schenkten uns sogar ein Sixpack von ihrem eigenen *BossHoss*-Birnensaft. Das war immerhin eine kleine und arg verspätete Wiedergutmachung für den 13. August 2006 auf der *Ballon-Fiesta*.

Tja, und dann wurde uns eine ganz besondere Ehre zuteil, denn wir kleinen Kinderrocker wurden nach Dinkelsbühl eingeladen. Das liegt in Mittelfranken, also mal wieder so ungefähr in Bayern. Dort gibt es angeblich die schönste Altstadt Deutschlands und außerdem seit 1984 die *Berufsfachschule für Musik*. Aber mit denen hatten wir Autodidakten gar nix zu schaffen, nein, wir sollten auf dem sagenumwobenen *Summer Breeze Open Air* auftreten. Das ist ein 1997 gegründetes Metal-Festival, und es fand in den ersten Jahren in Abtsgmünd statt. Das liegt wiederum in Baden-Württemberg, und da waren wir auch schon ganz oft. Seit 2006 ist aber der Flugplatz des *Aeroclubs Dinkelsbühl* die Heimat des Festivals, und mittlerweile kommen dort jedes Mal rund 40.000 Besucherinnen und Besucher hin. Wahnsinn!

Bei der Gelegenheit muss mal gesagt werden: Metal-Fans — das ist schon eine ganz besondere Art von Menschen. Die meisten sehen aus wie die Stammkundschaft aus *Alcatraz* oder *San Quentin*: von oben bis unten tätowiert, lange glatte Haare (nur sehr selten gewaschen), Blechschmuck über den ganzen, aber wirklich den ganzen Körper verteilt (aua!) und praktisch nur schwarze Klamotten mit unleserlichen Aufschriften. Dabei sind die meisten von denen genau das Gegenteil: unheimlich nett, hilfsbereit und freuen sich einfach am Leben. Die beißen gar nicht, die wollen nur spielen! Und dafür, wie sie aussehen, dafür können sie ja gar nix. August Jung von *HASI/DC* hat nämlich mal auf den Punkt gebracht, was die Fans im Hardrock- und Metal-Bereich wirklich auszeichnet: ein unglaublich guter Geschmack für Musik und ein unglaublich schlechter Geschmack für Kleidung.

HASI/DC — **besser lassen sich unglaublich guter Geschmack für Musik und unglaublich schlechter Geschmack für Kleidung nicht in einem Begriff vereinen.**

Tja Leute, hier müsste eigentlich ein Foto von unserem ersten *Summer Breeze*-Auftritt stehen, da aber scheinbar keins gemacht wurde, habt ihr einfach Pech. Und wir auch.

Das *Summer Breeze* ist jedenfalls eine famose Veranstaltung, und es treten jedes Jahr etwa 120 Bands aus der ganzen Welt dort auf. Zum Beispiel *Steel Panther*. Die beeindruckten uns damals schwer, weil sie auch mal so richtig viel Quatsch machten – allerdings eher für große Leute ab 18 ...

Und mittendrin sollten auch wir auftreten! Die Veranstalter sind ja kluge Leute, und denen ist schon klar, dass so ein riesiges Festival für die Menschen im Ort ein ziemlicher Stresstest sein kann. Deswegen wollten sie den einheimischen Familien etwas Gutes tun, und da dachten sie an uns. Als wir zum ersten Mal dort auftraten, gab es eine Art Zirkuszelt mit einer bestens ausgestatteten Bühne inklusive Verstärkern und Schlagzeug. So nutzten wir auch das meiste davon und nahmen nur unsere absoluten Lieblingsschätzchen selbst mit.

Mit dem Publikum war es aber so: Es durften nur Kinder und deren Eltern in das Zelt. Damit die Kinder genug Platz hatten und sich wohlfüllen konnten inmitten des ganzen sonstigen Getöses und Gewusels. Das war aber blöd für jene Erwachsenen, die keine Kinder hatten und uns trotzdem sehen wollten. Die gab es nämlich, aber sie mussten leider draußen bleiben. Das sollte sich im Jahr darauf ändern, denn wir schienen den kleinen und großen Damen und Herren gefallen zu haben – sonst wäre die Einladung für 2017 wohl kaum zustande gekommen. Juchu!

Jede Art von Festival ist mit einer Menge Organisationsarbeit verbunden. Auch Jochen hatte in der Zwischenzeit wieder viel telefoniert und Mails geschrieben. Daher konnte vom 25. bis 29. Oktober ein weiteres *Kindermusikfestival* in Zusammenarbeit mit *Kindermusik.de* stattfinden. Anders als 2015 wurde nicht nur an einem Ort gespielt, und es waren deutlich weniger Künstlerinnen und Künstler dabei. Dafür absolvierten alle Beteiligten eine Mini-Tour mit acht Konzerten in Bielefeld, Gütersloh, Minden und Hiddenhausen. *Randale* war dabei, na klar, und wir waren gleichzeitig die Begleitband für *Mai Cocopelli* aus Attersee in Österreich, *Suli Puschban* aus Berlin, *Markus Rohde* aus Oldenburg und *Geraldino* aus Nürnberg. Die Zeit wurde dabei gerecht aufgeteilt, so dass von jedem zwei oder drei Lieder im Programm waren, die gleichzeitig von allen gespielt wurden. Am 30. Oktober ging es dann in derselben Besetzung auch noch für ein Konzert nach Berlin. Insgesamt war das schon wieder etwas Neues, und so etwas hält einfach die Birne frisch. Immer weiter machen, neue Ziele setzen, nie aufgeben. Und viel trinken im Alter, der Körper dankt es einem.

Dann war wieder das Jahresende in Sicht. Nachdem wir am 9. Dezember nachmittags auf dem Weihnachtsmarkt in Münster gespielt hatten, durften wir abends im *Gleis 22* als Vorgruppe für die *Bollock Brothers* auftreten. Das war natürlich mal wieder schwer elternabendverdächtig, aber hey, vor den *Bollock Brothers*?! Die sind einfach mal eine uralte Punk-Legende, schon 1979 gegründet und damit genau ein Vierteljahrhundert älter als wir. Deshalb stellten wir uns beim Essen auch ehrfürchtig hinten an. Das klappt bei *Randale* nämlich sonst nie: sich beim Essen hinten anstellen ... Die reifen Herren fanden jedenfalls das, was wir da veranstaltet hatten, irgendwie »funny« und »special« und dachten sich ansonsten wohl ihren Teil dazu. Egal, wir waren dabei gewesen!

In alter Tradition stand am nächsten Tag das 81. und letzte Konzert des Jahres auf dem Weihnachtsmarkt bei *Radio Bielefeld* an, und überhaupt waren wir mal wieder schwer erholungsbedürftig. Denn nach so einem Jahresprogramm geht es uns wie vielen anderen Menschen: Irgendwann wollen auch wir mal nur noch Plätzchen backen, sie alle selbst auffuttern und es auf dem Sofa ruhig angehen lassen.

Wusstest du, ...

dass die *Bollock Brothers* schon 1979 in England gegründet wurden und daher ein Vierteljahrhundert älter sind als *Randale*?

Dass wir so müde waren, lag aber auch daran, dass wir ja noch viel mehr auf die Beine gestellt hatten, als die Außenwelt mitbekommen hatte. Stichwort Tonträger: 2016 war für uns zum ›Jahr des Samplers‹ geworden. Schon ab 2006 waren wir erstmals mit einzelnen Songs zusammen mit vielen anderen Bands und Solo-Künstlerinnen und -Künstlern auf verschiedenen Samplern vertreten gewesen. 2014 hatte sich das deutlich gesteigert, und nun wurden es so viele wie nie zuvor. Dabei hatten wir im Juli mit *Randale im Kindergarten* auch einen eigenen Sampler herausgebracht, der besonders für die kleineren Leute gedacht war und deshalb nicht so viele rockige Songs enthielt. Außerdem waren wir im Stillen noch fleißiger gewesen, hatten neue Songs geschrieben und Mitte November wieder das *Watt Matters Studio* aufgesucht. Das war aber noch total geheim. Eigentlich hatten wir uns ja mit uns selbst darauf geeinigt, dass wir immer im Zwei-Jahres-Rhythmus eine neue CD herausbringen wollten. Nicht bloß einen Sampler, sondern eine ›richtige‹ und die wäre auch längst fällig gewesen. Ihr Erscheinen zögerten wir aber ein wenig heraus, weil sie ein Kooperationsprojekt mit den *von Bodelschwinghschen Stiftungen Bethel* werden sollte, die einen wesentlichen Teil der Produktionskosten übernahmen.

Jochen hat ja immer sehr viele Ideen zu Songs und unterschiedlichsten Themen. Was ihn schon länger schwer beschäftigte, war die Situation von kranken Kindern. Die kamen mit ihren Familien natürlich auch zu unseren Konzerten, zum Beispiel im Rollstuhl, und so lernten wir über die Jahre einige von ihnen auch ein wenig näher kennen. Es waren wirklich sehr traurige Geschichten dabei, und wir spielten immer wieder kleine Unplugged-Konzerte auf Kinderkrankenstationen. Danach wollten wir manchmal nur noch nach Hause und uns die Decke über den Kopf ziehen. Eben weil es schwer auszuhalten ist, wie es manchen Leuten geht, die man sonst gar nicht oder nur sehr selten in der Stadt treffen kann.

Der Titel der neuen CD sollte daher *Randale im Krankenhaus* sein, und sie wurde zu jener Platte, die gerade Jochen mehr am Herzen lag als alle anderen zuvor. Da er dieses große und schwierige Thema aber nicht ganz allein angehen wollte, hatte er Kontakt zu Profis aufgenommen, und so entstand auch eine enge Verbindung mit dem *Kinderzentrum* in Bethel. Besonders mit Vera Gouws und Rodrigo Barros vom Team der Ergotherapie sprach Jochen seine Ideen durch und die beiden brachten selbst viele wichtige Aspekte mit ein. So korrigierten sie auch die Songtexte oder ergänzten sie, damit die Worte noch besser an die Welt der Kinder herankamen. Eine weitere wichtige Begleiterin des CD-Projekts war Sandra Gruß als Leiterin der Unternehmenskommunikation. Sie setzte sich von Anfang an sehr dafür ein, und bis heute besteht ein guter Kontakt zu ihr.

So ein Klinik-Aufenthalt ist für Erwachsene schon schlimm genug. Aber Erwachsene haben ja schon eine Menge vom Leben mitbekommen und oft mehr Erfahrung und Geduld im Umgang mit schrecklichen und traurigen Dingen. Aber wie schlimm muss es dann erst für Kinder sein, wenn alles neu und so unfassbar ist? Da sind viele verschiedene Gefühle und Wahrnehmungen mit im Spiel. Zum Beispiel Trauer, Verzweiflung, Langeweile und Wut. Aber es ist eben auch enorm wichtig, sich ablenken und möglichst wieder Mut fassen zu können. Dazu gehört, auch mal richtig albern zu sein und Quatsch zu machen, weil die Seele dann wieder ein wenig mehr atmen kann. All das sollte mit rein, und das hat, wie ich finde, auch sehr gut funktioniert. Erscheinen sollte die CD aber erst als Jubiläums-Produkt zum 150. Bethel-Geburtstag im Mai 2017, für den wir mit Randale auch als Paten auftraten. Da hatten wir zwar noch ein wenig Zeit, aber als kluge Männer schon mal vorgebaut und bereits eine halbe CD im Kasten.

Im Krankenhaus kann es ganz schön langweilig sein.

Kein Grund zu guter Laune: Die Leute im *Kinderzentrum* können so nett sein, wie sie wollen — und das sind sie wirklich sehr! — , aber es gibt doch eben eine Menge Dinge, die Kinder und Erwachsene lieber tun würden, als sich gerade hier aufzuhalten. Das liegt nun mal in der Natur der Sache. Genau das sollte von Hauptdarsteller Thilo V. aus J. und vier Schlechtelaunetypen im Juli 2017 auch noch per Video zum Ausdruck gebracht werden.

Manchmal sogar sehr langweilig.

Und im schlimmsten Fall sogar megalangweilig …

Schon am 15. Januar 2016 hatte Jochen mit unseren Gästen *Markus Rohde*, *Mai Cocopelli*, *Suli Puschban* und *Geraldino* zwecks Werbung ein Gemeinschaftsfoto aufnehmen lassen.

Besser hätte das Jahr kaum starten können: Nach einer ersten Show in Wiesbaden ging es am 24. Januar 2016 ins Berliner *Columbia Theater*. Dass wir vor ausverkauftem Haus spielen durften, gab unserem Selbstbewusstsein einen ordentlichen Schub.

Berlin, die zweite: Einen Tag nach dem *Columbia Theater* stand am 25. Januar ein morgendliches Konzert im *FEZ* auf dem Plan. Von ausverkauft (und leckerem Frühstück) konnte hier allerdings keine Rede sein …

Beim Kinderfasching am 9. Februar im Erlanger *E-Werk* waren wieder Kris und Markus mit von der Partie. Wer wann warum welches Kostüm vollschwitzen durfte, wurde übrigens jedes Jahr neu verhandelt.

Der 25. Oktober 2016 führte uns – verstärkt durch Ersatzmann Kris (immer fleißig am Handy) und unsere vier musikalischen Gäste – im Rahmen des *Kindermusikfestivals* in die Bielefelder *Rudolf-Oetker-Halle*. Voll total volles Haus auch hier.

Raus, raus, raus – Konzerte, Konzerte, Konzerte

Wer zehn Orangeneis am Stiel schafft und warum Sicherheitspipi so wichtig ist.

Lieder aufzunehmen, das ist die eine Sache. Das macht viel Spaß, kann aber auch sehr anstrengend sein, und dabei sind wir meist mit nur ganz wenigen Leuten zusammen. Was noch viel mehr Spaß macht, ist diese Lieder dann auch mit der ganzen Band vor vielen Leuten zu spielen. Das kann aus verschiedensten Gründen auch sehr anstrengend sein, aber meistens ist es wirklich großartig.

Um überhaupt an Konzerte kommen zu können, brauchten wir früher nur ein Telefon und einen Briefkasten – für Briefe, ihr wisst schon, diese komischen aus echtem Papier, die man nicht mit dem Smartphone verschicken kann. In den Briefumschlägen wurden Demokassetten und Bandinfos verschickt, damit die Leute, bei denen wir spielen wollten, sich einen Eindruck von uns verschaffen konnten. Aber seit vielen Jahren sind es eben Handys und Computer, mit denen die meisten Dinge geregelt werden. So auch bei Konzerten. Das Organisieren von Konzerten nennt sich Booking, das kommt aus dem Englischen und heißt so viel, dass Termine gebucht und in den Kalender eingetragen werden. Und der Kalender ist ja so eine Art Buch (book). Bei uns macht Jochen das Booking, weil er mit Tommy die Agentur *NewTone* hat und sich da bestens mit auskennt. Und damit kennen sich auch all die anderen aus, die im Laufe der Jahre bei oder für *NewTone* gearbeitet haben und das zum Teil immer noch tun: Cora, Kim, Lena, Dominik, Anna ...

Wusstest du, ...

dass Jochen mit seiner Agentur *NewTone* die *Randale*-Konzerte organisiert und dass das ganz schön viel Arbeit sein kann?

Was eine Band eigentlich unbedingt braucht, das ist eine eigene Homepage. Da können sich alle Leute schon einmal über die Band informieren, es gibt Beispiele für die Musik zum Anhören und natürlich Bilder und Infos, und da stehen auch die Telefonnummer und die Mail-Adresse. Die Homepage betreut bei uns übrigens Kris, von dem in diesem Buch ja in allen möglichen Bereichen die Rede ist.

Aber wie genau läuft die Organisation eigentlich ab? Im Prinzip gibt es zwei Möglichkeiten: Entweder Jochen ruft selbst die Veranstalter an, oder die Veranstalter rufen ihn an. Wenn eine Band noch am Anfang steht, muss sie sich meist erst einmal selbst darum kümmern, dass sie bekannter wird. Deswegen rief Jochen zunächst alle möglichen Leute an und fragte, ob die nicht eine Band gebrauchen konnten, die Rockmusik für Kinder macht. So lief das in den ersten Jahren meistens, und wir hatten langsam immer mehr Konzerte im Kalender. Damit wurden wir immer bekannter, und deshalb läuft es mittlerweile oft so, dass Veranstalter von sich aus anrufen und sagen, sie hätten mitbekommen, dass wir so eine coole Kapelle seien und wir müssten unbedingt so schnell, wie es geht, in ihre Stadt kommen. Denn die Leute würden sonst durchdrehen und nicht mehr in den Kindergarten oder in die Schule oder zur Arbeit gehen. Und das will ja keiner.

Wenn also ein Veranstalter anruft, dann fragt er zum Beispiel, ob *Randale* am 15. Oktober in Buxtehude spielen kann und was es kosten würde. Sofern der Termin im Bandkalender noch frei ist, müssen die Details geklärt werden. Also wo genau in der Stadt die Bühne ist, und um wie viel Uhr das Konzert stattfinden soll. Und natürlich auch wie viel Geld die Band haben möchte, und wie viele Kekse mit dunkler Schokolade oder Marmeladenklecksen sie für uns besorgen sollen. Dabei versteht sich das mit den Keksen doch wohl von selbst: Alle – wir wollen natürlich alle Kekse, immer und überall! Und es wird geklärt, ob wir ein Hotel brauchen, weil das Konzert so weit weg ist. Und ob wir etwas Warmes zu essen bekommen. Denn ein Konzert kann schon sehr anstrengend sein, und zumindest Jochen, Kritze und Marc brauchen mindestens drei warme Mahlzeiten pro Tag. Sonst fallen die einfach um, da lässt sich nun mal leider gar nicht dran rütteln, so sind die eben.

Oft werden solche Absprachen sehr früh getroffen, manchmal sogar mehr als ein Jahr im Voraus. Das Warten auf den Tag mit einem besonderen Konzert fällt manchmal ganz schön schwer, das ist fast wie Weihnachten, und wenn es endlich so weit ist, dann sind wir ganz aufgeregt. Aber zum Glück gibt es ja auch immer noch andere Dinge zu tun, und dann bekommen wir das mit der Aufregung wieder unter Kontrolle.

In der Regel schreibt uns Jochen rechtzeitig eine Mail, in der die wichtigsten Informationen drinstehen: An welchem Tag spielen wir um wie viel Uhr wo genau, wann können wir aufbauen, wie lange fahren wir bis dahin, und wann werden wir wieder zu Hause sein? Für die Fahrt ist es wichtig, eine kleine Zeitreserve einzuplanen, denn es kann ja immer mal Verzögerungen wie einen Stau auf der Autobahn geben. Wenn der Konzerttag endlich da ist, treffen wir uns entweder alle am Proberaum, um unsere Instrumente einzuladen, oder – falls diese schon im Bulli sind – Jochen holt uns ab. Denn der Band-Bulli schläft fast immer bei ihm zu Hause.

Verzögerungen auf der Fahrt, ich habe es gerade schon erwähnt, die sind lästig, und es ist sehr unangenehm, zu spät am Veranstaltungsort einzutreffen. Am 4. September 2016 zum Beispiel hatten wir gleich zwei Stadtfest-Konzerte an einem Tag zu spielen: eines um 15:00 Uhr in Bielefeld und eines um 18:30 Uhr in Essen. Das war sowieso schon sehr knapp kalkuliert, und als es dann auf dem Weg zur Autobahn noch einen Stau mit langer Umleitung gab, hatten wir den Salat: Wir kamen erst wenige Minuten vor der eigentlichen Show in Essen an. Aber wir sind ja Profis und schafften es tatsächlich, in einer Zeitraffer-Aktion innerhalb von 20 Minuten auszuladen, aufzubauen, den Soundcheck und schnell noch mal Sicherheitspipi zu machen und schon konnte es losgehen. Das war Weltmeister-Tempo, mindestens. Bei der Gelegenheit: Zumindest ich mache ungefähr zehn Minuten vor jedem Konzert Sicherheitspipi, damit ich als bekennender Tiefsitzer anschließend entspannt trommeln kann. Denn es wäre ja total blöd, mitten im Konzert sagen zu müssen: »Entschuldigung, liebes Publikum, wir legen jetzt mal eine kleine Pause ein, denn der Trommler hat heute Nachmittag zu viel Ostfriesentee getrunken.«

Wusstest du, …

dass (nicht nur) der Trommler der Kapelle vor dem Konzert immer noch schnell eine Runde Sicherheitspipi einlegt?

Wenn wir am Veranstaltungsort eintreffen, verschaffen wir uns in der Regel einen kurzen Überblick, und wenn die Bühne schon vorbereitet ist, fangen wir sofort mit dem Aufbau an. Also: Bulli ausladen, das ganze Zeug auf die Bühne schleppen und jeder bereitet seinen Kram vor. Das haben wir schon so oft gemacht, dass das wie im Schlaf abläuft, wir kennen einfach jede Schraube an jedem Teil und wissen ganz genau, was wo hinkommt und müssen da gar nicht mehr drüber nachdenken. Damit die Techniker wissen, was sie erwartet, bekommen die schon im Voraus einen Bühnenplan, den ›Stagerider‹, zugeschickt. Da sehen sie zum Beispiel, wie viele Mikrofone wir benötigen. Und sie sehen auch, welches Instrument wo seinen Platz hat. Bei uns stehen vom Publikum aus gesehen Marc immer links und Kritze immer rechts. Die Techniker betrachten das aber oft genau andersherum, für die steht dann Kritze ›Stage left‹ (Bühne links) und Marc ›Stage right‹ (Bühne rechts). Bei Jochen und mir ist es meist ganz einfach: Er steht vorn in der Mitte (wenn er nicht gerade eine Polonaise durchs Publikum macht), und mein Platz ist hinten in der Mitte. Von da aus habe ich alle im Blick und kann dafür sorgen, dass die nicht zu viel Unsinn machen. Manchmal haben wir es aber auch mit sehr kleinen und schmalen Bühnen zu tun. Auf einem Lkw zum Beispiel (das kommt immer wieder mal vor) bauen wir uns in einer Reihe auf, und ich drehe mein Schlagzeug leicht so, dass ich die anderen im Blick habe.

Da ich als Einziger in der Band auf der Bühne sitze und daher viel tiefer bin als die anderen, ist es schön, wenn es ein Schlagzeugpodest gibt. Dann sind wir alle mehr auf einer Augenhöhe, und auch vom Publikum aus bin ich besser zu sehen. Meist geht es ohne, ich finde das nicht so wichtig. Aber wenn es ein Podest gibt, dann muss es unbedingt zwei mal drei Meter groß sein, kleiner gilt nicht. Sonst bekomme ich meine Sachen nicht unter. Überhaupt bekommen wir von Veranstalter- und Technikerseite oft zu hören, dass wir eine pflegeleichte Band seien. Das heißt, wir bemühen uns schnell und unkompliziert zu sein, unsere Sachen im Griff und möglichst ein gutes Verhältnis zu den Leuten vor Ort zu haben. Und wenn es Probleme gibt, dann versuchen wir uns an die jeweilige Situation anzupassen. Das macht die Arbeit für alle Beteiligten leichter. Es gibt nur eine wirkliche Schwierigkeit, und dafür ist natürlich mal wieder der komische Trommler zuständig: Ich hasse es total, wenn die Techniker versuchen, ein Mikrofon an meiner Snare festzuklemmen. Denn das ist ja meine Lieblingstrommel, da soll nichts dran sein, die soll ganz frei schwingen können und deswegen also bitte immer unbedingt ein Mikro auf einem separaten Stativ. Aber deswegen steht das auch im Bühnenplan, damit die sich schon mehrere Tage vorher mental drauf einstellen können: »Ach herrje – komischer Trommler …«

Gaffer Tape – das ist einfach der beste Freund in allen Notlagen: Egal ob der Trommelteppich Eselsohren hat, die Kabel schief liegen oder die Rockerbuxe rutscht – damit lässt sich alles festkleben!

In der Regel arbeiten wir mit den Technikern zusammen, die vor Ort sind. Das heißt, dass wir keine eigenen Leute mitbringen. Das funktioniert nicht immer perfekt, aber meistens ziemlich gut. Wenn wir bei kleineren bis mittelgroßen Veranstaltungen selbst eine PA mitbringen sollen – also die gesamte Verstärkeranlage, über die das Publikum das Konzert hört –, dann machen wir das seit Jahren schon meistens mit mss-audio aus Bielefeld. Die kennen uns sehr gut, wissen, wie wir es am liebsten haben, und dann geht alles noch leichter und schneller. Das ist ein Familienbetrieb: Mareike, Martin und Maxi. Von deren Angestellten haben uns im Laufe der Jahre vor allem Leon, Christoph, Gerald und Hajö gemischt. Aber auch Martin selbst hat das schon oft gemacht, und da müssen wir mal wieder sagen: Der kann was, der Martin!

›Roadies‹ haben wir übrigens nicht. Das sind Leute, die bei großen Bands das Packen, Schleppen und den Aufbau der Instrumente übernehmen. Dafür sind wir einfach eine zu kleine Band. Denn Roadies müssen ja auch bezahlt werden, damit die nicht verhungern, und außerdem würden die dann im Bulli Platz wegnehmen und vor allem für Kritze und mich würde es auf der Rückbank noch ungemütlicher.

Die Zeit zwischen Aufbau und Konzert verbringen wir oft im Backstage-Raum, das heißt in einem Bereich hinter der Bühne. Da können wir uns entspannen oder etwas essen. Das Warten gehört leider auch zum Rock'n'Roll-Geschäft, und jeder verbringt die Zeit so, wie es ihm am besten gefällt. Das geht aber nicht nur der Band so, auch die Leute von der Technik haben immer wieder Leerlauf und müssen sich überlegen, wie sie die Zeit verbringen. Hajö hat uns beim Bahnhofsfest in Brake bei Bielefeld einmal schwer beeindruckt, weil er die ganze Zeit vor dem Konzert Orangeneis am Stiel gegessen hat – das waren mindestens zehn Stück!

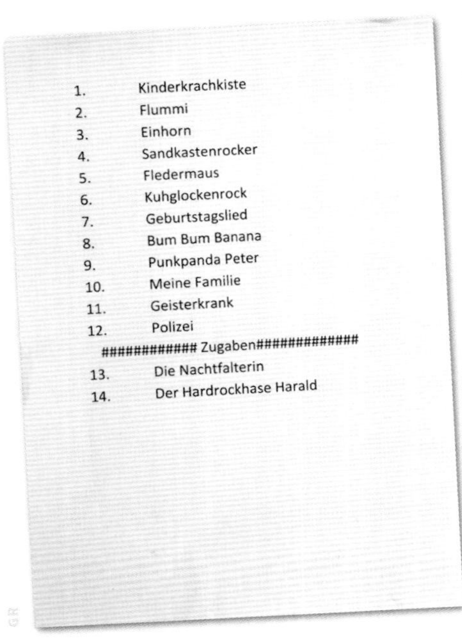
1. Kinderkrachkiste
2. Flummi
3. Einhorn
4. Sandkastenrocker
5. Fledermaus
6. Kuhglockenrock
7. Geburtstagslied
8. Bum Bum Banana
9. Punkpanda Peter
10. Meine Familie
11. Geisterkrank
12. Polizei

############ Zugaben#############

13. Die Nachtfalterin
14. Der Hardrockhase Harald

Eine von vielen: So sah unsere anlässlich der verschiedenen Konzerte immer wieder bearbeitete Setlist im Herbst 2022 aus.

Viele Konzerte laufen ganz normal ab, so wie geplant. Es passt alles, und das ist prima. Manchmal passieren aber auch doofe Sachen. Zum Beispiel ist die Bühne zu klein oder steht schief, oder es gibt nichts zu essen, oder die Veranstalter haben gar nicht darauf geachtet, dass sie Umbauzeiten einplanen müssen. Die sind nämlich wichtig, wenn mehrere Bands oder andere Programmpunkte hintereinander vorgesehen sind. So eine Situation hatten wir einmal am 27. April 2008 in Pegnitz. Das liegt in Bayern. Genau genommen im oberfränkischen Landkreis Bayreuth, also sagen wir mal in Franken. Es ist den Leuten in Franken nämlich total wichtig, allen anderen immer wieder klarzumachen, dass sie nur aus Nettigkeit zu Bayern gehören und eigentlich ihr ganz eigenes Ding machen. Na ja. Jedenfalls war es in Pegnitz so, dass wir nach dem Wunsch der Veranstalterin über den Nachmittag verteilt drei verschiedene Sets spielen sollten (also drei Teile eines Konzerts), weil zwischendurch eine Mädchentanzgruppe auf der Bühne auftreten sollte. Das war eigentlich kein Problem. Ein Problem war aber sehr wohl, dass wir jedes Mal ab- und wieder aufbauen sollten, weil die Bühne so klein war und der Platz nicht reichte. Immer wieder auf- und abzubauen ist nicht nur höchst lästig, sondern es dauert einfach auch eine Weile mit all den Instrumenten und Boxen und Kabeln und Mikrofonen und so weiter. Aber das wollte die Veranstalterin nicht einsehen, sie meinte, dass es immer ohne irgendeine Pause sofort weitergehen müsse. Aber wie sollte das denn gehen? Wir haben doch keine Zeitmaschine, mit der wir an der Uhr drehen können! Außerdem hatten wir auch keinen Backstage-Bereich. Der war nämlich für die Mädchen von der Kindertanzgruppe reserviert. Und dass deren Eltern nicht wollten, dass sie den mit zotteligen alten Rockmusikern teilen mussten, das konnten wir natürlich verstehen. Aber wo sollten wir denn bitte schön unsere Instrumente lassen oder unsere Pausen verbringen? Da hatten wir aber mal so richtig keine gute Laune und haben der Veranstalterin gesagt, dass sie sich beim nächsten Mal aber vielleicht bitte gefälligst unbedingt im Voraus etwas mehr Gedanken machen sollte. Und wir haben uns gedacht: »Die Tante braucht uns nie wieder anzurufen!« Hat sie auch nicht, ganz von allein ...

Trotzdem ist es für die gesamte Veranstaltung wichtig, seine schlechte Laune wieder in den Griff zu bekommen. Denn das Publikum kann ja in der Regel gar nix für die Probleme auf oder hinter der Bühne. Und auf der Bühne rumzumotzen, sieht weder gut aus, noch hört es sich gut an. Also müssen wir immer wieder versuchen, uns ganz spontan auf ungewohnte Situationen einzustellen und dafür zu sorgen, dass es trotzdem funktioniert. Ganz kurios war mal ein Konzert am 25. August 2013 in Werdohl. Eigentlich sollten wir dort mitten in der Stadt beim *Kultursommer* auf dem Brüninghaus-Platz spielen. Die Bühne entpuppte sich aber als ein Anhänger. Der war nicht nur winzig klein und zu nur einer Seite offen, sondern besaß auch nur Wände aus Metall. Da war allen sofort klar: Wenn wir hier auch nur einmal in die Hände klatschen, dann ist das so laut, dass sofort die halbe Stadt in Ohnmacht fällt. Was also tun? Der Veranstalter telefonierte ganz schnell und suchte nach einer anderen Lösung. Die wurde auch gefunden: Wir sollten in eine benachbarte Kirche umziehen, und dort mussten wir die Instrumente sogar über einem abgedeckten Taufbecken aufbauen. Aber: Kirchenräume sind dafür gebaut, dass vor allem die Stimme beim Predigen oder Singen besonders gut zu hören ist. Wenn wir da plötzlich volle Pulle harte Rockmusik rausgeballert hätten, dann wäre nicht nur die halbe, sondern die ganze Stadt in Ohnmacht gefallen. Und die Leute in Altena, Neuenrade, Plettenberg und Lüdenscheid gleich mit. Wir hatten also nur eine Möglichkeit: nämlich so leise zu spielen, dass wir es selbst kaum hören und glauben konnten. Eigentlich hätten wir die Stadtwerke anrufen müssen und denen sagen, dass die den Strom gleich abstellen können, denn den brauchten wir fast gar nicht. Es klappte aber trotzdem ganz wunderbar. Wir spielten so leise wie noch nie, und es wurde ein sehr lustiger Nachmittag. Statt des Hardrockhasen kam einfach sein alter Kumpel, der Countryhase vorbei, der ist nämlich nicht so ein rabaukiger Typ, sondern hat es gern eine ganze Ecke leiser.

Ob ein Konzert super oder weniger gut ist, hat übrigens kaum mit der Größe des Publikums zu tun. Wir haben auch schon wunderbare und lustige Konzerte vor nur wenigen Menschen gespielt. Aber wenn sehr viele Leute vor der Bühne stehen, ist das natürlich auch toll, dann fühlen wir uns fast wie richtige Rockstars. Zu den kleinsten Konzerten, die wir je gespielt haben, gehörten ein Wohnzimmerkonzert bei unserem Fotografen Stephan Röcken in Bielefeld und das Konzert im *Ramones-Museum* in Berlin. In Berlin waren wir im September 2015 auch beim Bürger- und Kinderfest des Bundespräsidenten auf *Schloss Belvue*. Das war zum einen total spannend und fast unheimlich, weil wir am Eingang von ganz vielen schwer bewaffneten Polizeileuten kontrolliert wurden. Die untersuchten sogar mit einem Schäferhund unseren Bulli, um festzustellen, ob der Reggaebär nach dem letzten Rasenmähen auch keinen einzigen Grashalm vergessen hatte oder ob wir nicht heimlich einige Teppichknaller und Silvesterraketen mit reinschmuggeln wollten. Auf dem Gelände waren viele Tausend Leute, und Nena spielte mit ihrer Band, und sogar Didi Hallervorden war da und aß Currywurst. Wer die sind? Fragt mal im ersten Fall eure Eltern und im zweiten eure Großeltern ... Wir selbst spielten nur abends in einem ganz kleinen Zelt am Rand des Geländes. Für Kinder war es eigentlich viel zu spät, und deswegen waren da auch nur ungefähr zehn Leute im Zelt. Egal, wir waren dabei gewesen und hatten mal wieder viel erlebt!

Dass unsere Musik nicht allen Leuten gefallen kann, so etwas versteht sich wohl von selbst. Nicht selbstverständlich ist allerdings, dass uns so etwas dann auch ganz direkt und ehrlich mitgeteilt wird. Am 1. September 2017 hatten wir mal so eine Situation, als wir im *Möllerstift* in Bielefeld-Brackwede auftraten. Da kam direkt nach dem Konzert ein Zuschauer zu uns und verschaffte seiner Meinung nachdrücklich Gehör: »Wisst ihr was? Ihr seid 'ne Kack-Band! 'Ne echte Kack-Band seid ihr, das will ich euch mal sagen! 'Ne richtige Kack-Band!« Tja — das war auf jeden Fall ein mutiger junger Mann. Wir als Kapelle unterstützen schon das Recht auf freie Meinungsäußerung, und das konnte man ja auch einfach mal so stehen lassen ...

Die größte Veranstaltung, auf der wir bislang spielen durften, ist das *Summer Breeze*. Davon ist in diesem Buch ja mehrfach die Rede, und bis zum Redaktionsschluss sind wir dort schon sechsmal hingefahren. Darauf sind wir sehr stolz. Und weil Marc so ein totaler Metal-Fan ist, trifft er hinter der Bühne immer wieder einige seiner alten oder neuen Helden und macht manchmal sogar Selfies mit denen — dann ist der aber froh, das könnt ihr mal glauben!

Überhaupt ist es klasse, so viele verschiedene Veranstaltungen spielen zu können: egal ob Kita-Jubiläum, Schul- oder Stadtfest, ein richtig cooler Rockschuppen wie das *Béi Chéz Heinz* in Hannover oder ein großes Festival — die Abwechslung, die macht es eben, und das hält fit. Das ist wie beim Essen, wo unbedingt auf ausgewogene Ernährung geachtet werden soll: Nicht nur eine Sorte Kekse, nein, nein, ganz viele verschiedene Sorten Kekse, das ist wichtig!

Nach dem Konzert geben wir oft noch Autogramme oder lassen uns mit den Fans fotografieren, und natürlich müssen die Instrumente abgebaut und wieder in den Bulli gepackt werden. Anschließend steht die mehr oder weniger lange Heimreise an, oder wir gehen ins Hotel und vorher noch in ein Restaurant. Und zur Belohnung wird auch mal ein Birnensaft getrunken. Oder zwei. Oder so.

Wenn wir dann endlich wieder zu Hause sind, wird noch ausgeladen, und alle fallen müde ins Bett. Am nächsten Tag bringt Kritze den Kindern in der Schule wieder Rechnen und Singen bei, Marc zieht einen schicken Anzug an und hält Vorträge vor Erwachsenen, Jochen bucht im Büro die nächsten *Randale*-Konzerte, und ich schreibe einen kleinen Artikel über den noch viel kleineren Bahnhof *Grüner Hirsch* an der Vogelfluglinie. Aber vor allem freuen wir uns alle schon wieder darauf, zusammen loszuziehen.

Wusstest du, ...

dass der Bahnhof *Grüner Hirsch* nach einer Gaststätte mit Kegelbahn benannt wurde und dort 1974 der letzte Zug hielt?

Grüner Hirsch

GR

GR

Seit vielen Jahren schon arbeiten wir sehr oft mit dem großartigen Team von *mss-audio* zusammen. Das ist im Kern ein Familienbetrieb mit Mareike, Maxi und Martin Scheer – die haben hier das Sagen, und von Maxi stammt auch der Stagerider mit unseren Bühnenpositionen.

Aber ohne die anderen Herren liefe der Laden ungleich schlechter: ›Grumpy old man‹ Christoph Pfeifer, Sichvonjochendaslebenerklärenlasser Niklas Lange, Hardcore-Armine Leon Kersting sowie die immer lässigen Gerald Fedeler und Fynn Welge, sie alle sind bestens mit unseren Bedürfnissen vertraut und decken uns stets zuverlässigst den Techniktisch.

Stärkung vor und nach der Show ist mindestens lebenswichtig, und wir lassen uns vor Ort gern überraschen. Im Jahr 2023 wurden unter anderem Cloppenburger Melonenspießchen (4. August), Kölner Brötchenplatte (12. März) und Langenberger Vollbedienung (12. Februar) gereicht.

Was würde die Kapelle wohl ohne die 1994 vom Schreibtisch-telefonierer Tom C. Kummerfeldt gegründete Agentur *NewTone* machen?! Praktisch gar nix ... Seit 1997 ist Jochen dort ebenfalls Chef. Dafür, dass der Laden läuft, sorg(t)en neben der schon auf Seite 50 vorgestellten Cora unter anderem (im Uhrzeigersinn) Dominik Pass, Kim Jodszuweit, Jonas Sell, Anna Lippert und Lena-Elisa Menkhaus.

RS CHA RK JV MR RS JV

Birnensaft gibt es natürlich erst nach getaner Arbeit, hier zu sehen am 28. Juli 2013 in Hamm anlässlich der Verabschiedung unserer Praktikantin Amelie in der nur für Fortgeschrittene zugelassenen U-Boot-Variante.

Soundcheck mit vielen Leuten in der *Rudolf-Oetker-Halle* und daher volle Konzentration bei Front-of-House-Mischer Gerald von *mss-audio* (25. Oktober 2016).

GR

Direkte Ansprache und Einzelbetreuung bewirken manchmal Wunder: Jochen im Kindercamp Vethem am 10. August 2007.

PZ

Der Sänger gönnt sich ein Bad in der Menge, und so gibt es ausnahmsweise auch mal freie Sicht auf den Trommler, *Heimathafen Neukölln* am 25. Januar 2015.

GS

Noch einmal ein wenig Sport zum Vollplayback und dann sind wir fertig: Die Band performt die *Affendisco* anlässlich der Veranstaltung *Dissen Skurril* am 13. September 2009.

RS

Die Show ist aus und das Publikum tobt: Der Künstler Brot wurde durch die von Arthuro ergänzte Kapelle im *Heimathafen Neukölln* am 13. Januar 2013 dankbar aufgenommen.

GS

Am Nikolaustag 2014 folgten wir dem Ruf der *Stiftung Deutsche Schlaganfall-Hilfe* in die Stadthalle Gütersloh, und natürlich stand auch an diesem Tag nach dem Konzert Hasenohrenfingergymnastik auf dem Plan.

RS

Unser Publikum ist einfach wohlerzogen. Am 12. März 2023 stellten sich etliche Familien vor dem *Altenberger Hof* in Köln geduldig über Eck an, um in die links zu sehende Veranstaltungshalle eingelassen zu werden.

GR

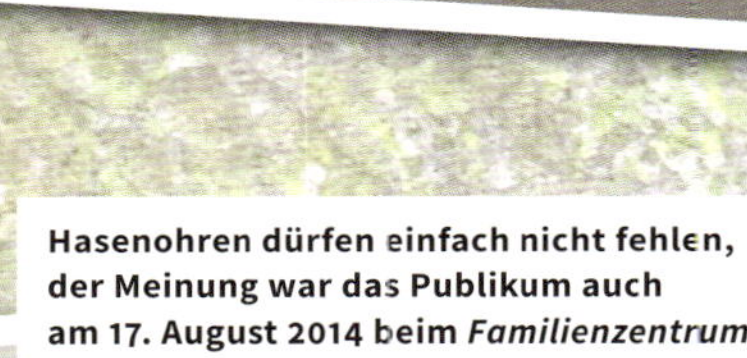

Hasenohren dürfen einfach nicht fehlen, der Meinung war das Publikum auch am 17. August 2014 beim *Familienzentrum St. Judas-Thaddäus* in Verl.

RS

Nochmal zum Thema Catering: Nicht nur die Band, gerade auch das Publikum will durch ausgewogene und gesunde Ernährung am Leben erhalten werden. Am 28. Mai 2022 funktionierte das beim *Warmenau Open Air* in Spenge ganz wunderbar.

Allen Auswärtssiegen zum Trotz: Unsere Herzen hängen schon auch ziemlich doll an der Heimat. Am 20. Mai 2012 hätten jedenfalls kaum noch Leute auf den *Alten Markt* in Bielefeld gepasst, und das fanden wir dann doch irgendwie nicht ganz so schlecht.

Gut 480 Kilometer Luftlinie weiter südlich liegt das wie ein Amphitheater angelegte *Theatron* im Münchener *Olympiapark*. Toll für das Publikum: Es mangelt nicht an Sitzgelegenheiten (7. August 2005).

Jaaaaaaaaa!!! Große Pose und das Publikum frisst bzw. schreit Ranvahle aus der Hand. *Fabrik*, Hamburg-Altona am 18. März 2018. Nothing more to say.

2017 Zwei CDs und ein Märchen

Wie man beim Rassegeflügelzuchtverein Appetit bekommt und im 6/8-Takt den Katholischen Güterbahnhof kennenlernt.

Im Laufe unserer Geschichte haben wir immer wieder überlegt, was wir uns denn wohl noch so vornehmen könnten. Denn: Die Karriere, die Karriere will ja vorangetrieben werden. Also genau genommen übernimmt meistens Jochen das mit dem Überlegen, und wir anderen drei sagen dann: »Ja super, das machen wir!«, oder: »Natürlich, nix wie hin!«, aber auch: »Biste bekloppt? Was soll das denn?!« Aber egal was passieren soll oder wird, es muss gut geplant werden. Und so hatte sich schon 2016 abgezeichnet, dass 2017 zu unserem wohl produktivsten Jahr werden würde – mit zwei neuen CDs und obendrauf einem weiteren Musical. Aber der Reihe nach.

Da wir längst alle Weihnachtsplätzchen aufgegessen und zum ungefähr 100sten Mal in unserem Leben *Dinner for One* geschaut hatten, war klar, dass wir es doch mal wieder mit ein wenig Arbeit versuchen sollten. Deshalb ging es Mitte Januar gleich wieder ins *Watt Matters*, um die zweite Rutsche an Liedern für das *Krankenhaus*-Album aufzunehmen. Damit war das schon mal erledigt, und wir konnten uns auf die nächsten Konzerte in Köln, Duisburg, Berlin, Lippstadt, Bad Oeynhausen, Gütersloh, Essen, Lingen und so weiter konzentrieren. Nachdem wir bereits 18 Auftritte gespielt hatten, wurde *Randale im Krankenhaus* endlich am 28. Mai zusammen mit Bethel auf dem Bielefelder *Leinewebermarkt* präsentiert. Allerdings hatten wir einige der neuen Songs bereits heimlich zuvor mit ins Programm aufgenommen, einfach um sie vor Publikum zu testen und schon mal mit ihnen warm zu werden. Das machen wir eigentlich bei jedem neuen Album so. Leider hatte aber das Thema Krankenhaus auch für uns noch mal neue Aktualität bekommen, da es im direkten Umfeld der Band einige schwere Schicksalsschläge gegeben hatte. Zum Glück waren dabei keine Kinder betroffen.

Im Anschluss brachten wir die neue CD und natürlich viele ältere Lieder unter anderem in Celle, Zeitz, Pirna, Korbach, Bad Homburg, Preußisch Oldendorf, Bad Lippspringe, Wyk, Nürnberg, Herbrechtingen und Luhmühlen unter die Leute. Große Begeisterung löst bei den Kollegen noch heute die Erinnerung an ein morgendliches Konzert beim Rassegeflügelzuchtverein in Bielefeld-Quelle aus. Dort hätten sie nämlich sehr viel gelernt. Über das Huhn und seine Lebensgewohnheiten, Neigungen und Sichtweisen im Allgemeinen wie Besonderen, und außerdem gäbe es dort zwei Stachelschweine und Affen und Kängurus, und eines davon wäre ein Albino, und außerdem hätten sie mittags aus unerklärlichen Gründen einen Heißhunger auf Halbes Hähnchen mit Pommes bekommen. So viel dazu.

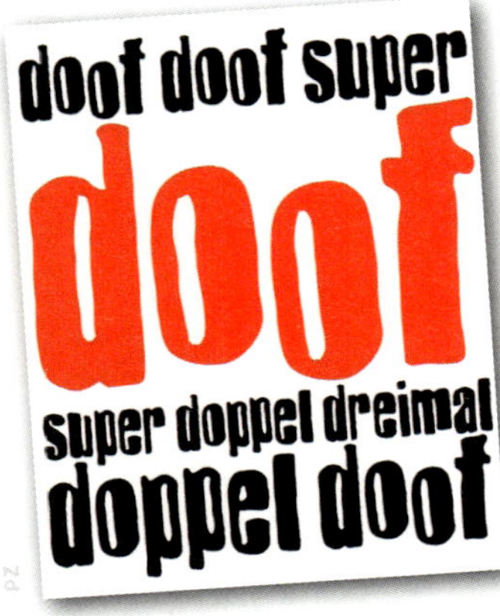

Mit dieser Postkarte lässt sich das halbe Leben bestreiten: Berühmte Kinderrockbands nutzen sie für Autogramme, die Kundschaft hingegen, um den Eltern klarzumachen, dass in den nächsten zwei Jahren nicht mit einem aufgeräumten Kinderzimmer zu rechnen ist.

Am 19. August ging es wieder auf das *Summer Breeze* und nun sogar mit gleich zwei Konzerten auf zwei verschiedenen Bühnen: zunächst wie im Vorjahr nur für Kinder und Eltern im eher geschützten Raum und dann noch mal ›für alle‹. Da das Konzert mitten in Jochens Urlaub lag und er beide nicht sausen lassen wollte, musste er einen enormen Reiseaufwand betreiben. Zunächst ging es mit der Fähre von Wyk nach Dagebüll und von dort aus per Zug nach Niebüll und weiter bis Hamburg. Dann stand ein Flug von Hamburg-Fühlsbüttel nach München an, wo ihn sein alter Kumpel, der Alexander Oliver (der kennt auch sehr viele Leute, unter anderem die Frischeisen Johanna, die hatte sogar mal ein *Ludwig*-Schlagzeug zu verkaufen, aber das habe ich dann doch nicht genommen), mit dem Auto abholte. Nachdem die beiden abends unter Zuhilfenahme zahlreicher Tonträger ausführlich über die Musik und das Leben allgemein philosophiert hatten, gaben wir tags darauf die beiden *Summer Breeze*-Konzerte. Nach einer Hotelübernachtung fuhr der Rest der Band nach Hause, Jochen aber düste per Auto zurück nach München und wieder im großen Flieger nach Hamburg. Da von dort aus die letzte Fähre des Tages nicht mehr zu erreichen war, er aber abends unbedingt noch mal den Südstrand kontrollieren wollte, mietete sich der feine Herr eben eine einmotorige *Cessna* und ließ sich quer übers Gelände des *Wacken Open Air* und das Wattenmeer nach Föhr fliegen. Mit der Aktion hatte er zwar sein ganzes Taschengeld auf Monate verballert, aber eben auch mal den ganz großen Rockstarreisetraum verwirklichen können.

Nach den Ferien fuhren wir aber wieder alle zusammen im Bulli, und der Tourplan führte uns erneut nach Berlin, Wernigerode, Tornesch, Neuss, Duisburg, Bad Salzuflen, Laichingen, München, Bergedorf und dazwischen natürlich immer wieder auf verschiedene Bühnen in Bielefeld und drum herum. Das war das.

Aber dazwischen war ja noch viel mehr passiert, also: Rückblende. Da Jochen immer so viele Ideen im Kopf hat und er die irgendwie loswerden muss, hatte er 2013 mit dem Bielefelder Schauspieler Georg Böhm ein eigenes Theaterstück geschrieben. Georg hatte bei *Randale im Tierpark* auf grandiose Weise den Hardrockhasen gespielt. Und er hatte seine Rolle derart verinnerlicht, dass er meinte, er sei jetzt zu so einer Art ›Hensch‹ geworden — halb Mensch, halb Hase. Jedenfalls ist Georg auf eine andere Art mindestens genauso verrückt und lustig wie Jochen. Da hatten sich also zwei gefunden! Dementsprechend war auch das Theaterstück ein wenig verrückt geworden und trug den Titel *Der Hexe Knackwurst*. Das hieß wirklich exakt so, und es ging um Außenseiter, Mobbing, Freundschaften und Auswege.

Das Stück schickten die beiden dann an Andreas Kimpel. Der ist zwar Bielefelder, war damals aber Leiter der *Kultur Räume Gütersloh*. Andreas und die anderen Leute in Gütersloh sagten: »Ja super, wir wollen sehr gern etwas mit euch zusammen machen und gleichzeitig auch mit dem *Landestheater Detmold*. Aber das ist ja gar kein Weihnachtsstück!« Und Jochen sagte: »Wieso denn Weihnachtsstück?« Und die sagten: »Wir wollen doch unbedingt ein Weihnachtsstück machen, und die Musik dazu soll von euch kommen. Es stehen zwei Themen zur Auswahl: *Dschungelbuch* oder *Dornröschen*.« Aha. Da musste Jochen nicht lange überlegen und sagte ganz schnell: »Dann lieber *Dornröschen*!« Und so kam es dann auch.

Das Märchen wurde ja bekanntlich von den Brüdern Grimm veröffentlicht, und da passte es perfekt, dass wir so gern und regelmäßig im *Tierpark Sababurg* spielen, weil direkt nebenan das originale *Dornröschenschloss Sababurg* über dem Reinhardswald thront. Das eigentliche Theaterstück hatte allerdings der Künstlerische Leiter in Gütersloh, Christian Schäfer, geschrieben. Das war schon im Jahr 2016 gewesen, von wegen langen Vorlaufs und so. Es war wirklich ein sehr lustiges Stück, mit einer schönen Mischung aus klassischem Märchen und modernen Anteilen und sehr vielen Gags auch für Erwachsene. Fast ein bisschen so wie bei *Steel Panther*, aber eben nicht ganz. Christian und Jochen hockten sich dann mehrmals zusammen und überlegten, wie sich das musikalisch umsetzen ließe. Die Ideen wurden schließlich mit der ganzen Band ausgearbeitet, so dass die Musik möglichst gut auf die einzelnen Szenen des Stückes abgestimmt werden konnte. Natürlich sollte auch wieder eine CD dazu herauskommen, und die nahmen wir schon im Juni 2017 mit Erhard auf. Eine Weihnachts(märchen)-CD im Sommer, so etwas Ähnliches hatten wir doch schon mal gehabt ... Komischerweise wurde sie zu einem richtigen 6/8-Album, denn es gab ziemlich viele Stücke in dieser Taktart. Die hatte Jochen beim Ausdenken der Melodien irgendwie verfolgt. Er wacht morgens auf, und was hat er in der Birne? 6/8-Takt! Er schlurft zum Klo, biegt um die Ecke, und wer steht da? Der 6/8-Takt! Er schimpft mit seinen Kindern, weil die zu wenig Gemüse essen, und wie macht er das? Im 6/8-Takt! Jedenfalls werden wir wohl nie wieder so viele Lieder in dieser Taktart auf ein Album packen. Es sei denn, wir gründen später doch noch mal die *Original-Randale-Blues-Brothers-Band*. Aber da Marc vor Blues fast so viel Angst hat wie vor Reggae, wird es dazu vermutlich doch nicht kommen.

In Dornröschen waren wir alle ein wenig verliebt, denn die hatte es faustdick hinter den Ohren!

Sehr erstaunt waren wir alle, dass Jochen von Theaterseite zum ›Musikalischen Leiter‹ des Projekts ernannt wurde. Sogar er selbst musste angesichts dieses hohen Titels mehr als nur die Stirn runzeln. Und wir anderen drei lachten uns einfach schlapp. Wir wussten ja, dass er für sein Leben gern Musik hört und macht und auch eine Leiter zum Apfelpflücken im Keller stehen hat. Aber unter einem ›Musikalischen Leiter‹ hatten wir uns eigentlich doch etwas anderes vorgestellt. Denn Jochen gehört nun mal zu den Leuten, die ein Decrescendo für eine italienische Kaffeesorte halten. Tja, und dann wurde er gleich von einem der für Komposition und Arrangement zuständigen Musikspezialisten des Theaters ins Kreuzverhör genommen: Es wäre ja beeindruckend, mit welch ausgeklügeltem Konzept changierender Dur- und Moll-Ansätze er zwecks Vertonung der Lebens- und Gefühlswelten von Kindern jonglieren würde! »Was?! Äh ... ach so, jaja, natürlich, danke ... Oh, ich höre gerade, ich werde im Keller verlangt, bis demnächst einmal!« Und dann schnell weg.

Da das Weihnachtsmärchen eine Kooperation zweier Theater war, wurde die Angelegenheit abwechslungsreicher als zuvor, aus verschiedenen Gründen. Das *Landestheater Detmold* wurde bereits 1820 als *Lippisches Hoftheater* gegründet, hat eine sehr wechselvolle Geschichte und residiert in einem 1919 eingeweihten Haus, das auf den Grundmauern der abgebrannten Vorgänger-Ruine errichtet wurde. Auch wenn der Fürst schon 1918 abdankte, ist hier noch der Charme des einstigen Fürstentums Lippe zu spüren. Außerdem verfügt das Theater über einen eigenen Stamm an Schauspielerinnen und Schauspielern. Gütersloh wiederum hat erst im März 2010 ein topmodernes Theater neben der Stadthalle eingeweiht und besitzt Personal für Verwaltung und Technik und so weiter, aber kein eigenes Ensemble.

Von vornherein war klar, dass wir bei den Musical-Aufführungen wieder als Band mit auf der Bühne stehen und live spielen sollten. Und dieses Mal sogar mit richtiger Verkleidung. Bei *Randale im Tierpark* waren wir in unseren eigenen Klamotten auf die Bühne gekommen, hatten uns mehr oder weniger selbst gespielt und nur zur letzten Nummer schnell einen schicken Mantel angezogen. Jetzt aber sollten wir die Hof-Kapelle darstellen und mussten entsprechend eingekleidet werden. Daher wurde von den Damen und Herren aus der Detmolder Schneiderei richtig Maß genommen und angepasst. Die Hosen, Hemden und Jacken wurden zum Teil umgeschneidert, die Schuhe königlich lackiert, wir bekamen Gamaschen und ich obendrein auch noch Tattoo-Ärmel. Das sah schon richtig gut aus, und auch Kris, Markus und Jan als Aushilfen bekamen eigene Kostüme.

Nach den Erfahrungen mit unserem ersten Musical konnten wir das zweite viel entspannter angehen. Daher waren wir nicht mehr ganz so eingeschüchtert und aufgeregt und traten mit viel mehr Selbstbewusstsein auf. Dazu kam, dass auch die Arbeitsatmosphäre mit den Leuten in Detmold und Gütersloh wirklich toll war, sowohl auf als auch hinter der Bühne. Die Regie übernahm Valentin Stroh, und Deborah Krönung war für die Regieassistenz zuständig. Wie sich durch Zufall herausstellte, war einer der Techniker auch Eisenbahnfan, Kampfname *Katholischer Güterbahnhof*. Mit dem konnte ich mich natürlich bestens über die wirklich wichtigen Dinge im Leben unterhalten. Zum Beispiel über den Fahrplan der ab Paderborn Hbf mit einer Lokomotive der Baureihe 265 (*Voith Gravita 15L BB*) bespannten Lipperland-Übergabe, mit der die Kunden in Detmold, Remmighausen und Sandebeck bedient wurden. Aber was wollte ich jetzt noch mal genau erzählen?

Zu wissen, wie die *Voith Gravita 15L BB* aussieht – das gehört zur Allgemeinbildung!

Ach ja: Außer uns waren während einer Vorstellung fünf andere Leute auf der Bühne: zwei Frauen und drei Männer, die alle mehrere Rollen spielen mussten. Zusätzlich waren je eine weibliche und eine männliche Position doppelt besetzt, weil einige von ihnen auch Verpflichtungen in anderen Stücken hatten und diese zum Teil gleichzeitig an verschiedenen Orten gespielt wurden. Es gab einfach wunderbare Szenen, auf die wir uns jedes Mal freuten, weil sie vom Text so lustig und so gut gespielt waren. Zum Beispiel Robert Will als beflissen-genervt stolpernder Diener und Wache ›Hecke‹ sowie Nils Willers als weltfremd-tapsiger König und Wache ›Dornen‹ – beide unerreicht.

Auszüge des Stücks mit einzelnen Songs gab es am 5. November im *Kaschlupp!* in Detmold im Rahmen eines kleinen Vorab-Konzerts. Das *Kaschlupp!* war eine kleine Bühne in einem Wohn- und Geschäftshaus in der Bahnhofstraße 1, heißt heute *Junges Theater* und gehört ebenfalls zum Landestheater. Detmold wurde übrigens am Silvestertag 1880 mittels einer Stichstrecke an die *Cöln-Mindener-Eisenbahn* in Herford angeschlossen und hat einen sehr schönen Bahnhof. Ab dem 11. Juli 1895 gab es dann auch im Süden über Sandebeck/Himmighausen einen Anschluss an die *Hannover-Altenbekener Eisenbahn*, aber das nur nebenbei.

Außer den extra für das Musical geschriebenen Songs hatten wir für bestimmte Szenen auch kurze Zitate aus anderen Liedern von uns eingebaut, zum Beispiel aus *Das ist Liebe* oder dem *Nachtschwestern-ABC*. Die Premiere von *Dornröschen* wurde schließlich am 12. November am *Theater Gütersloh* gefeiert. Erst danach ging es nach Detmold, wo wir die meisten Aufführungen spielen sollten und dann wieder nach Gütersloh und wieder nach Detmold. Außerdem gab es bis März 2018 einzelne Gastspiele in Bad Oeynhausen, Bocholt, Hameln, Herford, Iserlohn, Lüdenscheid, Nienburg, Ratingen und Siegen. Darüber hinaus wurde das Stück auch ohne uns aufgeführt, sowohl in den beiden Stammhäusern als auch in anderen Städten. Dann kam die Musik vom Playback, aber es fehlten eben auch vier weitere wohlgenährte Gestalten, die die Bühne mit Biomasse füllten. Unsere CD war übrigens eine Art Mini-Märchen, bei dem sich kurze von Jochen gelesene Passagen immer mit einem Musikthema abwechselten. Alle Lieder darauf hatte er allein gesungen. Im Stück wurden aber die meisten Gesangsstimmen von den jeweiligen Schauspielerinnen und Schauspielern übernommen, so dass Jochen sich auf ergänzende Stimmen konzentrieren konnte. Oder zum Beispiel aufs ›Total verwundert aus der Wäsche schauen‹ …

Anders als bei *Randale im Tierpark* wurde *Dornröschen* je nach Situation mal mit und mal ohne Pause gespielt. Was noch anders war: In Bielefeld hatten wir uns regelmäßig im *Lorca* laben können, in Detmold hingegen gab es eine großartige kleine Kantine. Dort ließen sich leckere halbe Brötchen mit Fleischsalat oder Rührei und manch anderes Schmankerl zu Taschengeldpreisen erwerben. In Gütersloh aber gab es nur einen Kaffeeautomaten, und wir mussten uns selbst Butterbrote mitbringen, wenn wir nicht verhungern wollten.

Wusstest du, …
dass wir ins *Theater Gütersloh* eigene Butterbrote mitbringen mussten, um nicht zu verhungern?

Mit zwei Ausnahmen in der *Lagerhalle* in Osnabrück und auf dem Bielefelder Weihnachtsmarkt spielten wir bis zum Jahresende nur Musical-Aufführungen, die meisten davon sogar kurz vor oder direkt an Weihnachten. Dazu gehörten auch zwei Shows am Heiligabend um 10:00 und um 12:30 Uhr. Und an dem Tag war allen klar: Dieses Fest wollte nun mal wirklich gefeiert werden. Da sowohl das Theater seine Spendierhosen angezogen und auch wir unsere Vorratskeller geplündert hatten, gab es zwischendurch einige schöne Dinge zur Erbauung von Kehle und Gaumen. Komisch, irgendwie hatte die Band nach der Pause plötzlich nochmal doppelt so gute Laune als ohnehin schon, und wir kicherten uns während der gesamten Veranstaltung ordentlich was weg. Hach, war das schön.

Die Schönen und das Biest: Auf dem *Summer Breeze* hatten wir am 19. August 2017 zwecks medizinischer Absicherung unsere Fastechte-apothekerin Raphaela dabei – und gerade die war von allen am meisten im Metalmodus!

Schon wieder der heimische *Leineweber-markt*: Am 28. Mai 2017 fand die offizielle Präsentation der *Krankenhaus*-CD auf dem *Alten Markt* statt und es war ein fulminantes Konzert.

Am 19. August 2017 spielten wir zum zweiten Mal auf dem *Summer Breeze* in Dinkelsbühl und dabei zum ersten Mal auf großer Bühne vor einem tobenden Mob. Warum es dort so neblig war? Vielleicht hatte Jochen schon wieder gepupst ...

BK

JHO

BK

BK

Im November 2017 feierte mit *Dornröschen* unser zweites Musical Premiere, und wir hatten sehr viel Spaß an der ganzen Geschichte. Das lag auch an den tollen Kostümen für die Band, aber vor allem an den wunderbaren Kolleginnen und Kollegen. Zu sehen sind hier Nils Willers als orange bemantelter König, Florian Simon Bamborschke als gestreifter Diener, Wenja Imlau als Amme und Dornröschen sowie Josephine Raschke als Alte.

PZ

Unser kostspieliges Luxusleben finanzieren wir maßgeblich über den Verkauf von Merchandise-Artikeln: Egal ob CDs, T-Shirts, Turnbeutel, Patches, *HTKP*-Flaggen, Frühstücksbrettchen, Zahnbürsten oder Kuscheltiere — sie alle müssen gewinnmaximiert unters Volk gebracht werden. Nur Schultütenbastelvorlagen und Aufkleber, die gibt es kostenlos. Wir wollen mal nicht so sein …

Zoe und Matthias lernten wir vor Jahren auf dem *Summer Breeze* kennen, sie sind superschwere Metal- und *Randale*-Fans. Wenn sich die Gelegenheit bietet, sorgen auch sie für den Absatz unserer Devotionalien.

Wie sähe die Modewelt heute wohl ohne ihn aus?! Denn er, nur er machte seinerzeit das Polohemd wieder salonfähig: Fußballgott, Mathe-Genie und Dressman Benno Vahle aus Jöllenbeck.

Aki R. aus B. tut immer voll überzeugend so, als würde ihr der Merch-Verkauf im *Tierpark Sababurg* enorm viel Spaß machen — dabei ist sie in Wahrheit nur wie verrückt auf die dort stets frisch gebackenen Waffeln am Stiel aus!

In Kreiensen aufgewachsen, das Herz an den HSV verloren und bei uns absoluter Verkaufs-Profi mit echtem *Randale*-Tattoo: Bastian Messerschmidt.

Wir haben niemanden für den Verkauf im Erlanger *E-Werk*? Dann springt Maja ein, die wir noch zu ihren Hunteburger Zeiten kennenlernten.

Im Hause Steffi Behrmann entstehen nicht nur supertolle Fotos von Altrandalisten, sondern auch solche von Jungmodels wie Malia. Ganz bezaubernd.

Da isse wieder: Lina als Kapellengründungsgrund war sich am 12. April 2014 nicht zu fein, in Papas *Randale*-Headquarter die neuen Farben der aktuellen Sommerkollektion zu präsentieren.

Ihr Schufte und Schuftinen wollt keine CDs mehr kaufen?! Na wartet, dann hauen wir eben herzerweichende Kuscheltiere raus, an denen niemand vorbeigehen kann, ohne sofort mindestens ein Dutzend davon zu erwerben!

Irgendwie verfolgt der uns, dieser Thilo V. aus J.! Am 22. Januar 2023 schlich er sich klammheimlich hinter den Verkaufsstand im Bremer *Lagerhaus* und knöpfte der Kundschaft geschlagene zwei Stunden lang Unsummen von Geld ab. Was er anschließend damit gemacht hat, das wollte uns der Schurke allerdings nicht verraten …

2018

Omma und Oppa im Schlamm

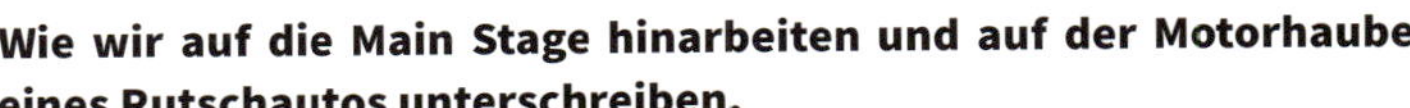

Wie wir auf die Main Stage hinarbeiten und auf der Motorhaube eines Rutschautos unterschreiben.

Ab dem 14. Januar ging es mit *Dornröschen* weiter, und am Morgen des 9. Februar stand um 9:00 Uhr das erste von vier Karnevalskonzerten an. Acht Tage später traten wir neben vielen anderen Bands auf dem *Your Stage Festival* in der *Freiheitshalle* in Hof auf – dieses Mal zum Glück ohne Party neben dem Hotel, denn wir mussten direkt danach noch nach Berlin weiterfahren. Dort war nämlich der *Milchsalon* im *Lido* am nächsten Tag mal wieder ausverkauft, zack!

Es folgten zwei Shows in Köln und Kelsterbach, und dann kam leider schon das Aus für *Dornröschen*, bei dem wir als Band insgesamt 38-mal mit auf der Bühne gestanden hatten. Zum letzten Mal waren wir am 11. März im Siegener *Apollo-Theater* mit dabei, und damit ging wirklich eine sehr schöne Zeit zu Ende. Da blieb nur der Blick nach vorn, und genau eine Woche später stand ein Konzert in der legendären *Fabrik* in Hamburg an, in der schon viele alte Helden gespielt hatten. Auch zu uns kamen mehrere Hundert Kinder und Erwachsene, und da waren wir mal wieder schwer gebauchpinselt.

Ebenfalls im März erschien mit dem *Reggaebär* eine weitere eigene Sampler-CD. Dabei handelte es sich um eine Zusammenstellung aller möglichen Reggae- und Ska-Lieder, die wir bereits auf anderen CDs veröffentlicht hatten. Aber es gab mit dem *Einhorn* auch einen brandneuen Song, den wir schon im Jahr zuvor mit der *Dornröschen*-CD aufgenommen hatten. Denn wenn die Leute schon einen Eintopf mit dem »Besten von gestern« vorgesetzt bekommen, dann muss man ihnen auch immer ein wenig Neues bieten. Neue Kaufanreize schaffen, so etwas nennt sich Marketing. Ihr wollt unsere Musik und wir euer Geld – sonst könnten wir unsere Swimmingpools, Golfplätze und Privatjets ja gar nicht bezahlen!

Weiter ging es quer durch Ostwestfalen und den Rest des Landes nach Idar-Oberstein, Bünde und Werl, und es gab eine Mini-Klinik-Tour, die uns auf Kinderstationen in den Krankenhäusern in Herford, Detmold, Paderborn und Bethel führte. Am 8. Juni präsentierten wir unsere Vier-Song-CD *Mir geht es gut! Lieder zur inneren Ampel* live. Bei der ging es darum, wie wichtig es für Kinder ist, anderen – gerade auch Erwachsenen – klarzumachen, was für sie in Ordnung ist und wo ihre Grenzen liegen. Ein weiteres wichtiges Thema.

Der 18. August brachte das nächste Konzert auf dem *Summer Breeze*, wo es vier verschieden große Bühnen gab. Die kleinste von denen war nach irgendeinem Partygetränk benannt, aber extra für unser Konzert bekam sie einen neuen Namen. Warum, das habe ich vergessen, jedenfalls hieß sie eben während unseres Auftritts *Randale-Stage*. Das freute uns natürlich sehr. Auch, dass dort weiterhin eine ganze Menge Kinder zu uns kamen. Aber vor allem wurden es immer mehr Erwachsene, die die Texte unserer Lieder auswendig kannten und uns wirklich enorm feierten. Das war ja auch verständlich, denn wer, wenn nicht der *Hardrockhase* hat ein Recht, auf dem *Summer Breeze* aufzutreten?! Und es gab sogar Sprechchöre von Leuten, die: »Main Stage, Main Stage!« grölten und uns auf der größten Bühne sehen wollten. Das hat zwar bislang noch nicht geklappt, aber wir bleiben dran, versprochen. Und trotzdem waren und sind wir gerade auf dem *Summer Breeze* sehr glücklich. Denn es ist schon ein unglaubliches Gefühl, wenn beim Aufbau der Instrumente die ersten wenigen Leute vor der Bühne stehen und schon mal den *Hardrockhasen* anstimmen, und eine gute halbe Stunde später stehen da bei Konzertbeginn plötzlich über 2.000 Menschen! Die meisten davon sind Erwachsene, und wenn die dann auch noch das *Rutsch Ping Ping*-Finger-Spielchen mitmachen und -singen oder hinter Jochen als *Omma und Oppa*-Polonaise durch den Schlamm ziehen und sich dabei wie kleine Kinder freuen, dann kann man sich kaum noch mehr wünschen.

Wusstest du, …

dass die *Polonaise* ein polnischer Nationaltanz ist und bereits Ende des 16. Jahrhunderts entstand?

Es folgten einige deutlich kleinere Konzerte, zum Beispiel in Geislingen, Nordhorn und Sabbenhausen, bevor es am 9. September schon wieder nach Berlin ging. Dieses Mal waren wir zum *Kidzapalooza* eingeladen worden. Das ist eine Unterabteilung des riesigen *Lollapalooza*-Festivals, und das war natürlich mal wieder sehr schmeichelhaft fürs Ego und fürs Image. Bei der Gelegenheit unterschrieben wir hinter der Bühne einen Vertrag mit *Argon/Sauerländer Audio*. Das ist eine große Firma aus Berlin, bei der unsere nächste CD erscheinen sollte, und wir hatten die Hoffnung, dass wir damit noch viel reicher, schöner und berühmter werden könnten, als wir das ja sowieso schon (nicht) waren. Weil wir gehört hatten, dass einige ganz große Bands solche wichtigen Verträge immer auf den Motorhauben von besonders schicken Autos unterschreiben, wollten wir das auch unbedingt machen. Dumm war nur, dass beim *Kidzapalooza* gar keine Autos an der Bühne erlaubt sind. Also musste eine andere Lösung her und wir nahmen einfach ein *SEAT*-Rutschauto von *Ferbedo*, weil wir das auch ganz cool fanden.

Der Verein *OWL zeigt Herz* hat uns schon oft und auf verschiedene Weise unterstützt. Zum Beispiel machte er im Oktober das nächste *Kindermusikfestival* möglich. Außer uns war dieses Mal mit den *Rotzgören Suli Puschban* und *Astrid Hauke* ein Duo aus Berlin und Bielefeld dabei und zudem *Mathias Lück* aus Burgdorf und *Ferri* aus Frankfurt. Insgesamt konnten wir nun sogar zwölf Konzerte in Hiddenhausen, Münster, Berlin, Bielefeld, Gütersloh und Halle spielen, und die größte Veranstaltung fand vor rund 1.200 Grundschulkindern in der Bielefelder *Rudolf-Oetker-Halle* statt.

Danach wurde es deutlich ruhiger, es ging ein weiteres Mal zum Waffelessen und Tierlieder-Spielen nach Sababurg, nach Hannover, Mannheim, Wardenburg und Osnabrück, und mit den unverzichtbaren Weihnachtskonzerten hatten wir unsere Bilanz zum Jahresende schließlich um 84 Konzerte verbessert.

Der *Einhorn*-Dreh fand im Februar 2018 statt und bereitete uns größte Freude. Wir waren drauf und dran, sofort ein Nebenprojekt für Plüschmetal zu starten und damit eine neue Sparte des Düsterrocks zu kreieren. Das holen wir bestimmt noch nach.

Wenn das kein Grund für Ostwestfalenstolz ist, dann weiß ich es auch nicht! Für unser mal wieder von Patricia organisiertes Berlin-Konzert im *Lido* am 18. Februar 2018 konnte bereits im Vorfeld »Sold out!« vermeldet werden.

Einen Tag vorher waren wir im nordöstlichen Bayern auf dem *Your Stage-Festival* in Hof zu Gast, bei dem die anderen drei Motive entstanden.

Am 11. März 2018 stand die von nicht wenig Wehmut begleitete letzte *Dornröschen*-Aufführung im Siegener *Apollo-Theater* an — Zeit für drei Abschiedsmotive unter anderem mit Wenja Imlau, Robert Will, Josephine Raschke, Nils Willers und Florian Bamborschke.

In der *Fabrik* in der Barnerstraße in Hamburg-Altona haben schon viele (meiner alten) Helden gespielt, und am 18. März 2018 waren sogar wir dort zu Gast. Es sollte nicht das letzte Mal sein und auch Marc gefiel es dort ganz gut …

Längst Tradition ist die Zusammenarbeit mit *OWL zeigt Herz* – hier vertreten durch Thomas Milse und Daniel Stephan – sowie den von *Bodelschwinghschen Stiftungen Bethel* – hier vertreten durch Ergotherapeut Rodrigo Barros und Chefarzt Prof. Dr. Eckard Hamelmann (11. April 2018).

MM

Am 18. August 2018 durften wir schon zum dritten Mal auf dem *Summer Breeze* auftreten, und Jochen ließ es sich nicht nehmen, dem überwiegend erwachsenen Metal-Publikum die feinmotorischen Fallstricke von *Rutsch Ping Ping* näherzubringen.

GR

Wir haben bei *Argon/Sauerländer Audio* – vertreten durch Lena Lindenbauer und Kilian Kissling – unterschrieben! So geschehen am 12. September 2018 auf dem *Kidzapalooza* in Berlin.

Zum Start des diesjährigen *OWL-Kindermusikfestivals* entstand am 3. Oktober 2018 ein Pressefoto mit *Suli Puschban*, *Astrid Hauke*, *Mathias Lück*, *Ferri* und unserem treuesten Aushilfsbassisten Kris.

S

RS

Vor der Show gilt stets ein verliebter Blick dem schönsten Schlagzeug der Welt! Dieses war auch am 28. Oktober 2018 im *Béi Chéz Heinz* in Hannover mit dabei.

GR

Jetzt geht es los: Kritze, Jochen und Erhard sind am 16. November 2018 im *Watt Matters Studio* bereit für die erste Runde zur *Kinderkrachkiste*.

GR

Schon am Tag davor brauchten Jochen und unser alter Kumpel Bastian eine kleine Runde Erholung im Aufenthaltsraum des Studios.

GR

Noch ein Poser-Foto für die ewig dürstenden Fotografen? Das schafften wir auch am 21. Dezember 2018 anlässlich unseres Konzerts im Rahmen von *Nirgüls Adventskalender* in Isselhorst.

JH

ASU

Neu gebaut – ein Zentrum nur für Kinder

Wo es Weltraumtechnik und spezielle Spezialausbildungen gibt.

Zu unseren langjährigen Partnern gehört das *Evangelische Klinikum Bethel (EvKB)* in Bielefeld, das diesen Namen seit dem Jubiläumsjahr 2017 trägt. Dessen Geschichte reicht allerdings sehr weit zurück und ist einigermaßen kompliziert, weil verschiedene Standorte mit einzelnen Kliniken und Abteilungen dazugehören, die sich im Laufe vieler Jahre zusammengeschlossen haben. Da ist so viel Geschichte entstanden, dass sich diese nur in mehreren Büchern verarbeiten ließe. Deswegen will ich hier auch nur das Wesentliche verraten. Zum Beispiel, dass alles in Bethel seinen Anfang nahm, als Pastor Friedrich v. Bodelschwingh 1872 in unmittelbarer Nähe zur *Rheinisch-Westfälischen Anstalt für Epileptische* den Grundstein für die Diakonissenanstalt *Sarepta* legen ließ. Die Diakonissen, oder auch *Sarepta-Schwestern* genannt, waren später die Cheffinnen des Krankenhauses *Gilead*, das Friedrich v. Bodelschwingh 1913 für sie als Ausbildungskrankenhaus bauen ließ. Heute heißt dieses Krankenhaus *Evangelisches Klinikum Bethel*, zu dem mehr als 30 Kliniken gehören. Mittlerweile ist *Bethel* ein Riesending und stellt sogar eine Art Stadtteil im Bielefelder Stadtteil Gadderbaum dar.

Zu Anfang kümmerten sich die Leute in *Gilead* vor allem um Erwachsene, aber über die Jahrzehnte kamen eben auch immer mehr Kinder hinzu. Und da sich die Probleme und Bedürfnisse von Neugeborenen, Kleinkindern, Schulkindern und Jugendlichen oft deutlich von denen der Erwachsenen unterschieden, sollte ein spezieller Raum geschaffen werden, um vor allem den Patientinnen und Patienten zwischen 0 und 18 Jahren an zentraler Stelle besondere Aufmerksamkeit schenken zu können. Dabei war es egal, um welche Art von Erkrankung oder Verletzung es sich handelte, allen sollte so schnell und gut wie möglich geholfen werden. Daher zog die Kinderchirurgie 1985 in ein eigenes Gebäude, und so entstand durch verschiedene An- und Umbauten bis 1990 ein zwischen Grenz- und Bethesdaweg liegendes und in sich geschlossenes Kinderkrankenhaus: das *Kinderzentrum Bethel*.

Seit 2019 ist *Sammy* der Tiger das offizielle Maskottchen des Kinderzentrums. Er taucht immer wieder an den verschiedensten Stellen auf – am liebsten dann, wenn niemand mit ihm rechnet …

Schon lange gehört es zu den größten Kinderkrankenhäusern in ganz Deutschland, und wie wichtig so ein spezielles Krankenhaus ist, zeigen die folgenden Zahlen. So gibt es 146 Betten, und pro Jahr werden etwa 10.000 Kinder auf den Stationen und in den Tageskliniken behandelt. In der rund um die Uhr geöffneten Notaufnahme sind es sogar rund 25.000. Und dann stehen noch sogenannte Spezialsprechstunden für weitere 20.000 Patientinnen und Patienten in den einzelnen Ambulanzen an, kaum vorstellbar!

Da im Laufe vieler Jahre die Erfahrung zugenommen und sich die Ansprüche an Technik sowie neue Konzepte weiterentwickelt hatten, reifte der Entschluss, das Kinderzentrum an Ort und Stelle in einem kompletten Neubau unterzubringen. Dieser wurde zum bislang größten Bauprojekt in der Geschichte *Bethels*, denn es brauchte allein sechs Jahre für die Planung und den Bau. Aber das Ergebnis kann sich wirklich sehen lassen. Schrittweise wurde Neues gebaut und Altes abgerissen und immer so weiter, bis die Sache geritzt war. Natürlich sollte alles topmodern werden, das war ja von vornherein sowieso sowas von superklar. Nicht nur von außen gibt es ziemlich viel Glas und Aluminium, und schon die knallig-bunten Farbstreifen entlang der gesamten Fensterfront machen einen sehr schicken Eindruck. Auch im Inneren gibt es viel Licht, und der Empfangstresen sieht aus wie ein Schiff, und überhaupt finden sich hier sehr viele Motive aus der Wasser- und Tierwelt. Von einem zentralen Flur aus lassen sich dann sechs würfelförmige Gebäude mit jeweils drei Stockwerken erreichen, und in den Würfeln sind die einzelnen Fachkliniken untergebracht. Um beispielsweise Operationen möglichst sicher vornehmen zu können, gibt es sogar eine ›Einbahnstraße für die Luft‹ – so was findet sich sonst wohl nur in Raketen und bei Weltraummissionen!

Auch *Randale* konnte den schrittweisen Umzug in die neuen Räumlichkeiten im Herbst 2023 mit zwei Konzerten ein wenig begleiten. Den Auftakt machte ein Festakt zur Präsentation des Neubaus mit rund 500 geladenen Gästen am 13. August, und am 24. September fand ein großer Tag der offenen Tür für alle Menschen aus Bielefeld und der ganzen Region statt. Der absolute Oberchef, also der Kinderkapitän, das ist seit 2014 Professor Dr. Eckard Hamelmann, der sagt allen immer, in welche Richtung gesegelt wird. Da er auch Universitätsprofessor ist und an der *Universität Bielefeld* Medizinstudenten und -studentinnen unterrichtet, kann der das auch ganz famos. Solche Leute gibt's hier – stark!

Den Umzug mitgemacht hat übrigens auch das Maskottchen des Kinderzentrums, und das ist *Sammy* der Tiger. Den gibt es seit 2019 einerseits als Zeichnung, die auf den Wänden des *Kinderzentrums* und im Internet Verwendung findet. *Sammy* ist so beliebt, dass es sogar abziehbare Tattoos von ihm gibt. Darüber hinaus existiert er auch als echtes riesiges Tier, das an geheimer Stelle im *Kinderzentrum* lebt und regelmäßig auf den einzelnen Stationen oder bei besonderen Veranstaltungen auftaucht, um dort vor allem die kleinen Leute bei Laune zu halten oder deren Stimmung zumindest ein wenig aufzubessern. Denn seine absolute Spezialität ist Trösten, da hat er extra eine spezielle Spezialausbildung für erhalten. Und er ist eben auch ein ›ganz, ganz Lieber‹.

Allerdings: Besteht der echte Tiger vielleicht nur aus einem Plüsch-Kostüm, in das sich immer wieder ein echter Mensch zwängen und wie wahnsinnig schwitzen muss, um dann voll tigerisch tun zu können? Aber mal ehrlich: Wenn dem überhaupt so wäre — was man sich ja gar nicht vorstellen kann —, dann dürften wir das hier doch wohl gar nicht verraten! Das haben wir nämlich versprochen, also, ich meine, äh … Jedenfalls war *Sammy* sogar schon mal bei uns im Proberaum, und der sah sehr echt und kein bisschen gefährlich aus — den Tiger meine ich, nicht den Proberaum. Denn der Proberaum, der sieht sehr gefährlich aus. Aber der Tiger nicht, das macht der gar nicht. Was nur verwunderlich war: Warum fehlte auf den Fotos mit der Band der Trommler und warum trommelte plötzlich der Tiger?! Da ging es dann wohl doch nicht so ganz mit rechten Dingen zu …

Volles Verständnis hatten wir aber, als unsere engste *Bethel*-Spezi Sandra Gruß eines Tages anrief und sagte, dass das Maskottchen jetzt aber mal ganz gefälligst und fix mit einem eigenen Lied gewürdigt werden müsste, und so nahmen wir im Rahmen einer kleinen Studio-Session Ende Februar 2020 *Sammy der Tiger* bei uns im Proberaum auf. Der Song wird von *Bethel* immer wieder auf Sommerfesten, Konzerten, dem eigenen *Instagram*-Kanal (@evkbethel), auf Stationen und sogar als Gute-Laune-Macher in den Büros der Mitarbeitenden abgespielt. 2022 erschien er dann auch auf der Neuauflage unserer *Randale im Krankenhaus*-CD als Bonustrack.

Das neue Kinderzentrum in Bethel macht mit seinen knalligen Farbstreifen schon von außen einen tollen Eindruck. In der Eröffnungsphase spielten wir dort gleich zweimal, und am 13. August 2023 stand natürlich Sammy mit uns auf der Bühne.

Immer wieder diese Großkatze! Am 5. September 2022 war sie sogar bei uns im Proberaum — und hatte den Trommler gefressen! Oder war es doch andersherum …?

Noch mehr Leute, noch mehr Spaß – Gäste und Aushilfsmusiker

Wer alles dabei war, und warum manche Lieder live nicht gespielt werden.

Schon auf unserer ersten CD hatten wir einen Gastmusiker dabei, das war Thomas Helmke, der die Aufnahme der *Vogelhochzeit* mit seiner Orgel verschönerte. Außerdem unterstützte er uns bei ungefähr fünf Konzerten live bei einigen Liedern. Auch auf den folgenden CDs holten wir immer wieder Gäste dazu, wenn es um Instrumente ging, die wir selbst nicht spielen konnten, die wir aber unbedingt dabei haben wollten.

Auf der *Kinderparty am Wackelpeter* waren gleich vier andere Leute mit dabei. Mein alter Kumpel Steffi Lindenschmidt spielte auf *Kleckse hexen* Saxophon – mit dem hatte ich schon 20 Jahre vorher in der Big Band der Musikschule in Löhne gespielt. Peter Wröbel verzierte den *Reggaebären* mit seiner Steel Drum, Janne Betzendahl setzte eine tolle Fiddle (also: Geige) auf *Ein Hase saß im tiefen Tal*, und mit Ulrich Zwetz lieh uns *Radio Bielefeld* seinen unvermeidbaren und stets ausgeglichenen Fußballreporter für *Die Kinderfankurve* aus.

Bei *Randale unterm Weihnachtsbaum* spielte Thomas noch mal auf drei Liedern mit, denn Orgel und Keyboard, das passte irgendwie total zu Weihnachten. Aber im Kern wollten wir ja weiter eine total harte Rockband nur mit Gitarre, Schlagzeug, Bass und Gesang bleiben. Das waren und sind wir auch, und deswegen machten wir bei *Der Hardrockhase Harald* fast alles allein. Nur bei *Mama Lauter* war *DJ Dense* als ›Special Guest‹ mit dabei und stülpte einige Scratches über unseren Krach. Und wenn man bei *Otto der Fischotter* ganz genau hinhört, dann kann man – wie schon erwähnt – feststellen, dass es da mit Aki noch eine eigentlich nicht geplante Stimm-Gästin gibt …

Auch auf *Hasentotenkopfpiraten* holten wir wieder andere Musiker ins Studio – gleich drei Stück bei nur einem einzigen Lied. Bei *Kino* waren nämlich *The fabulous Boogie Horns* zu hören: Steffi wieder am Saxophon, Tom Görg an der Trompete und Gabor Jakab an der Posaune. Klasse, das war mal was Neues! Andererseits bereitete uns das auch wieder ein Problem: Wenn wir uns tolle Leute für tolle Sachen dazuholen und die dann bei den Konzerten (warum auch immer) nicht dabei sein können, dann fehlt einfach etwas, und deswegen haben wir dieses Lied ohne Hörnchen auch nie gespielt – worüber sich wiederum einige Konzertbesucher – zu Recht! – immer wieder beschweren.

Auf der *Punkpanda Peter* hatten wir bei zwei Liedern wieder insgesamt drei Gäste. Erhard spielte Congas bei *Kleine dicke Hunde*, – der kann nämlich nicht nur super gut aufnehmen und mischen und so, der spielt sapperlot auch ganz exquisit eine ganze Reihe von Instrumenten, da gibt es ja mal gar nix dran zu rütteln. Und bei *Der Tag* sind ganz wunderbar Monica von Bülow am Cello und Harald Kießlich am Akkordeon zu hören, ein Traum! Und Monica durfte dann auch noch das letzte Wort bei *Kleine dicke Hunde* haben.

***Kleine dicke Hunde* war ein kleines Trommelfeuerwerk, featuring Erhard Kanicki on Congas!**

Auf *Randale Rock'n'Roll* hatten wir mit *Immer wenn ich traurig bin* ein Lied, das mal etwas ganz anderes war. Da sollte eine Trompete drauf, am besten mit Dämpfer. Hat auch geklappt. Und wer hat es wieder mal gemacht? Der Trompeten-Tom natürlich, denn wenn wir eine Trompete brauchen – also eine richtige, nicht so eine Jochen-Trompete … –, dann rufen wir den Trompeten-Tom an, und der kommt und macht das schnell und super, und deswegen ist ja wohl auch das mal wieder klar. Darüber hinaus gab es auf der CD noch einen Gast. Bisher hatte Jochen immer selbst Mundharmonika gespielt, dieses Mal sollte aber der totale Vollprofi Dieter Kropp ein hammermäßiges Mundharmonika-Solo zu *Omma und Oppa* beisteuern. Und was glaubt ihr wohl? Der machte das natürlich auch, bäm! Und dann waren da noch Anja und Sarah, deren Stimmen bei *Kinderzimmerpunk* und *Brille* zu hören sind. *Monster* waren sie auch ein bisschen, aber sonst sind die gar nicht so schlimm. Bei *Jeder kann helfen* von der *Randale unterm Weihnachtsbaum zweipunknull* sangen dann noch Anja, Carsten, Jan, Marvin und Nicole beim Chor der wehmütigen Weihnachtswichtel mit. Für den Song *Sammy der Tiger* gab es ferner Gesangs-Unterstützung vom Kollegen *Donikkl* aus dem bayerischen Ihrlerstein sowie durch Nicole Donath (die ist eigentlich voll Zeitungs-Profi!) aus dem westfälischen Halle. Auf der *Sandkastenrocker*-CD verliehen Johanna Spintzyk und Kerstin Belz *Samstag Nachmittags Fieber* mit ihren Stimmen einen tollen Soul-Touch, Janne spielte bei *Dingsbums* wieder Geige, und sogar ihre Kinder Hanna und Lasse machten da mit.

Jaaaaa ... Und dann gibt es da noch eine ganz wichtige Abteilung von Musikern. Das sind nämlich die, die wir anrufen können, wenn wir jemanden als Aushilfe benötigen. In der Fachsprache werden diese Aushilfsmusiker oft »Sub« genannt oder »Subs«, wenn es mehrere sind. Das Wort stammt übrigens vom lateinischen ›substitut‹ ab und bedeutet ›Ersatz‹. Sogar *The Who* haben schon mal ein Lied über solche Leute gemacht: *Substitute* — na ja, oder so etwas Ähnliches wollten die damit jedenfalls wohl vielleicht bei Gelegenheit sagen.

Jochen hat in der Tat bis auf zwei Ausnahmen seit jeher und überhaupt immer alle *Randale*-Konzerte mitgemacht. Außerdem ist er ja ›das Gesicht und die Stimme‹ von *Randale*. Denn für das Publikum wäre es wohl sehr schwer zu verstehen, wenn da plötzlich ein anderer Sänger auf der Bühne stünde, der gar kein Jöllenbeck-Jochen, sondern vielleicht ein anderer Jochen ist.

Vor allem Kritze und Marc haben durch ihre Berufe als Grundschullehrer und Trainer/Moderator/Coach/Diplom-Pädagoge öfters keine Zeit, um unter der Woche auf Tour zu gehen. Oder einer von uns ist krank oder im Urlaub und will da auf keinen Fall weg. Weil er nämlich keine Lust hat, die Badehose gegen die Bühnenkleidung zu tauschen und lieber in der Sonne liegt und Buckelwale im Steinhuder Meer zählt, anstatt Instrumente auf- und abzubauen ... Da die Konzerte aber trotzdem gespielt werden sollen, holen wir dann einen oder mehrere unserer Kumpels dazu. Der erste Einsatz eines Subs fand am 7. August 2005 im Münchener *Theatron* statt. Da Christian, also Kritze, nicht konnte, haben wir einfach einen anderen Christian als Bassisten mitgenommen. Den nennen wir aber Kris, und so gibt es da fast keine Verwechslungen, super. Und Kris ist auch derjenige, der von allen Subs die mit Abstand meisten Konzerte gespielt hat: Bis zum 31. Dezember 2023 waren das schon mal fette 288 Stück. Bei insgesamt sieben Konzerten half Peer Oewerdieck am Bass aus und sorgte dafür, dass alles klappte, und seit Mai 2022 rudert auch Björn Diewald öfters im *Randale*-Boot mit, vor allem bei unseren Kita-Konzerten.

Wenn Marc mal nicht mitfahren kann, haben wir gleich zwei piratenstarke Gitarristen, die mit uns schon viel Zeit auf, hinter und neben der Bühne verbracht haben, zusammengerechnet schon weit über 300-mal: Arthuro Giesbrecht (seit September 2006) und Markus Höhle (seit März 2009). Außerdem hatten Arthuro und ich zusammen mit Saxophon-Steffi mal eine gemeinsame Band: *Señor Gomez and The Dirty Boogie Dogs*. Von eben der hatten wir uns *The fabulous Boogie Horns* für *Kino* ausgeliehen, würden das jederzeit wieder tun, und so greifen die alten Kontakte einfach immer wieder ganz wunderbar ineinander. Ebenfalls seit der Kita-Tour im Mai 2022 hat übrigens auch Moritz Moe Hermann an der Gitarre und zum Teil am Bass ausgeholfen. Und Singen und Trommeln kann der auch noch — Hilfe!

Für mich ist *Randale* fast genauso ein Hauptberuf wie für Jochen, und ich versuche, möglichst alle Konzerte zu spielen. Trotzdem haben bis Ende 2023 bei insgesamt 38 Konzerten Florian Altenhein oder Jan Hofmann Schlagzeug gespielt. Da konnte ich stattdessen ganz beruhigt mit meiner Band *Big Balls* stundenlang Songs von *AC/DC* spielen oder im Urlaub dänische Diesellokomotiven (weltbeste Loks: Die *Litra ME* und die *Frichs-Køf*!) fotografieren oder eben auch mal krank im Bett liegen. Dass die Jungs zum Teil schon so lange mit an Bord sind, macht uns sehr froh. Wie schon mal gesagt: Das sind alles super Typen, mit denen kann man auch hinter der Bühne eine Menge Spaß haben, und sonst dürften die ja gar nicht mitfahren, ist doch klar! Klar ist natürlich auch und immer und sowieso: Die Band sind wir vier, wir vier sind die Band.

Wer würde nicht gern das zwei Meter breite Vingehjul der *DSB* auf dem Wohnzimmerschrank präsentieren? Allerdings müsste es vorher voll olsenbandenmäßig heimlich vom Empfangsgebäude des Bahnhofs Rødekro abgeschraubt werden ...

Ein Möchtegerneisenbahnerleben ohne *Litra ME* und *Frichs-Køf* der *Danske Statsbaner DSB*? Undenkbar, weil sinnlos ...

Gesangsunterstützung gab es auf unseren CDs von Sarah Bokermann und Anja Kadatz, von Johanna Spintzyk und Kerstin Belz sowie vom Donauer Andreas alias *Donikkl*.

Genauso toll waren die Beiträge von Thomas Helmke an der Orgel, Harald Kießlich am Akkordeon, Janne Betzendahl an der Geige, den *Boogie Horns* Steffi Lindenschmidt, Tom Görg und Gabor Jakab an Saxophon, Trompete und Posaune, Monica von Bülow am Cello, Peter Wröbel an der Steel Drum und Dieter Kropp an der Mundhamonika. Wo die jeweils mitgemacht haben? Das steht im Text, also: Nicht nur bunte Bildchen anschauen, nene, zwischendurch auch mal ein wenig lesen!

Auf diese Leute lässt sich bauen, denen vertrauen wir (fast) blind! An der Gitarre standen Arthuro Giesbrecht, Markus Höhle und Moritz Herrmann alias Moe schon bei zusammengerechnet 371 Konzerten mit uns auf der Bühne.

Noch etwas öfter waren die Ersatzbässe vertreten, denn Kris Köhler, Björn Diewald, Peer Oewerdieck und Moe (siehe ganz oben rechts) waren insgesamt 384-mal dabei.

Da der Trommler der Kapelle mit einem äußerst empfindlichen Ego ausgestattet ist, freut es ihn natürlich, dass die gleichsam verlässlichen Aushilfskollegen numerisch auf dem hintersten Rang liegen: Jan Hofmann und Florian Altenhain spielten insgesamt 38 Konzerte, weil ich nicht konnte, wollte oder durfte.

2019

Ritterschlag und Reisefieber

Warum Vahle nicht gleich Vahle ist, und wie man von Deutschland über die Ukraine nach Dänemark gelangt.

Dass wir auch 2019 genau 84 Konzerte spielen sollten, das war reiner Zufall. Anders war, dass wir für diese Konzerte über das ganze Jahr ein enormes Reiseprogramm auf uns nehmen mussten, wie wir es in dieser Form noch nicht gehabt hatten. Außerdem gab es eine ganze Reihe anderer Anlässe, über die wir uns freuen konnten. So feierten im Lauf des Jahres erst ich und später auch Jochen unsere 50. Geburtstage. Das war eine Zahl, die wir uns zu Beginn unserer Laufbahnen gar nicht hätten vorstellen können — vor allem, weil viele unserer musikalischen Helden damals selbst nicht so alt waren, wie wir es nun geworden waren. Über die Jahre hatte ich zahllose Interviews mit berühmten und auch weniger berühmten Schlagzeugern in verschiedenen Fachzeitschriften gelesen (Frauen waren damals die absolute Ausnahme, aber es werden immer mehr!). Und nun gab es fast als Geburtstagsgeschenk in der Ausgabe 1/2019 von *drums & percussion* sogar ein kleines Interview mit mir — das war schon ein ziemlicher Ritterschlag für einen Kleinegrauelandmaustrommler aus Löhne. Sogar Jochen bekam dort ein kleines Interview, weil wir mit dem Thema Kindermusik innerhalb der Szene von Berufsmusikern schon eher zu den Exoten gehören. Später sollte auch im Heft 5/19 des Magazins *DrumHeads!!* eine Rezension der *Kinderkrachkiste* erscheinen, bei der wir als Band super wegkamen und mit fünf Punkten in die ›Volltreffer‹-Kategorie gepackt wurden. Große Begeisterung allerorten.

SERVICE CDs & DVDs

Kids Rock CD

RANDALE
Kinderkrachkiste
Drums: Garrelt Riepelmeier

Eine Band, die heute in der örtlichen Grundschule auftritt und am nächsten Tag beim Summerbreeze-Festival spielt muss erst noch geboren werden?!
Nein, weit gefehlt, die gibt's! Sie hört auf den Namen „Randale" und macht Rockmusik für Kids. Die Kinderkrachkiste ist das mittlerweile zehnte Werk der vier Bielefelder „Quatschköpfe".
Nach dem Genuss dieses Albums stellt sich nur die Frage, wer einem das verdammte Grinsen wieder aus dem Gesicht meißelt. Die Songs machen Spaß und sch ... nochmal, gute Laune und mal ehrlich, gibt es eine Punk-Rock-Nummer, bei der die Polizei gut wegkommt, ... die Kinderkrachkiste hat sie!
Absolut kindgerechte Texte treffen auf Musik, die ebenso von den Ärzten, Extrabreit, den Ramones oder Judas Priest stammen könnte. Somit hat jeder was von den „Randalierern" die Kids, die Eltern und wenn Oma und Opa gerne bei einer gepflegten Country-Nummer das Kinderzimmer des Enkelchens aufräumen, dann dürfen die auch mithören.
■ ps

DH!!-WERTUNG: ■■■■■

Aber natürlich ging es nicht nur um Ruhm, sondern vor allem um unsere Arbeit und viele Kilometer über Autobahnen und Landstraßen. Das waren zunächst drei Konzerte in Werl, Köln und Mainz (mit einem legendären ›Versinger‹ beim *Kinderzimmerpunk* — es ist Jochen bis heute hochnotpeinlich und ich darf hier auf gar keinen Fall schreiben, was das war…). Im Anschluss daran zogen wir Mitte Februar wieder für einige Tage ins *Watt Matters*, um dort den zweiten Teil unseres neuen Albums *Kinderkrachkiste* aufzunehmen. Den ersten hatten wir nämlich schon Mitte November 2018 fertiggestellt und auch diese Platte enthielt nur eigene Lieder und kam erneut fast ohne Tierlieder aus: Neben vielen anderen Themen waren nur ein Wal und ein paar Kuhglocken mit dabei. Allerdings hatten wir mit *Der Hase Augustin* zusätzlich eine Coverversion aufgenommen. Die war für eine andere CD gedacht, nämlich das bei *Sauerländer/Argon* erschienene Album *Zugabe*. Bei dem handelte es sich um ein Tribute-Projekt zu Ehren des ganz alten Kinderliederhaudegens Frederik Vahle. Der heißt zwar mit Nachnamen genauso wie Jochen, aber sie sind überhaupt nicht miteinander verwandt. Dafür waren sich die Herren schon einmal kurz auf dem Kinderlied-Kongress in Hamburg begegnet. Viel zu sagen gab es zwischen den beiden scheinbar nicht, und deswegen schwebte einer von ihnen gleich weiter, um sich ungleich wichtigeren Dingen zu widmen. Wer das war? Das sage ich nicht. Dafür waren wir mit noch einer ›bestellten‹ Coverversion auf dem Sampler eines Kollegen vertreten, den wir schon länger kannten und schätzten. Dabei handelte es sich um den Song *Ich will ein Haustier* auf dem Album *Ein Lied für mich — A Tribute to Geraldino*. Der war in seinem früheren Berufsleben übrigens mal Eisenbahner gewesen, ganz in echt. Aber wie es sich genau mit der Bekämpfung der Rattenplage rund um das Stellwerk im mittelfränkischen Pommelsbrunn verhielt, das darf ich an dieser Stelle leider auch nicht erzählen, oh wie schade …

Schmeichelhaft für die ganze Kapelle: Die *Kinderkrachkiste* bekam in einer Rezension in Ausgabe 5/19 der *DrumHeads!!* die volle Punktzahl!

Nach den Aufnahmen standen wieder ein kleines Karnevalsprogramm in Bielefeld, Darmstadt und Abtsgmünd und ›business as usual‹ in Stemwede, Bremen, Leipzig, Mönchengladbach, Dülmen und der erweiterten Heimat an. Die *Kinderkrachkiste* erschien offiziell am 24. Mai und mit der im Gepäck ging es gleich weiter nach Ahaus, Ulm, Hannover, Hamm, Düsseldorf, Schwalmstadt, Dortmund, Berlin und auf die *Kieler Woche*. Dort waren wieder Kris und Markus als seit Jahren bewährte und geschätzte Aushilfen dabei. Kris musste mir damals versprechen, sich nun endlich zu merken, dass es auch im Sommer wichtig ist, nicht nur T-Shirts, sondern mindestens einen Pulli oder sogar eine Jacke an die Küste mitzunehmen. Von wegen ›steife Brise‹ und so. Aber zur allgemeinen Beruhigung: Schlüpfer und Socken zum Wechseln sowie eine Zahnbürste hatte er eingepackt. Immerhin.

Anschließend sausten wir wieder quer durch Ostwestfalen, nach Halver ins Sauerland, schon wieder ins ferne Abtsgmünd, zum *Fürth Festival* und zum *Mounds Festival* ins noch fernere österreichische Serfaus. Dort feierten wir Marcs 46. Geburtstag (inklusive Abfahrt auf der Rodelbahn), und danach war zumindest für die Band Sommerpause.

Ich hatte es schon beschrieben, welchen Aufwand Jochen 2017 betreiben musste, um seinen Urlaub und das Konzert auf dem *Summer Breeze* unter einen Hut zu bringen. In diesem Jahr sollte nun ich meinen persönlichen Reiserekord im Vorlauf des für uns so wichtigen Festivals aufstellen. Für den 2. August stand mit *Big Balls* ein schon seit langem geplantes Konzert auf dem *AC/DC*-Fanclub-Treffen *Ternopil or bust* in der Ukraine im Kalender. Um dorthin zu gelangen, mussten wir zunächst mit dem Auto zum Flughafen Weeze fahren, von dort aus ging es mit dem Flugzeug nach Lwiw (Lemberg) und anschließend noch mal zwei Stunden mit dem Auto nach Ternopil. Während die Band noch länger da blieb, wollte ich nach nur drei Tagen eigentlich in den Urlaub nach Dänemark, und es war ein Flug von Lwiw nach København-Kastrup gebucht. Da aber zwei Tage vor dem Abflug in Deutschland mein bester Trommelfreund Norbert gestorben war, fuhr ich nach einer Übernachtung in der dänischen Hauptstadt wieder mit dem Zug nach Bielefeld. Einen Tag nach der Beerdigung ging es mit dem Zug erneut in den (noch höheren) dänischen Norden, aber nach knapp einer Woche Urlaub musste ich schon wieder zurück, damit *Randale* nach einer ›Sicherheitsprobe‹ am 17. August zum vierten Mal auf dem *Summer Breeze* auftreten konnte. Bei der Gelegenheit und überhaupt zum Angeben: In 2019 schaffte ich es, gleich achtmal nach Dänemark einzureisen und dabei alle mir zur Verfügung stehenden Verkehrsmittel zu nutzen: Auto, Schiff, Zug und Flugzeug. Stark. Na ja, eigentlich hätte ich das Fahrrad auch noch bemühen müssen …

Das war ein Abenteuer! *Big Balls* mit Aushilfsbassist und vier von fünf Partnerinnen am 1. August 2019 vor den Toren Ternopils: Maria, Sendman, Klüti, Chicken, Kiki, Anke, Gaby, Pete und Fadz.

Spätsommer und Herbst führten uns wieder quer durch und rund um Bielefeld, ins Kalletal, nach Waltrop, Lügde, Blomberg, Dortmund und zum 50. Geburtstag von *Potts Park* nach Minden-Dützen. Dort konnten wir vor und nach dem Konzert all die Dinge wiederholen, die wir dort schon als Kinder gemacht hatten und auch die neueren Attraktionen ausprobieren: durch die *Riesenwohnung* turnen, Fahrten mit *Springbooten*, *Moorbottich*, *Wellenflitzer* und *Fauler Sau* absolvieren und natürlich Pommes essen. Es folgten Konzerte in Rheda-Wiedenbrück, Stadtlohn, Vreden, Münster, Sababurg, München, Ingolstadt, Erlangen, Köln, Berlin, Hamburg, Osnabrück, Hannover, noch mal in Hamburg und am 28. Dezember auch noch mal in Osnabrück.

Damit sollte unsere Konzertpause rund um den Jahreswechsel kürzer ausfallen als je zuvor. Für das kommende Jahr standen schon sehr viele weitere Termine im Kalender, aber dass wir die meisten von denen gar nicht spielen würden, das hätten wir uns nicht träumen lassen. Dabei ging es ja keineswegs nur um Konzerte, denn das Leben fast aller Menschen — nicht nur in Deutschland — sollte sich innerhalb weniger Monate so grundlegend ändern, wie sich das wohl niemand hätte vorstellen können.

Same procedure as every (two) year(s): neue Platte — neues Pressemotiv, aus aktuellem Anlass natürlich mit krachiger Kinderkiste!

SB

GR

Das Jahr 2019 war in vielerlei Hinsicht bedeutend. Kurz nach meinem 50. Geburtstag spielten wir am 3. Februar im *Hessischen Staatstheater Wiesbaden* (Marc und Kritze beim Soundcheck).

CR

Genau einen Monat später waren wir wieder zum Kinderkarneval im *Zweischlingen* — dieses Mal allerdings unverkleidet und ziemlich vortagspartygeschädigt.

Beim Sommerfest der *Arminis* gehört natürlich Stier *Lohmann* mit auf die Bühne, um den extra zu seinen Ehren geschriebenen Song zu begleiten. Und natürlich war die *Alm* am 1. Mai 2019 auch die *Alm* und nix anderes!

TFS

Ehrentagsarbeit: Auch an seinem 50. Geburtstag ließ es Jochen sich nicht nehmen, sich beim *Rock am Meierteich* mit dem Lenker durchs Publikum zu fräsen (Bielefeld am 29. Juni 2019).

CR

Am 2. Juni 2019 wurde unser Konzert auf dem *Süsterplatz* neben *Radio Bielefeld* zum wiederholten Mal in Zusammenarbeit mit dem *Kinderzentrum Bethel* präsentiert. Nachdem die vor uns spielenden Künstler die Bühne geräumt hatten, konnten wir aufbauen und Marc anschließend wieder seine hellblaue *Telecaster* aus dem Hause *Moews* bearbeiten.

Unangefochtener Star war natürlich der *Punkpanda*, und wer ihn nicht in die Finger bekam, fand das ziemlich doof …

Große Begeisterung ob der den Erwachsenen vorbehaltenen Trommeleimerbearbeitung bei *Hasentotenkopfpiraten*.

Das *Summer Breeze* in Dinkelsbühl genießt längst einen bevorzugten Eintrag in unserem Tourkalender, so auch am 17. August 2019. Alles dort ist bis ins kleinste Detail durchorganisiert, von der zur Verfügung gestellten Basis-Backline bis zum vorzüglichen Essen. Kleines Rätsel: Wer findet unseren Namen auf dem Plakat?

MJ

GR

GR

An Marcs 46. Geburtstag traten wir beim *Mounds Festival* im österreichischen Serfaus auf. Zur Feier des Tages stürzte sich die halbe Band mit Todesverachtung auf der Sommerrodelbahn ins Tal (na gut, ich hätte doch nicht so viel bremsen sollen …), während Kritze und Jochen dem Bulli den Vorzug gaben.

Es geht einfach nichts über alte Seilschaften, und so ist auch *Shantallica* – »der etwas andere Shanty-Chor aus Ostwestfalen« – musikalisch stark von *Randale* unterwandert. Für Aufnahmen zur CD *Weit weit raus …* waren am 22. September 2019 Kritze, Chorleiter Markus Eberhard, Arthuro, Erhard und der samt Kamera anwesende Schlagzeuger in der choreigenen *Villa* fleißig.

Eine Doppelschicht gab es für die Rhythmusgruppe am 8. September 2019 beim Altstadtfest in Rheda: Nachdem Kritze und ich dort bereits morgens vor einer nur einstelligen Zahl von Zuschauern mit *Shantallica* ein grandioses (!) Konzert gegeben hatten, plünderte der Chor sämtliche in Sichtweite befindlichen Birnensaftstände. Wir beiden hingegen mussten angesichts der nachmittäglichen Show mit *Randale* größte Vernunft obwalten lassen – äußerst bedauerlich …

2020

Alles anders, für alle

Wie Jochen und die Fans die Band retten und wir zu Kita-Profis werden.

Das Jahr startete wie gewohnt mit vier Januar-Konzerten in Bad Oeynhausen, Werl, Hemmoor und Bremen. Im Februar waren wir in Sundern, Detmold, Langenberg, Stukenbrock, Bielefeld und Abtsgmünd zu Gast. Außerdem nahmen wir einige Lieder für verschiedene Zwecke im Proberaum auf – unter anderem, weil wir schon seit Jahren eine Erweiterung von *Randale unterm Weihnachtsbaum* auf dem Zettel hatten. Doch mittlerweile gab es in den Nachrichten fast nur noch ein beherrschendes Thema: die weltweite Ausbreitung des Corona-Virus. Das schien zunächst weit weg zu sein, in China. Doch dann nahm die Entwicklung rasant an Tempo zu und verbreitete über den ganzen Globus ein Maß an Angst und Unsicherheit, das sonst vermutlich nur Menschen in Kriegsregionen kannten.

Es wurde immer klarer, dass bald keine Konzerte mehr stattfinden würden, und so waren wir über jeden Auftritt froh, den wir überhaupt noch spielen konnten. Mit *Randale* waren es am 6. März zwei Shows im Stemweder *Life House*, für mich am 7. zusätzlich eines mit *Big Balls* auf dem 60. Geburtstag unseres Sängers Chicken in Rödinghausen und am 8. noch einmal eines mit *Randale* in der ausverkauften *Goldgrube* in Kassel. Dann war Schluss, und alle Termine wurden auf unbestimmte Zeit abgesagt.

Es begann eine für alle unheimlich schwierige Zeit mit Lockdowns, zeitweiligen Ausgangssperren, Homeschooling und grundlegenden Sorgen um die Gesundheit und die Zukunft. Dies ist nicht der Platz, um auf die ganzen Maßnahmen näher einzugehen. Nur so viel von meiner Seite: Vieles war gerade in den ersten Monaten nachvollziehbar oder entschuldbar. Aber es gab auch Entwicklungen in der Gesellschaft, die zumindest mir noch viel mehr Sorgen machten als das Virus selbst. Dazu gehörte vor allem eine für mich neue ›Ausgrenzungskultur‹, und im Hinblick auf ›richtig oder falsch‹ schien es immer mehr auf einen Kampf zwischen zwei nahezu verfeindeten Lagern hinauszulaufen. Dabei gab es meiner Meinung nach sehr viel Platz dazwischen, und ich hätte mir in vielen Bereichen mehr Gelassenheit gewünscht.

Auch innerhalb der Band waren wir längst nicht immer eine Meinung, ganz bestimmt nicht. Aber das kannten wir ja schon aus anderen Lebenslagen. Natürlich ging es auch uns allen nicht gut, und wir versuchten auf unterschiedliche Weise, damit umzugehen. Jochen zum Beispiel konnte einige Nächte kaum schlafen, weil die Ungewissheit ja nicht nur ihn, sondern auch die anderen Leute bei *Randale* und *NewTone* betraf. Aber er hatte schnell für sich klar: »Ich muss unbedingt etwas unternehmen und darf nicht den Kopf in den Sand stecken!« Und da er so kreativ ist, fielen ihm gleich eine ganze Reihe von Dingen ein. So postete er fast täglich kleine Infos, Bilder und Videos rund um die Band und startete die T-Shirt-Aktion *Rettet Punkpanda Peter*. Außerdem bot Jochen an, kleine und große Leute zum Geburtstag anzurufen. Dabei sang er ihnen unser *Geburtstagslied* vor und quatschte sie ein bisschen voll, dann hatten sie wieder etwas zum Nachdenken. Insgesamt rief er so

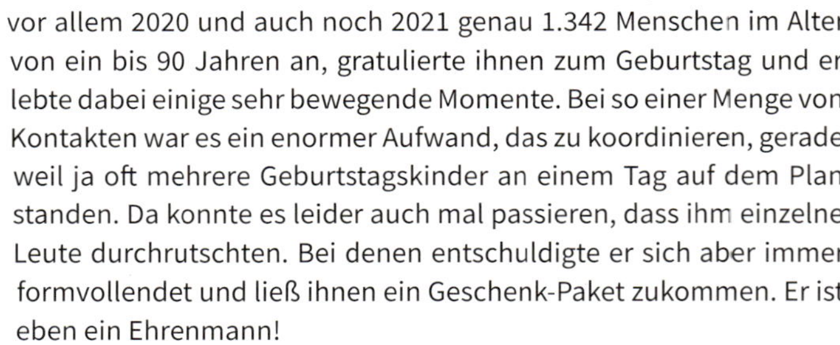

vor allem 2020 und auch noch 2021 genau 1.342 Menschen im Alter von ein bis 90 Jahren an, gratulierte ihnen zum Geburtstag und erlebte dabei einige sehr bewegende Momente. Bei so einer Menge von Kontakten war es ein enormer Aufwand, das zu koordinieren, gerade weil ja oft mehrere Geburtstagskinder an einem Tag auf dem Plan standen. Da konnte es leider auch mal passieren, dass ihm einzelne Leute durchrutschten. Bei denen entschuldigte er sich aber immer formvollendet und ließ ihnen ein Geschenk-Paket zukommen. Er ist eben ein Ehrenmann!

Das war wieder so eine tolle Jochenidee: ein T-Shirt, um den Pankpanda zu retten – denn der wollte ja auch gefüttert werden.

Neben vielen anderen spendete sich vor allem Rumo in unsere Herzen. Wir konnten manchmal gar nicht glauben, wie viele Leute uns helfen wollten!

All diese Aktionen zog Jochen (zusammen mit dem *NewTone*-Team) praktisch allein durch, während der Rest der Kapelle so gut wie nix dafür tat. Das war mindestens allergrößte Klasse von ihm, und gleichzeitig bescherte er auch uns anderen dreien weitere Einnahmen. Denn: Seine ganzen Aktionen lösten eine unglaubliche Welle der Solidarität aus. Niemand musste etwas für die ganzen Aktionen geben, aber extrem viele Leute wollten es gern. Weil sie sich so über die Abwechslung in diesen trüben Zeiten freuten und die Band am Leben erhalten wollten. So überrannten die Fans unseren Online-Shop in einem Maß, das wir nie zuvor erlebt hatten. Täglich gingen zahlreiche Bestellungen für T-Shirts, CDs und andere Artikel ein, und es gab zeitweilig Rekordumsätze. Besonders herzerwärmend war ein Brief vom guten Rumo, der uns zusammen mit einem selbstgemalten Bild einen 10-Euro-Schein aus seinen Ersparnissen schickte – damit wir weitermachen konnten. Den bekam er natürlich zurück und noch ein Paket obendrauf. Ihm und auch allen anderen kleinen und großen Fans sei daher noch einmal gesagt: Danke, Danke, Danke!

Da die meisten Menschen aus den Kultur-, Veranstaltungs- und Gastrobereichen kaum bis gar keine Einnahmen mehr hatten, weil sie nicht mehr arbeiten konnten bzw. durften, gab es bald Unterstützung von verschiedensten Seiten. Leider nicht für alle und in sehr unterschiedlichem Maß. Kritze und Marc hatten ja andere Hauptberufe, die aber natürlich auch auf ihre Art durch die neue Situation belastet waren. Aber vor allem für Jochen und mich war *Randale* eben der Hauptberuf, und wir waren noch einmal anders betroffen. Da die Arbeitswelt in der Gesellschaft sehr schnell in »systemrelevante« und »nicht relevante« Berufe eingeteilt wurde, sah es unter anderem für Künstlerinnen und Künstler sehr schwierig aus – sie schienen zunächst keine große Bedeutung für das (Über-)Leben zu haben. Aber auch sie hatten Familien und mussten sie ernähren. Als aktive Musiker hatten wir allerdings bald das große Glück, von verschiedenen Seiten Unterstützung zu bekommen, finanziell und damit auch moralisch. Dazu gehörten einerseits Angebote seitens der *Gema* und der *GVL*. Beides waren Einrichtungen, mit denen wir schon seit Jahrzehnten vertraut waren. Mir bislang völlig unbekannt war die *Deutsche Orchesterstiftung*. Dort scheinen sich die Damen und Herren vor allem um die »ernste Musik« zu kümmern, aber ausgerechnet dort konnten alle Musikerinnen und Musiker einen Antrag stellen, und schon gab es sehr schnell und unbürokratisch Hilfe. Was für eine tolle Initiative!

Auch dem Land Nordrhein-Westfalen waren die Nöte in der Szene bewusst, und so rief es Projekte wie das *Sofortprogramm zur Unterstützung freischaffender Künstlerinnen und Künstler aufgrund der Coronavirus-Krise* und die viel weiter gefasste *Soforthilfe für Kleinstunternehmer und Soloselbstständige* ins Leben. Dummerweise änderte das Land nachträglich mehrfach die Spielregeln – frei nach dem Motto »Die Leasingraten für eure Firmenfahrzeuge und die Mieten für eure Geschäftsräume, die sollt ihr natürlich tilgen. Aber ob ihr euch etwas zu essen kaufen könnt, das interessiert uns nicht …« So mussten schließlich sehr viele Menschen das Geld zu großen Teilen oder ganz zurückzahlen, obwohl sie nicht hatten arbeiten dürfen/können.

Weitere Unterstützung gab es durch die *November- und Dezemberhilfen*, außerdem legte das *Ministerium für Kultur und Wissenschaft des Landes Nordrhein-Westfalen* mehrfach Stipendien auf. Damit konnten Künstlerinnen und Künstler für verschiedenste Projekte Förderungen erhalten. Auch Jochen und ich profitierten davon, unter anderem für die Arbeit an diesem Buch.

Um das noch einmal klar zu sagen: Im Vergleich zu vielen anderen Menschen aus der Szene hatten wir in finanzieller Hinsicht sehr viel Glück. Aber es gab eben noch ganz andere Seiten. Zum Beispiel meinen eigenen Lebensentwurf und mein Selbstbild als Musiker. *Randale* wollte als gesamte Band nicht proben, dabei hätten wir zum Beispiel Songs ›auf Vorrat‹ schreiben können. Zumindest für mich stellte sich die Frage, ob das vielleicht eine derzeit verbotene Freizeitbeschäftigung wäre, gar nicht. Es war mein Beruf. Und den durften die meisten anderen ja auch ausüben, wenn auch mit entsprechenden Einschränkungen wie zum Beispiel der Pflicht zum Homeoffice. Gleichzeitig wurde mir noch einmal auf besondere Art klar, was für ein Luxusleben ich bislang geführt hatte. Denn Reichtum bemisst sich für mich nicht am Geld, sondern an dem großen Glück, das tun zu können, was ich liebe.

Das Jahr 2020 war auch für den Punkpanda ein schweres, denn er blieb fast die ganze Zeit im Lager eingesperrt und müffelte vor sich hin …

Das Nicht-öffentlich-Trommeln-Können und die Perspektivlosigkeit machten mich fertig, und ich überlegte schon, ob ich nicht zum Jahresende eines meiner Schlagzeuge verkaufen sollte. Zwieback und *Löwensenf EXTRA scharf* waren zwar noch genug im Schrank, aber was sollte ich mit so vielen Instrumenten, wenn ich sie nicht mehr wirklich nutzen konnte? Da passte es super, dass Marc von seinem Kumpel *Mighty Mike* angesprochen wurde, ob er nicht bei einer Benefiz-CD für die *Deutsche Schlaganfall-Hilfe* mitmachen wolle. Es sollte natürlich (!) um *Arminia* gehen. Marc war dankbar für die Abwechslung, und ich durfte zum Glück auch mitmachen. Unsere Hilfs*randaletten* Kris und Markus waren auch mit an Bord und die sind sowieso ganz schwer auf Fußball im Allgemeinen und auf *Arminia* im Besonderen, aber sowas von. Geprobt und aufgenommen wurden die vier Songs des Albums *Wir lieben es, wenn ein Plan funktioniert* im Studio von *TheMarco Rockwell* — noch so ein gaaaanz alter Marc-Kumpel. Zusammen waren wir das *A-Team*, und *Franquee* und *Müller* sangen auch noch ein wenig mit, und es tat unheimlich gut, sich mal wieder ein wenig als aktiver Musiker fühlen zu können.

Die Aufnahmen zur Benefiz-CD des *A-Teams* waren für Marc und mich sowie unsere Hilfsrandaletten Kris und Markus ein dankbar angenommener Lichtblick in trüben Zeiten. Hier seht ihr Kris und *TheMarco Rockwell* am 28. April 2020 bei einer kleinen Verschnaufpause im Kontrollraum.

Und endlich passierte auch mal wieder etwas bei *Randale*. Am 3. Mai nahmen wir im *Watt Matters* das erste von mehreren Online-Konzerten auf. Auch hierfür gab es viele Solidaritäts-Spenden, und verschiedene Leute sowie Firmen übernahmen Patenschaften in Form von Zahlungen für einzelne Konzerte. Zu diesem Zeitpunkt hatte sich die Band in kompletter Form zwei Monate nicht gesehen. Drei Wochen später gab es am 24. Mai in Rheinbach sogar ein erstes ›Auto-Kino-Konzert‹. Einerseits war es unheimlich schön, mal wieder zusammen rauszufahren, aber es fühlte sich doch sehr merkwürdig an. Zum Beispiel war es verboten, dass Menschen aus vier verschiedenen Haushalten in einem Auto saßen. Deshalb mussten Jochen und Marc im Bulli und Kritze und ich im Pkw Hunderte von Kilometern hintereinander herfahren — die Umwelt hat es uns gedankt … Auf der Bühne war eigentlich alles wie immer, sie war bestens ausgestattet, und auch die Verpflegung war gut. Vor der Bühne war es allerdings bizarr, genau genommen spielten wir nämlich nicht vor Menschen, sondern vor Autos mit Menschen drin. Von denen konnten wir nur einen Teil überhaupt sehen, und hören konnten wir sie fast gar nicht. Hupen war auch verboten, weil es in der Nähe Wohnhäuser gab und den Leuten da nicht plötzlich vor Schreck der Sonntagskuchen vom Porzellanteller rutschen sollte. Das war schon sehr merkwürdig. Aber wir durften immerhin wieder spielen, darüber waren wir froh.

Am 6. Juni konnten wir im Bielefelder *Fotostudio Tölle* zwei weitere Konzerte aufzeichnen. Beide fanden unplugged statt, und als Gäste hatten wir Janne und Markus zusätzlich mit auf der Bühne. Das war etwas Besonderes, und da eines von beiden sogar ein Western-Konzert mit Verkleidung war, hatten wir besonderen Spaß. Es war ein wenig wie Karneval im Sommer. Gut zwei Wochen darauf ging es für ein zweites Auto-Konzert nach Stade. Da war es so unglaublich heiß, dass man auf den Motorhauben der Autos Pizza backen konnte. Wirklich Spaß machte das nicht, da sich die Leute weiterhin ›verstecken‹ mussten und es somit wenig direkten Kontakt zwischen Band und Publikum gab. Außerdem standen wir auf der Hinfahrt im Stau und merkten plötzlich, dass wir eines in den letzten Monaten nicht vermisst hatten: die vielen Stunden auf der Autobahn. Generell würden wir ja auch gern mal mit dem Zug fahren, aber da würden wir nicht einmal die Hälfte unserer ganzen Klamotten mitbekommen.

Eine schöne Abwechslung in diesem für alle sehr schwierigen Jahr bot sich am 6. Juni anlässlich zwei von Stephan Röcken und seinem Team sowie Erhard im Fotostudio *Tölle* dokumentierten Online-Konzerten.

Einen Tag später begann für uns ein neuer Abschnitt in unserem Konzertleben: die erste einer ganzen Reihe von Kita-Touren. Unterstützt wurde sie von *OWL zeigt Herz*, und für Jochen war es ein enormer Organisationsaufwand. Meistens hatten wir vier Konzerte pro Vormittag zu spielen, und dafür mussten die einzelnen Kitas möglichst nah beieinander liegen. Und wir mussten unbedingt pünktlich sein, da jedes Haus seine eingeübten Zeitabläufe hatte. Denn durch die festen Essenszeiten und den Mittagsschlaf der ganz kleinen Kinder konnten wir nicht einfach mal eine Stunde später auftauchen.

Um schnell und pünktlich sein zu können, musste die ganze Tour mit möglichst geringem Aufwand durchgeführt werden. Deswegen traten wir komplett unplugged auf und hatten für die Akustikgitarre und den Akustikbass zwei winzige Batterie-Verstärker dabei. Ich spielte nur eine Snare, ganz leise mit Besen und außerdem im Stehen, und Jochen musste sogar ganz ohne Mikrofon auskommen. Dafür durfte er seine Trompete mitnehmen (sehr zum Leidwesen der anderen drei Beteiligten …). Meistens klappte das auf diese Weise gut, doch manchmal war vor allem die Stimme doch zu leise.

Wusstest du, …

dass sich der *Randale*-Trommler schon seit Jahrzehnten *Löwensenf EXTRA scharf* als Butterersatz aufs Brot schmiert?

Neben Jochen und mir hatten Kris und Markus das größte ›Kita-Abo‹, denn Kritze und Marc konnten meistens in ihren Hauptberufen arbeiten. Zusammen spielten wir eine sehr hohe Zahl von Kurz-Konzerten in Kitas und auch Schulen – von Juni bis Oktober satte 94 Stück. Die meisten davon fanden in Ostwestfalen-Lippe statt, aber auch eine ganze Reihe im Ruhrgebiet und im Sauerland. Viermal pro Tag kurz hintereinander immer wieder dieselben sechs oder sieben Lieder zu spielen und dieselben Ansagen zu hören – das war ganz schön anstrengend, und mit Rock'n'Roll hatte das ja nun mal gar nichts zu tun. Aber im Vergleich zu den meisten anderen Musikerinnen und Musikern waren wir absolut privilegiert: Wir durften arbeiten, Geld verdienen und dabei auch noch eine Menge Spaß haben! Ganz wichtig war, dass jeder sich morgens seine Butterbrote schmierte, so dass wir gut über den Vormittag kamen. Allerdings galt im Bulli die Regel: Gegessen wir erst nach dem zweiten Konzert, vorher wird gearbeitet!

Natürlich fanden die Konzerte aus Sicherheitsgründen fast ausschließlich draußen statt. Obwohl der Ablauf eigentlich jeden Tag gleich war, wurde diese kompakte Reise sehr abwechslungsreich und bot viele unterschiedliche Erfahrungen und Eindrücke. Manchmal durften wir nicht einmal das Gelände betreten und mussten hinter dem Jägerzaun auf dem Bürgersteig stehen. Hinter uns kurvten Autos und Müllwagen durchs Wohngebiet, und die Kinder standen auf ihrer Seite zehn Meter vom Zaun entfernt. Akustischer Hochgenuss fühlt sich anders an, und als einmal auch noch ein Feuerwehrauto zu einer Rangierübung vorbeikam, hatten wir einfach gar keine Chance mehr, denn: Feuerwehrautos sind bei Kindern fast noch beliebter als Hüpfburgen! Wenn jetzt noch ein Wanderzirkus oder eine Horde Astronauten vorbeigekommen wäre, dann hätten wir uns vor Selbstmitleid in Luft aufgelöst …

In den absolut meisten Kitas waren die Kinder und das Personal sehr dankbar, dass da eine Band auflief und für Abwechslung in dieser so schwierigen Zeit sorgte. Zum Teil wurden wir mit Sprechchören und Plakaten begrüßt, und die meisten hatten große Lust, sich auf Jochens Mitmach-Aktionen einzulassen. Es gab aber auch Einrichtungen, da hatten wir den Eindruck, nur als Störung im routinierten Tagesablauf wahrgenommen zu werden. Etwas ganz Komisches erlebten wir dabei bei einer Kita in Lüdenscheid. Es regnete den ganzen Tag, aber für solche Fälle waren wir vorbereitet und hatten einen kleinen Pavillon dabei, der sich ganz schnell auf- und abbauen ließ. In der ersten Kita des Tages wurden wir mit großer Freude begrüßt – und das, obwohl wir durch eine Sperrung auf der Autobahn viel zu spät dran waren und vor Ort alle im Ostfriesennerz draußen auf uns warten mussten. Trotzdem wurde es ein super Konzert. Direkt danach wurden wir aber vorgewarnt, dass die nächste Kita »Probleme mit dem Wasser« hätte, das Haus läge am Hang. »Aha«, dachte ich mir, »bei denen läuft wahrscheinlich das Wasser in den Keller.« So etwas konnte natürlich passieren und wäre sehr ärgerlich gewesen, weil man dann ganz viel hätte aufräumen und saubermachen müssen. Als wir dort ankamen, war aber von einer Überschwemmung gar nichts zu sehen. Eine der Erzieherinnen wies uns schlecht gelaunt einen Platz unten im Garten zu. Dort sollten wir unseren Pavillon aufbauen, und innerhalb von fünf Minuten waren wir spielbereit. Die Kinder aber mussten drinnen bleiben und uns von dort zusehen. Denn hören konnten sie uns fast nicht, weil wir so leise waren und der Regen so laut. Außerdem blieben die meisten Fenster geschlossen und nur einige wurden auf Kipp gestellt. Schwierig war es auch mit dem Sichtkontakt, denn da sich die meisten Kinder im

Am 25. August 2020 lernten wir, was »Probleme mit dem Wasser« auf Lüdenscheiderisch bedeutet: Nämlich dass es Erzieherinnen gibt, die keine Lust haben, Kindern Gummistiefel anzuziehen und sie deswegen nicht an die frische Luft lassen …

ersten Stock befanden und wir eine Etage unter ihnen im Pavillon, waren wir für sie fast gar nicht zu sehen. So verbrachte Jochen das Konzert eben vorm Pavillon im Regen, damit sie wenigstens ihn sehen konnten. Das war fast wie im Aquarium: Die Fische (wir) waren nur zum Teil zu sehen, hören konnte man uns praktisch nicht, und andersherum war es eigentlich genauso. Jedenfalls war das so komisch und bekloppt und bescheuert, dass wir uns nur noch schlapplachten und fast gar nicht mehr spielen und singen konnten, fast so wie damals in Nattheim. Aber was war denn jetzt genau das »Problem mit dem Wasser«? Wie es aussah, hatte die Leitung der Kita einfach beschlossen, dass es zu anstrengend sei, wenn die Erzieherinnen den Kindern ihre Regensachen und Gummistiefel anziehen würden und deswegen blieben alle drinnen. Mehr nicht. Die armen Kinder!

Darüber hinaus fanden auch einige mehr oder weniger normale Konzerte statt, eben im Rahmen der Möglichkeiten. Dazu gehörten zwei *Sommermomente* im Detmolder *Schlosspark*, eine Veranstaltung im Dülmener Freibad *düb*, ein Konzert beim *Kultursommer* in Paderborn und eines am 8. August im *Monkeys Music Club* in Hamburg-Altona. An dem Tag war es wahnsinnig warm. Die Bühne war draußen im Innenhof aufgebaut, und das erschöpfte Publikum konnte sich zum Teil auf Liegestühlen räkeln. Auch im Hochhaus gegenüber saßen Leute auf ihrem Balkon und genossen das Konzert mit reichlich Kaltgetränken ihrer Wahl. Das war schon lustig. Nachmittags gab es noch ein Online-Konzert im Rahmen des *Wutzrock*-Festivals in Hamburg-Bergedorf und eine Woche später noch ein ›richtiges‹ auf der Freilichtbühne *Sojus 7* in Monheim.

Für den 30. August war mit dem *Stemweder Waldgeflüster* ein kleines Open-Air-Festival unter eigentlich idealen Bedingungen angekündigt: auf einem riesigen Schützenplatz mitten im Wald an frischer Luft, mit auf Abstand stehenden Stühlen und zwei ›Schiedsrichtern‹, die kontrollieren sollten, ob alles nach den geltenden Regeln ablief. Na ja … Mehr ›Corona-Sicherheit‹ ging jedenfalls gar nicht. Aber es kamen trotzdem nur wenige Leute. Dabei hatten wir wieder einmal Glück, denn manche der dort angesetzten Konzerte mussten mangels Interesses schon im Voraus wieder abgesagt werden. Aber in die *Sputnikhalle* in Münster und ins *Ziegeleimuseum* in Lage kamen am 6. und 13. September jeweils wieder eine ganze Reihe von Leuten.

PZ

Generell waren wir all jenen Veranstalterinnen und Veranstaltern sehr dankbar, die mutig im erlaubten Rahmen Konzerte organisierten. Zu ihnen gehörte auch Dirk »Else« Niggemann aus Werl, bei dem wir schon öfter zu Gast gewesen waren. Else arbeitet selbst in der Veranstaltungsbranche und wollte ein Zeichen setzen. Das gelang ihm auch bestens: Er rüstete den *Schützenplatz* in Sühlbeck mit Bühne und PA aus, und so hatten wir auch hier wieder ›echte Menschen‹ vor der Bühne.

Aber das Thema Corona war alles andere als vorbei, denn es gab noch immer viele schwer betroffene oder sogar sterbende Menschen. Zudem kam mit dem Herbst die normale Erkältungssaison hinzu, und die Sorgen und Ängste der Menschen wurden nach dem sorgloseren Sommer wieder größer. Es ging nach Leipzig und Gütersloh, am Vormittag des 7. Oktober spielten wir noch drei Kita-Konzerte in Steinhagen, und dann war erneut Schluss. Alle anderen Veranstaltungen wurden pandemiebedingt abgesagt. Trotzdem gab es weiterhin Lebenszeichen, vor allem weil Jochen in den sozialen Medien sehr aktiv war, sich immer wieder kleine Geschichten ausdachte, um die Leute im engen Rahmen der Möglichkeiten bei Laune zu halten und die Botschaft »*Randale* lebt!« auf Heavy Rotation zu funken. Außerdem erschien zum 1. November die Weihnachts-CD *Randale unterm Weihnachtsbaum zweipunktnull* mit vier zusätzlichen Songs. Von denen waren zwei gänzlich neu und zwei andere mit Weihnachtstexten versehen worden. Am selben Tag fanden im *Watt Matters* noch einmal Aufnahmen für ein Weihnachts-Online-Konzert statt, und da waren mit Erhard, Henning, Kris und Jasmin auf der Technikseite wieder vier Leute mit an Bord, die uns schon sehr lange begleiteten.

Das war es dann erst einmal wieder mit dem aktiven Musikmachen, denn da keine Weihnachtsmärkte erlaubt waren, konnten nicht einmal Konzerte unter freiem Himmel gespielt werden. Zudem durften sich ab dem 2. November ohnehin nur noch maximal zehn Leute aus zwei Haushalten treffen. Als Band hatten wir damit die längste Pause unserer Karriere vor uns und sahen uns untereinander auch nur selten. Jeder musste eben versuchen, auf seine Weise mit diesen sehr eingeschränkten Möglichkeiten umzugehen, und das ging mal besser und mal schlechter.

Das nenne ich mal hochlegitime künstlerische Freiheit: Als Dank für eines unserer vielen Kita-Konzerte bekamen wir 2020 diese wunderbare und auf dem Cover der *Reggaebär*-CD basierende Zeichnung eines Crossover-Projekts geschenkt, bei dem sich Reggae, Punk und Hardrock aufs Trefflichste verstehen — genau wie bei uns.

Was war das bloß für eine Zeit … Bereits im Frühjahr 2020 hatte ich überlegt, ob ich nicht den Beruf wechseln müsste und schon mal einen Teil meiner Instrumente verkaufen sollte. Wie froh bin ich, es nicht getan zu haben. Deswegen muss das hier einfach noch sein: Ein Vogelperspektivenblick auf das weltbeste Schlagzeug in der *Fabrik* in Hamburg-Altona am 21. Januar 2024. Was?! Das war doch genau drei Wochen nach dem angeblichen Redaktionsschluss für dieses Buch! Heute ist einfach auf keinen mehr Verlass …

Das Jahr 2020 bescherte uns zwangsläufig eine ganze Reihe neuer Konzerterfahrungen. Nicht alles fanden wir damals toll, aber im Vergleich zu vielen anderen Künstlern waren wir geradezu privilegiert: Wir durften (ein wenig) arbeiten. Am 3. Mai spielten wir nach zwei Monaten Pause zum ersten Mal wieder zusammen. Anlass war die Aufzeichnung etlicher Songs im *Watt Matters Studio*. Dass wir dabei ordentlich mogelten, nahm Marc ganz gelassen hin. In Wahrheit fand nämlich alles an einem Tag statt, wir verkauften es dem Publikum aber als vier Konzerte und wechselten dafür jeweils die Klamotten. Ganz schön clever, oder?

Geradezu bizarr war ein von der Firma *Wotec* am 24. Mai veranstaltetes Autokino-Konzert in Rheinbach.

Besonders wichtig waren zahlreiche von *OWL zeigt Herz* geförderte Kita-Konzerte, die Jochen und ich überwiegend mit Markus und Kris absolvierten.

SR

Während wir das erste der beiden Online-Konzerte am 6. Juni in normaler Montur absolvierten, war das zweite eine Art ›Karneval im Sommer‹: Westernverkleidung nicht nur für die Kapelle, sondern auch für Cowgirl Janne an der Geige und Farmerboy Markus an der zweiten Gitarre.

GR

GR

Kita-Tour bedeutete in der Regel viel Abstand zum Publikum, so dass wir bisweilen hinterm Zaun auf dem Bürgersteig neben vorbeifahrenden Autos platziert wurden – so auch am Morgen des 23. Juni bei den Queller *Falkenküken.*

Am 1. November konnten wir noch schnell eine Online-Aufzeichnung mit Weihnachtsliedern veranstalten und gingen dafür erneut ins *Watt Matters Studio.* Es war unser 964. Konzert. Da ab dem nächsten Tag aber neue Regeln galten, hatten wir nun für endlos lange fünfeinhalb Monate Funkstille …

CK

PZ

Augen auf – Pressefotos und Videos

Wie sich weibliche Seiten ausleben lassen, und wer im Kloster Benediktbeuern Zivildienst gemacht hat.

Da wir nach der ersten CD beschlossen hatten, dass wir mehr als nur einige wenige Konzerte spielen wollten, war klar: »Wir brauchen so schnell wie möglich richtige Pressefotos!« Und die sollte jemand machen, der sich als Profi richtig gut damit auskennt, nämlich Pit Wehowsky. Pit hatte sein Studio damals genau dort, wo seit 2007 auch *NewTone* als *Randale*-Zentrale ihren Geschäftssitz hat: in der Viktoriastraße 19 in Bielefeld. Einige Jahre später machte Steffi Behrmann die ersten Fotos von uns, und wir konsultieren sie bis heute.

Aufnahmen lassen sich natürlich nicht nur im Studio, sondern auch an allen möglichen Orten machen, zum Beispiel draußen. Bei einer solchen Gelegenheit werden in der Regel sehr viele Fotos gemacht, manchmal sogar mehrere Hundert. Dabei probieren wir zur Abwechslung unterschiedliche Positionen und Hintergründe aus. Außerdem lassen sich viele Fotos gar nicht verwenden, weil der eine hier die Augen zu hat, der andere dort blöd dreinschaut oder irgendetwas anderes nicht passt.

Ein generelles Problem mit den Pressefotos ist: Wenn die Leute sie öfter gesehen haben, dann denken sie: »Laaaangweilig – die Kapelle lässt sich ja gar nichts Neues mehr einfallen, gähn …« Deswegen haben wir uns angewöhnt, zu jedem neuen Album auch neue Fotos machen zu lassen, damit alle sehen können: »Aha, da passiert wieder was, das kennen wir ja noch gar nicht!« Überhaupt wollen die meisten Menschen möglichst oft etwas Neues sehen, damit sie sich nicht langweilen. Das nennt sich Reizstimulation. Weil es immer ganz reizend ist, wenn das gelangweilte Gehirn wieder auf Trab gebracht wird. Und das geht auf andere Weise noch besser, denn Fotos sind ja stehende Bilder, die bewegen sich gar nicht. Das reicht oft nicht aus, um das Interesse der Leute richtig zu wecken, und da dachten wir uns: »Videos – natürlich, wir müssen Videos machen, damit werden wir noch viel interessanter und bringen die Leute noch mehr in Schwung!«

PZ

Die Anfangsversuche waren noch sehr harmlos. So entstand zum Biberlied ein animiertes Motiv vom Biber, bei dem sich nur sein linker Arm mit der Zahnbürste immer hin und her bewegte. Das war alles, aber die ganz kleinen Kinder liebten es trotzdem. Ein erstes Video mit Live-Bildern zu unserer Studioversion vom *Lied von Olderdissen* entstand bei unserem insgesamt elften Auftritt am 21. August 2005 auf dem *Wackelpeter* in Bielefeld. Gedreht hat es Thilo Gosejohann – als Regisseur und Kameramann ist auch er mal wieder ein Profi und zudem ein alter Kumpel von Jochen und Marc. Und er kommt eigentlich aus Niehorst, das gehört zu Gütersloh, aber er lebt schon seit langer Zeit in Köln. Weil es da mehr Wasser und noch mehr bekloppte, äh … interessante! Leute gibt als in Gütersloh. Oder als in Bielefeld. Oder sonst wo.

Im November 2008 drehten wir zum dritten Album endlich mal ein ›richtiges‹ Video und suchten uns da gleich das Titelstück *Der Hardrockhase Harald* aus. Da das ein reines Stück Qualitätsarbeit war, sollte das Video es auch werden, und deswegen waren wieder Thilo und sein Team dabei. Lina als Gründungsgrund der Kapelle spielte eine fliegende Zauberfee, und außerdem wurde Ingo Oschmann als Gaststar eingeflogen. Der ist sogar in Wirklichkeit Zauber- und Unterhaltungskünstler, aber bei uns probierte er sich in einem neuen Beruf aus und war als Möhrchen-Dealer des Hardrockhasen zu sehen.

Einen Teil der Aufnahmen drehten wir im Fernsehstudio von *Kanal 21* in Bielefeld und die übrigen im Wald neben dem *Tierpark Olderdissen*. Wir beömmelten uns wirklich – so sagt man das in Ostwestfalen –, weil wir mit Perücken und schwarzen Lederklamotten endlich mal die richtig harten Typen sein konnten, die wir im echten Leben gar nicht waren. Und der Hardrockhase saß auf einer echten *Harley-Davidson*, und am Ende gab es Feuer und Explosionen, das war ganz wunderbar, mehr konnten sich echte Rocker gar nicht wünschen.

AK

Wusstest du, …

dass der Hardrockhase im Video auf einer echten *Harley-Davidson* saß?

Da das Video uns und auch den Fans so gut gefiel, machten wir später immer mehr davon. So fuhren wir im August 2010 für Aufnahmen zum *Geburtstagslied* in eine zum Teil leerstehende Gärtnerei im Bielefelder Westen. In diesem Fall war Simon Gosejohann als Gaststar dabei und er ist – kaum zu glauben! – der kleine Bruder von Thilo, und der ist für Jochen und Marc genauso kumpelig wie der große Gosejohann. Außerdem ist er berühmt dafür, dass er vor allem im Fernsehen eine Menge Unfug macht. Das durfte er dann auch im Video tun, das in Zusammenarbeit mit Tobias Nehls und seinem Team von *Filmzeit Medien* entstand. Schon am 22. Mai des Jahres hatten Tobias und Kumpanen uns bei Jochen zu Hause auf der Straße gefilmt. Aus dem Material, das ursprünglich nur als kurzes Ankündigungsvideo für die *WDR Lokalzeit OWL* gedacht war, wurde schließlich doch ein voller Film. Es ging nämlich um unseren Song *Tatütata*, und da kam doch glatt die Freiwillige Feuerwehr Bielefeld, Löschabteilung Jöllenbeck vorbei — in echt! Die hatte Jochen nämlich angerufen — nein, nicht über 112, sondern eher so ganz privat —, und da sagten die: »Na klar, wenn wir gerade mal kein Feuer zu löschen oder eine getigerte Katze von einem Baum zu holen haben, dann können wir auf jeden Fall für eine Stunde vorbeikommen.« Und das machten die dann tatsächlich mit einem riesigen Feuerwehrauto und einigen Leuten. Da staunten Jochens Nachbarn jedenfalls nicht schlecht. Das Verrückte an dem Film ist: Es ist das mit Abstand meistgeschaute von unseren Videos — und das, obwohl praktisch nichts passiert, außer dass wir im und auf dem Feuerwehrauto sitzen und so tun, als würden wir singen. Dass es so erfolgreich ist, das liegt wohl kaum an uns, sondern eher daran, dass es so viele Menschen gibt, die sich für die Feuerwehr interessieren. Übrigens entstanden am selben Tag auch neue Pressefotos und Portraits, die Stephan Röcken von uns aufnahm.

Sehr viel Spaß bereiteten uns die Dreharbeiten zum *Läuse-Song* am 14. Juni 2013. Sie fanden im Gemeinschafts-Studio-Büro von Steffi Behrmann, Björn Gaus und Kris Köhler in der Buddestraße statt, und es war großartig, weil sich alle zusammen jede Menge Quatsch ausgedacht hatten und wir das ausprobieren konnten. So hatten wir einen Staubsauger, Shampoo, Sahne, Rasierschaum, grünen Schleim und ziemlich viele Gäste dabei. Dazu gehörten Jochens Söhne Benno und Thilo mit ihrem Freund Jan, Steffis Töchter Lale und Caja, Björns Sohn Luca und Raphaela Eickhoff als Fastechteapothekerin. Ganz am Anfang war sogar Peter Z als Hochgeschwindigkeitsläusezeichner zu sehen.

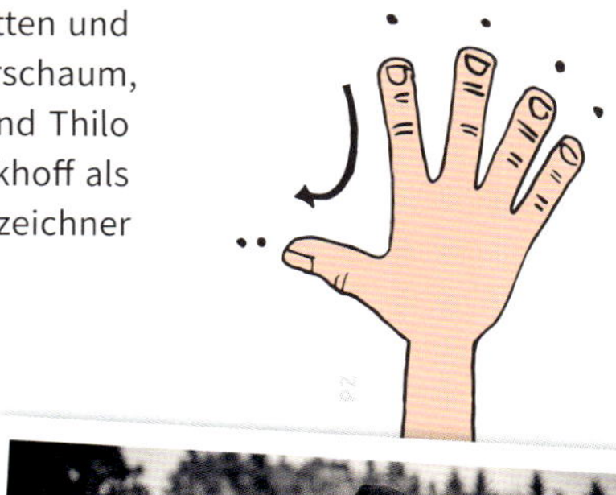

Genau wie diesen Film drehten wir auch den am 7. Juli 2015 veröffentlichten *Kinderzimmerpunk* zusammen mit Steffi und Björn, nun allerdings im *Kamp*. Außer uns gab es wieder eine ganze Reihe von Gast-Kindern, Wallo Wobring durfte sich als Käpt'n Iglo verkleiden, und es war wieder die berühmte Zauberenergie im Spiel, als Jochen und Marc ganz kurz einen Tisch schweben ließen.

Im März und April 2017 entstand unter Regie von Kris eine ganz andere Form von Video zu *Rutsch Ping Ping*. In dem waren nicht nur wir vier, sondern insgesamt 40 Gäste (falls ich mich nicht verzählt haben sollte) zu sehen, das waren so viele wie nie zuvor. Allen gemein war, dass sie an verschiedensten Orten der Welt (!) in kurzen Sequenzen dabei gezeigt wurden, wie sie das Fingerspiel machten — oder es zumindest versuchten ... Da waren manche auch aus dem Fernsehen sehr bekannte Gesichter dabei, also auch hier: Anschauen! Wo? Das findet ihr schon selbst heraus, denn ihr wisst doch: Das Netz vergisst nichts.

Rutsch Ping Ping wollte Jochen unbedingt auf der _Krankenhaus_-CD haben, weil sein Papa ihm das Fingerspiel beibrachte, als er ein kleiner Junge war. Drei Viertel der Band waren von dem Ohrwurm meistens schwer genervt, während Sänger und Publikum ihn bis heute lieben.

Für *Superdoppeldoof* ging es am 17. Juli 2017 in einen vorübergehend nicht benötigten Raum des *Kinderzentrums* in Bethel. Für den Dreh zeichneten nun Jasmin Teutrine, Julia Weiher und Kris Köhler verantwortlich. Außer uns vieren war nur noch Thilo Vahle als zentrale Figur zu sehen, und zum ersten Mal gab es eine richtige Maskenbildnerin. Lena Westermann richtete uns alle ganz wunderbar her, und dank ihrer Arbeit konnten Marc und ich endlich mal unsere weiblichen Seiten öffentlich ausleben. Auch das Video zu *Einhorn* entstand Ende Februar 2018 unter Regie von Jasmin, Julia und Kris. Gedreht wurde nun in einem Fotostudio des *Fachbereichs Gestaltung* der *Fachhochschule Bielefeld* in der Lampingstraße und dieses Mal waren meine Töchter Aki und Signe mit dabei.

Im Sommer 2019 entstanden kurz hintereinander zwei Videos für den *KiKA*, der extra hierzu zwei verschiedene Produktionsteams nach Bielefeld schickte. So wurde am 20. Juni mit *MES Kunamo* aus Wiesbaden auf dem Gelände der *Honigmanufaktur Christian Jockheck* in Bielefeld-Schröttinghausen ein Film rund um das Thema Bienen und Honig zu unserem Song *Die kleine Biene Sum Sum Sum* gedreht. Für den war auf der Aufnahme aus einem eigentlichen Luchs eine Biene geworden — da war schon wieder Zauberenergie im Spiel!

Nur zwei Wochen später kamen am 4. Juli einige Leute der Produktionsfirma *ACAM* aus Frankfurt am Main vorbei, um einen weiteren Film für das Format *SingAlarm* zu produzieren. Unter dem Motto »Singen bis der Arzt kommt« entstand so ein Video zu *Doktor Superschlau* im Haus Sarepta des *Evangelischen Klinikums Bethel*. Und wenn man einmal in einer Schublade steckt: Auch hier wurde ausgerechnet mir die Rolle der (zwar ungeschminkten, aber sonst ganz gut ausgestatteten) Frau Doktor Superschlau zugedacht. Ein weiterer Dreh mit *Kunamo* ergab sich am 31. März 2021, als wir per Zug (endlich mal!) nach Wiesbaden in das dortige Studio fuhren, um ebenfalls für den *SingAlarm* an einem Video zu *Guten Tag Herr Kapitän* mitzuwirken. Zu diesem Zeitpunkt war der Song schon fast 16 Jahre alt! Gleichzeitig war es ein gefühlter Luxus, dass wir endlich mal wieder etwas

Arbeitsalltag erleben konnten — in einer Zeit, in der sonst nur wenig erlaubt war und wir keine Konzerte spielen durften. Fast genau zwei Jahre später ging es am 29. März 2023 für *Bällebad* erneut im Auftrag des *KiKA* zu *Kunamo* nach Mainz, und auch dieser Song war mit mittlerweile vier Jahren schon ganz gut abgehangen.

Wusstest du, …

dass es das Empfangsgebäude des Bahnhofs Benediktbeuern sogar für die Modelleisenbahn im Maßstab 1:87 gibt?

In den Videos zu unseren Songs müssen wir nicht unbedingt selbst dabei sein. So hat zum Beispiel mein alter Schulfreund Gio Löwe — auch er ist gebürtiger Löhner, wer hätte das gedacht?! — in den Jahren 2019, 2021 und 2022 drei großartige Videos zu *Willi Wal*, *Jeder kann helfen* und *Bagger* produziert. Der Arbeits- und Zeitaufwand für jedes einzelne von ihnen war enorm, denn es kostet viele Tage, so etwas zu erstellen. Wir waren schwer von den Ergebnissen begeistert. Außerdem hat er sie uns nach Jochens Aussage »für ein Taschengeld gebaut«. Weil Gio so ein guter Freund ist. Und zu gut für diese Welt. Von der hat er übrigens schon sehr viel gesehen und 1988/89 wanderte er sogar zu Fuß durch die Sahara. In echt und ohne doppelten Boden! Und seinen Zivildienst machte er im Kloster Benediktbeuern und lernte da seine spätere Frau Susi kennen. Im Kloster — das muss man sich mal vorstellen! Ist das überhaupt erlaubt? Aber genau genommen arbeitete er ja in der zum Kloster gehörenden Jugendherberge, und ich glaube, da ist kennenlernen schon gestattet. Na ja. Davon abgesehen ist er ein richtiger Künstler, werkelt in den verschiedensten Bereichen und hat schon mit sehr vielen berühmten und auch unberühmten Leuten zusammengearbeitet. Gio ist einfach ein sehr spannender Verrücktervogeltyp mit unglaublich großem Herzen. Außerdem trifft er sich zwischendurch immer wieder heimlich mit unserem alten Freund Christoph. Das ist der, der in meiner ersten Band *Prisma* der Gitarrist und Sänger war. Er spielt noch immer Gitarre, ist auch mit einer Susanne verheiratet (aber einer anderen) und nicht ganz so verrückt wie Gio. Er ist Arzt — obwohl es bei denen ja auch einige ganz spezielle Exemplare geben soll …

Gio und Christoph leben jedenfalls schon seit Jahrzehnten in Berlin, und genau dort wohnen auch alle Leute rund um *Familie Hofmann Film*. Die Zusammenarbeit mit ihnen begann im Jahr 2020 und stellte eine weitere Bereicherung unseres Bandlebens dar. ›Mastermind‹ Thomas Theo Hofmann ist in seinem Beruf beim Fernsehen ohnehin bestens mit der Produktion von Filmen vertraut und macht das zum Spaß auch noch in seiner Freizeit. Dabei übernimmt er Drehbuch, Kamera, Schnitt und Regie — ein wirklicher Tausendsassa! Außerdem ist er in den Filmen genauso als Darsteller vertreten wie seine eigene Familie, zwei befreundete Familien sowie weitere Freunde und Nachbarn. Sein Video zu unserem Song *Abendbrot* begeisterte uns jedenfalls in seiner kompletten Umsetzung schwer. So entstand bald darauf ein Film zu *Kino* zwecks Unterstützung all der Lichtspielhäuser in ganz Deutschland, die während des Lockdowns genauso wenig öffnen durften wie Musikclubs oder Theater. Dabei handelte es sich um eine Kooperation zwischen Berlin und Bielefeld. Ein wesentlicher Teil entstand wieder im Studio von Thomas, da aber auch wir als Band mit dabei sein sollten, drehte Kris die Szenen mit uns jeweils einzeln in seinem Studio. Anschließend schickte er sie zu Thomas, damit der sie dann in seinen Film einbauen konnte.

In seinem Köhlerschen Studiokeller machte Kris im Frühjahr 2020 auch sämtliche Aufnahmen für *Polizei*. Da war wieder ein berühmter Ingo als Gast dabei, dieses Mal aber nicht der Oschmann, sondern der Naujoks, und für den als Berufsschauspieler war es überhaupt kein Problem, einen gestreiften Verbrecher darzustellen. Auch den kurzen Film zu *Der Kuckuck und der Esel* stellte Kris 2021 allein fertig, aufgenommen hatten wir ihn allerdings in unserem Proberaum.

Am 24. September 2021 hatten wir wieder sehr großen Spaß beim Dreh zu *Die Nachfalterin*. Dabei handelte es sich wieder um ein Werk von *Familie Hofmann Film*, in dem die mittlerweile bekannten Hauptstadtgesichter und auch wir dabei sein sollten. Unseren ›Nosferatu meets *The Cure* and Marianne Rosenberg‹-Beitrag drehte Kris im *Zweischlingen*, wo er am 25. März 2019 schon zusammen mit Jasmin und Julia auch die Bilder zu *Kinderkrachkiste* aufgenommen hatte. Bei der *Nachtfalterin* gab es vor allem deswegen viel zu lachen, weil Lena uns noch viel aufwendiger und großartiger als bei *Superdoppeldoof* geschminkt und ausstaffiert hatte und wir ganz wunderbar mit einigen Klischees spielen konnten.

Gänzlich ungeschminkt begaben wir uns am 4. April 2022 für *Bum Bum Banana* unter Aufsicht von Dany Kötter zunächst wieder in die Fachhochschule in der Lampingstraße. Dort wurde ein Vortragssaal genutzt, und anschließend zogen wir für die Szenen mit unseren Instrumenten ins Veranstaltungszentrum *Forum* Bielefeld um. Auch dieses Mal war Thilo V. aus J. in B. dabei, aber man konnte ihn gar nicht erkennen und das wollte er auch nicht. Warum nicht? Weil er einfach total gelb angelaufen war!

Unser Kooperationspartner *Westfalia Spielgeräte* aus Hövelhof produzierte 2022 ebenfalls zwei Videos zu *Müll* und *Sandkastenrocker*. Für das letztgenannte Werk standen am 25. Juni Außenaufnahmen auf dem Hof der Mühlenschule in Hövelhof auf dem Plan, und es zeigte sich wieder einmal, was praktisch für alle Arten von Aufnahmen gilt: Es bedarf einfach einer guten Vorbereitung durch das Produktionsteam – sie garantiert, dass am Ende etwas Vernünftiges dabei herauskommen kann, und außerdem schont sie die Nerven aller Beteiligten. Dazu gehört, dass ein möglichst genauer Ablaufplan erstellt wird, wann und mit wem genau mit welchen bestimmten Requisiten und Kostümen (die müssen natürlich auch rechtzeitig besorgt werden) die einzelnen Szenen umgesetzt werden sollen. In der Regel steht uns aus Kostengründen nur ein Drehtag zur Verfügung, denn auch hier gilt wieder mal: kleine Band = kleiner Aufwand. Was sich aber praktisch bei keinem Video-Dreh trotz bestmöglicher Vorbereitung vermeiden lässt, das sind die mal längeren und mal kürzeren Wartezeiten. Aber das kennen wir ja schon von den Studioaufnahmen unserer Songs und von den Konzerten.

Also man sieht ja wohl sofort, dass es sich bei diesen verwegenen Banditen um echte Bildkünstler handelt: Pit Wehowsky, Danny Kötter und Gio Löwe gehen zur Not auch ohne Farbe durchs Leben und lassen einfach ihre Werke für sich sprechen. Da kann einem schon mal die Spucke wegbleiben.

Wer baut die erfolgreichsten Feuerwehrliedervideos im ganzen Land? Tobias Nehls und sonst keiner!

Den Tausendassa Kris gibt es auf anderen Seiten ja schon reichlich zu sehen, aber die beiden Damen, mit denen er einige unserer Videos für die Weltöffentlichkeit aufbereitete, die sind genauso klasse: Jasmin Teutrine und Julia Weiher.

Noch drei Superdoppelvollprofis, ohne die manch optischer *Randale*quatsch gar nicht ans Tageslicht hätte gelangen können: Steffi Behrmann, Björn Gaus und Stephan Röcken haben es einfach raus!

Falls ich es nicht schon erwähnt haben sollte: Das Auge der Presse will Posen, Posen und nochmals Posen. Können und konnten wir, auch im Jahr 2015.

SB

Es hat seine Gründe, warum es manche Fotos nicht in die Endauswahl schaffen, und das liegt nicht an Weihnachten …

SB

Kapelle und *Punkpanda* am 17. Juni 2012. Damals wirkten die Herren einfach frischer als heute, das Tier hatte weniger Flecken und alle zusammen rochen irgendwie besser …

Beim den ganzen Horizont abdeckenden Pressefoto für die *Kinderkrachkiste* muss Steffi Behrmann doch irgendwie geschummelt haben, oder glaubt ihr etwa, dass wir am 25. März 2019 eine derart breite Holzkiste in ihr Studio schieben konnten?

22. Mai 2010: Der Blick auf die prachtvolle Finca Vahle wird durch ein bis unters Dach vollgepacktes Produkt der Firma *Ziegler* versperrt — unerhört! Andererseits ermöglichte genau dieses uns den Dreh des erfolgreichsten (und so ziemlich ereignislosesten) Videos unserer Geschichte.

TN

Schaut mal, wie der Onkel mit der Mütze sich freut: Lemmy Kilmister als Vater des Möhrenhemdes konnte sein Glück am 28. Juni 2009 kaum fassen, als Thilo Gosejohann ihn plötzlich mit dem neuesten T-Shirt der *Randale*mones konfrontierte!

TGS

Genau dieser Thilo G. aus N. bzw. K. drehte im November 2008 auch das Video zum *Hardrockhasen*. Da wir damals noch nicht so viele Konzerte spielen mussten, fand der Sänger noch Zeit für eine Rasur. Der Trommler wiederum durfte alles im Studio von *Kanal 21* aufbauen, was er in die Finger bekam.

TG

TG

Das Video zu *Doktor Superschlau* entstand am 4. Juli 2019 im Haus Sarepta des *Evangelischen Klinikums Bethel*. Anlässlich der Ausstrahlung musste Jochen doch glatt mal seinen Fernseher fotografieren.

Mein wahnsinniguralter Schulfreund Gio Löwe ist ein Meister vieler Fächer. Seine bildliche Willi-Wal-Interpretation hat uns schwer beeindruckt, und mit ein wenig gutem Willen konnten wir uns sogar selbst erkennen.

Noch mal und noch mal und noch mal: Am 29. März 2023 musste Jochen im Wiesbadener *Kunamo-Studio* so oft ins Bällebad tauchen, bis die Regie zufrieden war.

*Kinderzimmerpunk*käpt'n Wallo lässt sich von niemandem etwas vormachen und begegnet sämtlichen auf hoher See lauernden Widrigkeiten mit Weitsicht und Gelassenheit. Gut, ihn stets in unserer Nähe zu wissen.

Dreigehorntes Vaterglück: Das im Februar 2018 mit Signe und Aki entstandene Einhorn-Video werde ich mir im Altersheim vermutlich in Dauerschleife anschauen und nur zwecks Einnahme von Schonkostmahlzeiten kurze Pausen einlegen …

Der am 17. Juli 2017 stattfindende Dreh zu *Superdoppeldoof* war ein riesiger Spaß, weil alle sich mal ›richtig‹ als Schauspieler versuchen konnten. Zudem bot sich Marc und mir die Gelegenheit, Seiten an uns auszuloten, von denen wir gar nicht wussten, dass sie in uns schlummerten …

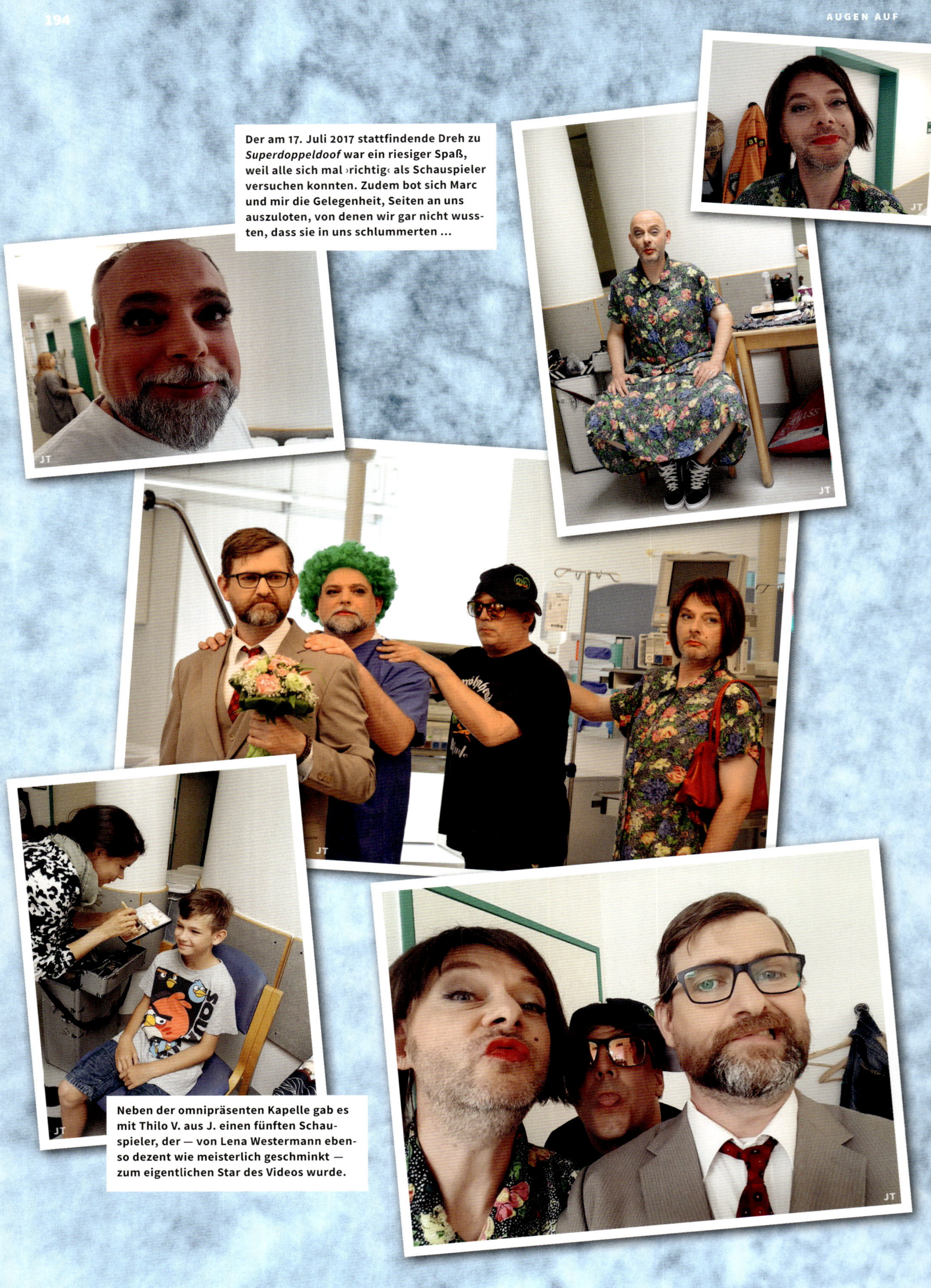

Neben der omnipräsenten Kapelle gab es mit Thilo V. aus J. einen fünften Schauspieler, der – von Lena Westermann ebenso dezent wie meisterlich geschminkt – zum eigentlichen Star des Videos wurde.

Brothers in Schlagsahne: Simon Gosejohann und Jochen Vahle hatten im August 2010 beim Dreh zum *Geburtstagslied* ihren Spaß und waren danach ziemlich satt.

Raphaela Eickhoff hat als Fastechte-apothekerin immer mindestens eine Flasche *Läusekillofix* im Giftschrank. Aber Obacht: Man darf sich das Zeug nicht über den Arm laufen lassen …

In Berlin ist die gesamte Truppe von *Familie Hofmann Film* ansässig und die machen wirklich großartige Videos — auch zu unseren Liedern. Erkennt ihr den Song?

Dumm gelaufen: Eine Biene sollte sich niemals selbst in die Unterlippe stechen! Der Dreh zu *Sumsumsum* fand am 20. Juni 2019 in der Imkereimetropole Schröttinghausen statt.

Aus irgendeinem unerklärlichen Grund kreisten beim Dreh zur *Nachtfalterin* dauernd Fledermäuse um unsere Köpfe und Ratten um unsere Füße, es roch penetrant nach Mottenkugeln und bucklige Kellner servierten sehr merkwürdig schmeckende rote Getränke. Nie zuvor hatten wir soviel Angst vor uns selbst gehabt …

2021

Stereoleugner und offene Milan-Stimmung

Wieso es zu Albträumen führt, wenn man sich ohne eigenen Sänger nach Marzahn und Weißensee wagt.

So wie das letzte Jahr aufgehört hatte, so ging es mit dem neuen weiter: Das Leben blieb schwierig, auch und gerade für Menschen aus »nicht systemrelevanten“ Arbeitsbereichen. So war es nicht verwunderlich, dass immer mehr Menschen aus den Künstler-, Veranstaltungs- und Gastronomiebranchen ausschieden, auch viele, die wir selbst kannten. Einfach, weil sie irgendwie Geld verdienen mussten und das in ihren alten Bereichen zum Teil unmöglich geworden war und sie oft auch alle Ersparnisse aufgebraucht hatten. Auch wenn wir finanziell vergleichsweise gut durchkamen, so war auch mir der Gedanke, mit meinem Hauptberuf aufhören zu wollen, sehr vertraut. *Randale* konnte für ziemlich genau sieben Monate keine Konzerte vor Publikum spielen. Das fühlte sich langsam nach einer vergangenen Zeit an. Manche Veranstaltungen wurden gleich dreimal hintereinander abgesagt und wieder verlegt, bis wir sie eineinhalb Jahre später endlich spielen durften.

Mit der Veröffentlichung von *Never mind the Blockflöte* am 1. März gab es ein weiteres Lebenszeichen, und vor allem für Jochen, Marc und Kritze war ein Traum wahrgeworden: Endlich hatten sie eine eigene Vinyl-LP im Schrank. Ich bekam auch eine, aber ich höre lieber CDs. Wartet mal ab, wenn der ganze Vinyl-Retro-Boom vorbei ist, dann kommen auch die ganz schwer wieder. Nun, vielleicht …

Der April brachte immerhin zwei Konzertaufzeichnungen, die online zu sehen waren, aber im Mai war komplett tote Hose. Dann bescherte uns erneut Else auf dem Schützenplatz Hilbeck das erste richtige Konzert seit langer Zeit. Eine Woche später ging es nach Monheim am Rhein. Dort war der Veranstaltungsplatz mit Sperrgittern in kleine Bereiche unterteilt worden, so dass immer nur Familien zusammenstehen durften. Das sah schon sehr merkwürdig aus, fast wie in einer Legebatterie, nur mit mehr Platz. Aber: Wir durften arbeiten, und auch die Leute waren froh über die Abwechslung vom Zuhauseaufdemsofavorderglotzealltag.

Ansonsten war der Juni von der nächsten Kita-Tour geprägt, die wieder einmal von *OWL zeigt Herz* gesponsert wurde. Alle Termine fanden natürlich draußen statt, und überhaupt waren Open-Air-Veranstaltungen die erste Wahl, weil sie als relativ sicher galten. So traten wir am 3. Juli in Rietberg-Mastholte bei *Sommer am See* auf und konnten Ende des Monats einen Abstecher nach Baden-Württemberg machen: Fachsenfeld, Abtsgmünd, Dewangen und Herbrechtingen muss man einfach mal gesehen haben!

Ebenfalls klasse waren drei Konzerte im Rahmen des *Kultursommers* am 24. und 25. Juli in Gütersloh, Rietberg und Rheda-Wiedenbrück. Leider hatten wir es bei zwei dieser Gelegenheiten mit einem solo auftretenden Kollegen zu tun, der beim ersten Mal nach und beim zweiten Mal vor uns an der Reihe war und sich durch seine kompromisslose Art keine Freunde machte. Dass jemand meinte, während unseres Konzerts auf der Bühne schon einmal seine gesamten Klamotten aufbauen zu müssen, das hatten wir noch nicht erlebt. Er stimmte sogar während Jochens Ansagen seine

Drei *Randale*viertel surfen seit einigen Jahren wieder schwer auf der Vinylwelle, und so erfüllte man sich mit unserer ersten LP schon im März 2021 ein reichlich vorgezogenes Weihnachtsgeschenk.

Gitarren – auf der Bühne und vor unserem Publikum. Auch drängendes Bitten, das doch mal zu lassen, half nichts. Er pochte auf seine jahrzehntelange Erfahrung und hatte den alleinigen Durchblick. Schon da merkten wir: Achtung – galoppierender Altersstarrsinn! Und: Obwohl die Veranstaltungen technisch bestens ausgerüstet waren, vertraute er nur auf sein eigenes Material und hatte deswegen eine komplette PA mitgebracht. Die funktionierte nur mono, war unglaublich alt und schwer und wurde von einem Gehilfen ganz allein aufgebaut. Wenn es dem Meister dabei nicht schnell genug ging, musste sein Diener sich auch noch kostenlos beschimpfen lassen. Da waren wir gleichsam fassungslos wie entsetzt, doch den versierten Technikern in Rheda-Wiedenbrück konnte er nichts vormachen, die enttarnten ihn sofort: „Der ist Stereoleugner – das erklärt doch alles!“

Wir erholten uns davon in einer kleinen Sommerpause und machten am 12. August mit dem *Hütte Rockt Festival* weiter. Am nächsten Tag ging es zum *Kölner Bühnensommer* an den Rhein und noch einen Tag später ins *Ricklinger Bad* nach Hannover. Dort feierten wir ganz offiziell unser 1.000 *Randale*-Konzert. Aber wie sich beim Nachzählen herausstellte, stimmte das gar nicht. Denn der dumme Trommel-Eisenbahn-Statistiker hatte sich vertan, die 1.000 hatte nämlich ganz unbemerkt schon in Köln stattgefunden …

Dann standen Dülmen, Enger und Regensburg auf dem Tourplan, bevor es Ende August für Jochen, Marc, Kris (Kritze hatte mal wieder kein schulfrei bekommen) und mich für vier Tage nach Berlin ging. Dort fand dank eines großen Topfes mit Fördergeldern die *Kiez-Karawane* statt. Dabei sollten wir und eine Menge andere Künstlerinnen und Künstler aus der Kindermusikszene viele Konzerte über die ganze Stadt verteilt spielen. Es ergaben sich einige sehr nette Kontakte untereinander, und als Erstes standen für uns zusammen mit Anni, Marceese und Tarik von *Raketen Erna* fünf Flashmobs im Charlottenburger Kiez rund um die Ludwig-Cauer-Grundschule auf dem Plan. So wie wir es von den Kita-Konzerten her kannten: komplett ohne Verstärkung. Das war eigentlich kein Problem, aber wir hatten fast kein Publikum. Denn auf der uns vorgegebenen Route wanderten wir zwar an verschiedenen Kitas vorbei, doch die wurden einfach links und rechts liegen gelassen. Stattdessen mussten wir uns auf menschenleeren Rasenflächen und entlang viel befahrener Straßen aufbauen. Da kamen wir nicht nur nicht gegen den Verkehrslärm an, sondern nahmen auch noch dem übrigen Fußvolk den Platz weg. Tja …

Wusstest du, …

dass das tausendste *Randale*-Konzert gar nicht das tausendste *Randale*-Konzert war?

Der 28. August sollte für die Bandgeschichte ein historischer Tag werden: An dem fanden nämlich die beiden bislang (und hoffentlich auch künftig) einzigen *Randale*-Konzerte ohne Jochen statt. Während wir morgens zu dritt das Frühstückbuffet auf links zogen, informierte er uns per Handy und mit letzter Kraft, dass er mit einem schweren Migräneanfall halbtot im Hotelbett liege und sich nicht mal in der Nase bohren könne. Jetzt waren aber die Konzerte angekündigt und sollten auch unbedingt gespielt werden. Improvisation war gefragt. Zum Glück waren wir ohnehin als ein Team zusammen mit *Toni Geiling* aus Halle (Saale) eingeteilt. Toni ist eine echte Type, und so fuhren wir zu viert nach Marzahn. Dort hatten die Leute aus lauter Begeisterung über unser Kommen schon Jahrzehnte vorher die bedeutendsten Architekten der Deutschen Demokratischen Republik antreten lassen, um rund um den Victor-Klemperer-Platz ein herzallerliebstes Hochbauten-Ensemble entstehen zu lassen. Wir zeigten uns schwer beeindruckt. Noch viel besser gefiel uns allerdings die *Konditorei & Eiscafé Engel*, die sich direkt hinter der Bühne im Erdgeschoss einer der bildhübschen Plattenbauten postiert hatte. Dort konnten wir die mindestens beste Erdbeersahnetorte unseres Lebens zu uns nehmen, und so hatte sich die Reise also schon mal mehr als gelohnt.

Mit der Musik wurde es ungleich schwieriger. Toni rangiert als Liedermacher und Geiger in einer hohen künstlerischen Liga und verfügt da über einen Zugang zu harmonischen und metrischen Sphären, der uns profanen Rockern zeitlebens verwehrt sein wird. Da Toni sich auf die Schnelle keine *Randale*-Songs draufschaffen konnte, spielten wir nur welche von ihm. Dabei gaben wir drei uns redliche Mühe, seinen Vorstellungen zu entsprechen und alles nach bestem Wissen und Gewissen zu interpretieren. Doch die von ihm bevorzugte »offene Milan-Stimmung« war ein ganz spezieller Fall, und angesichts der nackten Verzweiflung von Kris und Marc hätte der Begriff ›Mitleid‹ neu definiert werden müssen. Auf ihren Griffbrettern waren derartige Töne jedenfalls nicht auszumachen, und die strafenden Blicke des Meisters machten es ihnen nicht leichter. Noch heute wachen die beiden des Nachts von Albträumen geplagt schweißgebadet auf und können einfach keinen inneren Frieden finden. In solchen Situationen helfen nur doppelte Rationen Cola mit Vanilleeis. Nun ja, irgendwann war das Konzert dann auch zu Ende. Aber es kam noch eines unter gleichen Bedingungen, einige Stunden später auf dem Antonplatz vor einem Kino in Weißensee. Das half, die Eindrücke des Morgens nachhaltig zu festigen, und so musste alles am Abend unbedingt in einem vertrauenswürdigen Lokal aufgearbeitet werden.

Zurück aus der Hauptstadt gingen wir die Dinge in Bielefeld, Werther, Werl, Lage, Bad Zwischenahn (was für ein tolles Publikum!) und Dortmund wieder in gewohnter Weise und ungleich entspannter an. Anfang Oktober folgte das nächste *Kindermusikfestival* mit sechs Konzerten in Gütersloh, Bielefeld und Melle. Dieses Mal waren *Suli Puschban* (ohne sie geht es einfach nicht, sie hat irgendwie ein Abo bei uns), *Kiri Rakete* aus Wien (sie ist genauso eine Österreicherin wie *Suli* eigentlich auch) sowie Diane, Carsten und Tobi von *3Berlin* (keine Ahnung, wo die jetzt herkommen) dabei. Das war eine klasse Zusammenstellung, und wir hatten wirklich eine wunderbare Zeit zusammen. Zur Krönung lud Jochen abends in seinen Garten zu Getränken, Lagerfeuer und superleckeren Tortellini mit Tomatensoße. Ganz famos.

Es war so schön gewesen, wieder mehr und halbwegs normal arbeiten zu können. Doch jetzt wurde die Herbstluft schon wieder deutlich dünner, denn die »Corona-Zahlen« gingen hoch. Da konnten wir noch schnell in Solingen, Bünde, Oerlinghausen und Herford auftreten und am 28. November ein letztes Konzert in Hamm spielen. Dann wurden erneut alle übrigen Termine bis auf weiteres abgesagt. Das kannten wir ja schon, aber besser wurde es dadurch nicht, im Gegenteil. Wenig Mut machte auch die Tatsache, dass wir 2021 nur 63 Konzerte und damit knapp die Hälfte des Vorjahres hatten spielen können. So hatten wir auch deutlich weniger Geld verdient, trotzdem noch einmal: Rein finanziell kamen wir besser durch als viele andere Kolleginnen und Kollegen.

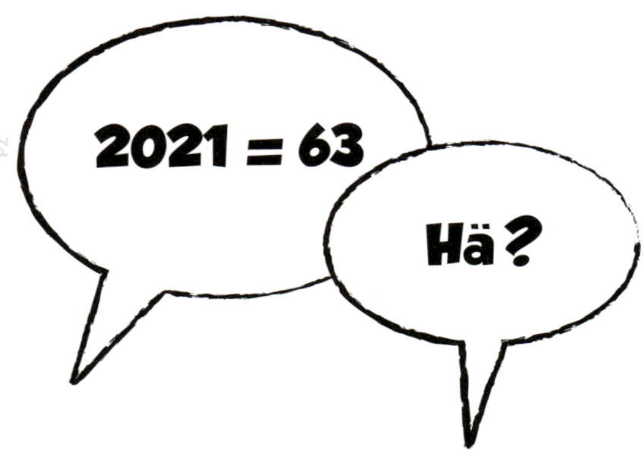

PZ

Das Erste Konzert des Jahres 2021 spielten wir am 14. April im Rahmen der Veranstaltungsreihe *Kulturcookies* zwecks Online-Aufzeichnung mal wieder ohne Publikum, dafür allerdings auf der Osttribüne des heimischen Fußballstadions. Außer Frage stand dabei: *Ludwig* bleibt *Ludwig* und *Alm* bleibt *Alm*!

GR

Was für Herzchen! Jeanette und Ingo nahmen von ihren Wohnungen in Bielefeld-Eckardtsheim schon viele Reisen mit Bus, Straßen- und *NordWestBahn* sowie per Fuß auf sich, um unsere Konzerte zu besuchen. Damen fragt man ja bekanntlich nicht nach ihrem Alter, aber bei dem Herrn können wir verraten, dass er mit 83 Jahren einer der ältesten und weisesten Fans unserer Kapelle sein dürfte. Wir freuen uns immer, die beiden zu sehen.

Wieder eine neue Erfahrung: Beim *Kindermusikfestival 2021* fand eines der Konzerte am 8. Oktober im Garten des *Kinderzentrums Bethel* statt, und während die neunköpfige Band ohne richtige Bühne auskam, bot sich dem weit verteilten Publikum der Blick aus Fenstern und von Balkonen.

MM

Das für unsere Verhältnisse ungewöhnlich düstere Video zur *Nachtfalterin* veröffentlichten wir fristgerecht zu Helloween 2021. Mit Verkleidung und Schminke hatten wir einen riesigen Spaß, und dem Trommler war die Rolle des größten aller Unsympathen zugedacht worden. Er gab sich redlich Mühe, die in ihn gesteckten Erwartungen zu erfüllen.

CK

AG

Das offiziell 1.000. Konzert absolvierten wir am 14. August 2021 im *Ricklinger Bad* in Hannover. Trotz geringer Publikumsgröße hatten wir eine Menge Spaß, und Andre Gross machte tolle Fotos von dem Ereignis. Dabei war das irgendwie gelogen, denn: Der dumme Bandstatistiker hatte sich vertan — die wirkliche Nummer 1.000 hatten wir bereits am Tag zuvor in Köln gespielt, mit Markus statt Marc.

RN

Am 15. August 2021 standen gleich zwei Konzerte um 11:00 Uhr in Dülmen und um 15:30 in Enger auf dem Plan. Mein Eisenbahnkumpel Ralf Nonnast nutzte die Gelegenheit, uns nachmittags in seiner Heimatstadt erst bei der Arbeit und dann beim verdienten Relaxen auf den Digitalchip zu bannen.

Zu den Highlights des Jahres gehörte das von Jochen organisierte und vom Drittelberliner Tobi Weyrauch gewissenhaft dokumentierte *Kindermusikfestival*. Dabei hielt er am 6. Oktober unter anderem die Proben mit *Suli Puschban* und seinem Bandkollegen Carsten Schmelzer als auch das von Jochens drei Tage später entfachte Tortellinilagerfeuer im Bild fest. Die ganze Gang präsentierte sich derweil am 8. Oktober beim Konzert in Bethel mit *Sammy* dem Tiger.

Fortbildung für die Großen – rockiger Kindertanz

Wie sich unsere Musik spielerisch unter die Leute bringen lässt.

Ich hatte es ja schon mehrfach erwähnt: Wir arbeiten am liebsten mit Profis zusammen! Unter anderem, weil wir uns dann am besten einbilden können, selbst welche zu sein ... Und ich hatte auch schon erwähnt, dass meine Frau Gudrun uns 2005 jene coolen und unserem überschaubaren Bewegungsintellekt angepassten Moves beigebracht hatte, mit denen wir die *Affendisco* auf die Bühne bringen konnten. Als Sport- und Tanzpädagogin gehört auch sie zu den Profis, und wie alle Angehörigen des inneren *Randale*-Circles kam sie immer sehr früh in Kontakt mit unseren neuesten Ideen und Produkten und konnte so regelmäßig konstruktive Rückmeldungen geben. Darüber hinaus hat sie unsere Musik auch immer wieder beruflich bei der Arbeit mit Kindertanzgruppen eingesetzt. Hieraus entstand die Idee, diesen Ansatz im Rahmen von Fortbildungen auch anderen interessierten Menschen näher zu bringen. Zusammen mit dem Sportbund Bielefeld wurden schließlich eintägige Angebote erarbeitet, die jeweils ganztägig unter dem Titel »Randale – Rockiger Kindertanz und Bewegungsspiele« rund um die Musik von *Randale* stattfanden. Insgesamt wurden bislang fünf Fortbildungen an verschiedenen Orten in Bielefeld durchgeführt: Am 7. März und 24. Oktober 2015, am 10. September 2016, am 11. Oktober 2018 und am 10. Oktober 2019. Weitere könnten über *NewTone* angefragt werden. Und die Inhalte? Da zitiere ich doch am besten aus dem Angebotsheft:

»Rockmusik in der Bewegungserziehung? *Randale* in der Kita und im Verein? Kinder bewegen sich gerne intensiv und wollen ihre Kraft und Energie spüren. Kinder wollen präsentieren, was sie können. Zu der beliebten und facettenreichen Musik der Bielefelder Kinderrockband *Randale* tanzen Kinder besonders gerne, denn die Musik ist voller Witz und authentischer Energie. In der Fortbildung lernen die Teilnehmer mit Methoden des kreativen Tanzes, der strukturierten Improvisation und der Tanztechnik zur Musik von *Randale* die Kinder in ihrer Bewegungslust anzuleiten. Darüber hinaus werden Tänze gelernt, die mit den Kindern einstudiert und auf Veranstaltungen vorgeführt werden können.

Zielgruppe sind Übungsleiter, Lehrer und Erzieher von Kindern von 4 bis 6 Jahren sowie Interessierte. Die Teilnehmer erhalten die entsprechenden Tänze und Spiele der Fortbildung als Handout und Video/CD.«

Tanz-Profi mit Weichrockhase: Gudrun brachte uns die Moves für die *Affendisco* bei und gab mehrere Fortbildungen zum Thema *Rockiger Kindertanz und Bewegungsspiele*.

2022

Kein Softeis für die Band

Wie man an einem Nachmittag drei Kilo zunimmt und trotz galoppierendem Unverständnis 126 Konzerte spielt.

Konzerte spielen konnten wir bis auf weiteres nicht, aber dass wir 2022 mit satten 18 Bandjahren endlich volljährig wurden, das konnte uns niemand nehmen. Bei aller Unklarheit wollten wir diesen wichtigen Geburtstag mit dem neuen Album *Sandkastenrocker* feiern. Das sollte schließlich auch vom Sound her zu unserem besten und erwachsensten werden – großes Vollfettkompliment an Erhard, der beim Mischen mal wieder über sich selbst hinauswuchs. Sämtliche Aufnahmen fanden im Januar und Februar statt, die lauten Instrumente bei uns im Proberaum und alles übrige bei Erhard unterm Dach. Vor allem Kritze, Jochen und ich probten vorher sehr fleißig, aber Marc musste zwischendurch natürlich unbedingt Skifahren. Wie gut, dass er sich dabei nichts brach und später auch alle Gitarren pünktlich einspielen konnte.

Mir selbst ging es zum Zeitpunkt der Aufnahmen aus verschiedenen Gründen alles andere als gut. Das lag auch an der beruflichen Perspektivlosigkeit, und ich stand zum zweiten Mal vor dem Entschluss, mit der Musik aufzuhören. Ich konnte und wollte nicht mehr. Auch weil vielen Menschen der Zutritt zu Konzerten verwehrt wurde und ich das nicht mehr mittragen wollte. Die CD sollte ein letztes Statement werden, und dann musste das Leben irgendwie anders weitergehen. Daher schrieb ich am Abend vor den Aufnahmen eine Kündigung an meine drei Bands. Dass ich sie nicht abschickte, lag an Erhard. Er redete mir das aus. Danke.

Bei allen dunklen Wolken gab es auch schöne Momente. So ging für mich mit *Samstags Nachmittags Fieber* ein Jugendtraum in Erfüllung, denn da konnte ich endlich mal ein Lied mit einem elektronischen *Simmons*-Schlagzeug aufnehmen, natürlich mit einer *Ludwig*-Snare und Becken. Die 80er-Jahre lassen grüßen! So ein Set hatte ich mir früher nicht kaufen können, weil mir ein gutes akustisches Schlagzeug viel wichtiger war, und später hatte ich das Thema aus den Augen verloren. Jetzt aber war es endlich so weit: Mein alter Trommellokführerkumpel Herr Professor Doktor Berg hatte mir kurz vor den Aufnahmen die Schlagflächen, die ›Pads‹, mitsamt Kabeln verkauft. Außerdem lieh er mir ein Soundmodul und programmierte die Klänge nach meinen Vorstellungen, weil ich so eine Technikvollpfeife bin und das selbst nicht richtig hinbekam. Ganz zum Schluss setzte ich noch Overdubs mit Rototoms und Kastagnetten drüber, und dann war zumindest für mich das Ding perfekt.

Wusstest du, …

dass *Simmons*-Schlagzeuge sechseckige Schlagflächen hatten und dass diese Idee von den Bienenwaben geklaut war?

Mit den Auftritten sah es wie gesagt äußerst schwierig aus. Es waren zwar Konzerte prinzipiell erlaubt, aber nur unter hohen Auflagen. Die meisten Menschen hofften auf eine Entspannung der Lage, aber viele trauten sich noch nicht wieder unter Leute. Alle wollten am liebsten ihr normales Leben zurück, aber manche durften oder konnten noch nicht oder zögerten und zauderten. Vieles davon war für mich verständlich, aber längst nicht alles. Gleichzeitig hatten es die Veranstalterinnen und Veranstalter unheimlich schwer, wieder Angebote zu machen. Sie mussten immer damit rechnen, dass viel zu wenig Publikum kommen und sie am Ende ein Verlustgeschäft machen würden. Außerdem fehlte immer mehr Personal, das aus Existenzsorgen abgewandert war. Dass trotzdem vieles wieder möglich wurde, ist verschiedenen Fördergeldern und Rettungsprogrammen wie *Neustart Kultur* zu verdanken. Das machte wieder Mut. Aber dass wir im Verlauf des Jahres eine derart hohe Zahl von Konzerten spielen würden, das hatten wir uns im Frühjahr noch nicht vorstellen können.

Der erste Auftritt fand nach fast vier Monaten am 19. März in der Mehrzweckhalle des *TuS Voßheide* in Lemgo statt. Solche Hallen sind vom Klangverhalten äußerst schwierig und liegen bei uns in der Beliebtheitsskala nur knapp vor den Hüpfburghöllen. Aber, hey, wir durften spielen, und das Catering war sensationell. Noch nie hatten wir es geschafft, an nur einem Nachmittag pro Nase drei Kilo zuzunehmen. Jetzt war es so weit. Entsprechend gestärkt konnten wir am nächsten Tag nach Bad Oeynhausen fahren, und dann ging es wieder richtig los, nach Castrop-Rauxel, Osnabrück, Düsseldorf, Beverungen, Vlotho und Möhnesee. Über das Jahr verteilt gab es viele Highlights mit großartigen Publikumsreaktionen. Zu denen gehörte auch das Internationale 1. Mai-Fest im Kulturzentrum *Faust e.V.* in Hannover-Linden. So toll die Veranstaltung zum Tag der Arbeit auch war, solche Probleme bei der Zufahrt und beim Parken hatten wir noch nie gehabt – und so ging es allen, die ihre Klamotten irgendwie zu den jeweiligen Bühnen bringen wollten. Wer Jochen mal richtig hätte fluchen hören wollen, der hätte einfach bei uns mit im Bulli sitzen müssen. Und der kann fluchen, mein lieber Scholli! Aber der meinte das ja gar nicht so, der wollte sich einfach mal Gehör verschaffen und seine Sorgen loswerden.

Wusstest du, …

dass *Syke* die größte Stadt im Landkreis Diepholz ist und der Name mit ›ie‹ statt ›ü‹ ausgesprochen wird, weil er sich von ›Siek‹ (Quellgrund) ableitet?

Die neue CD wurde am 7. Mai im Berliner *Kesselhaus* offiziell vorgestellt. Von dort aus mussten wir am nächsten Tag rund 400 Kilometer nach Westen zum Familienfest des Syker *Vorwerk* düsen – tolles Kuchenbuffet, toller Kaffee (sagen die Kollegen, ich kann das nicht beurteilen, denn ich trinke nur Tee). Noch einmal schlafen, dann ging es praktisch den ganzen Mai über auf die nächste erneut von *OWL zeigt Herz* geförderte Kita-Tour quer durch Ostwestfalen-Lippe. Dazwischen lagen einzelne reguläre Konzerte auf der *Maiwoche* in Osnabrück (große Begeisterung und sofortige Wieder-Buchung für 2023) oder im uns bestens vertrauten *Altenberger Hof* in Köln. Egal was kam, wir nahmen alles mit: das großartige *Warmenau-Open-Air* in Spenge, ein Fest der *Schule im Grünen Winkel* in Hamm (Jochens persönlicher Alptraum: PA vergessen und mit einem ganz flink von einem Meister seines Faches aus Holz selbstgebauten Mikro-Stativ) oder auf dem Sportplatz Osterholz/Haustenbeck in Schlangen (Regen, Regen, Regen, aber ein tolles Konzert).

Vom 10. bis 12. Juni stellte ich mit acht Konzerten in 54 Stunden (sieben mit *Randale* und mittendrin auch noch eines mit *Big Balls*) meinen persönlichen Rekord auf – man muss auch mal prahlen dürfen! Besonders kurios war das letzte Konzert des Wochenendes auf der Geburtstagsfeier der *Kita Zwergennest*. Die fand in der Reithalle des *Reit- und Fahrvereins Ravensberg* in Lage-Pottenhausen statt. Deren Boden war nicht befestigt, sondern mit so einer Art Sand-Erdgemisch bedeckt, weil Pferde so etwas lieben, huffreundlich eben. Das Problem ist nur, dass es an solchen Orten bei jeder Bewegung eine Staubwolke gibt, die einem Sandsturm in der Sahara alle Ehre macht. Deswegen hatte das Team den Hallenboden vorher extra noch gewässert. Ganz alter Trick: Dann staubt es nicht so. Und die Bühne? Die hätten wir doch wohl gefälligst selbst mitzubringen, als Band müssten wir so etwas doch haben?! Um das bei dieser Gelegenheit mal klarzustellen: Nein, entgegen so manch landläufiger Meinung nennen wir keine Bühne unser Eigen, wirklich nicht und ganz bestimmt aber auch, das ist die Wahrheit. Könnt ihr glauben oder nicht, ist aber so. Deswegen muss so eine Bühne immer vor Ort gestellt werden. Da hatten sich die Leute in der Reithalle gedacht: »Na gut, nehmen wir doch das Podest für die Siegerehrungen der Turniere, das passt bestimmt.« Nee, tat es aber nicht wirklich, das war einfach galoppierendes Unverständnis. Dass wir manchmal recht kuschelig beieinanderstehen müssen, kannten wir ja schon, und es kommt immer wieder vor, dass wir uns aus Platzgründen nebeneinander aufbauen. Aber so eine Bühne muss auch eine gewisse Tiefe haben, wenn nicht entweder von der Bass Drum oder vom Oberschenkel des Trommlers ein Stück abgeschnitten werden soll. Das will der aber nun mal beides nicht. Die Bühne in Pottenhausen war jedenfalls viel zu kurz, und deswegen mussten wir tatsächlich um jeden Zentimeter kämpfen. So baute ich mein Schlagzeug eben diagonal auf. Dadurch stand Markus als tapferer Aushilfsgitarrist des Wochenendes in meinem Rücken, und ich konnte ihn das ganze Konzert über nicht sehen. Wie gut, dass wir beide gegenseitig wissen, wie wir aussehen.

Der Sommer wurde sehr heiß – leugnet hier noch irgendjemand den Klimawandel?! –, und so schwitzten wir auch bei den folgenden Konzerten mehr als reichlich. Zum Beispiel in Schloß Holte-Stukenbrock, Bielefeld, Steinhagen, Harsewinkel, Künsebeck, Korbach und Warburg. Dann ging es in die schwer verdiente Sommerpause. Vier Wochen Ruhe voneinander, das war nach dem Marathonprogramm nun doch wieder ganz schön.

Allein für den August standen 20 Termine im Kalender, und schon am 1. ging es in Vechta los. Natürlich wurde die Heimat bedacht, und bei einem Abschlusskonzert der *Falken* Ferienspiele auf Hof Ramsbrock lernten wir, wie sich Kinder am besten disziplinieren lassen: Es braucht nur eine

Softeismaschine, und schon stellen sich alle ordentlich und geduldig in einer Art stehender Polonaise quer durch die ganze Halle auf. Dabei lassen sie sich auch gar nicht davon stören, dass gleichzeitig eine Band noch ein Konzert zu spielen versucht. Das nahmen wir tapfer hin, nur dass am Ende des Konzerts das Softeis alle war und wir nichts mehr abbekamen, das schmerzte schon gehörig. Meine Lieblingsmischung ist jedenfalls Waldmeister-Erdbeere.

Wie gut, dass es andernorts genug zu essen und zu trinken gab. Zum Beispiel in Bad Homburg, Dülmen, Georgsmarienhütte, Gladbeck, auf dem wunderbaren *Rink-Festival* in Melle-Neuenkirchen, in Essen und am 20. August endlich wieder auf dem *Summer Breeze*. Am selben Abend fuhren wir noch ins Hotel nach Köln, wo am Tag drauf ein Kurzauftritt beim *Vivawest Family Festival* angesetzt war. Das gesamte Programm war dort sehr kompakt gehalten, und wir hatten nur eine halbe Stunde Zeit zugestanden bekommen. Die feinen Kollegen in der Band fanden das ja super: gleiches Geld für weniger Arbeit. Für mich war das war aber irgendwie, als ob bei einem Fußballspiel einfach die zweite Halbzeit abgesagt würde …

Auch Paderborn, Niederzier, Bonn, die Heimat rauf und runter, Rheda-Wiedenbrück, Kalletal, Schwalmstadt, Lemgo, alle konnten sie uns sehen, wenn sie denn kamen. Im September ging es zum zweiten Mal auf das *Kidzapalooza* nach Berlin, nun sogar für gleich zwei Konzerte. Dann war der Süden mit Geislingen, Waiblingen und Kirchheim bei München an der Reihe und nach den Herbstferien wieder die weit gefasste Heimat. Dazu gehörte auch ein wirklich wunderbarer und unheimlich lustiger Auftritt am 6. November in der *Neuen Schmiede* in Bethel. Dort hatten wir Christoph Zaczek für den *Läuse*-Song und *Kinderkrachkiste* als Gasttrommler mit dabei, und er beeindruckte uns schwer. Es folgten noch Solingen, Hannover, Berlin, Hennigsdorf, Detmold, Lünen und endlich wieder die *Fabrik* in Hamburg. Damit hatten wir entgegen allen ursprünglichen Erwartungen 126 Auftritte absolviert. Wäre Jochen im Dezember nicht krank geworden, wären es sogar neun Konzerte mehr gewesen. Aber wir wollen uns hier mal nicht beschweren. Denn wir waren unheimlich froh und dankbar, dass die ganzen Beschränkungen auch für das Publikum schrittweise entfallen waren und wir in diesem Jahr so viel hatten spielen dürfen.

Wusstest du, …

dass es das beste *Softeis* der Welt in Dänemark gibt? Dort wird es gern unter einer Schicht Kakaopulver versteckt. Alternativ empfiehlt sich ein Gammeldags is (Altetage-Eis) mit ›normalem‹ Eis, Erdbeerschaum, Marmelade und Schokokuss.

Christoph Zaczek trat erstmals am 6. November 2022 als Gasttrommler mit uns auf und machte das großartig. Deswegen wurde er auch am 5. November 2023 fest eingeplant und musste unbedingt auf dem Applaus-Thron der *Neuen Schmiede* Platz nehmen.

Wichtigster Kooperationspartner für das 2022er-Album war das Unternehmen *Westfalia Spielgeräte* aus Hövelhof. Die netten Leute dort halfen uns nicht nur in finanzieller Hinsicht erheblich bei der Produktion, sondern auch die Songs *Sandkastenrocker* und *Müll* wurden für sie und mit ihnen geschrieben. Warum? Weil sie ihre Spielgeräte überwiegend aus Recycling-Materialien herstellen und wir das genauso super fanden wie deren Spielkombinationen aus der *Exoticcs*-Serie.

Nachdem das *Sandkastenrocker*schlagzeug vollständig eingetrommelt worden war, konnten erst der Bass und dann die Gitarre im Studio Sprudelweg aufgenommen werden. Um ihre Konzentration nicht länger als nötig zu unterbrechen, stattete ich Kritze und Marc am 23. und 29. Januar 2022 jeweils nur einen kurzen Kamerabesuch ab.

Am 4. April 2022 drehte Danny Kötter das Video zu *Bum Bum Banana*, bei dem der unbedingt unerkannt bleiben wollende Thilo V. aus J. mal wieder die fünfte Hauptrolle übernahm.

Auch 2023 gab es wieder eine kleine Kita-Tour, die uns am 11. Mai mit Markus und Björn zunächst in die Kita *Feldmaus* nach Rietberg führte.

In Berlin konnten wir schon in vielen verschiedenen Häusern gastieren. Am 7. Mai 2022 ging es zur offiziellen Premiere der *Sandkastenrocker*-CD ins *Kesselhaus*, wo Gio Löwe diese Aufnahme machte.

Meine Damen und Herren, liebe Fußballbekloppte: Gleich beginnen die Nachrichten. Am 23. August 2022 begleitete Marc Jochen zu einer Lesung aus dem neuen *Arminia*-Buch in den Presseraum der Bielefelder *Alm*.

JV

Jochen steht total auf Selfies, und so zückte er am 24. September 2022 auf dem *Kidzapalooza* in Berlin auch ganz schnell sein Handy, um sich mit der Moderatorin Thelma Buabeng abzulichten.

JV

Auch das steht im Pflichtenheft echter Rocker: Heavygekuschel beim Gitarrensolo vom *Hardrockhasen*, mit dem Markus am 1. Oktober 2022 in Geislingen brillierte.

FS

Nach dem großen Erfolg mit unserem kleinen *Punkpanda* kam Jochen auf die Idee, auch dem Hardrockhasen eine Kuscheltier-Denkmal zu setzen. Verrückt: Es gab schon Leute, die der festen Überzeugung waren, wir würden ihnen da ein Känguru andrehen wollen …!

SB

Das letzte Konzert des Jahres 2022 fand am 27. Dezember in der Hamburger *Fabrik* statt, und natürlich mussten auch hier einige verwegene Hasentotenkopfpiraten und -piratinnen mit auf die Bühne.

GR

GR

Auf vier Rädern unterwegs – unsere Bullis

Wieso es eine feste Sitzordnung gibt, und warum wir auf einen Rest Privatsphäre pochen.

In der ersten Zeit waren wir immer mit eigenen Autos unterwegs und brachten alle Klamotten meist in zwei Fahrzeugen unter. Aber je mehr Konzerte wir spielten und je weiter die Touren wurden, umso mehr wurde klar, dass wir am besten gemeinsam unterwegs sein sollten. Das macht vieles einfacher, zum Beispiel verfahren sich dann nicht nur ein oder zwei Leute, sondern gleich alle. Das ist am besten, weil dann alle gleichzeitig auf den Fahrer schimpfen können. Das ist meistens Jochen, und auf den schimpfen wir am liebsten. Aber wir loben ihn gelegentlich auch – doch bloß nicht zu viel, sonst bildet der sich noch etwas drauf ein! Jochen absolviert übrigens schon seit längerem eine Zusatzausbildung in der Disziplin Rückwärtshindernisfahren. Die ermöglicht es ihm bereits jetzt, mit dem Bulli mühelos Briefkästen von Hauswänden zu entfernen. Alle Achtung.

Vom Platz her ist bei vier Leuten, einem Haufen Instrumenten sowie verschiedenen Koffern und Kisten für das Merchandise ein Bulli am besten. Da passt viel rein, außerdem können wir auch mal eine fünfte Person zum Helfen mitnehmen, zum Beispiel zum Verkaufen unserer T-Shirts und CDs. Aber wie sollten wir an einen Bulli kommen? Kaufen konnten wir keinen, so viel Geld verdienten wir damals einfach nicht. Also mussten wir uns gelegentlich einen mieten. Als dann 2006 unsere Zusammenarbeit mit *Ruf-Jugendreisen* begann, stellten die uns ein Fahrzeug zur Verfügung. Das war klasse: Wir konnten es vor den Konzerten abholen und mussten es anschließend wieder abgeben. Denn die Leute von *Ruf* brauchten ihre Bullis natürlich, um zwischendurch Luftmatratzen und Gummienten nach Südfrankreich zu bringen oder Zelte und Lunchpakete aus Norwegen abzuholen. Manchmal waren aber alle Bullis unterwegs, und wir mussten uns wieder einen bei einer Vermietung ausleihen. Das war natürlich anstrengender und teurer.

Da der Bulli großflächig mit Aufklebern beschriftet wurde, machten wir immer gegenseitig Werbung: Egal wer mit dem *Ruf*-Bulli durchs Land fuhr, warb gleichzeitig für *Ruf* und für *Randale*. Und dann hatten wir das große Glück, dass uns die Firma *Neotechnik* aus Bielefeld-Sennestadt für insgesamt drei Jahre ein Fahrzeug zur Verfügung stellte, das wir dauerhaft nutzen konnten und das deswegen auch mit Aufklebern versehen wurde. Im Anschluss unterstützten uns noch einmal die Leute von *Ruf*. Im Jahr 2017 waren wir schließlich ganz mutig und kauften uns einen gebrauchten Bulli, der uns seitdem ganz allein vollkommen selbst gehört. Dass wir den überhaupt kaufen konnten, das machten wiederum die Leute von *OWL zeigt Herz* möglich, die uns nämlich mit einem ganz gehörigen Batzen Geld unterstützten. Das Kennzeichen lautete BI – BI 667, und Jochen wollte unbedingt diese Nummer haben, weil er dann »Einen mehr als das Biest!« drauf schreiben konnte. Warum? Weil 666 eigentlich die Zahl des Teufels sein soll. Den gibt's ja gar nicht in echt, aber dafür ein Lied von der Metal-Band *Iron Maiden*, das heißt *The Number of the Beast* und in dem taucht die Zahl immer wieder auf. Und weil wir ja eine harte und laute und schnelle Band sind, sollten natürlich wieder lodernde Flammen als Aufkleber mit drauf.

Dass Peter Z neben allen anderen schönen Dingen auch technisch akkurate Vorlagen für Fahrzeug-Beklebungen zu liefern in der Lage ist, sei hiermit bewiesen. Ein derart gestalteter *Randale*-Bulli von *Matchbox* – das wäre doch noch eine Marktlücke!

Was wir im Bulli so machen? Das, was wohl die meisten Leute da sonst auch machen. Der Fahrer fährt natürlich. Die anderen können dann lesen, essen, schlafen oder Sudoku lösen oder sogar Klassenarbeiten korrigieren. Wie, echt jetzt, Klassenarbeiten?! Nein, das glaube ich nicht. Oder doch …? Natürlich hören wir auch viel Musik und manchmal auch Live-Übertragungen von Fußballspielen. Und wir erzählen uns viele Geschichten. Was wir uns da genau erzählen? Das sagen wir nicht, das ist ein Geheimnis, und ein bisschen Privatsphäre wird ja wohl noch erlaubt sein, bei den ganzen Geheimnissen, die wir hier schon verraten. Ich kann nur sagen: Das ist manchmal ganz schön lustig, meine Herren! Darüber könnten wir auch ein Buch schreiben, aber das wäre dann wahrscheinlich ganz bestimmt aber so was von gar kein Kinderbuch …

Falls ich das noch nicht erwähnt haben sollte: Ganz oft redet auch nur Jochen, und wir hören zu oder auch nicht, weil er manche Geschichten einfach schon so oft erzählt hat. Dann sagen wir einfach ganz schnell »17« (als Sinnbild für »das hast du schon mindestens 17-mal erzählt«) und klappen einfach die Ohren zu. Aber er braucht das eben, sonst würde er krank werden, und das will ja keiner! Aber wenn wir immer zuhören würden, dann würden wir ja selbst krank werden, und das will ja erst recht keiner! Übrigens haben wir eine feste Sitzordnung, und die leitet sich aus der Reihenfolge beim Abholen ab: Da der Bulli meistens bei Jochen ist und er fährt, sitzt er auf dem Fahrersitz. Auf dem Weg zum Froberaum oder Konzert wohnt Marc am nächsten, deswegen ist sein Stammplatz auf dem Beifahrersitz. Dann ist Kritze an der Reihe, der sitzt hinten links, und da ich als Letzter dran bin, sitze ich eben hinten rechts und bin für die Schiebetür zuständig. Wenn wir Praktikantinnen und Praktikanten von *NewTone* oder jemanden zum Merch-Verkauf mitnehmen, müssen die immer hinten in der Mitte zwischen Kritze und mir sitzen. Das kann zwar gerade bei langen Reisen sehr unbequem sein, ist im Winter aber auch kuschelig warm.

Wusstest du, …

dass der *Randale*-Trommler auf langen Fahrten gern Sudoku-Rätsel löst?

Wenn wir keine Konzerte haben, können wir den Bulli natürlich auch für andere Zwecke nutzen, zum Beispiel um große Möbel zu transportieren, und Jochen fährt damit auch oft in den Urlaub. Dann macht er ganz nebenbei sogar in der Friesischen Karibik oder auf Jylland Werbung für *Randale*. Deswegen muss er den Bulli zwischendurch aber auch immer mal sauber machen, das knirscht sonst so unter den Schuhen mit dem ganzen Föhraner Südstrandsand. Und bei der Gelegenheit kann er auch gleich all den anderen Plankton mit rausräumen, der sich im Inneren so ansammelt: leere Flaschen und Chipstüten und alte Parkzettel und kaputte CD-Hüllen und ausgetrocknete Kugelschreiberminen und halbe verdorrte Butterbrote und zusammengeknüllte Wegbeschreibungen und so weiter und so weiter.

Da wir in all den Jahren zusammen enorm viele ›Kilometer gefressen‹ haben, hat Jochen das auf *Sandkastenrocker* auch mal in einem Text verarbeitet: *Kilometer*. Und abschließend müssen wir noch mal ganz klar sagen: Ohne die tolle Unterstützung von *Ruf*, *Neotechnik* und *OWL zeigt Herz* hätten wir das mit den ganzen Autofahrten wohl kaum so gut hinbekommen. Vielen Dank.

Sagen wir es mal so: Das Aufräumen gehört nicht zu den Kernkompetenzen in der ersten Bulli-Reihe …

Den ersten Bulli mit großflächiger *Randale*-Beklebung stellte uns *Ruf-Jugendreisen* zur Verfügung. Das war eine große Kostenerleichterung für uns, allerdings mussten wir ihn zwischendurch immer wieder zurückbringen (11. Dezember 2010).

JV

Bulli Nummer 2 hatten wir der Firma *Neotechnik* zu verdanken und ihn durften wir drei Jahre lang dauerhaft nutzten. Anlässlich der Übergabe in Bielefeld-Sennestadt war ein Pressefoto mit Geschäftsführer Jochen Häger Ehrensache.

RS

Ruf ließ es sich nicht nehmen, uns mit Bulli Nummer 3 ein weiteres Mal zu unterstützen, und so kam auch hier ein Pressefoto mit Burkhard Schmidt-Schönefeldt und Nadja Sölter vor dem Firmensitz am Boulevard in Bielefeld zustande.

RR

Seit 2017 haben wir einen eigenen Bulli, und die Nummer 4 gehört uns ganz allein und sonst überhaupt niemandem. Aber wir müssen uns jedes Mal genau überlegen, in welcher Reihenfolge wir einladen. Das hängt nicht nur davon ab, welche Aushilfen mit welchen Klamotten anrücken, sondern auch davon, ob sich der Schlagzeuger gelegentlich doch gegen den Bequemlichkeitswillen der anderen durchsetzt und auf einer großen statt einer kleinen Trommelburg besteht …

GR GR GR

Am Wochenende vom 10. bis zum 12. Juni 2022 standen sieben *Randale*-Konzerte im Kalender, die Markus mit uns absolvierte, und ich hatte am Samstag noch ein weiteres mit *Big Balls*. Sonntagabend wollten wir nach dem Ausladen nur noch nach Hause und ins Bett …

RS

Cooler geht ja wohl nicht: Mit einer Nummer mehr als das teuflische Biest parkte unsere Feuerrakete am 15. Januar 2023 vor dem legendären *SO 36* in Berlin.

JV GR

Netzwerk-Kontrolle – Oliver Alexander und Alisa Wessel

Wie sich Bratwürste, Vinyl-LPs, Voodoo-Zauber, Kellnerfrüchtchen und Pausenclowns am besten unter zwei Hüte bringen lassen.

Weiter vorn im Buch hatte ich ja schon mehrfach darauf hingewiesen, dass es mit Erhard Kanicki am Mischpult und Peter Z am Zeichenbrett zwei für die Band enorm wichtige Begleiter gibt, die seit den Anfangstagen mit im Boot sind. Aber da gibt es noch einen, auf den fast seit der Band-Gründung Verlass ist, und das ist Oliver Alexander, der Alexander Oliver, und der ist ein waschechter Bayer. Seit weit über 30 Jahren ist er im Musikbusiness unterwegs und kennt unendlich viele berühmte und auch weniger berühmte Leute. Zum Beispiel auch den Dings, hier, diesen Typen mit seinem Riesen-Hit *Bratwurst No. 5*, ich komm' gerade nicht drauf …

Jedenfalls lernten sich Jochen und Oliver dereinst kennen, als Jochen – man schrieb ungefähr das Jahr 1994 – den aus Steinhagen stammenden Holzfällerhemdkünstler *Buttermaker* betreute und dieser bei *Peter Maffays Red Rooster Label* unter Vertrag genommen wurde. Ebendort arbeitete Oliver nämlich als A&R-Manager (also als eine Art Entdecker für neue Künstlerinnen und Künstler), und zwischen ihm und Jochen war es Liebe auf den ersten Blick, da stimmte die Chemie einfach. Die Produktion des *Buttermaker*-Albums fand dann allerdings nicht im Tutzinger *Red Rooster Studio*, sondern in Erhards Bad Oeynhausener *Traveller Studio* statt – da blieb man doch lieber in Ostwestfalen.

41065

MUSIKVERLAG

Wusstest du, …

dass die Postleitzahl von Mönchengladbach-Lürrip 41065 lautet und jene von Kelheim 93309?

Nach zwischenzeitlicher Funkstille (es hatte einfach nix zu funken gegeben, sonst war alles gut gewesen) liefen sich die Herren durch Zufall im Herbst 2004 auf der Musikmesse *Popkomm* in Berlin unter ›großem Hallo‹ wieder über den Weg und vereinbarten sofort eine Intensivierung der Zusammenarbeit. Denn Jochen hatte ja gerade *Randale* gegründet und Oliver sich mit seiner Verlagsedition *One Louder* selbständig gemacht. Auf diese folgte einige Jahre später *Two Louder* (beide wurden anfangs noch in Partnerschaft mit einigen großen Unternehmen der Branche betrieben), und seit Jahresbeginn 2015 steht Bayerns optische Antwort auf *Elvis* praktisch als One-Man-Show dem *41065 Musikverlag* vor – nein, gemeint ist nicht die identische Postleitzahl von Mönchengladbach-Lürrip. Aber jetzt ratet mal, wann der Vogel wohl Geburtstag hat? Wer pünktlich gratulieren möchte, muss allerdings die amerikanische Schreibweise beachten …

Für Oliver ist genauso wie für uns die Musik nicht einfach ein Beruf, sondern er ist auch ein riesiger Musik-Fan. Bei aller Begeisterung für das ›große‹ Heldentum hat er stets die kleinen und noch unbekannten Bands sowie Künstlerinnen und Künstler im Blick, um deren Karriere möglichst weit begleiten und mitprägen zu können. Und seine Schäfchen kommen nicht nur aus Deutschland, sondern zum Beispiel auch aus Finnland, Norwegen oder Tschechien. Auch all unsere Songs sind bei ihm verlegt und über seine Kontakte kam auch eine Vertriebsvereinbarung mit *CARGO Records* zustande. Weil ihm das aber noch nicht reicht, ist Oliver auch noch Geschäftsführer der *Donnerwetter Musik GmbH* und war als Dozent an der *Deutsche Pop* in München tätig. Wenn dann noch Zeit bleibt, steigt er am liebsten aufs Motorrad oder lässt sich von seiner Frau ein paar neue Voodoo-Tricks beibringen, denn es ist immer gut, ein paar davon in petto zu haben.

Oliver ist für die Band und vor allem für Jochen stets ein wichtiger Berater in allen möglichen Fragen, die im Fallstrick-Dschungel des Musikgeschäfts plötzlich auftauchen können. Wenn Jochen nicht mehr weiterweiß, dann hat er die Gewissheit, dass er nur die Kurzwahltaste mit Olivers Handynummer zu drücken braucht und schon ist Hilfe in Hörweite. Und wenn er unbedingt mal wieder staunend vor einer 50 Meter hohen und 200 Meter breiten Wand aus Vinyl-LPs stehen will, dann kann er ganz flott nach 93309 Kelheim fahren und sich zusammen mit dem Eigentümer quer durch dessen Schätze hören. Für alle, die jetzt meinen, da einbrechen zu können, um ihre eigene Sammlung zu erweitern: Vergesst es einfach. Rund ums Haus finden sich nämlich ein Stacheldrahtzaun, Schützengräben, Wasserwerfer, Dobermänner und -frauen, und oben auf dem Dach steht eine Hubschrauberstaffel im Dreischichtdienst bereit. Im Haus selbst wacht sogar noch eine treusorgende Mutter über die Schätze – keine Chance!

Wen wir hier auch unbedingt erwähnen müssen, das ist Alisa Wessel. Sie kommt gebürtig aus Hannover und wir lernten sie ebenfalls schon 2004 über Oliver kennen, mit dem sie bereits seit vielen Jahren zusammenarbeitet. Mit ihrem *Alisa Wessel Musikverlag e. Kfr. / Service Bureau for Songwriters and Artists* unterstützte sie uns lange Zeit in Sachen *GVL* und musste dabei unendlich viele Zahlen und Listen kontrollieren. Da ist sie sehr genau, und das hat sie dank einer kauffrauischen Berufsausbildung und der Arbeit bei mehreren großen Unternehmen der Musikbranche von der Pike auf gelernt. Sie ist unheimlich gut vernetzt, und weil sie ihre Arbeit so gewissenhaft macht, zählen längst auch viele berühmte Leute zu ihrer Kundschaft, zum Beispiel *Till Brönner*, *Teddy Teclebrhan* oder *Konstantin Wecker*. Mittlerweile leitet sie als Dozentin sogar Workshops zum Thema *GEMA-Praxiswissen*.

Und natürlich hat Alisa auch viele andere Qualitäten, die nicht nur ihr das Überleben im Alltag sichern. Wenn zum Beispiel die kleine Band *Randale* wissen will, wo man in Berlin am besten Burger essen kann, dann ist sie eine sichere Bank, kennt den allerbesten Laden und kann den Weg dahin auch im Schlaf auswendig aufsagen. Um sicherzustellen, dass auch alles glatt läuft, kommt sie sogar kurzerhand mit und überwacht das Geschehen. Wenn der Kellner dann nach nur zwei Stunden Wartezeit Portionen für drei statt fünf Personen bringt und das Gelieferte aber auch so was von überhaupt gar nix mit der eigentlichen Bestellung zu tun hat, dann weiß Alisa ganz genau, wie man mit dem Früchtchen umspringen muss, aber hallo! Und deswegen fühlen wir uns bei ihr stets gut aufgehoben.

Von ihrem Büro aus unterstützt Alisa unter anderem Olivers Verlag, aber auch sie selbst hat dort doppelte Unterstützung. An Schreibtisch und Telefon ist das Tabea Meusch, die steht ihrer Chefin in Sachen Verlässlichkeit in nix nach. Und dann ist da noch ein weiterer Kontrolleur, das ist Alisas Hund Fiete, und weil der es mit dem Kontrollieren genauso genau nimmt wie die beiden Zweibeinerinnen, wurde ihm zwecks maximaler Ausnutzung seiner Kernkompetenzen das Ressort ›Empfang, Security und Pausenclown‹ zugeteilt.

Die Wessel Alisa und der Alexander Oliver, die beiden haben schon sehr viel für uns auf die Beine gestellt.

Geschäftsmäßig geben sie sich natürlich äußerst seriös, aber wie alle anderen Menschen haben auch sie eine private Seite. So lässt sich hier festhalten: Die zwei beiden spucken nicht rein und bewiesen das am 11. März 2009 im *Augustiner-Keller* zu München in standesgemäßer Verkleidung.

Und was kommt dem bayerischen Biker ausschließlich unter den Lederpopo? Natürlich ein Fahrzeug aus heimischer Produktion!

Fast wie Robin Hood, aber absolut ohne Flitzebogen-Überfälle aus dem Hinterhalt – OWL zeigt Herz e.V.

Wie mit Hilfe eines Welthandballers und eines Vielredners Kinder stark gemacht werden.

In rund 20 Jahren Band-Geschichte sind mittlerweile viele langjährige Beziehungen auf verschiedensten Ebenen entstanden — wir können gar nicht oft genug betonen, wie wichtig die für unsere Kapelle sind. Ganz vorn mit dabei ist der Verein *OWL zeigt Herz*. Der wurde 2007 von Christian Messinger und Bernd Ottensmann im westfälischen Steinhagen gegründet, und die beiden ziehen noch immer viele Fäden, mittlerweile im sogenannten Aufsichtsrat. Seit 2017 bekleidet Daniel Stephan das Amt des 1. Vorsitzenden, und der ist ziemlich berühmt. Daniel hat nämlich bis 2008 auf absoluter Profiebene Handball gespielt und zahlreiche Erfolge eingeheimst. Dabei hat er es unter anderem bis in die deutsche Nationalmannschaft gebracht, war mit Silber gekrönter Olympionike und wurde 1998 in Diensten des *TBV Lemgo* sogar zum *Welthandballer des Jahres* gewählt — es konnte nur einen geben! Ebenfalls seit der Vereinsgründung mit dabei ist auch Thomas *Schmitti* Milse, der für die Öffentlichkeits- und Eventgestaltung zuständig ist. *Schmitti* ist im richtigen Leben Moderator und Autor und kann in der Tat noch schneller und mehr reden als Jochen — was man sich ja nun mal eigentlich sowieso schon fast gar nicht vorstellen kann! Darüber hinaus sind noch viele andere Helferinnen und Helfer im Hintergrund ehrenamtlich tätig.

Aber was wollen all diese Leute denn eigentlich genau? Die haben sich damals zusammengefunden, weil sie Kinder und deren Interessen möglichst unkompliziert unterstützen wollten. Das Prinzip ist eigentlich ganz einfach: Wer genug Geld übrighat oder welches besorgen kann, der sammelt das, damit der Verein es dann an solche Kinder oder Einrichtungen weitergeben kann, die es besonders dringend gebrauchen können — eine super Idee! Man könnte auch sagen, dass das Motto des Vereins ist: »Her mit all eurem Gold und Geschmeide — wir geben es weiter!« Also in etwa so wie bei *Robin Hood*, nur eben voll legal und absolut ohne Flitzebogen-Überfälle aus dem Hinterhalt.

Um Kinder in ihren Bedürfnissen und Interessen zu unterstützen, wird oft ziemlich viel Geld gebraucht, denn das meiste im Leben muss ja nun mal bezahlt werden — egal ob es sich um ein Rosinenbrötchen mit Frühstücksschokolade oder einen neuen Spielplatz handelt. Da die Leute von *OWL zeigt Herz* ziemlich schlau sind, haben die sich gedacht: »Um an die Moneten für gute Zwecke zu kommen, arbeiten wir am besten mit Prominenten zusammen, denn die sind beliebt und ziehen den Leuten das Geld wie von Zauberhand aus der Tasche und dann können wir es an die Kinder verteilen.« Das funktioniert auch wie verrückt, besonders beliebt sind vom Verein veranstaltete *Sport meets Party*-Events mit unter anderem Golfturnieren und Spendengalas. Da fühlen sich die Besucher bestens unterhalten, haben deswegen gute Laune und spenden Geld. Genial.

Das Geld all dieser Sponsoren kann dann zügig dorthin geleitet werden, wo es benötigt wird. Das erste vom Verein aufgestellte Programm war *Sport macht Kinder stark*, an das sich später auch *Kultur macht Kinder stark* anlehnte. Die Zahl der in all den Jahren geförderten Einrichtungen und Projekte ist fast unüberschaubar und reicht von einer dicken Spende für eine Schulbücherei über die Finanzierung von lebenswichtigen Schwimmkursen und Therapiepferden bis zur Förderung von Schulranzen inklusive Nachhilfe. Außerdem gibt es eine wirklich riesige Zahl an Kooperationen mit anderen karitativen Initiativen, Institutionen und Stiftungen.

Allein das, was sie mit uns zusammen auf die Beine gestellt haben, ist erheblich. So wurde im September 2015 das Projekt *Musik macht Kinder stark* gegründet, das wir mit *Randale* seit dem Beginn als Paten begleiten. Musik kann Kinder zum Mitsingen oder -tanzen animieren oder sogar dazu, selbst ein Instrument zu erlernen. Im Idealfall fördert Musik auch ein Gemeinschaftsgefühl und Toleranz — genauso wie es bei Konzerten für große Leute funktioniert. Außerdem sind Gemeinschaft und Toleranz Themen, die ja auch in Jochens Texten immer wieder auftauchen.

Für das *Kindermusikfestival 2016* stellte *OWL zeigt Herz* Freikarten zur Verfügung, so dass am 25. Oktober gut 900 Kinder aus 15 Bielefelder Grundschulen zum Konzert in die *Rudolf-Oetker-Halle* kommen konnten. Auch das *Kindermusikfestival 2018* wurde durch Freikarten für Kinder von 20 Grundschulen unterstützt, und bereits am 10. und 11. April des Jahres veranstalteten wir zusammen eine Mini-Tour durch Kinderkliniken in Herford, Detmold, Paderborn und Bielefeld — komplett unplugged und jedes Kind bekam eine *Randale im Krankenhaus*-CD geschenkt. Anfang Mai 2019 gab es eine weitere Mini-Tour durch vier Kitas in Lemgo, Herford, Gütersloh und Bielefeld. Damit war der Grundstein für etwas gelegt, das uns als Band in den beiden folgenden Jahren moralisch und finanziell den Popo retten sollte — was wir damals ja noch gar nicht wissen konnten … Bei der Gelegenheit: Kita-Touren sind natürlich halbgeheim. Das heißt, sie sind nicht öffentlich und finden eigentlich nur für die Kinder und Betreuerinnen bzw. Betreuer der jeweiligen Einrichtungen statt. Aber oft genug haben wir es erlebt, dass bei unseren Konzerten im Garten oder (leider) manchmal hinterm Zaun auf dem Bürgersteig einige Eltern, Nachbarn oder zufällig vorbeikommende Leute stehenblieben, sich das Ganze anschauten und dabei ebenfalls ihren Spaß hatten.

Bei derart lässigen Jungs ist es völlig egal, ob sie lange oder kurze Spendierhosen tragen: Bernd Ottensmann und Christian Messinger gründeten 2007 den Verein *OWL zeigt Herz*. Durch dessen Unterstützung konnten wir uns 2017 endlich einen eigenen Bulli zulegen.

Aufgrund der ganzen Corona-Geschichte war es zunächst gar nicht möglich, Konzerte zu spielen. Um dennoch etwas Unterhaltung über das Internet bieten zu können, nahmen Jochen und *Schmitti* im Mai 2020 mit Unterstützung der Eventagentur *fast4ward* im Bielefelder *Lokschuppen* ein 30-minütiges Video auf, in dem sie unsere Version des *Dornröschen*-Märchens präsentierten. Allerdings war es eben nicht das Musical mit diversen Schauspielerinnen und Schauspielern samt Live-Band, sondern nur eine ›Two-Men-Show‹, bei der *Schmitti* als Märchenonkel im Ohrensessel fungierte und Jochen — im Stehen — sämtliche Rollen der Geschichte übernahm, wobei er zu den Instrumental-Versionen unserer CD live sang. Das war also so eine Art ›Vielquatscher-Battle‹ zwischen den beiden. Aber eigentlich war es sogar eine ›Three-Men-Show‹, denn als Kameramann war auch noch Christian Mathiesen mit an Bord.

Im Juni, Juli, August, September und Oktober des Jahres ging es schließlich durch eine enorm große Zahl von Kitas, genauer: meist in deren Gärten, denn die Gebäude durften wir nur in Ausnahmefällen betreten. Genauso war es bei einer weiteren Kita-Tour im Juni und Juli 2021, und auch das *Kindermusikfestival 2021* wäre ohne *OWL zeigt Herz* so nicht machbar gewesen. Da das Konzept der Kita-Tour natürlich auch ohne Pandemie (und sogar noch viel besser) funktioniert, führten wir es jeweils im Mai 2022 und 2023 mit zwei weiteren Veranstaltungsreihen fort. Außerdem unterstützte der sozial engagierte Verein die in den Sommerferien 2022 und 2023 auf dem Bielefelder Kesselbrink veranstalteten *KesselKidz*-Konzerte mit uns sowie anderen Bands und Künstlern. Zudem war er erheblich daran beteiligt, dass wir uns 2017 endlich einen eigenen Band-Bulli zulegen konnten. Unser jüngstes Gemeinschafts-Projekt war eine weitere kleine Kita-Tour am 7. und 18. Dezember 2023, bei der die Kapelle unplugged die eigenen Weihnachtslieder zu Gehör brachte und mittendrin Märchenonkel *Schmitti* jeweils eine kleine Lesung abhielt.

Auch der Kontakt zu Verbrecher-Ingo kam über *OWL zeigt Herz* zustande, und mit ihm hat Jochen schon so manches Vorlese-Ding gedreht!

Was (natürlich!) auch mal wieder klar ist: Den engsten Kontakt zur *Robin-Hood*-Fraktion pflegt traditionell Jochen als geborener Netzwerker. So war er unter Schirmherrschaft des Vereins in der Weihnachtszeit der Jahre 2016, 2018 und 2019 zusammen mit Schauspieler Ingo Naujoks an diversen Lesungen an Grundschulen im Raum OWL beteiligt. Und deshalb tauchte schließlich Verbrecher-Ingo 2020 auch im Video zu *Polizei* auf!

Auf die Gefahr hin, mich zum wiederholten Male zu wiederholen, kann ich also nur noch einmal sagen: Was hätten wir ohne diese großartige Unterstützung bloß gemacht?! Und damit die Damen und Herren weiterhin in allen möglichen Bereichen so erfolgreich arbeiten können, wie sie das nun schon so lange tun, darf an dieser Stelle der Hinweis auf das Spendenkonto natürlich nicht fehlen:

OWL zeigt Herz e.V.
Volksbank Bielefeld-Gütersloh
IBAN: DE60 4786 0125 0024 9981 00
BIC: GENODEM1GTL

Draußen und Abstand, das waren damals die wichtigsten Bedingungen für unsere Kita-Konzerte. Sehr erfreut waren wir am 22. Juni 2021, als uns die Kinder und Erzieherinnen des *Ravensberger Regenbogen e.V.* einen eigenen Backstage-Bereich im Garten aufgebaut hatten: Ganz schwach lässt sich im Hintergrund zwischen Bassist und Trommler ein Tisch mit Wasserflaschen und Kaffeekanne sowie einem Hinweisschild an der Wäscheleine erkennen.

Seit jeher beschäftigt eine wesentliche Frage meine Verwandtschaft: Wer wohnt vor und wer hinter dem Berg — die Gohfelder oder die Oppenweher?! Ähnlich war es am Morgen des 23. Juni 2020 auch in Bielefeld-Quelle, nur dass hier Band und Kitabesetzung aufeinandertrafen und das Wiehengebirge bei Lübbecke durch einen Zaun ersetzt wurde …

Alle Hände fliegen hoch! Die Kita-Konzerte waren für die meisten kleinen und großen Leute eine herbeigesehnte Abwechslung in einer Zeit, die noch mehr als sonst schon von zahlreichen Regeln bestimmt wurde (24. Juni 2021).

Am 25. Juni 2021 führte uns die Kita-Tour quer durch den Kreis Gütersloh und das Wetter war super, da kamen Band und Publikum ohne Jacken aus. An diesem Tag war auch Daniel Stephan als 1. Vorsitzender von *OWL zeigt Herz* mit dabei, und seitdem er nicht mehr in der deutschen Nationalmannschaft handballern muss, hat er auch viel mehr Zeit zum Zähneputzen.

2023

Das soll ja wohl gefälligst noch weitergehen

Wie man vollbekloppt Bundesländer abhakt und damit einfach nicht aufhören will.

In diesem Jahr ging es mit gleich drei wirklich schönen Konzerten los. Das erste fand am 8. Januar in der *Druckerei* in Bad Oeynhausen statt, und da konnte Arthuro — endlich! — sein 100. Konzert als *Aushilfsrandalette* feiern. Es folgten zwei Shows in Berlin (das legendäre *SO36* ausverkauft!) und Bremen (*Lagerhaus*, toll!), und damit hatten wir für dieses Jahr bereits drei Bundesländer abgearbeitet. Überhaupt haben wir schon in allen 16 Bundesländern gespielt: Schleswig-Holstein, Hamburg, Bremen, Niedersachsen, Nordrhein-Westfalen, Hessen, Rheinland-Pfalz, Saarland, Baden-Württemberg, Bayern, Mecklenburg-Vorpommern, Berlin, Brandenburg, Sachsen, Thüringen und Sachsen-Anhalt — sie alle haben wir uns mehr oder weniger genau angeschaut. Damit wäre das also schon mal erledigt.

Das übrige Frühjahr ließ sich recht gemütlich an. Im Februar standen acht Karnevalskonzerte in Langenberg, Bielefeld und Darmstadt auf dem Zettel, und im März spielten wir nur zwei Mal in Bielefeld sowie ein Mal in Köln und drehten noch ein Video. Damit hatte ich aber auch mehr Zeit, um mich auf dieses Buch zu konzentrieren. Und das hat auf jeden Fall unheimlich viel Spaß gemacht. Sogar so viel, dass ich überlege, ob ich nicht doch noch zumindest eines von drei angefangenen Eisenbahnquatschbüchern fertigmachen sollte. Und unbedingt eines über *Big Balls*. Damit habe ich sogar schon vor über 20 Jahren angefangen — als noch gar keiner wusste, dass Fleisch ja auch Gemüse sein kann. Das Buch wäre eigentlich noch viel wichtiger als der ganze Eisenbahnkram, aber es kam eben immer irgendetwas anderes dazwischen. Wir werden sehen.

Jedenfalls standen wir mit *Randale* auch im April nicht viel auf der Bühne, nur für ein Doppelkonzert in Stemwede und eines im Münsteraner *Gleis 22*. Aber das war ausverkauft, und im Mai konnten wir wieder so richtig loslegen, inklusive einer weiteren kleinen Kita-Tour quer durch Ostwestfalen-Lippe und mit vielen anderen wunderbaren Konzerten. Vor allem beim *Frühlingsfest* in Paderborn, bei der Osnabrücker *Maiwoche*, dem *Haller Willem* und dem Bielefelder *Leinewebermarkt* (nach drei Jahren Pause endlich wieder) kamen sehr viele kleine und große Menschen, um uns zu sehen. Hunteburg war auch super, und auf dem Schulfest der *Johannesschule* in Mesum/Elte wurde fast ein neuer Rekord beim Merch-Verkauf aufgestellt, das musste Jochen ganz allein übernehmen. Aber vielleicht gab es da auch einfach keinen Laden, in dem man T-Shirts kaufen konnte, und die Leute waren froh, sich auf diese Weise für den Sommer eindecken zu können. Oder der Großraum Rheine verfügte vielleicht noch gar nicht über Internet, so dass die noch nie von Online-Shops gehört hatten? Man weiß es nicht.

Oppenwehe wurde 1227 erstmals urkundlich erwähnt und ist weltberühmt für seine Moorlandschaft sowie den größten Spargelmarkt Ostwestfalens — nix wie hin!

Zum Ende des Monats ging es noch zur *Büchermeile* auf die *Kö* nach Düsseldorf und einen weiteren Tag durch vier Bielefelder Kitas. Der Juni fing dann genauso an, wie der Mai aufgehört hatte: mit vollem Programm in Siegburg, Bielefeld, Dörentrup, Münster, Minden und Rahden. Rahden ist immer ein wenig Heimat für mich, weil meine Mama da ganz aus der Nähe herkommt, nämlich aus Oppenwehe. Allerdings befand sich direkt neben unserer Bühne das Kirmes-Fahrgeschäft *Disco Dance*, und dort lief den ganzen Tag über wahnsinnig laute Disco-Musik, so dass wir da kaum gegen ankamen, schon gar nicht mit den Ansagen, und ruhige Stücke konnten wir gleich weglassen.

Viel besser war es in der *Stadt- und Schulbibliothek Kelsterbach* sowie in Hamm, wo wir an der *Bodelschwinghschule* auf die wohl lautesten 1. bis 4. Klassen trafen, mit den wir es je zu tun hatten — ein großartiges Konzert. Volle Zufriedenheit auch in Steinhagen, Harsewinkel, Ahlen und Porta-Westfalica, obwohl wir dort das Freibad-Konzert aufgrund von Starkregen und Gewitter nach 40 Minuten abbrechen mussten. Trocken und gleichzeitig sehr warm war es in Wellingholzhausen und Hannover, und dann ging es zum dritten Mal zur *Kieler Woche*, nun aber zum ersten Mal in Originalbesetzung und das für gleich drei Tage hintereinander. Am zweiten Tag gab es sogar noch einen wunderbaren abendlichen Grillfressumtrunk beim leider Anfang April 2024 verstorbenen Kollegen

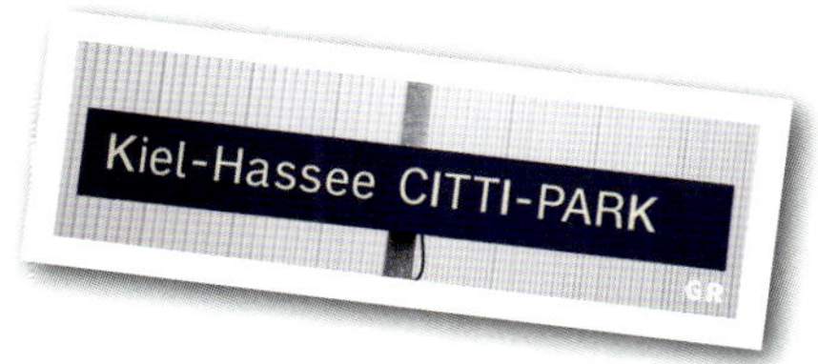

Der Bahnhof *Kiel-Hassee CITTI-PARK* besitzt noch neun Weichen – da macht das Rangieren Spaß!

Matthias Meyer-Göllner zusammen mit seinen zappelbandigen Komplizen Nils, Uli und Fred in Kronshagen. Matthias hatte da fast so etwas wie einen eigenen Bahnhof direkt vor der Haustür, aber eben nicht ganz: Es gibt dort nämlich keine Weichen, und so ist es nur ein Haltepunkt, und beim Rangieren macht das dann praktisch gar keinen Spaß, weil man eben nicht auf ein anderes Gleis abbiegen kann. Aber trotzdem kann man von da aus mit nur einem Zwischenhalt in *Kiel-Hassee CITTI-Park* innerhalb von zehn Minuten per Regionalbahnlinie 73 zum Hauptbahnhof fahren und muss dann nur noch wenige Meter laufen, wenn man endlich mal wieder am *Hörn* in die *Kieler Förde* springen möchte. Obwohl das da gar nicht erlaubt ist. Aber vielleicht bekommt es ja auch gar keiner mit, wenn man das mal morgens um vier Uhr heimlich ausprobiert?

Jedenfalls war das Grillfest allerbeste Musikerverständigung über Bundesländergrenzen hinweg. Na gut: Es waren auch zwei Trommler dabei – haha, ganz flacher Witz … Mit Nordrhein-Westfalen, Niedersachsen, Hessen und Schleswig-Holstein hatten wir in diesem Monat immerhin vier Bundesländer bedient. Allerdings waren wir in diesem Jahr ja schon in Nordrhein-Westfalen, Niedersachsen und Hessen gewesen, also bitte nicht wiederwählen. Damit blieb nur ein jahresneues Land übrig, aber es gibt auch Schlimmeres.

Der Juli bot nur noch drei Konzerte in Meinersen, Steinhagen und Lemwerder (wieder keine neuen Bundesländer, Mist), und für danach hatten wir einen Monat Sommerurlaub vereinbart. In dem fuhr Jochen wieder nach Föhr, Kritze wieder nach Terschelling, Marc wieder nach Frankreich und ich wieder nach Dänemark – laaaangweilig … In dieser Zeit wollten wir ein wenig Kraft tanken, um im August und September weitere zwölf plus 13 Konzerte (also insgesamt 25 – Mathe erste Klasse, ne?) spielen zu können. Kraft zu tanken war für uns alle aus verschiedenen Gründen wichtig. Für mich unter anderem auch, weil sich unsere Hoffnung, dass wir dieses Buch hier über ein sogenanntes Crowdfunding finanzieren könnten, zerschlagen hatte. Denn wir hatten einfach nicht genug Leute gefunden, die das Projekt mit Geld unterstützen wollten. Und auch hier gilt einfach die ganz alte Kaufmannsregel: kein Geld – kein Buch. Da war (nicht nur) ich schon ziemlich enttäuscht …

Wusstest du, …

dass die dänische Nationalflagge *Danebrog* genannt wird und »Flagge der Dänen« bedeutet?

Aber nun haltet ihr es ja doch in den Händen. Das ist vor allem Sven Nieder und seinem Team vom Verlagshaus *Kraterleuchten* aus dem schönen Eifelstädtchen Daun sowie der großzügigen Unterstützung durch das *Evangelische Klinikum Bethel*, die *Glückstour* und *Shantallica* zu verdanken, die das Projekt unbedingt doch noch ans Tageslicht bringen wollten. Damit sollte Peter Z einmal mehr recht behalten, der von Anfang an prophezeit hatte: »Das wird auf jeden Fall was!« Also auch hier noch einmal an euch alle: Danke!!!

Überhaupt kamen noch einige nicht geplante Dinge dazwischen. So konnten wir am 29. Juli nach sechs Jahren endlich mal wieder auf Föhr spielen, juchu! Dieses Mal sogar beim vom Hotel *Upstalsboom* veranstalteten und ziemlich fetten *Südstrand Open Air*. Hammer. Jochen hatte es ganz bequem, da er dort ja sowieso gerade im Urlaub war. Da Kritze und Marc aber noch sehr mit Anderswoerholen beschäftigt waren, fuhr ich mit Kris und Markus hoch und wir spielten ein wirklich tolles Konzert vor vielen Hundert Leuten. Anschließend durften Kris, Markus und ich sogar noch je zwei Nächte im Hotel verbringen, während Jochen wieder in seine Ferienwohnung musste und daher schon ein wenig neidisch war. Denn in so einem Luxuszimmer hatte zumindest ich noch nie übernachtet: Es gab eine randvolle Minibar, einen Balkon samt in die Wand eingebautem Strandkorb und ein Badezimmer, in dem eine ganze Fußballmannschaft gleichzeitig rempelfrei hätte duschen können – das waren mal rockstargemäße Standards! Am ersten Abend gab es obendrein noch ein À-la-carte-Menü für die ganze Band, da brauchte Jochen nicht ganz so traurig zu sein. Kris aber schon, denn der musste bereits am Sonntag mit dem Zug zurück, um ab Montag wieder solchen Doofis wie mir zu erklären, wie Computer richtig bedient werden wollen.

Der erste reguläre Auftritt nach der Sommerpause sollte in Bückeburg stattfinden – tat er dann aber leider doch nicht. Dabei hätten wir dort so gern gespielt, denn Bückeburg liegt nur etwa zehn Kilometer östlich von Minden und war einst Residenzstadt der Grafschaft Schaumburg-Lippe und die haben da immer noch einen echten Fürsten sitzen. Der nennt sich seit 2003 nur noch (!) ›Alexander Fürst zu Schaumburg-Lippe‹, geboren wurde er aber am 25. Dezember 1958 als ›Ernst-August Alexander Christian Viktor Hubert Prinz zu Schaumburg-Lippe‹. Wahrscheinlich war ihm der Name zu kompliziert, weil es immer so anstrengend war, wenn er sich am Telefon melden musste. Und das Autogrammegeben hat natürlich auch viel zu viel Zeit in Anspruch genommen, in der er viel besser und viel mehr Schnittlauch-Schnittchen oder Käsekuchen hätte essen können. Vielleicht hat er den Namen deswegen geändert. Weiß ich aber nicht genau. Fakt ist jedoch, dass der Fürst ein mindestens ganz ziemlich passabler Jazzpianist ist. Peter Burrack (der ist Bassist, kommt auch aus Bückeburg und ist, glaub ich, mit dem damaligen Prinzen zur Schule gegangen) hat mir mal erzählt, dass der Fürst gelegentlich mit *Roger Taylor* von *Queen* Ski fährt oder segelt oder so, ganz starke Nummer jedenfalls! *Roger Taylor* ist natürlich auch so eine Art überfamoser Spitzentrommelgott und hat auch ganz lange auf *Ludwig* getrommelt – als er noch richtig guten Instrumentengeschmack und keinen fusseligen weißen Weihnachtsmannzauselrauschebart hatte. Und reinspucken, das tun Roger und Alexander angeblich auch nicht, wie man so hört, nö nö. Na ja.

Und warum erzähle ich den Quatsch überhaupt, obwohl wir da gar nicht auftraten? Einfach, weil ich Lust dazu habe. So. Jedenfalls spielten wir statt in Bückeburg einfach am selben Tag erneut im *Maximilianpark* in Hamm, denn wir sind ja flexibel. Und dann ging es weiter gen Cloppenburg (Home of the Kartoffelspezialist *Pfanni*), Bielefeld, Haltern, Hamburg (Stadtstaat = Bundesland = jahresneu, juchu!), Gütersloh, Stemwede (angeblich waren wir die einzige Band, die beim *Stemweder Open Air Festival* entgegen den dort eigentlich geltenden Spielregeln ein zweites Mal auftreten durfte!), Dinkelsbühl (*Summer Breeze*, na klar, voll bayerisch und deswegen auch jahresneu) und Stuttgart. Stuttgart ist natürlich Landeshauptstadt von, na? Baden-Württemberg, richtig. Somit war das Thema neues Bundesland für 2023 auch hier erfolgreich beackert. Aber der neue Bahnhof *Stuttgart 21*, der wird ja wohl ein totaler Misthaufen. Der bekommt nämlich nur acht Gleise, liegt unter der Erde im Gefälle, war schon während der Planung eine überteuerte Vollkatastrophe mit garantiertem Verkehrskollaps und es dürfen keine Dieselloks mehr reinfahren. Wie doof kann man denn sein?! Aber das müssen die ja selbst wissen, die ganzen Minischter und Vorstandsvorsitzenden und ihre Claqueure. Das sind übrigens Leute, die alles beklatschen, was Leute, die in der Rangfolge über ihnen stehen, so von sich geben. Einfach weil sie hoffen, dass es sie dann in ihrer eigenen Karriere weiterbringt. Das sind also eigentlich ganz einfache Wichtigereleutebeklatscher, aber Claqueure klingt natürlich viel besser.

INTERVIEW Garrelt Riepelmeier / Randale

DER GROOVE SO MANCHER KINDHEIT

Garrelt Riepelmeier ist Jahrgang 1968 und stammt aus Löhne in Westfalen. Genauer gesagt aus dem beschaulichen Ortsteil Gohfeld. In seiner Kindheit musste Garrelt auf Wunsch seiner Eltern zum Flötenunterricht, was ihn nicht sonderlich begeistert hat.

Sehr schmeichelhaft und voll claqueuriert: Jan Hofmann verschaffte dem *Randale*-Trommler samt Kapelle im Sommer 2023 weitere Fachwelt-Aufmerksamkeit in der *DrumHeads!!*

Es geht eben auch da vor allem ums Ego, Schmeicheleien und Eitelkeiten – genauso wie in der Musik. Und natürlich sind auch Kleinegrauelandmaustrommler aus Löhne nicht davon ausgenommen – gerade die freuen sich besonders, wenn sie mal kurzzeitig von irgendwem warum auch immer für halbwegs wichtig erklärt werden. So (ein weiteres Mal) geschehen in der Ausgabe 5/23 des schon erwähnten Fachmagazins *DrumHeads!!* Und warum? Weil Trommelkumpel Jan als frisch gebackener Chefredakteur der Meinung war, dass meine Wenigkeit trotz aller Selbstlimitierung noch einmal ein wenig mehr Aufmerksamkeit bekommen sollte. Zum Beispiel weil wir mit der Kapelle so unheimlich viele Konzerte spielen – und das sind oft mehr als bei manch anderen viel besseren und bekannteren Leuten. Vielleicht hat Jan auch gedacht, dass ich dann noch besser schlafen kann. Obwohl: Ich kann sowieso meistens ziemlich gut schlafen. Oder er wollte mir 'ne Chance geben, noch mehr angeben und auf wahnsinnig wilden Partys (wann werde ich bloß endlich mal zu so einer eingeladen?!) unglaublich wichtige Leute kennenlernen zu können. Aber vielleicht ist Jan ja auch ein Claqueur von mir oder ich sogar ein solcher von ihm, und wir wissen beide nichts davon?! Das Leben ist kompliziert, ich habe den Überblick verloren …

Dann lieber doch back to the facts, denn: Damit wir uns nicht langweilten, fuhren wir auch noch nach Bad Zwischenahn, Münster, Detmold, Bielefeld, Lübbecke, Erlangen (mal wieder Franken, also schon irgendwie bayerisch und somit nicht neu in der Wertung), Hilden, Halle (Westfalen), Leer (Ostfries-, aber eben leider kein Bundesland, schade!), Dortmund, Lage (Direkt nebenan fand eine Hochzeit statt, oje! Da musste zwecks gehöriger Schallpegelreduktion mal wieder schnell der *Countryhase* den *Hardrockhasen* ablösen …), Dülmen (Achtung: Turmbahnhof der Strecken Wanne-Eickel–Hamburg und Dortmund–Enschede, aber viel kleiner als Osnabrück!), Leopoldshöhe, Düsseldorf, Nordhorn, Detmold, Erwitte, Mannheim, Sababurg, Gütersloh, Lünen, Versmold, Tönisvorst, Bad Lippspringe, Hannover, Osnabrück, ohnehin quer durch Bielefeld und auch noch für zwei Tage Weihnachts-Kita-Tour durch Ostwestfalen-Lippe. Puh. Tja. Und: So, jetzt ist das Buch also fast fertig. Heute ist nämlich der 31. Dezember 2023, und ich mache Redaktionsschluss. Das habe ich mir so ausgedacht, weil morgen offiziell unser Jubiläumsjahr beginnt, da wird die Kapelle tatsächlich 20 Jahre alt, und da kann ich hier ja wohl auch mal 'nen Schnitt machen. Außerdem wird das Buch dann nicht noch dicker und teurer, wer soll das denn alles bezahlen oder gar lesen?!

Redaktionsschluss heißt übrigens, dass keine neuen Sachen mehr mit reingenommen werden dürfen, sondern wir danach nur noch versuchen können, möglichst viele von diesen hinterlistigen kleinen Fehlern zu entdecken, die es sich einfach in jedem Buch immer irgendwo gemütlich machen. Dafür trägt übrigens mein alter Freund Andreas Beune als Lektor die Hauptverantwortung, und wenn dem was durchrutschen sollte, dann bekommt der aber nachher etwas zu hören, da soll er sich schon mal jetzt ganz schön warm anziehen! Als Lektor war er übrigens die erste Wahl, weil: Einerseits ist er voll der Text- und Schreibprofi, und andererseits hat er sein Büro im *Randale*-Hauptquartier und ist daher auf vielen Ebenen stets sehr nah dran an der Band. Oft weiß er Sachen sogar vor mir, weil Jochen ihm die immer brühwarm flüstert, und dann bin ich ganz schön eifersüchtig, das könnt ihr mal gefälligst glauben! *Armine* ist Andreas obendrein auch noch. Aber nun, vielleicht gibt es nachher ja auch gar nicht so viel zu meckern am Buch. Und super aussehen wird es ja sowieso, weil Peter Z das mal wieder übernommen hat und sich vom Honorar eine weitere Insel im Pazifik kaufen wird. Da muss dann auch schon was kommen als Gegenleistung. Aber das tut es ja auch immer.

Leute, so sieht ein waschechter Lektor aus: Andreas Beune! Udn wnen heir irgendwleche Wrote flasch gebrieschen sien soltlen, dann ist der Vogel das in Schuld. Meine Meinung.

Und jetzt muss ich doch mal (wieder) sagen: Ich bin schon ziemlich stolz. Ein Kinderbuch (zumindest so eine Art davon), von mir fast ganz allein geschrieben. Da habe ich etwas, womit ich in Zukunft so richtig angeben kann, nicht nur auf Partys, auf die ich sowieso nicht eingeladen werde. Und der heimliche Chef der Band bin ich ja sowieso, haha! Was soll denn da wohl noch kommen?

Sogar Kritze hat sich nach erbittertem Widerstand doch noch überzeugen lassen. Denn schon lange, bevor er überhaupt den ersten Satz gelesen hatte, sagte er: »So ein Buch ist ja wohl der totale Blödsinn, wer braucht denn sowas?! Das interessiert doch keine kleinen und großen rosa Schweinchen!« Aber ich hab mir gedacht: »Den lass ich einfach reden, der geht gleich wieder in Brackwede Tennisspielen oder zu *The Cure* nach Amsterdam, und dann gibt er wieder Ruhe.« Marc fand das wohl auch irgendwie ganz gut, ein Buch über die Band. Aber er hat eben auch immer sehr viele andere unheimlich wichtige Dinge zu tun, jeden Tag von morgens bis abends und die Nächte durch und das auch noch das ganze Jahr lang. Deswegen hat er auch viel weniger Zeit als wir anderen und muss vier Mal so oft in den Urlaub fahren wie der Rest der Band zusammen. Jochen hingegen, der war von Anfang an Fan des Projekts. Denn es war ja klar, dass es schon auch ein ziemliches Buch über ihn werden würde, und das fand er natürlich super. Und da Kümmern voll sein Ding ist, hängte er sich mit seinen ganzen Kontakten unheimlich rein, dass dieses Projekt auch Wirklichkeit werden konnte. Das Schreiben war nämlich nur ein Teil davon, und es gab wahnsinnig viele Dinge zu organisieren: mit dem Verlag und der Druckerei und den Leuten, von denen wir bestimmte Fotos haben wollten, und mit dem zwischenzeitlichen Crowdfunding und so weiter und so weiter.

Wenn wir mal zurückschauen, dann war das schon eine ganz schöne lange Zeit, die wir miteinander verbracht haben, und in diesen Jahren haben wir eine unheimliche Menge an neuen Städten und vor allem sehr netten Leuten kennengelernt. Nun gut, ein paar Volldoofis waren auch dabei … Und wir können sehr froh sein, dass wir es immer noch zusammen aushalten – auch und gerade, weil das nicht immer leicht ist. Denn: Jochen spinnt von vorn bis hinten und zurück, Kritze hat echt einen an der Waffel, Marc weiß gar nicht mehr, wo all die Schrauben hin sind, die sich bei ihm gelockert haben, und ich bin sowieso vollbekloppt. Was will man da machen? Nun, wenn das alle wissen und versuchen, ein wenig Rücksicht zu nehmen, dann lässt sich vielleicht doch damit umgehen. Bisher haben wir noch alle Streitigkeiten klären können, auch wenn es davon eine ganze Reihe gab. Und das wird hoffentlich auch so bleiben, also das mit dem Klärenkönnen. Denn wir wissen auch ganz genau, dass wir zusammen schon eine Menge Dinge ziemlich erfolgreich auf die Beine gestellt haben und was für ein außerordentliches Glück das ist. In all diesen Jahren mit der Band sind nämlich einige von unseren Freunden sehr krank geworden. Und wir alle haben schon eine Reihe von Menschen verloren, weil jemand aus der Familie oder aus dem Freundeskreis gestorben ist. Die fehlen uns ganz doll.

Marco Sorrentino ist ein großartiger Fotograf und ein sehr netter Mensch. Er wohnt im schönen Freiburg im Breisgau, wo aus der Dreisam gespeiste Wasserläufe die Altstadt zieren. Am 19. August 2023 lichtete er die kurzbehoste Kapelle bei der Schwerstarbeit, den stagedivenden Punkpanda im Kopfüberflug und die schirmbemützte Kernzielgruppe in der Dinkelsbühler Gluthitze ab.

Wir lieben das *Summer Breeze*, auf dem wir bislang tatsächlich nur ausgesprochen nette Leute vor und hinter der Bühne getroffen haben. Außerdem sorgen die dort immer für eine kindgerechte Beschriftung der Werbebanner. Mensch, was reimte sich noch mal auf ›stricken‹?! Ich hab's vergessen …

Grafiker und Autor waren sich einig: Ein derart wahnsinnig schauender Polonaisensänger und ein so ungemein desinteressiertes Publikum dürfen nie an die Öffentlichkeit gelangen! Der Protagonist hingegen wünschte sich dieses Foto so sehr im Buch, dass wir ihm das Herz einfach nicht zu brechen vermochten …

Neben dem *Summer Breeze* hatte das Jahr 2023 noch eine Menge anderer Highlights zu bieten. Dazu gehörte unser erstes Konzert im legendären *SO36* in Berlin-Kreuzberg am 15. Januar – ausverkauft, bäm!

Ganz anders, aber auch sehr lustig ging es am 17. Februar beim Brackweder *Dingsbums* mit Prinz Jochen dem Rot-Weiß-Behäkelten zu.

Tja, da waren am 16. Juni mal wieder zwei Randalisten willenlos in den Leckermäulchenhinterhalt der Grundschule Amshausen getappt – keine Chance zu entrinnen …

Ein wahres Fest war unser Konzert beim *Südstrand Open Air* in Wyk auf Föhr am 29. Juli. Mit Bombenstimmung auf und vor der Bühne und einem luxuriösen Hotelzimmer, wie ich es ab sofort immer und ausschließlich haben will!

Soundcheck in Kiel am 23. Juni: zum dritten Mal auf der amphitheatrigen *Krusenkoppel*, aber zum ersten Mal in Originalbesetzung. Wir sollten »gewaltig leise« sein, davon klappte jedoch nur die erste Hälfte so richtig …

Unsere wirklich allerletzten Jahresendtaten waren zwei Kita-Konzerte in Lage und Lemgo am 18. Dezember, bei denen uns mit Thomas Milse (als Vorleser) und Daniel Stephan (als Aufpasserdassallesseinenrechtenganggeht) zwei OWLHerzenzeigende Männer unterstützten.

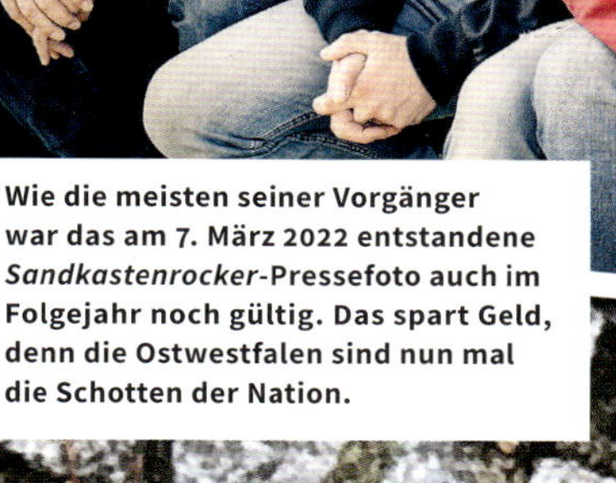

Wie die meisten seiner Vorgänger war das am 7. März 2022 entstandene *Sandkastenrocker*-Pressefoto auch im Folgejahr noch gültig. Das spart Geld, denn die Ostwestfalen sind nun mal die Schotten der Nation.

Tschüss! Das war es erst mal: Am 16. Dezember spielten wir mit der *Weihnachtsrallye* bei *Radio Bielefeld* unser (bis zum Redaktionsschluss) letztes Konzert in Originalbesetzung. Bei der Gelegenheit machte Aki ein vorläufiges Abschiedsfoto von der gut isolierten Kapelle und bewachte anschließend das an diesem Tag eingesetzte Zwergenschlagzeug — immer schön aufpassen, dass keine Räuber kommen! Außerdem fiel mir siedendheiß ein, dass da ja noch ein ganz treuer Geselle unbedingt nicht vergessen werden durfte: Hendrik Bögeholz begleitet die Band schon seit Urzeiten am Mischpult und ist wirklich ein ruhender Fels in der Soundbrandung. Dafür sind wir ihm sehr dankbar.

Momentan sieht es jedenfalls so aus, dass wir wohl noch eine ganze Zeit weitermachen könnten. Eigentlich sollte schon 2019 zum 15. Geburtstag eine größere Party stattfinden. Zum Beispiel wollten wir immer mal im Bielefelder *SparrenExpress* mitfahren. Das ist eine Party-Straßenbahn, in der man super Birnensaft trinken und Salzstangen futtern und sich dabei die Stadt anschauen und mit Leuten quatschen kann. Und zwischendurch Pipi machen?! Das geht da wohl auch, habe ich zumindest gehört, und dann lässt es sich ungleich entspannter durch die Hometown gondeln. Aber dann haben wir es doch nicht gemacht. Und letztlich ist die 15-Jahre-Party genauso ausgefallen wie viele der eigentlich jedes Jahr angedachten Weihnachtsfeiern. Die fanden nämlich meistens nicht statt, weil zumindest einer von uns vieren mal wieder keine Zeit hatte oder krank war – es ist eben immer etwas los.

Auf eine Fahrt mit dem *Sparren-Express* musste der Trommler über 20 Jahre warten. Am 17. Dezember 2023 war es so weit: Dank Lokführerkumpel Tim durfte er als Ersatzmann bei den Feierlichkeiten zu *50 Jahre Modelleisenbahnclub Bielefeld* einspringen, juchu!

Aber das 20-jährige Band-Jubiläum, das wollen wir dann ja wohl gefälligst wie verrückt feiern, mit Pappnasen, Pfefferkuchen und Purzelbäumen! Dazu gehört auch das im August 2024 erscheinende Album *Feuerkäfer* – bei dem Titel muss das ja wohl ein richtiges Rock-Album werden. Ob das klappt? Mal sehen. Jedenfalls ist es vielleicht nicht ganz so wichtig, ob unsere Haare jetzt grau sind oder da wachsen, wo sie es eigentlich nicht sollen und dafür an anderen Stellen fehlen. Oder ob wir plötzlich beim Jeans-Kauf aus irgendwelchen unerfindlichen Gründen auf die nächsthöhere Größe ausweichen müssen.

Sonst noch was? Ach ja, ein Geständnis: Mit Fußball hab' ich praktisch gar nix am Hut, fand aber immerhin mal so um 1982 den *HSV* ganz gut. Und *Arminia*? Kann man machen, muss man aber auch nicht zwingend. Und trotzdem darf ich bei *Shantallica* mitmachen. Ob die das überhaupt wissen, dass ich kein beinharter *Armine* bin und meinen enormen Nachlass meinen Töchtern und nicht dem Verein zu hinterlassen gedenke? Aber die müssen ja auch gar nicht alles wissen, das würde die Brüder nur vom kürzesten Weg zum Birnensafttresen ablenken. Und das will ja keiner.

Noch ein Geständnis: In meiner ersten Lebensphase war ich ein riesiger Formel-1-Fan, habe mich aber im zarten Alter von neun Jahren aus dem Geschäft verabschiedet, nachdem mein im schwedischen Örebro geborener Lieblingsfahrer *Ronnie Peterson* einen Tag nach einem schweren Unfall in der »Hölle von Monza« am Morgen des 11. September 1978 im Mailänder *Niguarda-Krankenhaus* verschieden war. Außerdem fand ich *Tyrell* – der *P34*, was für ein Auto! – sowieso immer um Klassen besser als *Lotus*, *McLaren* oder *Ferrari*. Und das beste Auto der Welt ist ja wohl mal ohne Zweifel der *Citroën DS 23 Pallas* mit den Scheinwerfern der neueren Bauform. Der ließe sich höchstens noch von einem Cabrio-Umbau aus dem Hause *Chapron* toppen. Um all das galt es meine kleine Seele an dieser Stelle noch zu entlasten. Aber dann muss es hier auch endlich mal gut sein mit dem ganzen Gelaber.

Wusstest du, …

dass der *Tyrell P 34* vier kleine Vorder- und zwei große Hinterräder hatte?

Das war es also erst einmal. Danke an alle, die uns auf dem langen Weg begleitet und auf so vielfältige Weise unterstützt haben. Haben wir vergessen, irgendjemanden zu erwähnen? Ich hoffe nicht. Ansonsten möge auch hier ein altbewährtes Rezept gelten: Blame it on the drummer!

So viele Konzerte wie mit *Randale* hat jedenfalls keiner von uns vieren je mit anderen Leuten gespielt, und damit ist die Kapelle aber sowas von ›die meiste Band unseres Lebens‹. Also, das geht hier ja wohl gefälligst noch ein paar Runden weiter, das glauben wir ganz fest. Apselut.

Tschüss. Und bis bald!

Halt, stopp, Moment! Lektor Andreas hat gesagt: »Da fehlt noch was! Die Leute müssen doch wissen, wie genau ihr euch die Zukunft der Band vorstellt!« Und das darf ja nicht sein, dass hier etwas so Offensichtliches fehlt, deswegen soll mal ganz zum Schluss jeder noch schnell seinen Mostrich dazu abgeben, wo er sich und die Band im Jahr 2034 sieht.

Marc sagt: »Im Altersheim!«

Kritze sagt: »Wenn ich einen Ausblick für die Band in zehn Jahren entwerfen soll, glaube ich, dass wir, solange wir können, genauso weitermachen wie bisher. Wir sind eine Band, die viel live spielt und weiterhin spielen will. Dadurch haben wir Kontakt zu unserem Publikum, was uns wichtig ist. Wir werden vermutlich weiterhin unsere eigene Musik veröffentlichen. Hier wird es zum lang ersehnten Duett von Jochen mit *Madonna* kommen. Das wird uns die Möglichkeit geben, auch in England und Amerika zu touren. Autos werden durch batteriebetriebene Hubschrauber ersetzt, solange die Menschheit noch nicht in der Lage ist, zu beamen. Ich sehe zuversichtlich in die Zukunft, und mir ist, was unsere Band betrifft, nicht bang.«

Jochen sagt: »Im Jahr 2034 sind wir vielleicht schon komplett umgeschwenkt auf ›Rollator-Rock‹ und geben Konzerte in Altersheimen und Senioreneinrichtungen. Mit Gehhilfen-Polonaise und verkaufen statt T-Shirts einfach Nachthemden mit dem Aufdruck ›Immer schön die Prothese putzen‹. Aber wenn es dann immer noch genauso viel Spaß macht ... Bitte schön – ich bin dabei!«

Und ich hatte ja schon ziemlich zu Anfang des Buches gesagt, dass ich bis an mein Lebensende trommeln will. Und ich will noch mehr über Eisenbahnen lernen. Und vor allem mit den Menschen Zeit verbringen, die mir wichtig sind. Zu ersterem und letzterem gehört ja nun auch *Randale*. Also: weitermachen, immer nach vorn schauen, aufhören gilt nicht. Außerdem nicht zu viel futtern, viel bewegen und viel trinken im Alter. Vor allem Wasser. Und das Lebensende soll bitte in the very far future liegen. Dann dürfte das wohl klappen mit der Feier zum 30-jährigen Bandjubiläum. Vielleicht auch noch zum 40-jährigen. Die wird aber vermutlich wirklich in einem Heim für betreute Altrocker stattfinden müssen. Da verabreden wir uns dann nachmittags zu Oblaten und Pfeffermirztee (pfui!) mit Keith Richards. Und mal sehen, womit der sich beschäftigen wird, wenn wir nicht mehr da sind.

Jetzt aber: Vorhang zu und Licht aus.

Anhang

Diskografie

2004

CD
Tierparklieder aus Olderdissen
erste Auflage; erschienen am 15.10.2004 bei *NewTone*.

1. Das Lied von Olderdissen
2. Alle Tiere haben einen Namen
3. Der Kuckuck und der Esel
4. Murmelska
5. Biberleid (Zähneputzen)
6. Der Tierpfleger Ottokar
7. Auf der Mauer auf der Lauer
8. Murmelrock
9. Die Vogelhochzeit
10. Die Hasen rasen durch den Wald
11. Drei Tierpfleger mit dem Futterfass
12. Murmelfunk
13. Die Waschbärtrommel
14. Zwergenaufstand
15. Kommt ein Vogel geflogen
16. Gute Nacht ihr Tiere

2005

CD
Tierparklieder aus Olderdissen
zweite Auflage; erschienen am 1.1.2005 bei *NewTone*.

1. Das Lied von Olderdissen
2. Alle Tiere haben einen Namen
3. Der Kuckuck und der Esel
4. Biberleid (Zähneputzen)
5. Der Tierpfleger Ottokar
6. Auf der Mauer auf der Lauer
7. Die Vogelhochzeit
8. Die Hasen rasen durch den Wald
9. Drei Tierpfleger mit dem Futterfass
10. Die Waschbärtrommel
11. Zwergenaufstand
12. Kommt ein Vogel geflogen
13. Gute Nacht ihr Tiere

Randale-CD
Kinderparty am Wackelpeter
erschienen am 1.8.2005 bei *NewTone*.

1. Kinderparty am Wackelpeter
2. Kleckse hexen
3. Ein Hase saß im tiefen Tal
4. Radio
5. SKA-BC
6. Die Kinderfankurve
7. Affendisco
8. Guten Tag Herr Kapitän
9. Das Klo-Lied
10. Ein Männlein steht im Walde
12. Der Killer (Kille Kille)
13. Reggaebär

2006

Randale-CD
Die Kinderfankurve
erschienen am 1.5.2006 bei *NewTone*.

1. Die Kinderfankurve
2. Die Kinderfankurve (Karaoke Version)
3. Drei Arminis auf dem Fußballplatz

CD
Radio Bielefeld präsentiert: Randale
erschienen am 1.6.2006 bei *NewTone*.

1. Radio
2. Das Lied von Olderdissen
3. Kinderparty am Wackelpeter

CD
Kindercamp – Ein Sommer ohne Langeweile
erschienen am 1.7.2006 bei *NewTone*.

1. Rock Version
2. Reggae Version
3. Lagerfeuer Version
4. Instrumental Rock
5. Instrumental Reggae
6. Instrumental Lagerfeuer

CD
Randale unterm Weihnachtsbaum
erschienen am 1.11.2006 bei *NewTone*.

1. Randale unterm Weihnachtsbaum
2. Das schönste Geschenk
3. O Tannenbaum
4. Gloria
5. Zehn kleine Weihnachtsmänner
6. O Weihnachtsmann

CD-Sampler
Radio Teddy Weihnachtshits
erschienen am 17.11.2006 bei *Zyx Music*.
Randale-Beiträge »Randale unterm Weihnachtsbaum« (Track Nr. 10) und »Das schönste Geschenk« (Track Nr. 19)

2007

CD-Sampler
Tierisch tolle Kinderhits 3
erschienen am 16.3.2007 bei *Sony BMG / Europa*.
Randale-Beitrag »Affendisco« (Track Nr. 2)

Kassetten-Sampler
Tierisch tolle Kinderhits 3
erschienen am 16.3.2007 bei *Sony BMG / Europa*.
Randale-Beitrag »Affendisco« (Track Nr. 2)

CD-Sampler
Radio Teddy Hits Vol. 2
erschienen am 30.3.2007 bei *Zyx Music*.
Randale-Beitrag »Alle Tiere haben einen Namen« (Track Nr. 19)

CD-Sampler
Kinder X-Mas Party
erschienen am 28.9.2007 bei *Sony BMG / Europa*.
Randale-Beitrag »Gloria« (Track Nr. 3)

2008

CD
Der Hardrockhase Harald
erschienen am 1.8.2008 bei *NewTone*.

1. Aus Olderdissen kommen wir
2. Hochland Melodie
3. Futternapf Pogo
4. Das ist Liebe
5. Der Hardrockhase Harald
6. Fli-Fla-Fledermaus
7. Der kleine Luchs
8. Mama Lauter
9. Storchenwalzer
10. Guten Appetit
11. Otto der Fischotter
12. Vogel verschluckt
13. Das Kuschellied

CD-Sampler
Geraldinos Kinder Musikfestival 2009
erschienen am 1.10.2009 bei *Psst Music*.
Randale-Beitrag »Der Hardrockhase Harald« (Track Nr. 2)

CD-Sampler
Rock Hard »Dynamit.63«
erschienen am 1.11.2008 bei *Rock Hard*.
Randale-Beitrag »Der Hardrockhase Harald« (Track Nr. 15)

2010

CD
Drei Feuerwehrlieder
erschienen am 1.5.2010 bei *NewTone*.

1. Tatü Tata – Das Feuerwehrlied
2. Drei rote Autos
3. Dicker Schlauch/kleiner Eimer

CD
Nawala – Das RUF Abenteuerland
erschienen am 1.7.2010 bei *NewTone*.

1. Nawala
2. Mach dich locker
3. Fahrradhelm
4. Biberleid – Immer schön die Zähne putzen
5. Nawala – Instrumental

CD
Hasentotenkopfpiraten
erschienen am 1.8.2010 bei *NewTone*.

1. Hasentotenkopfpiraten
2. Wunderbar
3. Kino
4. Tatü Tata – Das Feuerwehrlied
5. Geburtstagslied
6. Unsere neuen Planeten
7. Rockband
8. Flummi
9. Entspannt
10. Hühner-Ska
11. Nein
12. Mach dich locker
13. Kleine Indianer
14. Quatschband

CD-Sampler
WDR 5 Kinderliederwelt: Die schönsten Lieder 2010 – Marmelade im Schuh – Geburtstagsgeschenke zum Selbersingen!
erschienen am 1.9.2010 beim *WDR*.
Randale-Beitrag »Geburtstagslied« (live) (Track Nr. 1)

CD-Sampler
Geraldinos Kinder Musikfestival 2010
erschienen am 1.10.2010 bei *Psst Music*
Randale-Beitrag »Hühner Ska« (Track Nr. 16)

2011

CD
Randale im Tierpark – Alle Lieder aus dem Theaterstück
erschienen am 1.3.2011 bei *NewTone*.

1. Der Tierpfleger Ottokar
2. Futternapf Pogo
3. Zwergenaufstand
4. Das ist Liebe
5. Fli-Fla-Fledermaus
6. Der Killer (instrumental)
7. Aus Olderdissen kommen wir
8. Der Kuckuck und der Esel
9. Der Hardrockhase Harald
10. Affendisco
11. Das Lied von Olderdissen (instrumental)

CD
Wir kommen immer an – Der moBiel-Song (Single)
erschienen am 1.7.2011 bei *NewTone*.

1. Wir kommen immer an
2. Fahrradhelm

2012

CD
Randale am Strand
erschienen am 8.4.2012 bei *NewTone*.

1. Föhr!
2. Guten Tag Herr Kapitän
3. Drei kleine Rocker
4. Entspannt
5. Hasentotenkopfpiraten
6. Zwergenaufstand im Wattenmeer
7. Urlaub
8. Die Ballade vom Surfer
9. Fahrradhelm
10. Meine Freunde
11. Ostereiersuchen am Strand

CD
Punkpanda Peter
erschienen am 25.8.2012 bei *NewTone*.

1. Punkpanda Peter
2. Kleine dicke Hunde
3. Schornsteinfeger
4. Rosie und Kevin
5. Der Läuse-Song
6. Wackelzahn
7. Laternelied
8. Urlaub
9. Besserwisser
10. Kekse
11. Marmelade
12. Weiter Walter Stop!
13. Der Tag

2013

CD-Sampler
Tierisch tolle Kinderhits – Partylieder«
erschienen am 4.10.2013 bei *Sony Music / Europa*.
Randale-Beitrag »Affendisco« (Track Nr. 6)

CD
Bielefeld (gibt's ja gar nicht!)
erschienen am 9.12.2013 bei *NewTone*.

1. Bielefeld (gibt's ja gar nicht)

2014

CD-Sampler
Fußball-Hits für Kids
erschienen am 15.4.2014 bei *Sony Music / Europa*.
Randale-Beitrag »Fußball-Samba« (Track Nr. 12)

CD
Lieder für Lohmann
erschienen am 1.5.2014 bei *NewTone*.

1. Lohmann
2. Kinderfankurve
3. Drei Arminis
4. DSC Arminia Bielefeld
5. Fußballsamba

CD-Sampler
Südstrand – Schapers ... am Südstrand auf Föhr
erschienen am 1.7.2014 bei *NewTone*.
Randale-Beitrag »Sommer am Südstrand« (Track Nr. 1)

CD-Sampler
Tierisch tolle Kinderhits – Sommerlieder
erschienen am 1.8.2014 bei *Sony Music / Europa*.
Randale-Beitrag »Affendisco« (Track Nr. 6)

CD
Randale Rock'n'Roll
erschienen am 1.8.2014 bei *NewTone*.

1. Randale Rock'n'Roll
2. Kinderzimmerpunk
3. Sonntag
4. Monster
5. Brille
6. Omma und Oppa
7. Mach die Augen zu
8. Rakete
9. Sommer
10. Bärenstark
11. Käpt'n Wurstsalat
12. Fernweh
13. Immer wenn ich traurig bin
14. Hört ihr wie die Trommeln singen?

CD-Sampler
Ich mag den Herbst – Kinderlieder für die goldene Jahreszeit
erschienen am 4.8.2014 bei *Universal / Karussell*.
Randale-Beitrag »Laternelied« (Track Nr. 12)

CD-Sampler
Geraldinos Kinder Musikfestival 2014
erschienen am 1.10.2014 bei *Psst Music*.
Randale-Beitrag »Omma und Oppa« (Track Nr. 9)

2015

CD
M-I-L-C-H
erschienen am 1.6.2015 bei *NewTone*
1. M-I-L-C-H

Doppel-CD-Sampler
Kindermusik »Tierlieder«
erschienen am 1.6.2015 bei *Psst Musik*.
Randale-Beitrag »Fli-Fla-Fledermaus«
(CD 1, Track Nr. 7)

2016

CD-Sampler
Fußball-Hits für Kids
erschienen am 15.4.2016 bei *Sony Music / Europa*.
Randale-Beitrag »Fußball-Samba« (Track Nr. 12)

CD-Sampler
Arminia Bielefeld
Matchday – Die Lieder des Spieltags
erschienen am 1.5.2016 bei *NewTone*.
Randale-Beitrag »Die Kinderfankurve« (Track Nr. 6)

Mini CD-Sampler
Milchsalon Vol.1 – Gute Kindermusik. Für Alle
erschienen am 1.6.2016 im Milchsalon
Randale-Beiträge »Kinderzimmer Punk« (Track Nr. 5)

CD
Randale im Kindergarten
erschienen am 28.7.2016
bei *Argon Sauerländer Audio*.
1. Wackelzahn
2. Alle Tiere haben einen Namen
3. Fli-Fla-Fledermaus
4. Geburtstagslied
5. Drei rote Autos
6. Kleine Indianer
7. Biberlied (Zähneputzen)
8. Fahrradhelm
9. Laternelied
10. Nein
11. Das Klo-Lied
12. Rockband
13. Das Kuschellied

CD-Sampler
St Martin singt durch Herbst und Wind
erschienen am 15.8.2016 bei *Seebär Musik*.
Randale-Beitrag »Laternelied« (Track Nr. 8)

CD-Sampler
Pixies schönste Weihnachtslieder
erschienen am 1.9.2016 bei *Hörbuch Hamburg HHV*.
Randale-Beitrag »Randale unterm Weihnachtsbaum« (Track Nr. 12)

CD-Sampler
Neue Deutsche Kindermusik
erschienen am 23.9.2016 bei *Universal / Karussel*.
Randale-Beitrag »Randale Rock'n'Roll« (Track Nr. 12)

2017

CD-Sampler
every Life counts – a subculture compilation against cancer
erschienen am 28.4.2017 bei *Dedication Records*.
Randale-Beitrag »Möhrenhemd« (Track Nr. 18)

CD
Randale im Krankenhaus
erschienen am 1.5.2017 bei *NewTone*.
1. Randale im Krankenhaus
2. Superdoppeldoof
3. Doktor Superschlau
4. 1000 Farben bunt
5. Langweilig
6. Rutsch Ping Ping
7. Fruchtalarm
8. Afrika – Randale!
9. Achterbahn
10. Sehr langweilig
11. Nachtschwestern-ABC
12. Rock'a'Billy Röntgen
13. Kein Bock auf Waschen?
14. Mega langweilig
15. Die Klink-Clowns
16. Und tschüss!
17. Möhrenhemd

CD-Sampler
Herbst-Hits für Kids
erschienen am 21.7.2017 bei *Sony Music / Europa*
Randale-Beiträge »Laternelied« (Track Nr. 27)

CD-Sampler
Meine allerersten Kinderlieder zum Herbst
erschienen am 1.8.2017
bei *Argon Sauerländer Audio*.
Randale-Beiträge »Fli-Fla-Fledermaus« (Track Nr. 21) und »Laternelied« (Track Nr. 27)

CD
Dornröschen – Ein Märchen mit Musik
erschienen am 12.11.2017 bei *NewTone*.
1. Dornröschen Thema
2. Ein König und eine Königin
3. Hey kleines Mädchen
4. Zusammen
5. Das Sch(l)aflied
6. Die Vorbereitungen fürs Fest
7. 12 Goldene Teller
8. Die Taufe
9. Die Wünsche
10. Nicht eingeladen
11. Der Fluch
12. Linderung
13. Noch ein Wunsch
14. Handarbeiten verboten!
15. Dornröschens Lied (Schwitzkasten)
16. Die verbotene Kammer
17. Das Spindellied
18. Der Stich und der Schlaf
19. Dornröschen Thema (traurig)
20. Die Türsteher
21. Du kommst hier nicht rein
22. Endlich wach
23. Hochzeitslied
24. Ein gutes Ende
25. Dornröschen Thema (Rock)

2018

CD
Der Reggaebär – Ska und Reggae für Kinder
erschienen am 21.3.2018 bei *Argon Sauerländer Audio*.
1. Reggaebär
2. Einhorn
3. Futternapf Pogo
4. Monster
5. Ska-BC
6. Meine Freunde
7. Afrika Randale
8. Besserwisser
9. Entspannt
10. Die Vogelhochzeit
11. Marmelade
12. Unsere neun Planeten
13. Hühner Ska
14. Dornröschen

CD
Mir geht es gut! Lieder zur inneren Ampel
erschienen am 1.4.2018 bei *NewTone*.
1. Ampellied grün: Die Sonne scheint!
2. Ampellied gelb: Was ist denn hier los?
3. Ampellied rot: Nein (ich bin ich)
4. Ampellied blau: Hilfe!

CD-Sampler
Milchsalon Vol.1 – Gute Kindermusik. Für Alle
erschienen am 28.6.2018 bei *Universal / Karussel*.
Randale-Beiträge »Besserwisser« (Track Nr. 9)

CD-Sampler
Piratenlieder für Kinder Vol. 2
erschienen am 1.7.2018 bei *Seebär Musik*.
Randale-Beiträge »Hasentotenkopfpiraten« (Track Nr. 4)

2019

Grundschule Musik
Die CD zum Heft Nr. 89 »Das rockt!«
erschienen im 1. Quartal/2019 bei *Friedrich Verlag*.
Randale-Beitrag »Rockband« (Track Nr. 11)

CD-Sampler
Fredrik Vahle »Zugabe«
erschienen am 1.3.2019 – Nur für Promozwecke! – bei *Argon Sauerländer Audio*.
Randale-Beitrag »Der Hase Augustin« (Track Nr. 8)

CD
Kinderkrachkiste – Nur für Promozwecke!
erschienen am 1.3.2019
bei *Argon Sauerländer Audio*.
1. Ene mene Miste
2. Kinderkrachkiste
3. Hey Du
4. Polizei
5. Schwimmen lernen
6. Klitzeklein

CD-Sampler
Fredrik Vahle »Zugabe«
erschienen am 29.3.2019
bei *Argon Sauerländer Audio*.
Randale-Beitrag »Der Hase Augustin« (Track Nr. 8)

CD
Kinderkrachkiste
erschienen am 24.5.2019
bei *Argon Sauerländer Audio*.

1. Ene meine Miste
2. Kinderkrachkiste
3. Polizei
4. Hey Du
5. Blitz & Donner
6. Klitzeklein
7. Willi Wal
8. Bürgermeister
9. Meine Familie
10. Bällebad
11. Abendbrot
12. Schwimmen lernen
13. Kuhglockenrock
14. Trompete
15. Kommando Ampel
16. Böse Wörter
17. Iron Möhren

CD-Sampler
Ein Lied für mich — A Tribute to Geraldino
erschienen am 1.6.2019 bei *Psst Music*.
Randale-Beitrag »Ich will ein Haustier« (Track Nr. 18)

CD-Sampler
Meine allerersten Kinderlieder für die Ferien
erschienen am 1.6.2019
bei *Argon Sauerländer Audio*.
Randale-Beiträge »Guten Tag Herr Kapitän« (Track Nr. 4), »Die Ballade vom Surfer« (Track Nr. 8) und »Reggaebär« (Track Nr. 18)

CD-Sampler
Meine allerersten Kinderlieder von Hexen, Drachen und Gespenstern
erschienen am 28.8.2019
bei *Argon Sauerländer Audio*.
Randale-Beitrag »Monster« (Track Nr. 16)

2020

Doppel-CD-Sampler
Kindermusik — 42 starke Kinderlieder für eine bessere Welt
erschienen am 27.3.2020 bei *NewTone*.
Randale-Beitrag »Willi Wal« (CD 1, Track Nr. 6)

CD
Randale unterm Weihnachtsbaum zweipunktnull
erschienen am 1.11.2020 bei *NewTone*.

1. Randale unterm Weihnachtsbaum
2. Das schönste Geschenk
3. O Tannenbaum
4. Gloria
5. Zehn kleine Weihnachtsmänner
6. O Weihnachtsmann
7. Peter und Harald feiern Weihnachten
8. Wer hat die schönste Tanne? (Der Kuckuck und der Esel)
9. Weihnachtsdisco
10. Jeder kann helfen

2021

LP
Never mind the Blockflöte
erschienen am 1.3.2021 bei *NewTone*.
Seite A

- Kinderzimmer Punk
- Wunderbar
- Nein
- Brille
- Superdoppeldoof
- Kommando Ampel

Seite B

- Punkpanda Peter
- Guten Appetit
- Mach dich locker
- Der Läuse-Song
- Der Kuckuck und der Esel
- Polizei

2022

CD
Randale im Krankenhaus
Neuauflage der CD von 2017
erschienen am 1.3.2022 bei *NewTone*.

1. Randale im Krankenhaus
2. Superdoppeldoof
3. Doktor Superschlau
4. 1000 Farben bunt
5. Langweilig
6. Rutsch Ping Ping
7. Fruchtalarm
8. Afrika — Randale!
9. Achterbahn
10. Sehr langweilig
11. Nachtschwestern-ABC
12. Rock'a'Billy Röntgen
13. Kein Bock auf Waschen?
14. Mega langweilig
15. Die Klink-Clowns
16. Und tschüss!
17. Sammy der Tiger (feat. Donikkl)

CD
Sandkastenrocker
Sonderausgabe für *Westfalia Spielgeräte*
erschienen am 1.5.2022 bei *NewTone*.

1. Sandkastenrocker
2. Müll
3. Willi Wal
4. Geburtstagslied

CD
Sandkastenrocker
erschienen am 7.5.2022 bei *NewTone*.

1. R.A.N.D.A.L.E.
2. Sandkastenrocker
3. Geister krank
4. Hasenparadies
5. Bum Bum Banana
6. Lama Drama Ding Dong
7. Samstags Nachmittags Fieber
8. Müll
9. Kilometer
10. Bagger
11. Ich mag den Sommer
12. Dingsbums
13. Flaschenpfand
14. Die Nachfalterin
15. Schlummerpunk

2023

LP
Randale unterm Weihnachtsbaum zweipunktnull
erschienen am 1.11.2023 bei *NewTone*.
Seite A

- Randale unterm Weihnachtsbaum
- Das schönste Geschenk
- O Tannenbaum
- Gloria
- Zehn kleine Weihnachtsmänner

Seite B

- O Weihnachtsmann
- Peter und Harald feiern Weihnachten
- Wer hat die schönste Tanne? (Der Kuckuck und der Esel)
- Weihnachtsdisco
- Jeder kann helfen

PZ

CD-Cover

Randale im Krankenhaus
Mai 2017

Tierparklieder aus Olderdissen
Oktober 2004

Kinderparty am Wackelpeter
August 2005

Die Kinderfankurve
Mai 2006

Randale unterm Weihnachtsbaum
November 2006

Der Hardrockhase Harald
August 2008

Tatü Tata — Drei Feuerwehrlieder
Mai 2010

Hasentotenkopfpiraten
August 2010

Randale im Tierpark
März 2011

Randale am Strand
April 2012

Punkpanda Peter
August 2012

Bielefeld (gibt's ja gar nicht!)
Dezember 2013

Lieder für Lohmann
Mai 2014

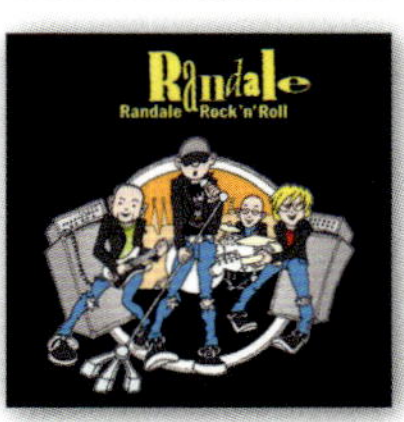

Randale Rock'n'Roll
August 2014

Randale im Kindergarten
Juli 2016

Dornröschen — Ein Märchen mit Musik
November 2017

Der Reggaebär — Ska und Reggae für Kinder
März 2018

Mir geht es gut! Lieder zur inneren Ampel
April 2018

Kinderkrachkiste
Mai 2019

Randale unterm Weihnachtsbaum zweipunktnull
November 2020

Sandkastenrocker
Mai 2022

Feuerkäfer
August 2024

GRS

ALLE MOTIVE BIS AUF EINS: PZ

Shirt-Motive

2005

2008

2010

2012

2014

2016

2019

2020

2021

2022

2023

2024

ALLE FOTOS: PZ

Konzertliste

Also, versprechen kann ich es nicht zu 100 Prozent, man kann immer einmal etwas vergessen oder übersehen und manche Angaben könnten etwas genauer sein, aaaaber: Wenn es richtig gut gelaufen ist, dann findet ihr hiermit alle Konzerte, die unsere kleine Kapelle bis zum Stichtag 31.12.2023 jemals gespielt hat. Das nennt man Statistik. Wofür so eine Liste gut ist? Zum Angeben natürlich, damit alle, die das noch nicht kapiert hatten, endlich einsehen, was für coole und vor allem auch fleißige Typen wir sind, so! Aber auch: Wenn wir später mal im Altersheim sitzen und fast alles vergessen haben, was wir jemals veranstaltet haben, dann können wir das hier einfach nachschauen. Super, oder? Und ihr könnt das natürlich auch. Und deswegen steht auch gleich noch in eckigen Klammern mit dabei, wer von den Subs oder Gästen jeweils mit dabei war. Den oder die von uns, der/die dann jeweils gefehlt hat/haben, müsst ihr euch einfach wegdenken – es ist eben auch ein bisschen ein Mitmachbuch.

Na gut, weil ihr es seid und um euch das Zurückblättern zu ersparen: Arthuro, Markus und Moe sprangen für Marc an der Gitarre ein, Kris, Björn und Peer (sowie an einem Tag sogar Moe) für Kritze am Bass und Jan sowie Flo am Schlagzeug für mich. Nur die Konzerte, die wir eigentlich auch noch spielen sollten, die aber aus irgendwelchen Gründen nicht stattfinden konnten, die habe ich mal weggelassen. Na denn, hier waren wir also überall und da waren schon einige ganz schön verrückte Sachen dabei. Und dann sieht man leider auch, dass das angeblich 1.000ste Konzert gar nicht das war, als was wir (genauer: ich) es verkauft haben …

2004

0001. 18.8. Rendezvouz im Tierpark Olderdissen, Bielefeld
0002. 7.11. CD-Release, Zweischlingen, Bielefeld [mit Frederik Kopp als Gasttrommler]
0003. 12.12. Weihnachtsmarkt Süsterplatz, Radio Bielefeld, Bielefeld

2005

0004. 29.5. Leineweber-Baustellenparty, Klosterplatz, Bielefeld
0005. 29.5. Leineweber-Baustellenparty, Süsterplatz, Radio Bielefeld, Bielefeld
0006. 12.6. Ein Bahnhof für Kinder, Wiedereröffnung des Haller Willem, Halle (Westfalen)
0007. 19.6. Zoo Krefeld: Tiger-Baby-Taufe, WDR, Krefeld
0008. 25.6. Betriebsfest Dr. Oetker Welt, Bielefeld
0009. 27.7. Rendezvous im Tierpark Olderdissen, Bielefeld
0010. 7.8. Theatron, Open Air, München [Kris]
0011. 21.8. Wackelpeter, Bielefeld
0012. 27.8. Hochzeit Kritze und Sylke, Hof Höhner, Leopoldshöhe [Kris]
0013. 13.11. CD-Release, Zweischlingen, Bielefeld
0014. 11.12. Weihnachtsmarkt Süsterplatz, Radio Bielefeld [mit Steffi am Saxophon]

2006

0015. 30.4. LWL-Museum Zeche Zollern, Dortmund
0016. 20.5. Arminis, SchücoArena, Bielefeld
0017. 27.5. Leinewebermarkt, Bielefeld
0018. 28.5. Leinewebermarkt, Bielefeld
0019. 11.6. 15 Jahre Radio Bielefeld, Hof Upmeier zu Belzen, Vilsendorf, Bielefeld
0020. 21.7. RUF-Kindercamp, Walsrode-Vethem [Peer]
0021. 28.7. RUF-Kindercamp, Walsrode-Vethem [Peer]
0022. 4.8. RUF-Kindercamp, Walsrode-Vethem
0023. 6.8. Wackelpeter, Bielefeld
0024. 11.8 RUF-Kindercamp, Walsrode-Vethem
0025. 13.8. Ballon-Fiesta, Radrennbahn, Bielefeld
0026. 25.8. RUF-Kindercamp, Walsrode-Vethem
0027. 3.9. Jubiläum Müllverbrennungsanlage, Bielefeld
0028. 10.9. Neueinweihung Hauptbahnhof, Bielefeld
0029. 16.9. Industriemuseum Zeche Zollern, Dortmund
0030. 19.9. Kneipenkult, Siekerfelde, Bielefeld
0031. 23.9. Weltkindertag, Gänsemarkt, Herford
0032. 26.9. Kneipenkult, Tinnef, Bielefeld [Arthuro]
0033. 3.10. Kneipenkult, Fabrikart, Bielefeld [Flo]
0034. 8.10. Glückstaler Tage Brackwede, Bielefeld
0035. 10.10. Kneipenkult, Birders, Brake, Bielefeld [Arthuro]
0036. 28.10. Schulzentrum Masch, Halle (Westfalen)
0037. 19.11. Weihnachts-CD-Release, Zweischlingen, Bielefeld
0038. 2.12. Weihnachtsmarkt, Brilon
0039. 8.12. Fernsehaufzeichnung Kanal 21, Bielefeld
0040. 16.12. Tierpark Olderdissen, Bielefeld
0041. 17.12. Aula Realschule, Jöllenbeck
0042. 17.12. Weihnachtsmarkt Süsterplatz, Radio Bielefeld, Bielefeld

2007

0043. 11.3. Internationale Tourismus Börse, Berlin
0044. 18.3. Forellkrug, Stukenbrock
0045. 17.5. RUF, Kindergeburtstag, Boulevard, Bielefeld
0046. 20.5. Leinewebermarkt, Bielefeld
0047. 2.6. Wiesenrock, Friedrichsdorf
0048. 10.6. Bahnhofsfest, Brake, Bielefeld
0049. 17.6. Family Day, Safaripark, Stukenbrock
0050. 17.6. Parkbad, Gütersloh
0051. 24.6. Kinder- und Familienfest im Stadtpark, Homburg/Saar [Arthuro]
0052. 27.6. Tierpark Olderdissen [Arthuro]
0053. 29.6. RUF-Kindercamp, Walsrode-Vethem [Arthuro]
0054. 30.6. Vivat Viadukt, Altenbeken [Arthuro]
0055. 6.7. RUF-Kindercamp, Walsrode-Vethem [Arthuro]
0056. 13.7. RUF-Kindercamp, Walsrode-Vethem [Kris]
0057. 20.7. RUF-Kindercamp, Walsrode-Vethem [Peer]
0058. 27.7. RUF-Kindercamp, Walsrode-Vethem [Peer]
0059. 3.8. RUF-Kindercamp, Walsrode-Vethem [Arthuro + Flo]
0060. 4.8. Benefiz Freibad Gadderbaum, Bielefeld [Arthuro]
0061. 5.8. Parklichter, Bad Oeynhausen [Arthuro]
0062. 10.8. RUF-Kindercamp, Walsrode-Vethem
0063. 12.8. 100 Jahre Boge, Jöllenbeck
0064. 17.8. RUF-Kindercamp, Walsrode-Vethem
0065. 25.8. Waldbad Sennestadt, Bielefeld
0066. 1.9. Kinderfest, Essen-Rüttenscheid [Kris]
0067. 2.9. Manege e.V., Dorffest, Ratingen [Kris]
0068. 7.9. Kinderfest, Edewecht 9:30, 11:00 + 16:00
0069. 9.9. Kinderland, Hilpoltstein 13:00 + 16:00 [Peer]
0070. 20.9. Weltkindertag, Seidensticker-Halle, Bielefeld [Kris]
0071. 20.10. Spaßbad Fürthermare, Fürth [Flo]
0072. 1.12. Weihnachtsmarkt, Brilon
0073. 2.12. Zweischlingen, Bielefeld [mit Thomas an der Orgel]
0074. 16.12. Weihnachtsmarkt, Süsterplatz, Radio Bielefeld [Flo + mit Thomas an der Orgel]
0075. 17.12. Weihnachtsfeier, Manege, Ratingen [Arthuro + Flo + mit Thomas an der Orgel]

2008

0076. 26.4. Westfalen-Blatt, Jahnplatz, Bielefeld
0077. 27.4. Kinderland, Pegnitz
0078. 1.5. Stadtfest Haller Willem, Halle (Westfalen)
0079. 4.5. Salzsiederfest, Bad Salzuflen
0080. 25.5. Leinewebermarkt, Bielefeld
0081. 14.6. Hamburg City Beach Club, Hamburg
0082. 15.6. Altstadtfest, Neumarkt/Oberpfalz
0083. 4.7. RUF-Kindercamp, Walsrode-Vethem [Arthuro]
0084. 10.7. Orchestermuschel, Wyk auf Föhr [Arthuro]
0085. 11.7. RUF-Kindercamp, Walsrode-Vethem [Arthuro]
0086. 18.7. RUF-Kindercamp, Walsrode-Vethem [Flo + Kris]
0087. 25.7. RUF-Kindercamp, Walsrode-Vethem [Kris]
0088. 1.8. RUF-Kindercamp, Walsrode-Vethem
0089. 3.8. Festivalkult umsonst + draußen, Veltheim
0090. 8.8. RUF-Kindercamp, Walsrode-Vethem
0091. 9.8. Rock am Teich, Melle
0092. 10.8. Wackelpeter, Bielefeld
0093. 15.8. RUF-Kindercamp, Walsrode-Vethem
0094. 22.8. RUF-Kindercamp, Walsrode-Vethem [Arthuro]
0095. 23.8. Brocker Grundschule, Brackwede, Bielefeld
0096. 24.8. AWO-Kinderfest: Elfriede rockt, Bielefeld
0097. 29.8. RUF-Kindercamp, Walsrode-Vethem
0098. 7.9. Heeper Ting, Bielefeld
0099. 14.9. 80 Jahre JZ Kamp, Bielefeld [Arthuro]
0100. 27.9. RUF Saisonabschlussparty, Hechelei, Bielefeld
0101. 15.11. ADAC, Stadthalle, Bielefeld
0102. 30.11. Zweischlingen, Bielefeld [Arthuro + mit Thomas an der Orgel]
0103. 14.12. Weihnachtsmarkt, Radio Bielefeld, Süsterplatz [mit Thomas an der Orgel]

2009

0104. 22.2. Zweischlingen, Karnevalsparty, Bielefeld
0105. 23.2. Spaßbad Fürther Mare, Fürth [Kris]
0106. 18.3. Life House, Stemwede [Kris]
0107. 20.3. Kinderkulturtage, Idar-Oberstein [Kris + Markus]
0108. 1.5. Benefiz, Realschule Jöllenbeck, Bielefeld
0109. 2.5. Familientag, Kirchlengern
0110. 17.5. Bütgenbach-Worriken, Belgien
0111. 21.5. Stadtfest, Halle (Westfalen)
0112. 24.5. Leinewebermarkt, Bielefeld
0113. 12.6. Grundschule Babenhausen, Bielefeld
0114. 13.6. Stadtfest, Rahden
0115. 27.6. TuS Jöllenbeck, Bielefeld
0116. 28.6. Ulmer Zelt, Ulm

0117. 2.8. Festivalkult umsonst + draußen, Veltheim [Flo]
0118. 9.8. Ballon-Fiesta, Radrennbahn, Bielefeld
0119. 11.8. Werner-Bock-Schule, DGB, Beverungen-Drenke
0120. 15.8. Stemweder Open Air, Stemwede [Arthuro]
0121. 16.8. Drachenfest, Lemwerder
0122. 20.8. Rock im Feld, Rotenhain
0123. 29.8. Parkfest, Waltrop
0124. 5.9. Sportfest, Stukenbrock
0125. 6.9. Heeper Ting, Bielefeld
0126. 13.9. Dissen Skurril, Dissen
0127. 16.9. Altstadtfest, Jena [Arthuro + Kris]
0128. 17.9. Weltkindertag, Barntrup
0129. 20.9. Weltkindertag, Werther
0130. 2.10. RUF Mitarbeiter-Party, Kindercamp, Walsrode-Vethem
0131. 10.10. 11. Geraldino Kindermusikfestival, Tafelhalle, Nürnberg
0132. 31.10. Weberei, Gütersloh
0133. 29.11. Arminis-Weihnachtsfest, Zweischlingen, Bielefeld
0134. 29.11. Zweischlingen, Bielefeld
0135. 13.12. Weihnachtsmarkt, Süsterplatz, Radio Bielefeld, Bielefeld

2010

0136. 29.1. Haiti-Benefiz, Kamp, Bielefeld
0137. 14.2. Kinderkarneval, Zweischlingen, Bielefeld
0138. 5.3. Life House, Stemwede [Arthuro]
0139. 19.3. Kulturwerkstatt, Paderborn [Arthuro]
0140. 9.4. Abschlusskonzert Falken-Workshop, JZ Kamp, Bielefeld [Arthuro]
0141. 8.5. Feuerwehrfest Jöllenbeck, Bielefeld [Arthuro]
0142. 23.5. Boulevard, Bielefeld
0143. 30.5. Leinewebermarkt, Bielefeld
0144. 3.6. Sommerfest, Weberei, Gütersloh
0145. 12.6. Benefiz Matthäus Kindergarten, Bielefeld [Arthuro]
0146. 26.6. Scheibenschießen, Kinderfest, Nienburg
0147. 27.6. Musikmarathon, Eupen, Belgien
0148. 4.7. AWO-Kinderfest: Elfriede rockt, Bielefeld [Kris]
0149. 11.7. Eckhardtsheim Mittendrin, Bielefeld
0150. 8.8. 150 Jahre Sparkasse Hameln, Hameln [Markus]
0151. 15.8. Sommerbühne, Detmold
0152. 29.8. Wackelpeter, Bielefeld
0153. 4.9. Sennestadtfest, Benefiz, Bielefeld
0154. 5.9. Heeper Ting, Bielefeld
0155. 11.9. Polizeisportverein, Stukenbrock [Arthuro]
0156. 11.9. Rock am Wasserturm, Gütersloh [Arthuro]
0157. 18.9. Kinderfest, Werbegemeinschaft, Löhne
0158. 19.9. WDR Kinderliederwelt, Köln
0159. 31.10. Weberei, Gütersloh
0160. 28.11. Zweischlingen, Bielefeld
0161. 11.12. BÜZ, Minden
0162. 12.12. Weihnachtsmarkt, Süsterplatz, Radio Bielefeld, Bielefeld

2011

0163. 6.3. TAM, Einführungsmatinee, Bielefeld
0164. 6.3. Kinderkarneval, Zweischlingen, Bielefeld
0165. 12.3. Premiere Randale im Tierpark (RiT), TAM, Bielefeld
0166. 16.3. 15:00 RiT, TAM, Bielefeld
0167. 16.3. 20:00 RiT, TAM, Bielefeld
0168. 18.3. 20:00 RiT, TAM, Bielefeld
0169. 19.3. 19:30 RiT, TAM, Bielefeld
0170. 20.3. 14:00 RiT, TAM, Bielefeld
0171. 20.3. 17:00 RiT, TAM, Bielefeld
0172. 23.3. 11:00 RiT, TAM, Bielefeld [Kris]
0173. 24.3. 20:00 RiT, TAM, Bielefeld
0174. 27.3. 17:00 RiT, TAM, Bielefeld
0175. 2.4. Autohaus Buschkamp, Bielefeld [Arthuro + Marc]
0176. 5.4. 20:00 RiT, TAM, Bielefeld
0177. 6.4. 11:00 RiT, TAM, Bielefeld [Kris]
0178. 6.4. 20:00 RiT, TAM, Bielefeld
0179. 7.4. 11:00 RiT, TAM, Bielefeld [Kris]
0180. 7.4. 20:00 RiT, TAM, Bielefeld
0181. 8.4. 20:00 RiT, TAM, Bielefeld
0182. 23.4. 17:00 RiT, TAM, Bielefeld
0183. 25.4. 14:00 RiT, TAM, Bielefeld
0184. 25.4. 17:00 RiT, TAM, Bielefeld
0185. 6.5. Grundschule, Stift Quernheim [Kris + Markus]
0186. 7.5. Straßenzauber, Berliner Platz, Gütersloh [Arthuro]
0187. 8.5. Muttertag, Vierjahreszeitenpark, Radio Warendorf, Oelde [Arthuro]
0188. 14.5. Feuerwehrfest, Jöllenbeck, Bielefeld
0189. 15.5. Altes Bauernhaus, Marienfeld
0190. 20.5. 14:30 Life House, Stemwede [Kris]
0191. 20.5. 16:30 Life House, Stemwede [Kris]
0192. 28.5. Lenze Forum, Aerzen [Arthuro]
0193. 29.5. Leinewebermarkt, Bielefeld
0194. 1.6. Stadtfest Haller Willem, Halle (Westfalen) [Kris]
0195. 12.6. 14:00 RiT, TAM, Bielefeld
0196. 12.6. 17:00 RiT, TAM, Bielefeld
0197. 13.6. Hüpfburgenfest, Maximilianpark, Hamm
0198. 17.6. Kamp, Bielefeld
0199. 19.6. Grundschulfest, Kirchlengern
0200. 25.6. Kinder Hockey Turnier, Delmenhorst
0201. 26.6. Ulmer Zelt, Ulm
0202. 2.7. 20 Jahre Lokalradio, Halle (Westfalen)
0203. 3.7. Mobiel, Tag der offenen Tür, Bielefeld
0204. 8.7. Bürgerzentrum, Spenge
0205. 9.7. Wiesenrock, Friedrichsdorf
0206. 13.7. Marienschule, Marienfeld [Kris]
0207. 15.7. Kindergarten Bökenkampstraße, Bielefeld [Kris]
0208. 16.7. Naturbad, Brackwede, Bielefeld [Kris]
0209. 17.7. Logo, Ahaus [Kris]
0210. 17.7. Kindermesse Play it!, Osnabrück [Kris]
0211. 2.9. Abschlusskonzert Falken-Workshop, Kamp, Bielefeld
0212. 3.9. Heeper Ting, Bielefeld
0213. 4.9. Zehn Jahre Wackelpeter, Bielefeld
0214. 10.9. Polizeisportverein, Stukenbrock
0215. 10.9. 100 Jahre Freie Scholle, Bielefeld
0216. 10.9. Theaterfest, Brunnenstraße, Bielefeld
0217. 17.9. Spielhaus-Jubiläum, Benefiz, Bielefeld
0218. 23.9. Grundschule am Teimer, Kalletal [Markus]
0219. 25.9. Stiftsmarkt, Schildesche, Bielefeld
0220. 3.10. Kinderfest, Gewerbeschau, Levern
0221. 29.10. Weberei, Gütersloh
0222. 18.11. Hundsmühlen, Oldenburg
0223. 27.11. Zweischlingen, Bielefeld
0224. 3.12. Weihnachtsmarkt, Gütersloh
0225. 10.12. Weihnachtsmarkt, Süsterplatz, Radio Bielefeld, Bielefeld
0226. 17.12. BÜZ, Minden

2012

0227. 22.1. Milchsalon, Roter Salon, Volksbühne, Berlin
0228. 3.2. 17:00 Wiederaufnahme RiT, TAM, Bielefeld
0229. 4.2. 14:00 RiT, TAM, Bielefeld
0230. 4.2. 17:00 RiT, TAM, Bielefeld
0231. 11.2. 14:00 RiT, TAM, Bielefeld
0232. 11.2. 17:00 RiT, TAM, Bielefeld
0233. 17.2. Rathauszelt, Harsewinkel [Arthuro]
0234. 19.2. Kinderkarneval, Zweischlingen
0235. 20.2. 9:00 Rosenmontagsparty, Grundschule Quelle, Bielefeld [Kris]
0236. 20.2. 11:00 Rosenmontagsparty, Grundschule Quelle, Bielefeld [Kris]
0237. 21.2. 14:00 RiT, TAM, Bielefeld
0238. 21.2. 17:00 RiT, TAM, Bielefeld
0239. 16.3. 10:00 Kinderkulturtage, Stadttheater, Idar-Oberstein [Kris]
0240. 16.3. 14:30 Kinderkulturtage, Stadttheater, Idar-Oberstein [Kris]
0241. 23.3. 14:00 Life House, Stemwede
0242. 23.3. 16:00 Life House, Stemwede
0243. 24.3. 14:00 RiT, TAM, Bielefeld
0244. 25.3. 14:00 RiT, TAM, Bielefeld
0245. 18.4. Stadt- und Schulbibliothek, Kelsterbach [Kris]
0246. 21.4. Dorffest, Leopoldshöhe [Arthuro]
0247. 22.4. Musik voll Fett, Stadttheater, Bielefeld [Arthuro]
0248. 29.4. Feuerwehrfest, Grundschule, Börninghausen
0249. 5.5. Kita Arche, Sennestadt, Benefiz Neotechnik, Bielefeld [Markus]
0250. 5.5. Grundschule Gartnisch, Halle (Westfalen) [Markus]
0251. 6.5. 11:00 Milchsalon, Roter Salon, Berlin
0252. 6.5. 15:00 Milchsalon, Roter Salon, Berlin
0253. 11.5. Grundschule Vilsendorf, Bielefeld
0254. 12.5. Grundschule, Spenge
0255. 17.5. Altstadtfest, Lippstadt
0256. 19.5. Feuerwehrfest, Jöllenbeck, Bielefeld
0257. 20.5. Logo, Ahaus
0258. 20.5. Leinewebermarkt, Bielefeld
0259. 28.5. Maximilian Park, Hamm [Arthuro]
0260. 15.6. 18:00 RiT, Theater, Gütersloh
0261. 17.6. 15:30 RiT, Theater, Gütersloh
0262. 22.6. Strohsemmelfest, Benefiz, Lemgo
0263. 7.7. Breamahock, Nattheim
0264. 8.7. Tierpark Olderdissen, Bielefeld
0265. 10.7. Schapers, Wyk, Föhr
0266. 11.7. Schapers, Wyk, Föhr
0267. 18.8. 125 Jahre Stadtsparkasse, Bad Oeynhausen
0268. 19.8. 11:00 Donnerlütken, Gütersloh
0269. 19.8. 15:00 Ferien-Finale, Ahorn Park, Paderborn
0270. 25.8. Theaterfest, Alter Markt, Bielefeld
0271. 26.8. Bürgerhaus Kalk, Köln
0272. 27.8. Bürgerhaus Kalk, Köln [Kris]
0273. 1.9. 15 Jahre Radio Eins, Berlin
0274. 2.9. Heeper Ting, Bielefeld
0275. 16.9. Weltkindertag, Duisburg
0276. 16.9. Katharinenmarkt, Delbrück
0277. 22.9. Kita-Einweihung, Gütersloh
0278. 23.9. Kardinal-von-Galen-Schule, Vellern, Beckum
0279. 23.9. Weltkindertag, Dorsten
0280. 5.10. Universum, Bünde
0281. 12.10. Workshop-Abschlusskonzert, Kamp, Bielefeld
0282. 14.10 Gemeindehalle, Nattheim
0283. 27.10. Weberei, Gütersloh
0284. 17.11. Springolino, Herford
0285. 18.11. Springolino, Herford [Arthuro]
0286. 2.12. Zweischlingen, Bielefeld
0287. 7.12. Hellingkampschule, Bielefeld [Kris]
0288. 14.12. Nirgüls Adventskalender, Isselhorst
0289. 15.12. Weihnachtsmarkt, Süsterplatz, Radio Bielefeld, Bielefeld

2013

0290. 13.1. Milchsalon, Heimathafen Neukölln, Berlin [Arthuro]
0291. 10.2. Kinderkarneval, Zweischlingen, Bielefeld
0292. 11.2. Kinderkarneval, Hans-Christian-Andersen-Grundschule Sennestadt, Benefiz, Bielefeld [Kris]
0293. 8.3. 14:00 Life House, Stemwede
0294. 8.3. 16:30 Life House, Stemwede
0295. 27.4. Leo-Event, Leopoldshöhe
0296. 5.5. Kultursommer Rheinland-Pfalz, Lahnstein [Arthuro + Kris]
0297. 9.5. Stadtfest Haller Willem, Halle (Westfalen)
0298. 12.5. Kinderklinik Bethel, Bielefeld [Markus]
0299. 25.5. Warmenau Open Air, Spenge
0300. 26.5. Leinewebermarkt, Klosterplatz, Bielefeld
0301. 30.5. Altstadtfest, Lippstadt
0302. 31.5. Frühsommerfest Jöllenbeck, Bielefeld
0303. 8.6. Grundschule Babenhausen, Bielefeld
0304. 9.6. Wortklang Festival, Iserlohn
0305. 15.6. Famila-Kinderfest, Winsen (Luhe)
0306. 16.6. Alles-Muss-Raus-Festival, Kaiserslautern
0307. 21.6. 60 Jahre Buschkampschule, Benefiz, Bielefeld [Kris]
0308. 22.6. Grundschule Brockhagen, Steinhagen [Kris]
0309. 23.6. Kirmuli, Grundschule Belke-Steinbeck, Enger [Arthuro]
0310. 28.6. 10 Jahre OGS Brake, Bielefeld [Arthuro]
0311. 29.6. Abenteuerspielplatz Baumheide, Bielefeld [Arthuro]
0312. 30.6. Kleine Meister, Heidenheim [Arthuro]
0313. 6.7. Breamahock, Nattheim
0314. 7.7. Fürth Festival, Fürth
0315. 12.7. Stapenhorstschule, Bielefeld
0316. 14.7. 11:00 Sommerfest Weberei, Gütersloh
0317. 14.7. 16:00 Naturbad Brackwede, Bielefeld
0318. 18.7. Schloss Strünkede, Herne
0319. 20.7. Stadtfest, Spenge
0320. 22.7. Schapers, Wyk, Föhr
0321. 23.7. Schapers, Wyk, Föhr
0322. 27.7. Jugendzentrum, Wittmund
0323. 28.7. Sommer in der Stadt, Floriansdorf, Iserlohn
0324. 28.7. Maximilianpark, Hamm
0325. 1.8. Libori, Paderborn
0326. 2.8. Schokoladenmuseum, Köln
0327. 3.8. Bürgerzentrum Kalk, Köln
0328. 4.8. 11:00 Schokoladenmuseum, Köln
0329. 4.8. 16:00 Herbrands, Köln [Kris]
0330. 5.8. Altenberger Hof, Köln-Nippes [Kris]
0331. 7.8. Kultursommer, Detmold [Arthuro + Kris]
0332. 24.8. Stadtfest, Hennigsdorf
0333. 25.8. Kultursommer, Werdohl
0334. 28.8. Marktplatz, Brilon
0335. 31.8. Baseballfest, Verl
0336. 1.9. 12:00 Wackelpeter, Bielefeld
0337. 1.9. 15:00 Heidefest, Steinhagen
0338. 6.9. Lünsche Mess, Lünen
0339. 7.9. Mercedes Benz, Bielefeld
0340. 8.9. Heeper Ting, Bielefeld
0341. 14.9. Jöllenbecker Herbstmarkt, Bielefeld
0342. 15.9. Zentralstation, Darmstadt [Arthuro]
0343. 15.9. Kraut & Rüben-Festival, Mainz [Arthuro]
0344. 19.9. Weltkindertag, Schlosspark, Barntrup [Kris]
0345. 21.9. Saporoshje-Platz, Oberhausen [Kris]
0346. 28.9. Emsdettener September, Emsdetten
0347. 28.9. Party Stephan Röcken, Jöllenbeck, Bielefeld
0348. 29.9. Familientag, Harsewinkel
0349. 6.10. Open Air, Kulturamt, Plettenberg
0350. 12.10. Kapellenschule, Gütersloh
0351. 18.10. Grundschule, Isselhorst
0352. 31.10. Abschlusskonzert Workshop, Kamp, Bielefeld
0353. 3.11. Lichterfest, Stadthalle, Bielefeld
0354. 10.11. Wiesenhaus, Lutherstadt Eisleben
0355. 22.11. Grundschule Hörste, Halle (Westfalen) [Kris]
0356. 30.11. Weihnachtsmarkt, Brilon
0357. 1.12. Zweischlingen, Bielefeld
0358. 7.12. Kinderhaus Rodenbeck, Minden
0359. 14.12. Weihnachtsmarkt, Süsterplatz, Radio Bielefeld, Bielefeld [Markus]
0360. 15.12. Kulturwerkstatt, Paderborn [Markus]
0361. 19.12. Nirgüls Adventskalender, Isselhorst

2014

0362. 26.1. Milchsalon, Heimathafen, Berlin
0363. 14.2. Universum, Bünde
0364. 25.2. Ausstellungseröffnung Peter Zickermann, Zweischlingen, Bielefeld [ohne Marc]
0365. 27.2. Karneval Grundschule Quelle, Bielefeld [Kris + Markus]
0366. 28.2. Karneval Klosterschule, Bielefeld [Kris + Markus]
0367. 2.3. Kinderkarneval, Zweischlingen, Bielefeld
0368. 12.3. Stadt- und Schulbibliothek, Kelsterbach [Kris]
0369. 13.3. 10:00 Ludwig-Richter-Schule, Frankfurt [Kris]
0370. 13.3. 11:30 Ludwig-Richter-Schule, Frankfurt [Kris]
0371. 14.3. Gallus Theater, Frankfurt am Main [Kris]
0372. 15.3. Kulturzentrum Das Rind, Rüsselsheim [Kris]
0373. 16.3. Gallus Theater Gala, Frankfurt am Main [Kris]
0374. 28.3. 14:00 Life House, Stemwede [Markus]
0375. 28.3. 16:00 Life House, Stemwede [Markus]
0376. 1.5. Sommerfest Arminis, SchücoArena, Bielefeld
0377. 2.5. Gewerbeschau, Harsewinkel
0378. 4.5. Stadtfest, Paderborn
0379. 10.5. 20 Jahre OGS, Liebig Grundschule, Dortmund
0380. 11.5. 12:00 Tag der offenen Tür der Stadtwerke, Bielefeld
0381. 11.5. 15:00 Aqua Magica-Gelände, Bad Oeynhausen
0382. 17.5. 14:00 40 Jahre Erich Kästner Grundschule, Erwitte
0383. 17.5. 17:00 Kindergarten Pusteblume, Gütersloh
0384. 23.5. Marienschule, Verl
0385. 24.5. Sommerfest Liboriusschule, Paderborn
0386. 31.5. Party Martin Witte, Hof Steffen, Bielefeld [Arthuro]
0387. 1.6. Kinderkulturfestival, Duisburg [Arthuro]
0388. 7.6. Jugendzentrum Rodenburg, Minden [Arthuro]
0389. 13.6. Kirmes Jöllenbeck, Bielefeld
0390. 14.6. 13:30 Sommerfest Rußheideschule, Bielefeld
0391. 14.6. 17:00 Familienzentrum Unterm Regenbogen, Isselhorst
0392. 27.6. Grundschule Künsebeck, Halle (Westfalen)
0393. 28.6. TU-Day, Universität, Braunschweig
0394. 29.6. NRW-Tag, Radio Bielefeld, Bielefeld
0395. 7.7. Schapers, Wyk, Föhr
0396. 2.8. Manfred-Sauer-Stiftung, Lobbach [Kris]
0397. 3.8. boulevART 10. Internationales Straßentheaterfest, Wismar [Kris]
0398. 8.8. Kultursommer, Rüsselsheim [Kris]
0399. 9.8. 20. Affentennis-Turnier, Herzebrock [Kris]
0400. 10.8. Volksbank Arena, Rietberg [Kris]
0401. 16.8. 12:30 Suchthilfe Tag, Niedernstraße, Bielefeld
0402. 16.8. 15:00 Eröffnung Gebäude X, Universität, Bielefeld
0403. 17.8. Wackelpeter, Bielefeld
0404. 17.8. Familienzentrum St. Judas-Thaddäus, Verl
0405. 22.8. CD-Release Randale Rock'n' Roll, Ramones-Museum, Berlin
0406. 23.8. Wasserfest, Berliner Wasserbetriebe, Berlin
0407. 29.8. AWO- Kita, Lemgo
0408. 30.8. Jugendzentrum, Wittmund
0409. 31.8. Nachtasyl/Thalia Theater, Hamburg [Arthuro]
0410. 5.9. Media Markt, Porta Westfalica [Arthuro]
0411. 7.9. 11:00 Heidefest, Steinhagen [Arthuro]
0412. 7.9. 15:30 Heeper Ting, Bielefeld
0413. 12.9. Oktoberfest, Hotel Appelbaum, Gütersloh
0414. 13.9. RUF-Benefiz, Siegfriedsplatz , Bielefeld
0415. 14.9. 10 Jahre OGS, Kirchschule, Hövelhof
0416. 21.9. Jürmker Herbstmarkt, Bielefeld [Flo]
0417. 26.9. RUF-Benefiz, Grundschule Kattenstroth, Gütersloh
0418. 25.10. Weberei, Gütersloh
0419. 30.11. Zweischlingen, Bielefeld
0420. 6.12. Stadthalle, Benefiz, Gütersloh
0421. 7.12. Detmolder Advent, Weihnachtsmarkt, Detmold
0422. 12.12. Weihnachtsfeier Ruf-Teamer, Rütli, Bielefeld
0423. 13.12. Weihnachtsmarkt, Süsterplatz, Radio Bielefeld, Bielefeld
0424. 30.12. Eröffnung bundesweites Dreikönigssingen, Rathausplatz, Paderborn

2015

0425. 5.11. Winterwiese, Schlachthof, Wiesbaden
0426. 11.1. E-Werk, Erlangen [Arthuro]
0427. 23.1. Grundschule Holsen-Ahle, Bünde
0428. 25.1. Milchsalon, Heimathafen, Berlin
0429. 30.1. Kindermusikfestival, Piratenkonzert, Theaterlabor, Bielefeld
0430. 31.1. Kindermusikfestival, Piratenkonzert, Theaterlabor, Bielefeld
0431. 1.2. Kindermusikfestival, Helden des Kinderrock, Theaterlabor, Bielefeld
0432. 15.2. Kinderkarneval, Zweischlingen, Bielefeld
0433. 20.2. Universum, Bünde
0434. 6.3. 14:00 Life House, Stemwede
0435. 6.3. 16:00 Life House, Stemwede
0436. 15.3. Druckerei, Bad Oeynhausen
0437. 20.3. 10:00 Kinderkulturtage, Grundschule Idarbachtal, Tiefenstein [Kris]
0438. 20.3. 16:00 Kinderkulturtage, Göttenbach-Aula, Idar-Oberstein [Kris]
0439. 22.3. Theater im Gründungshaus, Mönchengladbach [Arthuro]

0440. 4.4. Schapers, Wyk, Föhr
0441. 5.4. Schapers, Wyk, Föhr
0442. 12.4. Kaufmannschaft Altstadt, Kunsthallenpark, Bielefeld
0443. 19.4. 11:00 und 14:00 Industrietage, Audiokonzept, Ahaus [Kris]
0444. 8.5. Stiftsschule Schildesche, Bielefeld [Arthuro]
0445. 9.5. 15:30 Polizeifest, Bielefeld [Arthuro]
0446. 9.5. 18:00 Exter Rockt, Vlotho-Exter [Arthuro]
0447. 10.5. Musik Marathon, Eupen
0448. 14.5. 16:00 Stadtfest Haller Willem, Halle (Westfalen)
0449. 17.5. 12:30 Ziegeleimuseum, Lage
0450. 17.5. 15:00 Sommerfest Arminis, Schüco-Arena, Bielefeld
0451. 25.5. Maxipark, Hamm
0452. 29.5. 15:00 Grundschule Asemissen, Oerlinghausen [Arthuro]
0453. 31.5. Leinewebermarkt, Alter Markt, Bielefeld [Arthuro]
0454. 1.6. Tag der Milch, Stadland [Kris + Markus]
0455. 6.6. DKMS, TuS Solbad Ravensberg 1960 e.V., Benefiz, Borgholzhausen [Arthuro]
0456. 14.6. Flora Westfalica, Rheda-Wiedenbrück
0457. 19.6. Grundschule Heidewald, Gütersloh
0458. 20.6. 11:00 Grundschule Amshausen, Steinhagen
0459. 20.6. 16:00 Familienfest, Kalletal
0460. 27.6. 11:00 40 Jahre Ferienspiele, Gütersloh
0461. 28.6. Ulmer Zelt, Ulm
0462. 4.7. Kindergarten, Hunteburg
0463. 5.7. Volksbank Arena, Rietberg
0464. 11.7. Fürth Festival, Fürth [Kris]
0465. 2.8. Workshop-Abschlusskonzert Feel like a Rockstar der Kinderschlaganfallhilfe-Stiftung, Bürgerhaus Vegesack, Bremen
0466. 3.8. Schapers, Föhr [Arthuro]
0467. 4.8. Promenade, Föhr [Arthuro]
0468. 5.8. Schapers, Föhr [Arthuro]
0469. 7.8. Pävenstädter Schützenfest, Gütersloh
0470. 8.8. Homburger Sommer, Bad Homburg
0471. 13.8. Zitadelle Spandau, Berlin [Kris]
0472. 15.8. AWO-Kindergarten, Minden
0473. 21.8. Rock im Feld, Rotenhain [Kris]
0474. 29.8. Schweinemarkt Brackwede, Bielefeld
0475. 6.9. Heeper Ting, Bielefeld
0476. 11.9. Bürgerfest des Bundespräsidenten, Schloss Bellevue, Berlin
0477. 12.9. Kinderfest des Bundespräsidenten, Schloss Bellevue, Berlin
0478. 13.9. Zentralstation, Darmstadt
0479. 19.9. Stadtjubiläum, Bad Driburg
0480. 20.9. Weltjugendtag, Geislingen an der Steige
0481. 27.9. Sommertheater, Detmold [Arthuro]
0482. 30.9. Weltschulmilchtag, Rock'n'Roll-Museum, Gronau [Kris + Markus]
0483. 17.10. Flüchtlingshilfe-Benefiz, Movie, Bielefeld [Arthuro]
0484. 18.10. Tierpark Sababurg, Hofgeismar [Arthuro]
0485. 25.10. La Vie, Münster [Arthuro]
0486. 30.10. Hochzeit Jonas und Alex, Fichtenhof, Bielefeld
0487. 8.11. Monkeys Music Club, Hamburg-Altona
0488. 9.11. Speicher, Schwerin [Arthur + Kris]
0489. 15.11. Lagerhalle, Osnabrück
0490. 20.11. 10 Jahre Wiesenschule, Rietberg
0491. 29.11. Zweischlingen, Bielefeld
0492. 5.12. 15:00 Altes Pfandhaus, Köln
0493. 5.12. 18:00 Altes Pfandhaus, Köln
0494. 6.12. Stadtsportbund, Seidenstickerhalle, Bielefeld
0495. 12.12. Weihnachtsmarkt, Süsterplatz, Radio Bielefeld, Bielefeld
0496. 13.12. 15:00 Parkbad, Gütersloh
0497. 13.12. 18:00 Nirgüls Adventskalender, Isselhorst

2016

0498. 4.1. Winterweise, Schlachthof, Wiesbaden
0499. 24.1. Milchsalon, Columbia Theater, Berlin
0500. 25.1. FEZ, Berlin [Kris]
0501. 4.2. TV-Aufzeichnung Kanal 21, Bielefeld
0502. 5.2. Grundschule Hillegossen, Bielefeld [Kris]
0503. 6.2. Kinderkarneval, Weberei, Gütersloh
0504. 7.2. Kinderkarneval, Zweischlingen, Bielefeld
0505. 9.2. Kinderfasching, E-Werk, Erlangen [Kris + Markus]
0506. 19.2. Universum, Bünde
0507. 6.3. Bürgerzentrum Altenberger Hof, Köln-Nippes
0508. 11.3. 14:00 Life House, Stemwede [Arthuro]
0509. 11.3. 16:00 Life House, Stemwede [Arthuro]
0510. 13.3. Druckerei, Bad Oeynhausen
0511. 17.3. Rock und Pop-Museum, Gronau [Kris]
0512. 20.3. Goldener Löwe, Wandlitz [Kris]
0513. 11.4. AWO, Kurhaus Schanzenberg, Horn-Bad Meinberg [Kris]
0514. 1.5. Sportfest Spexard, Gütersloh
0515. 4.5. Theater, Düren [Kris + Markus]
0516. 14.5. Dorffest Helpup, Oerlinghausen
0517. 16.5. Sommerfest Arminis, SchücoArena, Bielefeld
0518. 21.5. Exter Rockt, Vlotho
0519. 21.5. Warmenau Open Air, Spenge [Flo]
0520. 22.5. 40 Jahre Versöhnungskindergarten, Schloß Holte [Flo]
0521. 22.5. Kinderfest Bethel, Bielefeld [Flo]
0522. 28.5. Hafenfest, Münster
0523. 29.5. 11:00 Stadtfest, Verl
0524. 29.5. 16:00 Leinewebermarkt, Bielefeld
0525. 1.6. Tag der Milch, Ahlen [Kris + Markus]
0526. 4.6. Arminia Open Air, SchücoArena, Bielefeld
0527. 11.6. Kita Sonnenschein, Horn-Bad Meinberg [Arthuro + Flo]
0528. 18.6. 13:00 Ministrantenwallfahrt, Paderborn
0529. 18.6. 17:00 Grundschule Peckeloh, Versmold
0530. 19.6. Monheimer Kindertag, Monheim
0531. 20.6. Kieler Woche, Krusenkoppel, Kiel [Kris]
0532. 21.6. Kieler Woche, Krusenkoppel, Kiel [Kris]
0533. 24.6. 11:00 Haus der kleinen Leute, Essen [Kris]
0534. 24.6. 16:00 Haus der kleinen Leute, Essen [Kris]
0535. 25.6. Firmenjubiläum Umwelttechnik Kipp, Bielefeld-Senne
0536. 1.7. Breamahock, Nattheim
0537. 2.7. 10 Jahre Kinderseite Hellweger Anzeiger, Unna
0538. 3.7. Eröffnung Freibad Gadderbaum, Benefiz, Bielefeld
0539. 8.7. Kultursommer, Rüsselsheim [Kris + Markus]
0540. 9.7. Kulturflut Festival, Hamburg [Markus]
0541. 10.7. Kultursommer, Ochtrup [Markus]
0542. 21.7. Zitadelle, Spandau [Arthuro + Kris]
0543. 29.7. Schapers, Wyk, Föhr [Kris]
0544. 30.7. Schapers, Wyk, Föhr [Kris]
0545. 20.8. Summer Breeze, Dinkelsbühl
0546. 21.8. Wackelpeter, Bielefeld
0547. 28.8. OWL zeigt Herz e.V., Firma Memo, Steinhagen
0548. 3.9. Rotzgörenfestival, Techelsdorf, Kiel
0549. 4.9. 15:00 Heeper Ting, Bielefeld
0550. 4.9. 18:30 City Festival, Essen
0551. 10.9. Fest der Lebenshilfe, Weberei, Gütersloh
0552. 11.9. 15:00 Straßenfest Herrmannstraße, Bielefeld
0553. 11.9. 17:00 Haus Werther, Werther
0554. 17.9. Kinder-Kultur-Festival Kraut & Rüben, Mainz
0555. 18.9. Muggelkirmes, Olpe
0556. 25.9. Hittfelder Dorffest, Hittfeld
0557. 30.9. Kinderhaus Sternsegler, Jöllenbeck, Bielefeld [Markus]
0558. 3.10. Parkhaus, Duisburg [Arthuro]
0559. 9.10. Monkeys Music Club, Hamburg [Kris]
0560. 15.10. Lichterfest Tierpark Sababurg, Hofgeismar [Peer]
0561. 16.10. Lichterfest Tierpark Sababurg, Hofgeismar [Peer]
0562. 25.10. OWL-Kindermusikfestival, Oetkerhalle, Bielefeld [Kris]
0563. 26.10. 11:00 OWL-Kindermusikfestival, Theater, Gütersloh [Kris]
0564. 26.10. 16:00 OWL-Kindermusikfestival, Theater, Gütersloh
0565. 27.10. OWL-Kindermusikfestival, Kinder- und Jugendkreativzentrum Anne-Frank, Minden [Kris]
0566. 28.10. 9:20 OWL-Kindermusikfestival, Olof-Palme-Gesamtschule, Hiddenhausen [Kris + Markus]
0567. 28.10. 11:20 OWL-Kindermusikfestival, Olof-Palme-Gesamtschule, Hiddenhausen [Kris + Markus]
0568. 28.10. 16:00 OWL-Kindermusikfestival, Olof-Palme-Gesamtschule, Hiddenhausen [Markus]
0569. 29.10. OWL-Kindermusikfestival, Stereo, Bielefeld
0570. 30.10. Milchsalon, Kindermusikfestival, Bi Nuu, Berlin
0571. 6.11. 11:00 La Vie, Münster
0572. 6.11. 15:00 La Vie, Münster
0573. 13.11. Lagerhalle, Osnabrück
0574. 27.11. Zweischlingen, Bielefeld
0575. 3.12. Weihnachtsmarkt, Brilon
0576. 9.12. Weihnachtsmarkt, Münster
0577. 9.12. Gleis 22, Münster (Support für Bollock Brothers)
0578. 10.12. Weihnachtsmarkt, Süsterplatz, Radio Bielefeld, Bielefeld

2017

0579. 22.1. Altenberger Hof, Köln-Nippes
0580. 10.2. Grundschule Tonstraße, Duisburg [Kris]
0581. 12.2. Milchsalon, Columbia Theater, Berlin
0582. 18.2. Don Quichote, Lippstadt
0583. 19.2. Druckerei, Bad Oeynhausen
0584. 25.2. Kinderkarneval, Weberei, Gütersloh [Arthuro]
0585. 26.2. Kinderkarneval, Zweischlingen, Bielefeld
0586. 3.3. 13:30 Haus der kleinen Leute, Essen [Kris]
0587. 3.3. 16:00 Haus der kleinen Leute, Essen [Kris]
0588. 10.3. 14:00 Life House, Stemwede [Kris]
0589. 10.3. 16:00 Life House, Stemwede [Kris]
0590. 11.3. Schlachthof, Lingen [Arthuro]
0591. 17.3. Universum, Bünde
0592. 18.3. TiG, Killifee Festival, Mönchengladbach
0593. 23.4. Zentralstation, Darmstadt

0594. 1.5. Sommerfest Arminis, SchücoArena, Bielefeld
0595. 21.5. Ziegelei Museum, Lage
0596. 25.5. Stadtfest Haller Willem, Halle (Westalen)
0597. 28.5. Leinewebermarkt, Bielefeld
0598. 1.6. Tag der Milch, Grundschule, Paderborn [Kris]
0599. 3.6. 725 Jahre Celle, Celle [Arthuro]
0600. 10.6. MDR Burgenland Open Air, Marktplatz, Zeitz [Arthuro]
0601. 11.6. 11:00 Geflügelzüchter Quelle, Bielefeld
0602. 11.6. 15:00 Sterntaler Kindergarten, Bad Oeynhausen
0603. 18.6. Stadtfest, Pirna [Arthuro + Flo]
0604. 24.6. Memo, Steinhagen
0605. 30.6. Altstadt-Kulturfest, Korbach [Kris]
0606. 2.7. Homburger Sommer, Bad Homburg [Kris]
0607. 7.7. OGS-Fest, Grundschule Am Waldschlösschen, Bielefeld
0608. 8.7. 11:30 Lagenser Spiel(t)raum, Lage
0609. 8.7. 15:00 Naturbad Brackwede, Bielefeld
0610. 14.7. Grundschule Preußisch Oldendorf [Kris]
0611. 15.7. AOK-Fest, Bad Lippspringe [Arthuro]
0612. 21.7. Schapers, Wyk, Föhr
0613. 22.7. Schapers, Wyk, Föhr
0614. 30.7. Bardentreffen, Nürnberg [Kris]
0615. 2.8. Sommerfest Stadtbücherei, Herbrechtingen [Kris]
0616. 3.8. A Summer's Tale Festival, Luhmühlen [Kris]
0617. 19.8. 12:45 Camelstage, Summer Breeze, Dinkelsbühl
0618. 19.8. 16:00 Campsite Stage, Summer Breeze, Dinkelsbühl
0619. 26.8. Tag der offenen Tür, Bundesministerium für Arbeit und Soziales, Berlin
0620. 26.8. 17:00 Ferienfinale, Porta Möbel, Berlin-Mahlsdorf
0621. 27.8. Tag der offenen Tür, Bundesministerium für Arbeit und Soziales, Berlin
0622. 1.9. Möllerstift, Bielefeld [Kris + Markus]
0623. 2.9. MDR Harz Open Air, Bürgerpark, Wernigerode [Flo]
0624. 3.9. 12:15 Donnerlütken, Gütersloh
0625. 3.9. 15:30 Heeper Ting, Bielefeld
0626. 9.9. Kita Muzekiepchen, Senne, Bielefeld [nur mit Jochen + Marc]
0627. 9.9. 100 Jahre Greten Venn, Bielefeld [nur mit Jochen + Marc]
0628. 10.9. Familientag der Feuerwehr, Tornesch
0629. 16.9. 16:00 Firmenfest Beko, Neuss [Kris]
0630. 17.9. 11:00 Bethel, Tag der offenen Tür, Bunnemannplatz, Bielefeld
0631. 17.9. 15:00 Weltkindertag, Duisburg
0632. 20.9. Weltkindertag, Bad Salzuflen [Markus]
0633. 23.9. Äktschnfest, Laichingen [Kris]
0634. 24.9. Milchsalon, Feierwerk, München [Kris]
0635. 30.9. Klinikum, Herford [Arthuro]
0636. 1.10. City-Center, Bergedorf [Arthuro]
0637. 14.10. Tierpark Sababurg, Hofgeismar [Arthuro]
0638. 15.10. Tierpark Sababurg, Hofgeismar [Arthuro]
0639. 5.11. Kaschlupp, Landesthetater, Detmold
0640. 12.11. Premiere Dornröschen-Musical, Theater Gütersloh
0641. 19.11. Dornröschen-Musical, Theater im Park, Bad Oeynhausen
0642. 26.11. Lagerhalle, Osnabrück
0643. 2.12. 11:00 Dornröschen-Musical, Landestheater Detmold
0644. 2.12. 14:00 Dornröschen-Musical, Landestheater Detmold
0645. 2.12. 17:00 Dornröschen-Musical, Landestheater Detmold
0646. 3.12. 11:00 Dornröschen-Musical, Landestheater Detmold
0647. 3.12. 14:00 Dornröschen-Musical, Landestheater Detmold
0648. 9.12. Dornröschen-Musical, Weserbergland-Festhalle, Hameln
0649. 10.12. Dornröschen-Musical, Stadttheater, Herford
0650. 15.12. Weihnachtsmarkt, Süsterplatz, Radio Bielefeld, Bielefeld [Arthuro]
0651. 16.12. 14:00 Dornröschen-Musical, Landestheater, Detmold [Jan]
0652. 16.12. 17:00 Dornröschen-Musical, Landestheater, Detmold [Jan]
0653. 17.12. 11:00 Dornröschen-Musical, Landestheater Detmold
0654. 17.12. 14:00 Dornröschen-Musical, Landestheater Detmold
0655. 17.12. 17:00 Dornröschen-Musical, Landestheater Detmold
0656. 20.12. 9:30 Dornröschen-Musical, Theater Gütersloh [Kris]
0657. 20.12. 11:30 Dornröschen-Musical, Theater Gütersloh [Kris]
0658. 20.12. 15:30 Dornröschen-Musical, Theater Gütersloh [Kris]
0659. 21.12. 9:30 Dornröschen-Musical, Theater Gütersloh [Kris]
0660. 21.12. 11:30 Dornröschen-Musical, Theater Gütersloh [Kris]
0661. 22.12. 15:00 Dornröschen-Musical, Landestheater Detmold
0662. 23.12. 15:00 Dornröschen-Musical, Landestheater Detmold
0663. 23.12. 18:00 Dornröschen-Musical, Landestheater Detmold
0664. 24.12. 10:00 Dornröschen-Musical, Landestheater Detmold [Kris]
0665. 24.12. 12:30 Dornröschen-Musical, Landestheater Detmold [Kris]
0666. 26.12. 15:00 Dornröschen-Musical, Landestheater Detmold [Kris]
0667. 26.12. 18:00 Dornröschen-Musical, Landestheater Detmold [Kris]

2018

0668. 14.1. 17:00 Dornröschen-Musical, Stadttheater, Bocholt [Markus]
0669. 18.1. 17:00 Dornröschen-Musical, Kulturhaus, Lüdenscheid [Markus]
0670. 25.1. 9:30 Dornröschen-Musical, Theater Gütersloh [Kris]
0671. 25.1. 11:30 Dornröschen-Musical, Theater Gütersloh [Kris]
0672. 26.1. 9:30 Dornröschen-Musical, Theater Gütersloh [Kris]
0673. 26.1. 11:30 Dornröschen-Musical, Theater Gütersloh [Kris]
0674. 26.1. 15:30 Dornröschen-Musical, Theater Gütersloh [Kris]
0675. 28.1. 15:00 Dornröschen-Musical Parktheater Dorn, Iserlohn [Markus]
0676. 7.2. 16:00 Dornröschen-Musical, Ratingen [Kris]
0677. 9.2. 9:00 Kinderkarneval, Klosterschule, Bielefeld [Kris]
0678. 9.2. 16:00 Kinderkarneval, Harsewinkel
0679. 11.2. Kinderkarneval, Zweischlingen, Bielefeld
0680. 13.2. Sunburst Kinderfasching, Kochertal-Metropole, Abtsgmünd [Kris + Markus]
0681. 17.2. Your Stage Festival, Freiheitshalle, Hof
0682. 18.2. Milchsalon, Lido, Berlin
0683. 1.3. 10:00 Dornröschen-Musical, Theater auf dem Hornwerk, Nienburg [Kris]
0684. 1.3. 16:00 Dornröschen-Musical, Theater auf dem Hornwerk, Nienburg [Kris]
0685. 4.3. Altenberger Hof, Köln-Nippes
0686. 7.3. Stadt- und Schulbibliothek, Kelsterbach [Kris]
0687. 11.3. Dornröschen-Musical, Apollo-Theater, Siegen
0688. 18.3. Fabrik, Hamburg
0689. 20.3. 10:00 Kindermusikfestival, Grundschule Idar, Idar-Oberstein [Kris + Markus]
0690. 20.3. 17:00 Kindermusikfestival, Grundschule Idar, Idar-Oberstein [Kris + Markus]
0691. 23.3. Universum, Bünde [Markus]
0692. 7.4. Kulturbahnhof, Werl [Kris]
0693. 10.4. 11:00 OWL-Klinik-Tour, Kinderklinik, Herford [Kris]
0694. 10.4. 15:30 OWL-Klinik-Tour, Klinikum Lippe, Detmold [Kris]
0695. 11.4. 10:30 OWL-Klinik-Tour, Kinderklinik, Paderborn [Kris]
0696. 11.4. 14:00 OWL-Klinik-Tour, Kinderklinik Bethel, Bielefeld
0697. 13.4. AWO-Kindergarten, Porta Westfalica
0698. 4.5. 14:00 Life House, Stemwede
0699. 4.5. 16:00 Life House, Stemwede
0700. 6.5. Frühlingsfest, Rathausplatz, Paderborn
0701. 10.5. Arminis Sommerfest, SchücoArena, Bielefeld [Kris]
0702. 1.6. Tag der Milch, Irrland Freizeitpark, Kevelaer
0703. 2.6. 40 Jahre Jugendzentrum Klein Bonum, Herzebrock-Clarholz
0704. 3.6. Kinderklinik Open Air, Leinewebermarkt, Bielefeld
0705. 8.6. Kita, Präsentation Ampelsprache-CD, Sennestadt, Bielefeld [Markus]
0706. 9.6. 10:00 Pius Schule, Rheda-Wiedenbrück [Arthuro]
0707. 9.6. 14:00 Tag der offenen Tür, Polizeipräsidium, Bielefeld [Arthuro]
0708. 10.6. Familientag, Schloß Holte [Arthuro]
0709. 16.6. Warmenau Open Air, Spenge [Arthuro]
0710. 30.6. Mitarbeiterfest dSPACE, Paderborn
0711. 1.7. Gartenfest, Duisburg
0712. 6.7. Weinfest, Rüsselsheim [Kris]
0713. 7.7. Kita Schuckenbaum, Leopoldshöhe
0714. 10.7. Reinhard Sommer Open, Versmold [Kris + Markus]
0715. 18.8. Randale-Stage, Summer Breeze, Dinkelsbühl
0716. 25.8. Jubiläum Ferienstadt, Geislingen an der Steige
0717. 26.8. 12:00 Familienfest Grafschafter Nachrichten, Tierpark, Nordhorn
0718. 26.8. 17:00 Wackelpeter, Bielefeld
0719. 29.8. Einweihung Gesamtschule 3, Gütersloh [Kris + Markus]
0720. 1.9. Rund um den Siggi, Bielefeld
0721. 2.9. 11:00 Donnerlütken, Gütersloh
0722. 2.9. 15:30 Heeper Ting, Bielefeld
0723. 8.9. Festival, Sabbenhausen
0724. 9.9. Kidzapalooza, Reiterstadion am Olympiapark, Berlin
0725. 15.9. 40 Jahre AWO-Kita, Lipperreihe, Oerlinghausen
0726. 16.9. Stadtlohner Herbst, Stadtlohn
0727. 20.9. Weltkindertag, Bad Salzuflen
0728. 23.9. CCH-Einkaufscenter, Bergedorf [Arthuro]

0729. 5.10. 8:30 OWL-Kindermusikfestival, Olof Palme-Gesamtschule, Hiddenhausen [Kris]
0730. 5.10. 10:15 OWL-Kindermusikfestival, Olof Palme-Gesamtschule, Hiddenhausen [Kris]
0731. 5.10. 12:15 OWL-Kindermusikfestival, Olof Palme-Gesamtschule, Hiddenhausen [Kris]
0732. 6.10. Kindermusikfestival, La Vie, Münster
0733. 7.10. Kindermusikfestival, Bi Nuu, Berlin
0734. 8.10. OWL-Kindermusikfestival, Oetkerhalle, Bielefeld [Kris]
0735. 9.10. OWL-Kindermusikfestival, Aula Kreisgymnasium, Halle (Westfalen) [Kris]
0736. 10.10. OWL-Kindermusikfestival, Stiftsschule, Bielefeld
0737. 11.10. 11:00 OWL-Kindermusikfestival, Theater, Gütersloh [Kris]
0738. 11.10. 15:30 OWL-Kindermusikfestival, Theater, Gütersloh [Kris]
0739. 12.10. OWL-Kindermusikfestival, Hellingskampschule, Bielefeld [Kris]
0740. 12.10. OWL-Kindermusikfestival, Hellingskampschule, Bielefeld [Kris]
0741. 13.10. Tierpark Sababurg, Hofgeismar [Arthuro]
0742. 14.10. Tierpark Sababurg, Hofgeismar [Arthuro]
0743. 28.10. Béi Chéz Heinz, Hannover
0744. 31.10. Helloween im Luisenpark, Mannheim [Flo + Kris]
0745. 2.11. Grundschule, Wardenburg [Markus]
0746. 4.11. 10 Jahre Schlittenhunderennen Senne, Bielefeld [Arthuro]
0747. 25.11. Lagerhalle, Osnabrück
0748. 2.12. Zweischlingen, Bielefeld
0749. 14.12. Weihnachtsmarkt, Detmold
0750. 15.12. Weihnachtsmarkt, Süsterplatz, Radio Bielefeld, Bielefeld
0751. 21.12. Nirgüls Adventskalender, Isselhorst

2019

0752. 13.1. Kulturbahnhof, Werl [Arthuro]
0753. 27.1. Altenberger Hof, Köln-Nippes
0754. 3.2. hr2-Kinder-Hörgala, Staatstheater, Wiesbaden
0755. 2.3. 50 Jahre Fadz Brown-Enterprises, Jazzclub, Bielefeld
0756. 3.3. Kinderkarneval, Zweischlingen, Bielefeld
0757. 4.3. 11:00 Centralstation, Darmstadt [Kris]
0758. 4.3. 15:00 Centralstation, Darmstadt [Kris]
0759. 5.3. Sunburst Kinderfasching, Kochertalmetropole, Abtsgmünd [Kris]
0760. 8.3. 14:00 Life House, Stemwede [Kris]
0761. 8.3. 16:00 Life House, Stemwede [Kris]
0762. 16.3. Lagerhaus, Bremen
0763. 22.3. Universum, Bünde
0764. 23.3. Buchmesse, Leipzig
0765. 30.3. Theater im Gründungshaus, Mönchengladbach
0766. 30.4. Neue Spinnerei, Dülmen
0767. 1.5. Sommerfest Arminis, SchücoArena, Bielefeld
0768. 6.5. 9:15 Kindergarten Voßheide, Lemgo [Kris + Markus]
0769. 6.5. 11:00 Kita Kunterbunt, Herford [Kris + Markus]
0770. 10.5. 9:30 Kita TEK, Gütersloh [Kris]
0771. 10.5. 11:30 Kita am Südring, Bielefeld [Kris]
0772. 10.5. 17:00 10 Jahre Heilpädagogische Hilfe, Hahme Frischemarkt, Protesttag zur Gleichstellung von Menschen mit Behinderung, Stemwede
0773. 18.5. 13:00 AWO Kinderfest, Bielefeld
0774. 18.5. 15:30 Exter Rockt, Vlotho
0775. 19.5. Museumsfest Ziegeleimuseum, Lage
0776. 24.5. Grundschule, Asemissen, Leopoldshöhe
0777. 25.5. Stadtfest, Ahaus
0778. 26.5. Ulmer Zelt, Ulm
0779. 30.5. Stadtfest Haller Willem, Halle [Kris]
0780. 2.6. Kinderklinik Open Air, Leinewebermarkt, Süsterplatz, Bielefeld
0781. 7.6. Wilhelm Busch-Grundschule, Hannover
0782. 9.6. Maximilianpark, Hamm [Arthuro]
0783. 10.6. Büchermeile Kö, Düsseldorf [Arthuro]
0784. 15.6. Kita Hephata, Schwalmstadt [Markus]
0785. 16.6. Kinderwallfahrt, Schützenplatz, Paderborn
0786. 21.6. 11:30 Evangelischer Kirchentag, Dortmund
0787. 21.6. 17:00 25 Jahre NewTone, Kesselbrink, Bielefeld
0788. 22.6. Ronald McDonald Kinderhaus, Bad Oeynhausen
0789. 23.6. Freilichtbühne Weißensee, Berlin
0790. 26.6. Kieler Woche, Krusenkoppel, Kiel [Kris + Markus]
0791. 27.6. Kieler Woche, Krusenkoppel, Kiel [Kris + Markus]
0792. 29.6. Rock am Meierteich, Bielefeld
0793. 5.7. Kulturbahnhof, Halver [Kris]
0794. 6.7. Grundschule Amshausen, Steinhagen
0795. 6.7. 15:00 25 Jahre POW!, Bielefeld
0796. 6.7. 16:30 Kita Nestfalken, Bielefeld
0797. 7.7. Kinderfreischießen, Simeonsplatz, Minden
0798. 11.7. Grundschule Tengern, Hüllhorst [Kris]
0799. 13.7. Midsommerfest, Abtsgmünd
0800. 14.7. Fürth Festival, Grüner Markt, Fürth
0801. 15.7. Mounds Festival, Serfaus, Österreich
0802. 17.8. Summer Breeze, Dinkelsbühl
0803. 22.8. Sommerfest, Kinderhospiz Bethel, Bielefeld
0804. 24.8. KjK, Kalletal
0805. 25.8. 11:00 Wackelpeter, Bielefeld
0806. 25.8. 15:00 Parkfest, Waltrop
0807. 30.8. Bega Consult, Lügde
0808. 31.8. Firmenfest Oskar Lehmann, Blomberg
0809. 1.9. 12:00 100 Jahre AWO, Dortmund
0810. 1.9. 16:00 Donnerlütken, Gütersloh
0811. 6.9. 100 Jahre Sudbrackschule, Bielefeld [Markus]
0812. 7.9. 50 Jahre Potts Park, Dützen, Minden
0813. 8.9. Altstadtfest, Rheda
0814. 14.9. Stadtfest, Stadtlohn
0815. 15.9. Kultur Güter Bahnhof, Langenberg
0816. 20.9. Weltkindertag, Verl [Kris]
0817. 25.9. Tag der Schulmilch, St. Felicitas-Schule, Vreden [Kris]
0818. 28.9. Nachbarschaftsfest BGW Baumheide, Bielefeld [Markus]
0819. 29.9. La Vie, Münster
0820. 12.10. Tierpark Sababurg, Hofgeismar [Markus]
0821. 13.10. Tierpark Sababurg, Hofgeismar [Markus]
0822. 25.10. Kulturzentrum Trudering, München
0823. 26.10. 10:30 Jugendzentrum Kirchheim, München
0824. 26.10. 15:00 Eventhalle Westpark, Ingolstadt
0825. 27.10. E-Werk, Erlangen
0826. 3.11. Altenberger Hof, Köln-Nippes
0827. 10.11. Milchsalon, Yaam Club, Berlin
0828. 17.11. Fabrik, Hamburg
0829. 24.11. Lagerhalle, Osnabrück [Arthuro]
0830. 6.12. Sportjugend, TSVE-Sporthalle am Niedermühlenhof, Bielefeld
0831. 7.12. Weihnachtsmarkt, Schloss Neuhaus
0832. 8.12. Béi Chéz Heinz, Hannover
0833. 14.12. Weihnachtsmarkt, Radio Bielefeld, Süsterplatz, Bielefeld
0834. 15.12. Monkey's Music Club, Hamburg-Altona
0835. 28.12. 62. Aktion Dreikönigssingen, Domplatz, Osnabrück

2020

0836. 5.1. Druckerei, Bad Oeynhausen
0837. 12.1. Benefiz Dirk Niggemann, Kulturbahnhof, Werl [Arthuro]
0838. 25.1. Musikschule, Hemmoor
0839. 26.1. Lagerhaus, Bremen
0840. 2.2. Alte Molkerei, Sundern-Allendorf
0841. 4.2. 8:45 Kindermusikfestival, Grabbe-Gymnasium, Detmold [Kris]
0842. 4.2. 10:30 Kindermusikfestival, Grabbe-Gymnasium, Detmold [Kris]
0843. 4.2. 14:00 Kindermusikfestival, Grabbe-Gymnasium, Detmold [Kris]
0844. 15.2. Kultur Güter Bahnhof, Langenberg [Arthuro]
0845. 16.2. Kinderkarneval, Stukenbrock
0846. 23.2. Kinderkarneval, Zweischlingen, Bielefeld
0847. 25.2. Sunburst Kinderfasching, Kochertal-Metropole, Abtsgmünd [Kris]
0848. 6.3. 14:00 Life House, Stemwede
0849. 6.3. 16:00 Life House, Stemwede
0850. 8.3. Goldgrube, Kassel
0851. 3.5. Studiokonzerte, Watt Matters Studio, Bielefeld (Erstausstrahlungstermine: 10.5., 24.5., 7.6. und 27.6.)
0852. 24.5. Autokino-Konzert, Firma Wotec, Rheinbach
0853. 6.6. Unplugged-Studio Konzerte, Fotostudio Tölle, Bielefeld, als Gäste Markus Höhle und Janne Wozniak (Erstausstrahlungstermine 9.8. und 15.11.)
0854. 21.6. Autokino-Konzert, Lichtspielgarten, Stade
0855. 22.6. 9:15 Kita Hattenhorstfeld, Jöllenbeck, Bielefeld [Kris + Markus]
0856. 22.6. 10:00 Kita Volkening Kindergarten, Jöllenbeck, Bielefeld [Kris + Markus]
0857. 22.6. 10:45 Kita Weltenbummler, Jöllenbeck, Bielefeld [Kris + Markus]
0858. 22.6. 11:30 Kita Sternensegler, Jöllenbeck, Bielefeld [Kris + Markus]
0859. 23.6. 8:30 Queller Falkenküken, Bielefeld [Kris + Markus]
0860. 23.6. 9:30 Kita am Freibad Dornberg, Bielefeld [Kris + Markus]
0861. 23.6. 10:30 Falkenkita Gustav-Adolf-Straße, Bielefeld [Kris + Markus]
0862. 23.6. 11:30 Kita Nestfalken, Bielefeld [Kris + Markus]
0863. 23.6. 12:30 Kita Windspiel, Gadderbaum, Bielefeld [Kris + Markus]
0864. 25.6. 9:00 Kita/Familienzentrum Moenkamp, Bielefeld [Kris + Markus]
0865. 25.6. 9:45 Kita/Familienzentrum Hackemackweg, Brake, Bielefeld [Kris + Markus]
0866. 25.6. 10:45 Kita Hand in Hand, Bielefeld [Kris + Markus]
0867. 25.6. 11:45 Kita Stadtmitte, Bielefeld [Kris + Markus]
0868. 26.6. 9:00 Villa Wirbelwind, Lemgo [Kris + Markus]

0869. 26.6. 9:45 Kita St. Johann, Lemgo [Kris + Markus]
0870. 26.6. 10:30 AWO-Kita Heidestraße, Bad Salzuflen [Kris + Markus]
0871. 26.6. 11:30 Kita Zur Bleiche, Herford [Kris + Markus]
0872. 29.6. 9:15 Evangelische Kita Neustadt, Bielefeld
0873. 29.6. 10:00 Kita Bielefelder Flachsfarm, Bielefeld
0874. 29.6. 11:00 Kita Mühlenpark, Bielefeld
0875. 1.7. 9:15 Kita/Familienzentrum Neesen, Porta Westfalica
0876. 1.7. 10:00 Kita/Familienzentrum Eisbergen, Porta Westfalica
0877. 1.7. 11:00 Kita/Familienzentrum Bölhorst, Minden
0878. 1.7. 12:30 Kita Mühlenzwerge, Lübbecke
0879. 2.7. 9:00 Ferienspiele, Sporthalle Süd, Bielefeld
0880. 2.7. 10:00 Forum Senner Realschule, Bielefeld
0881. 2.7. 10:50 Hof Ramsbrock, Bielefeld
0882. 3.7. 9:00 Kinderhaus Rabenhof, Bielefeld
0883. 3.7. 10:00 Kita Diebrocker Straße, Herford
0884. 3.7. 11:00 Kita Theesen, Bielefeld
0885. 3.7. 11:50 Kita Huchzermeierstraße, Bielefeld
0886. 3.7. 13:00 Lydia Kinderhaus, Bielefeld
0887. 11.7. 15:30 Sommermomente, Schlosspark, Detmold
0888. 11.7. 18:00 Sommermomente, Schlosspark, Detmold
0889. 12.7. Freibad düb, Dülmen
0890. 18.7. Kultursommer, Paderborn [Flo]
0891. 8.8. Monkeys Music Club, Hamburg-Altona
0892. 8.8. Wutzrock Online Festival, Lola Kulturzentrum, Hamburg-Bergedorf
0893. 14.8. 16:30 Freilichtbühne Sojus 7, Monheim [Markus]
0894. 20.8. 9:30 Familienzentrum Königsberger Straße, Herten [Kris]
0895. 20.8. 10:30 Familienzentrum Kaiserstraße, Herten [Kris]
0896. 20.8. 11:30 AWO Familienzentrum Paschenbergstraße, Herten [Kris]
0897. 20.8. 12:30 AWO-Kita Scherlebecker Straße, Herten [Kris]
0898. 21.8. 10:00 Ev. Kindertagesstätte Arche Noah, Bielefeld [Kris + Markus]
0899. 21.8. 11:00 Kindertagesstätte Obernfeld, Bielefeld [Kris + Markus]
0900. 21.8. 15:00 Kindertagesstätte Hof Hallau, Bielefeld [Kris + Markus]
0901. 24.8. 9:00 Kita Leonardo, Gütersloh [Kris + Markus]
0902. 24.8. 10:00 Kita Kopernikus, Gütersloh [Kris + Markus]
0903. 25.8. 9:30 Kita Sonnenhang, Lüdenscheid [Kris + Markus]
0904. 25.8. 10:30 Kita Kinderplanet, Lüdenscheid [Kris + Markus]
0905. 25.8. 11:30 Kita Bunte Kluse, Lüdenscheid [Kris + Markus]
0906. 26.8. 9:30 Kita Vorhalle, Hagen [Kris + Markus]
0907. 26.8. 10:30 Kita Königskinder, Hagen [Kris + Markus]
0908. 26.8. 11:30 Kita Ischeland, Hagen [Kris + Markus]
0909. 26.8. 12:30 Heidezwerge, Hagen [Kris + Markus]
0910. 27.8. 9:30 Kita Bunte Welt, Bottrop [Kris + Markus]
0911. 27.8. 10:30 Kita Kleine Welt, Bottrop [Kris + Markus]
0912. 27.8. 11:30 Kita Budenzauber, Bottrop [Kris + Markus]
0913. 27.8. 12:30 Kita Hand in Hand, Bottrop [Kris + Markus]
0914. 28.8. 9:30 Kita Am Chursbusch, Bochum [Kris + Markus]
0915. 28.8. 10:30 Kita Dr.-C.-Otto-Straße, Bochum [Kris + Markus]
0916. 28.8. 11:30 Kita Am Schamberge, Bochum [Kris + Markus]
0917. 28.8. 12:30 Kita Knappschaftsstraße, Bochum [Kris + Markus]
0918. 30.8. Stemweder Waldgeflüster, Stemwede
0919. 1.9. 9:30 Kita Trautmannstraße, Münster [Kris + Markus]
0920. 1.9. 10:30 Kita Scheibenstraße, Münster [Kris + Markus]
0921. 1.9. 11:30 Familienzentrum Lublinring, Münster [Kris + Markus]
0922. 1.9. 12:30 Familienzentrum Marder Weg, Münster [Kris + Markus]
0923. 2.9. 9:30 Kita Littfeld, Kreuztal-Littfeld [Kris + Markus]
0924. 2.9. 10:30 Kita Südefeld, Kreuztal-Eichen [Kris + Markus]
0925. 2.9. 11:30 Kita Weltenbummler, Kreuztal [Kris + Markus]
0926. 2.9. 12:30 Kita Kredenbach, Kreuztal-Kredenbach [Kris + Markus]
0927. 3.9. 9:30 Kita Gahlensche Straße, Bochum [Kris + Markus]
0928. 3.9. 10:30 Kita Braunsberger Straße, Bochum [Kris + Markus]
0929. 3.9. 11:30 Kita Bayernstraße, Bochum [Kris + Markus]
0930. 3.9. 12:30 Kita Zillertalstraße, Bochum [Kris + Markus]
0931. 4.9. 9:30 Kita Lummerland, Iserlohn [Kris + Markus]
0932. 4.9. 10:30 Kita Kinderland, Iserlohn [Kris + Markus]
0933. 4.9. 11:30 Kita Kombinierte Kita Löbbeckenkopf, Iserlohn [Kris + Markus]
0934. 4.9. 12:30 Kita Ruth-Grohe-Haus, Hemer [Kris + Markus]
0935. 5.9. 14:00 Hof Ramsbrock, Senne, Bielefeld
0936. 5.9. 15:30 Hof Ramsbrock, Senne, Bielefeld
0937. 6.9. Sputnikhalle, Münster [Flo]
0938. 8.9. 9:30 Kita Sonne, Mond und Sterne, Bottrop [Jan + Kris + Markus]
0939. 8.9. 10:30 Kita am Stadtgarten, Bottrop [Jan + Kris + Markus]
0940. 8.9. 11:30 Kita Villa Kunterbunt, Bottrop [Jan + Kris + Markus)
0941. 8.9. 12:30 Kita Spatzennest, Bottrop [Jan + Kris + Markus]
0942. 9.9. 9:00 Kita Brummihof, Borgholzhausen [Jan + Kris + Markus]
0943. 9.9. 9:45 DRK-Kita Loxten, Versmold [Jan + Kris + Markus]
0944. 9.9. 10:30 DRK-Kita Am Stadtpark, Versmold [Jan + Kris + Markus]
0945. 9.9. 11:15 DRK-Kita Henry Dunant, Versmold [Jan + Kris + Markus]
0946. 10.9. 9:00 DRK-Kita, Verl [Jan + Kris + Markus]
0947. 10.9. 10:00 DRK-Kita Raabestraße, Herzebrock-Clarholz [Jan + Kris + Markus]
0948. 10.9. 10:45 DRK-Kita Postweg, Herzebrock-Clarholz [Jan + Kris + Markus)
0949. 10.9. 11:45 Evangelischer Kindergarten Am Bühlbusch, Verl [Jan + Kris + Markus]
0950. 13.9. Ziegeleimuseum, Lage
0951. 14.9. 9:00 Uhr Kindertagesstätte Tausendfüßler, Herford [Kris + Markus]
0952. 14.9. 10:00 Uhr Kindertagesstätte/ Familienzentrum Ehrsen, Bad Salzuflen [Kris + Markus]
0953. 14.9. 11:00 Uhr Kindertagesstätte Helpup, Oerlinghausen-Helpup [Kris + Markus]
0954. 15.9. 9:00 Uhr AWO Kita, Rietberg [Kris + Markus]
0955. 15.9. 9:45 Uhr Kindertagesstätte Stennerland, Rietberg [Kris + Markus]
0956. 15.9. 10:30 Uhr Kindertagesstätte/ Familienzentrum Feldmaus, Rietberg [Kris + Markus]
0957. 15.9. 11.30 Uhr Kindertagesstätte Marco Polo, Verl [Kris + Markus]
0958. 26.9. Open Air, Schützenzentrum Hilbeck, Werl
0959. 27.9. Werk 2, Leipzig [Flo]
0960. 6.10. Theater, Gütersloh [Markus]
0961. 7.10. 9:15 Kita Kapernaum, Steinhagen [Kris + Markus]
0962. 7.10. 10:00 Kita Laukshof, Steinhagen [Kris + Markus]
0963. 7.10. 10:45 Kita Regenbogen St. Hedwig, Steinhagen [Kris + Markus]
0964. 1.11. Video-Dreh Weihnachtskonzert, Watt Matters Studio, Bielefeld

2021

0965. 14.4. Kulturcookies, SchücoArena, Bielefeld
0966. 27.4. Online unplugged, Theaterlabor, Bielefeld
0967. 6.6. Schützenplatz Hilbeck, Werl
0968. 12.6. Schützenplatz, Monheim
0969. 22.6. Kita-Tour 9:00 Der Ravensberger Regenbogen e.V., Bielefeld [Kris + Markus]
0970. 22.6. Kita-Tour 10:00 Städtische Kindertagesstätte Gustav Freytag, Bielefeld [Kris + Markus]
0971. 22.6. Kita-Tour 10:50 Evangelische Stifts-Kindertageseinrichtung, Bielefeld [Kris + Markus]
0972. 22.6. Kita-Tour 11:35 Evangelisches Familienzentrum Die Kinderbrücke, Bielefeld [Kris + Markus]
0973. 22.6. Kita-Tour 12:30 Kita Lydia, Bielefeld [Kris + Markus]
0974. 23.6. Kita-Tour, 8:45 Evangelische Kindertagesstätte Südfeldstraße, Vlotho [Kris + Markus]
0975. 23.6. Kita-Tour, 9.40 Städtisches Familienzentrum Kita Luftikus, Bad Oeynhausen [Kris + Markus]
0976. 23.6. Kita-Tour, 10:40 Waldkindergarten Die Waldwichtel e.V., Löhne [Kris + Markus]
0977. 23.6. Kita-Tour, 11:40 Evangelischer Kindergarten Unterm Regenbogen, Hüllhorst [Kris + Markus]
0978. 24.6. Kita-Tour, 8:45 Kita Abenteuerland, Bad Salzuflen [Kris + Markus]
0979. 24.6. Kita-Tour, 9:40 Regenbogen Kinderland, Leopoldshöhe [Kris + Markus]
0980. 24.6. Kita-Tour, 10:30 Kita Maßbruch, Lage [Kris + Markus]
0981. 24.6. Kita-Tour, 11:40 Kita Zwergenhaus, Kalletal [Kris + Markus]
0982. 25.6. Kita-Tour, 8:45 Kita Bülowstraße, Gütersloh [Kris + Markus]
0983. 25.6. Kita-Tour, 9:45 CJD Verbundfamilienzentrum Kita Herzebrock, Herzebrock-Clarholz [Kris + Markus]

0984. 25.6. Kita-Tour, 10:45 St. Elisabethkindergarten, Harsewinkel [Kris + Markus]
0985. 25.6. Kita-Tour, 11:50 Städtische Kita Künsebeck, Halle (Westfalen) [Kris + Markus]
0986. 29.6. 9:00 Grundschule Am Waldschlösschen, Bielefeld [Kris + Markus]
0987. 29.6. 10:00 Grundschule Am Waldschlösschen, Bielefeld [Kris + Markus]
0988. 30.6. Kita Mühlenzwerge, Lübbecke [Kris + Markus]
0989. 30.6. Kita Gehlenbeck, Lübbecke [Kris + Markus]
0990. 30.6. Gartenkonzert Ben Finke, Rödinghausen [Kris + Markus]
0991. 3.7. Sommer am See, Rietberg-Mastholte
0992. 23.7. 9:15 Kindergarten Lebensbaum, Fachsenfeld [Kris + Markus]
0993. 23.7. 10:00 Naturkindergarten Heftenmännle, Abtsgmünd [Kris + Markus]
0994. 23.7. 11:00 Schwarzfeld Schule (zunächst Klasse 1 & 2, dann Klasse 3 & 4), Dewangen [Kris + Markus]
0995. 23.7. 15:30 Stadtbücherei, Herbrechtingen [Kris + Markus]
0996. 24.7. Kultursommer, Mohns Park, Gütersloh [Kris]
0997. 25.7. 11:00 Kultursommer, Schützenplatz, Rietberg [Kris]
0998. 25.7. 16:15 Kultursommer, Flora Westfalica, Rheda-Wiedenbrück [Kris]
0999. 12.8. Hütte Rockt-Festival, Georgsmarienhütte [Kris + Markus]
1000. 13.8. Kölner Bühnensommer, An der Schanz, Köln [Markus]
1001. 14.8. Kulturwiese, Ricklinger Bad, Hannover
1002. 15.8. 11:00 Bendix-Gelände, Dülmen
1003. 15.8. 15:30 Sommerbühne, Barmeierplatz, Enger
1004. 22.8. Kinderkultursommer, Thon-Dittmer-Palais, Regensburg
1005. 27.8. Ludwig-Cauer-Grundschule, Berlin (fünf Flashmobs im Kiez) [Kris]
1006. 28.8. Victor-Klemperer-Platz, Berlin, Berlin-Marzahn [Kris, ohne Jochen mit Toni Geiling]
1007. 28.8. Antonplatz, Berlin-Weißensee [Kris, ohne Jochen mit Toni Geiling]
1008. 29.8. 11:00 Atze Musiktheater, Berlin [Kris]
1009. 29.8. 15:00 Atze Musiktheater, Berlin [Kris]
1010. 4.9. 15:00 Jürmker Integrationskreis, CVJM-Haus Jöllenbeck, Bielefeld
1011. 4.9. Freibad, Werther
1012. 11.9. Woche der pflegenden Angehörigen, KUKs Sieker, Bielefeld
1013. 12.9. 11:00 Schützenplatz Hilbeck, Werl
1014. 12.9. 15:30 Ziegeleimuseum, Lage
1015. 25.9. Musik auf Lücke, Park der Gärten, Bad Zwischenahn
1016. 26.9. Kulturzentrum Balou, Dortmund
1017. 7.10. Kindermusikfestival 11:00 Theater, Gütersloh [ohne Kritze + Marc]
1018. 7.10. Kindermusikfestival 16:00 Theater, Gütersloh [ohne Marc]
1019. 8.10. Kindermusikfestival Garten der Kinderklinik Bethel, Bielefeld
1020. 9.10. Kindermusikfestival 11:00 Solarlux, Melle
1021. 9.10. Kindermusikfestival 16:00 Solarlux, Melle
1022. 10.10. Kindermusikfestival Kesselbrink, Bielefeld
1023. 6.11. Cobra, Solingen
1024. 19.11. Universum, Bünde
1025. 20.11. AWO-Jugendzentrum, Oerlinghausen
1026. 22.11. Weihnachtsmarkt, Neuer Markt, Herford
1027. 28.11. Kulturrevier Radbod, Hamm [Markus]

2022

1028. 19.3. TuS Voßheide, Mehrzweckhalle, Lemgo
1029. 20.3. Druckerei, Bad Oeynhausen
1030. 26.3. Cafe Q, Castrop-Rauxel
1031. 27.3. Lagerhalle, Osnabrück
1032. 3.4. Gemeindehaus St. Rosenkranz, Düsseldorf
1033. 16.4. Minigolfanlage, Beverungen [Markus]
1034. 24.4. Fachdienst Kultur, Hafen, Vlotho
1035. 30.4. Sommerfest Angelmann e.V., Heinrich Lübke Haus, Möhnesee [Markus]
1036. 1.5. Internationales 1. Mai-Fest, Kulturzentrum Faust, Hannover
1037. 7.5. Milchsalon, Kesselhaus, Berlin
1038. 8.5. Familienfest, Syker Vorwerk, Syke
1039. 9.5. 9:00 Kita im Kinder- und Jugendhaus Brake, Bielefeld [Björn + Markus]
1040. 9.5. 9:50 Kita Milse, Bielefeld [Björn + Markus]
1041. 9.5. 10:40 Kita Altenhagen, Bielefeld [Björn + Markus]
1042. 9.5. 11:30 Waldorfkindergarten Schildesche, Bielefeld [Björn + Markus]
1043. 10.5. 8:50 Kita Kleine Kampe, Bielefeld [Björn + Markus]
1044. 10.5. 9:50 Kita, Leopoldshöhe [Björn + Markus]
1045. 10.5. 10:40 Kita am Eselsbach, Leopoldshöhe [Björn + Markus]
1046. 10.5. 11:30 Kita Abraxas, Detmold-Heidenoldendorf [Björn + Markus]
1047. 11.5. 8:40 Kita Feldmaus, Rietberg [Björn + Markus]
1048. 11.5. 9:20 Kita Rietberg, Rietberg [Björn + Markus]
1049. 11.5. 10:35 Kita Riemekepark, Paderborn [Björn + Markus]
1050. 11.5. 11:45 Kita Die kleinen Strolche, Horn-Bad Meinberg [Björn + Markus]
1051. 12.5. 9:00 Kita Veltheim, Porta Westfalica [Björn + Markus]
1052. 12.5. 9:45 Kita Lerbeck II, Porta-Westfalica [Björn + Markus]
1053. 12.5. 10:25 Kita Neesen, Porta Westfalica [Björn + Markus]
1054. 12.5. 11:30 Kita Oetinghausen, Hiddenhausen [Björn + Markus]
1055. 14.5. Schulfest, Störmede [Flo]
1056. 15.5. Maiwoche, Osnabrück [Flo]
1057. 16.5. 9:45 Kita Löhne-Mennighüffen, Löhne [Björn + Moe]
1058. 16.5. 10:35 Kita Zappel, Kirchlengern [Björn + Moe]
1059. 16.5. 11.30 Kita Börninghausen, Preußisch-Oldendorf [Björn + Moe]
1060. 17.5. 9:00 Kita Steinhagen, Steinhagen [Björn + Moe]
1061. 17.5 .10:00 Kita Findikus, Harsewinkel [Björn + Moe]
1062. 17.5.10:40 Villa Kunterbunt, Versmold [Björn + Moe]
1063. 17.5. 11:30 Kita Flohkiste, Borgholzhausen [Björn + Moe]
1064. 18.5. 9:00 Kita Waldstraße, Bad Salzuflen [Björn + Moe]
1065. 18.5. 9:50 Kita Bad Salzuflen-Retzen, Bad Salzuflen [Björn + Moe]
1066. 18.5. 10:45 Kita Bullerbü, Kalletal [Björn + Moe]
1067. 18.5. 11:25 Kita Hohenhausen, Kalletal [Björn + Moe]
1068. 19.5. 9:00 Kita Zwergenland, Blomberg [Björn + Moe]
1069. 19.5. 9:40 Kita Rasselbande, Blomberg [Björn + Moe]
1070. 19.5. 10:20 Kita Renntwete, Blomberg [Björn + Moe]
1071. 19.5. 11:20 Kita Tausendfüßler, Lügde [Björn + Moe]
1072. 20.5. 9:00 Kita Vilsendorf, Bielefeld [Björn + Moe]
1073. 20.5. 9:50 Kita Enger-Dreyen, Enger [Björn + Moe]
1074. 20.5. 10:40 Kita Diebrocker Strasse, Herford [Björn + Moe]
1075. 20.5. 11:30 Kita In den Tannen, Löhne [Björn + Moe]
1076. 21.5. 11:00 Plaßschule, Bielefeld
1077. 21.5. 16:30 Kita Rappelkiste, Stemwede
1078. 22.5. Altenberger Hof, Köln-Nippes
1079. 24.5. 9:00 Kindertagesstätte Bielefelder Flachsfarm, Bielefeld [Björn + Moe]
1080. 24.5. 9:50 Kindertagesstätte Mühlenpark, Bielefeld [Björn + Moe]
1081. 24.5. 10:40 Kindertagesstätte Hof Hallau, Bielefeld [Björn + Moe]
1082. 24.5. 11:30 Uhr Kita Neuland-Falken, Bielefeld [Björn + Moe]
1083. 24.5. 13:00 Kita Ravensberger Regenbogen, Bielefeld [Björn + Moe]
1084. 26.5. Vater-Kind-Festival, Hof Köninck, Steinfurt
1085. 28.5. 15:00 Open Air, Sportplatz, Sabbenhausen
1086. 28.5. 19:00 Warmenau-Open-Air, Spenge
1087. 3.6. Schule im Grünen Winkel, Hamm [Markus]
1088. 5.6. Sportplatz Osterholz/Haustenbeck, Schlangen [Markus]
1089. 10.6. 10:00 Grundschule Bruchmühlen-Ostkilver, Rödinghausen [Björn + Markus]
1090. 10.6. 15:30 Lindenschule, Halle [Björn + Markus]
1091. 11.6. 11:00 Kita Kindermühle, Bielefeld [Markus]
1092. 11.6. 13:00 Paralympics Bethel, Bielefeld [Markus]
1093. 11.6. 16:00 Musikschule, Löhne [Markus]
1094. 12.6. 12:00 Kinderwallfahrt Erzbistum, Paderborn [Markus]
1095. 12.6. 15:30 Kita Zwergennest, Reithalle des Reit- und Fahrvereins Ravensberg, Lage-Pottenhausen [Markus]
1096. 18.6. Waldstadion, SV Schwarz-Weiß Sende, Schloß Holte-Stukenbrock
1097. 19.6. TuS Jöllenbeck, Sporthalle Realschule, Bielefeld
1098. 23.6. Förderschule Am Lönkert, Bielefeld [Markus]
1099. 26.6. 11:00 Open Air im Bürgerpark, Steinhagen
1100. 26.6. 15:00 Haus Wilhalm, Harsewinkel
1101. 30.6. Künsebecker Kultursommer, Gemeindehaus Künsebeck, Halle (Westalen) [Kris]
1102. 1.7. Ferienspiele, Realschule Senne, Bielefeld [Kris + Markus]
1103. 1.7. Altstadt-Kulturfest, Korbach [Kris + Markus]
1104. 2.7. Diemelzauber, Warburg [Kris + Markus]

1105. 1.8. BDJK Jugendhof, Vechta [Kris]
1106. 3.8. Kesselkidz, Kesselbrink, Bielefeld [Kris]
1107. 4.8. Kurpark, Bad Homburg
1108. 5.8. Falken Ferienspiele, Hof Ramsbrock, Bielefeld
1109. 6.8. Kulturfest am Gartenbad, Enger
1110. 7.8. 11:00 Wackelpeter, Bielefeld
1111. 7.8. 17:30 Dülmen-Sommer, Hermann-Leeser-Schule, Dülmen
1112. 11.8. Hütte Rockt-Festival, Georgsmarienhütte [Markus]
1113. 13.8. 13:00 Rock am Hügel/Kidzival, Gladbeck [Markus]
1114. 13.8. 18:00 Rink-Festival, Melle
1115. 17.8. Weststadt-Trallafitti, Essen [Markus]
1116. 20.8. Summer Breeze, Dinkelsbühl
1117. 21.8. Vivawest Family Festival, Tanzbrunnen, Köln
1118. 24.8. Marktplatz Jöllenbeck, Bielefeld
1119. 25.8. 10:00 Dionysius-Grundschule, Paderborn-Elsen [Moe Bass]
1120. 25.8. 11:00 Dionysius-Grundschule, Paderborn-Elsen [Moe Bass]
1121. 27.8. Kita Weltentdecker, Niederzier [Flo + Kris]
1122. 27.8. Sommerfest Ronald McDonald-Haus, Bonn [Flo + Kris]
1123. 28.8. 12:00 HAZ-Aktion Sicherer Schulweg, Maschpark, Hannover [Flo + Kris]
1124. 28.8. 15:30 AWO-Sommerfest, Dammanns Hof, Harsewinkel
1125. 3.9. 12:30 Kita Wirbelwind, Halle (Westfalen)
1126. 3.9. 14:30 Kita Laukshof, Steinhagen
1127. 3.9. 16:30 Freie Scholle, Bielefeld
1128. 4.9. 12:00 Heeper Ting, Bielefeld
1129. 4.9. 16:00 Jubiläum Jugendamt, Flora Westfalica, Rheda-Wiedenbrück
1130. 10.9. Grundschule Bavenhausen, Kalletal [Markus]
1131. 11.9. Hephata-Tage, Schwalmstadt [Arthuro]
1132. 17.9. 11:00 Frölenbergschule, Bielefeld
1133. 17.9. 17:00 Kindertag, Abteigarten, Lemgo
1134. 23.9. 120 Jahre Fröbelschule, Bielefeld [Björn + Markus]
1135. 24.9. Kidzapalooza, Reiterstadion am Olympiapark, Berlin
1136. 24.9. Kidzapalooza, Reiterstadion am Olympiapark, Berlin
1137. 1.10. Musikerinitiative, Geislingen an der Steige [Markus]
1138. 2.10. Gemeindehalle, Waiblingen-Neustadt [Markus]
1139. 3.10. 11:00 JuZ, Kirchheim [Markus]
1140. 3.10. 15:00 JuZ, Kirchheim [Markus]
1141. 21.10. Life House, Stemwede
1142. 22.10. Diesterwegschule, Bielefeld [Arthuro]
1143. 28.10. Universum, Bünde [Kris + Markus]
1144. 5.11. Weberei, Gütersloh
1145. 6.11. Neue Schmiede, Bethel, Bielefeld [mit Christoph Zaczek als Gasttrommler]
1146. 12.11. Cobra, Solingen
1147. 13.11. Béi Chéz Heinz, Hannover
1148. 2.12. 10:00 Kita Alt Tempelhof, Berlin [Björn]
1149. 2.12. 10:45 Kita Alt Tempelhof, Berlin [Björn]
1150. 2.12. 16:00 Weihnachtsmarkt, Postplatz, Hennigsdorf [Björn]
1151. 3.12. Weihnachtsmarkt im Schlossgarten, Detmold
1152. 4.12. Lükaz, Lünen
1153. 27.12. Fabrik, Hamburg

2023

1154. 8.1. Druckerei, Bad Oeynhausen [Arthuro]
1155. 15.1. Milchsalon, SO 36, Berlin
1156. 22.1. Lagerhaus, Bremen
1157. 12.2. Kinderkarneval, Kultur Güter Bahnhof, Langenberg
1158. 16.2. 10:15 Kinderkarneval, Auftritt für Leineweberschule, Grundschule Babenhausen, Bielefeld [Björn + Markus]
1159. 16.2. 11:30 Kinderkarneval, Auftritt für Grundschule Babenhausen, GrundschuleBabenhausen, Bielefeld [Björn + Markus]
1160. 17.2. Dingsbums Kinderkarneval, Gymnasium Brackwede, Bielefeld [Markus]
1161. 19.2. Centralstation, Darmstadt [Markus]
1162. 20.2. Centralstation, Darmstadt [Markus]
1163. 21.2. 10:00 Grundschule Am Waldschlösschen, Bielefeld [Björn + Markus]
1164. 21.2. 11:00 Grundschule Am Waldschlösschen, Bielefeld [Björn + Markus]
1165. 12.3. Altenberger Hof, Köln-Nippes
1166. 26.3. Benefizkonzert für die Erdbebenopfer in der Türkei und Syrien, Lokschuppen, Bielefeld [Arthuro]
1167. 30.3. Martinschule, Bielefeld [Björn]
1168. 21.4. 14:00 Life House, Stemwede
1169. 21.4. 16:00 Life House, Stemwede
1170. 22.4. Gleis 22, Münster
1171. 5.5. 11:00 Kita Franzhof, Heepen, Bielefeld [Björn + Markus]
1172. 5.5. 14:00 Schule Wittekindshof, Bad Oeynhausen [Björn + Markus]
1173. 5.5. 16:00 Ev. Grundschule Gohfeld, Löhne [Björn + Markus]
1174. 6.5. Frühlingsfest, Rathausplatz, Paderborn
1175. 8.5. 9:00 Ev. Kita Unterm Regenbogen, Enger [Björn]
1176. 8.5. 9:40 Kita Taka-Tuka-Land, Spenge [Björn]
1177. 8.5. 10:45 Waldkindergarten Glückspilze, Preußisch Oldendorf [Björn]
1178. 8.5. 11:25 Ev. Familienzentrum ARCHE Oberbauerschaft, Hüllhorst [Björn]
1179. 9.5. 9:00 Kita Lohfeld, Bad Salzuflen [Björn]
1180. 9.5. 10:00 Familienzentrum Abakus, Dörentrup [Björn]
1181. 9.5. 10:45 Familienzentrum Kindergarten Vahlhausen, Detmold [Björn]
1182. 9.5. 11:45 Kindertagesstätte Drachennest, Schieder-Schwalenberg [Björn]
1183. 10.5. 9:00 AWO Kita/Familienzentrum Weststraße, Werther [Björn]
1184. 10.5. 9:50 Evangelische Kita Mamre, Halle (Westfalen) [Björn]
1185. 10.5. 10:45 Kindertageseinrichtung Arche Noah, Harsewinkel [Björn]
1186. 10.5. 11:30 Städtische Kita Haegestraße, Gütersloh [Björn]
1187. 11.5. 9:00 Ev. Kita Milse, Bielefeld [Björn]
1188. 11.5. 9:50 Kita Oberlohmannshof, Bielefeld [Björn]
1189. 11.5. 10:45 Kath. Kindertageseinrichtung Regenbogen St. Hedwig, Steinhagen [Björn]
1190. 11.5. 11:35 Kita Sonnenstrahl, Bielefeld [Björn]
1191. 12.5. Johannesschule Mesum/Elte, Rheine
1192. 13.5. Eschenfest, Rathausplatz, Eschborn
1193. 14.5. Maiwoche, Markt, Osnabrück
1194. 17.5. Hunteburger Open Air, Sportplatz, Hunteburg
1195. 18.5. Haller Willem, Halle (Westfalen)
1196. 21.5. 13:00 Museumsfest Ziegeleimuseum, Lage
1197. 21.5. 16:30 Leinewebermarkt, Bielefeld
1198. 29.5. Bücherbummel, Kö, Düsseldorf [Markus]
1199. 31.5. 9:00 Familienzentrum Haus Pusteblume, Bielefeld [Björn + Markus]
1200. 31.5. 9:55 Familienzentrum Baumheide, Bielefeld [Björn + Markus]
1201. 31.5. 10:45 Thomas Kita, Bielefeld [Björn + Markus]
1202. 31.5. 11:30 Kita Babenhausen, Bielefeld [Björn + Markus]
1203. 2.6. 18:00 Adolf-Kolping-Schule, Siegburg [Markus]
1204. 3.6. Kids Day, Bürgerpark Ummeln, Bielefeld [Markus]
1205. 4.6. 11:00 Kita Abakus, Dörentrup
1206. 4.6. 15:00 Landesmuseum, Münster
1207. 9.6. Hohenstaufen Schule, Minden
1208. 11.6. Rahdener Sommer, Rahden
1209. 14.6. Stadt- und Schulbibliothek, Kelsterbach [Björn]
1210. 15.6. 10:00 Bodelschwinghschule, 1.+2. Klassen, Hamm [Björn]
1211. 15.6. 11:00 Bodelschwinghschule, 3.+4. Klassen, Hamm [Björn]
1212. 16.6. 13:00 Stiftsschule, Bielefeld
1213. 16.6. 16:30 Grundschule Amshausen, Steinhagen [Björn]
1214. 17.6. 12:00 Astrid-Lindgren-Schule, Harsewinkel
1215. 17.6. 16:30 50 Jahre Kita Emmaus, Steinhagen [Arthuro]
1216. 18.6. Stadtfest, Ahlen [Arthuro]
1217. 20.6. Josefschule, Herzebrock [Björn + Markus]
1218. 22.6. School's out Party, Porta-Bad, Porta Westfalica
1219. 23.6. Kieler Woche, Krusenkoppel, Kiel
1220. 24.6. Kieler Woche, Krusenkoppel, Kiel
1221. 25.6. Kieler Woche, Krusenkoppel, Kiel
1222. 27.6. Grundschule Wellingholzhausen, Melle [Markus]
1223. 28.6. Kesselkidz, Kesselbrink, Bielefeld [Markus]
1224. 30.6. 10:15 Wilhelm-Busch-Schule, 1.+2. Klassen, Hannover [Markus]
1225. 30.6. 11:15 Wilhelm-Busch-Schule, 3.+4. Klassen, Hannover [Markus]
1226. 1.7. Kulturverein Open Air, Meinersen [Markus]
1227. 2.7. 11:30 Kultursommer, Steinhagen [Markus]
1228. 2.7. 16:30 Drachen über Lemwerder, Lemwerder [Markus]
1229. 29.7. Südstrand Open Air, Upstalsboom, Wyk auf Föhr [Kris + Markus]
1230. 2.8. Maximilianpark, Hamm [Arthuro]
1231. 4.8. Kultursommer, Cloppenburg
1232. 5.8. Jugend- & Kulturzentrum Hagenbusch, Marl [Arthuro]
1233. 6.8. 11:00 Wackelpeter, Bielefeld
1234. 11.8. Marienschule, Haltern [Björn]
1235. 12.8. 15:00 Wutzrock, Hamburg
1236. 13.8. 11:15 Donnerlütken, Theater, Gütersloh
1237. 13.8. 12:30 Donnerlütken, Theater, Gütersloh
1238. 13.8. 16:00 Eröffnung Kinderklinik, Bielefeld
1239. 18.8. 47. Stemweder Open Air Festival, Stemwede
1240. 19.8. Summer Breeze, Dinkelsbühl
1241. 20.8. Stutengarten, Stuttgart
1242. 27.8. Park der Gärten, Bad Zwischenahn [Markus]

1243. 2.9. 12:00 Kolpingtag, Überwasserkirchplatz, Münster
1244. 2.9. 18:00 Mufflonkamp-Fest, Detmold-Hiddesen
1245. 3.9. Heeper Ting, Bielefeld
1246. 8.9. Schule am Buschkamp, Lübbecke [Markus]
1247. 10.9. E-Werk, Erlangen
1248. 15.9. Jugend- und Kulturzentrum Area 51, Hilden [Markus]
1249. 16.9. 60 Jahre Kita Regenbogen, Halle (Westfalen)
1250. 17.9. Zollhaus, Leer
1251. 21.9. Erlebniswelt am Fredenbaum — Big Tipi, Dortmund [Arthuro + Björn]
1252. 23.9. 11:00 50 Jahre Kinderschutzbund, Marktplatz, Lage
1253. 23.9. 14:00 Last Chance to dance-Festival, Freizeitbad düb, Dülmen
1254. 24.9. 12:00 Tag der offenen Tür Kinderzentrum Bethel, Bielefeld
1255. 24.9. 16:00 Weltkindertag, Marktplatz, Leopoldshöhe
1256. 29.9. Familienzentrum Hellerhof, Düsseldorf [Arthuro]
1257. 1.10. Alte Weberei, Nordhorn [Kris]
1258. 3.10. 11:00 Schlosskirmes, Erwitte
1259. 3.10. 16:00 Sommertheater, Detmold
1260. 7.10. Bundesgartenschau, Mannheim
1261. 8.10. Bundesgartenschau, Mannheim
1262. 14.10. Tierpark Sababurg, Hofgeismar [Arthuro]
1263. 15.10. Tierpark Sababurg, Hofgeismar [Arthuro]
1264. 19.10. Demo: Gemeinsam für den Erhalt unserer Kitas, Rathausplatz, Bielefeld [Björn + Markus]
1265. 21.10. Weberei, Gütersloh [Flo]
1266. 22.10. Lükaz, Lünen
1267. 27.10. Einweihung Neubau Grundschule Loxten-Bockhorst, Versmold [Arthuro]
1268. 28.10. Forum Corneliusfeld, Tönisvorst
1269. 29.10. Helloween-Party, Kürbisfestival, Gartenschau, Bad Lippspringe
1270. 5.11. 14:00 Neue Schmiede, Bielefeld [mit Christoph Zaczek als Gasttrommler]
1271. 5.11. 16:30 Neue Schmiede, Bielefeld [mit Christoph Zaczek als Gasttrommler]
1272. 12.11. Béi Chéz Heinz, Hannover
1273. 26.11. Lagerhalle, Osnabrück [Arthuro]
1274. 3.12. Spiegelzelt, Bielefeld [Markus]
1275. 7.12. 9:00 Kita Rabenhof, Bielefeld [Björn + Markus]
1276. 7.12. 10:00 Familienzentrum Stralsunder Straße, Bielefeld [Björn + Markus]
1277. 7.12. 11:20 Internationales Kinderzentrum, Gütersloh [Björn + Markus]
1278. 16.12. 11:00 bis 15:00 Weihnachts-Kindermusik-Rallye, Radio Bielefeld, Bielefeld
1279. 16.12. 16:00 Abschlusskonzert Weihnachts-Kindermusik-Rallye, Radio Bielefeld, Bielefeld
1280. 18.12. 10:20 AWO Kita, Lage [Björn + Markus]
1281. 18.12. 11:20 Kita Wilde Wiese, Lemgo [Björn + Markus]

To be continued, aber sowas von!

Dank und Kontakte

Ein dicker Dank geht an:

- *Agner Drumsticks* → www.agner-drumsticks.com
- Oliver Alexander → www.41065-musikverlag.de
- *Another Dimension PR Agentur*, Alexandra Dörrie → www.another-dimension.net
- *Argon Musik*, Killian Kissling, Lena Lindenbauer und Dirk Kauffels → www.argon.de
- *Arminis*, Mirièm und Rabea Hamdine → www.arminia.de
- Steffi Behrmann → www.steffibehrmann.de
- *Bielefeld Marketing*, Hans-Rudolf Holtkamp und Martin Knabenreich → www.bielefeld-marketing.de
- *Big Balls*, Chicken, Haver, Pete und Sendman www.bigballs.de
- *Bühnen und Orchester der Stadt Bielefeld*, Nadine Brockmann, Charlotte Höpker und Michael Heicks
- *Cargo Records*, Isa Parzich, Stefan Grimm und Uschi Herzer → www.cargo-records.de
- *Die Falken Bielefeld*, André Maas und Michael Schütz → www.diefalken-bielefeld.de
- *Fentex Percussion*, Edwin Kas und Milan Ridderhof → www.fentex-percussion.com
- Kerstin Fiebig → www.ad-department.de
- *Finest Noise Promotion*, Carsten »Keule« Kollenbusch (R.I.P.)
- Jan Merlin Friedrich, → www.jan-merlin.friedrich.de
- *Fugamo*, Ingo Schröder und Ingo Szirniks, → www.fugamo.de
- Björn Gaus → www.bg-fotodesign.de
- *Glückstour*, Stephan Lander und Ralf Heibrok → www.glueckstour.de
- *Heimat-Tierpark Olderdissen*, Volker Brekenkamp, Annemarie Jockheck und Herbert Linnemann → www.bielefeld.de/tierpark
- *Hofa Media*, Ralph Landmesser und Jochen Groer → www.hofa.de
- Jan Hofmann, www.groove-schmiede.de
- Erhard Kanicki → www.travellerstudio.de
- *Kinderzentrum Bethel*, Sandra Gruß, Dr. Rainer Norden, Univ.-Prof. Dr. med. Eckard Hamelmann, Waltraud Senft, Manuel Bünemann, Mario Haase und Johann Vollmer → www.evkb.de/kliniken-zentren/zentren/kinderzentrum/
- *KlangUnion*, Christian Köhler, → www.klangunion.de
- Danny Kötter → www.danny-kotter.com
- *Kulturamt Bielefeld*, Brigitte Brand, Jürgen Dreckschmidt, Ulrich Laustroer und Matthias Koch → www.kulturamt-bielefeld.de
- *Life House Stemwede*, Wilhelm Lindemann, Klaus Riechmann und Lars Schulz → www.life-house.de
- Gio Löwe → www.gio-lowe.com
- *Mercedes Neotechnik*, Jochen Häger
- *Milchsalon*, Patricia Parisi und Christian Wolff → www.milchsalon.de
- *moews Guitars*, Det Moews und Michaela Heinze → www.moewsguitars.de
- *Netzwerk Kindermusik* → www.kindermusik.de
- *NewTone*, Tom Kummerfeldt, Kim Jodszuweit und Cora Hasbargen → www.newtone.de
- *OWL zeigt Herz e. V.*, Christian Messinger, Bernd Ottensmann, Thomas Milse und Daniel Stephan
- *Paiste*, Jörg Kohlmorgen und Christian Wenzel → www.paiste.com
- *Radio Bielefeld*, Timo Fratz, Martin Knabenreich, Bettina Wittemeier, Christina Scheuer, Holger Höner, Dirk Sluyter und Roxane Brokschnieder → www.radiobielefeld.de
- *Randale* → www.randale-musik.de
- Stephan Röcken → www.studioroecken.de
- *Ruf Reisen*, Thomas Korbus, Burkhard Schmidt-Schönefeld, Thomas Neumann und Oliver »Oki« Süß → www.ruf.de
- *Shantallica* → www.shantallica.de
- *Stiftung Deutsche Schlaganfall-Hilfe*, Sabine Dawabi, Michaela Hesker, Sandra Rösemeier und Stefan Stricker → www.schlaganfall-hilfe.de
- Henning Strandt → www.wattmattersstudio.com
- *Summer Breeze Open Air*, Achim Ostertag, Chris Jagger Jäger und Phillip Fink → www.summer-breeze.de
- *Theater Gütersloh*, Andreas Kimpel, Jörn Rasche, Karin Sporer und Christian Schäfer → www.kultur-räume-gt.de
- *Verlagshaus Kraterleuchten*, Sven Nieder → www.kraterleuchten.com
- Pit Wehowsky → www.foto-wehowsky.de
- Alisa Wessel → www.alisawessel.de
- *Westfalia Spielgeräte GmbH*, Michael Athens, Janne Betzendahl, Helena Ebbing und Andrea Frank → www.westfalia-spielgeraete.de
- Roland Wiebeler, → www.rolandwiebeler.de
- Peter Zickermann → www.buero-z.de
- *Zweischlingen*, Esha Münkemüller → www.zweischlingen-gastro.de

Dieses Buchprojekt wurde durch ein Künstler-Stipendium im Rahmen der NRW-Corona-Hilfen gefördert.

Bezirksregierung Detmold

moews GUITARS

ARTIST

Ein letztes Mal das von Marco Sorrentino am 19. August 2023 unmittelbar nach der Show auf dem *Summer Breeze* abgelichtete Altherrenquartett. Danke für all diese schönen Jahre — was wären wir bloß ohne unsere Fans? Unwürdiger Staub in der Wüste des Showgeschäfts … Aber: Heute ist nicht alle Tage, wir kommen wieder, keine Frage!

MS

Abbildungs-verzeichnis

Die Bildquellen sind mit den hier aufgelisteten Kürzeln direkt an den Abbildungen vermerkt. Sollten uns irgendwie geartete schändliche Fehler unterlaufen sein, so entschuldigen sich Trommler und Spießgesellen schon jetzt aufs Untertänigste und bitten um entsprechende Info an das *Randale*-Headquarter (mail@newtone.de).

ADS Andreas Donauer Sammlung
AG Andre Gross
AK Anke Klaus
AR Annikki Riepelmeier
AS Alina Scheidt
ASU Adobe Stock Unclesam
AWS Alisa Wessel Sammlung
BG Björn Gaus
BK Björn Klein / Landestheater Detmold
BM Bastian Messerschmidt
BS Bert Scheel
CH Catharina Hillebrand
CHA Cora Hasbargen
CKS Christian Keller Sammlung
CK Christian Köhler
CR Christina Rolf
CS Charlotte Schaper
DK Danny Kötter
DKR Doreen Kramer
DKS Dieter Kropp Sammlung
DR Dirk Rabeneck
EMS Esha Münkemüller Sammlung
FN Frank Nitschke
FPM freepik.com @macrovector
FS Florian Stegner
GFS Georg Feils Sammlung
GGS Gerd Grashaußer Sammlung
GIR Gudrun Ingrid Riepelmeier
GIRS Gudrun Ingrid Riepelmeier Sammlung
GL Gio Löwe
GR Garrelt Riepelmeier
GRS Garrelt Riepelmeier Sammlung
GS Günter Sawatzky
HG Hannes Grobe
HK Henning Kampherbeek
HW Helmut Wittmann
IF Ines Fechner
JBS Janne Betzendahl Sammlung
JFK JFK Stemwede e.V.
JH Jürgen Hilbert
JHO Jan Hofmann
JMF Jan Merlin Friedrich
JT Jasmin Teutrine
JV Jochen Vahle
LB Levi Belz
MAS Mareike Scheer
MAX Maxi Scheer
MB Maja Bastet
MBÖ Marcus Böhmer
MBR Martin Brockhoff
MH Mario Haase / Ev. Klinikum Bethel
MJ Marc Jürgen
ML Martin Langer
MM Mirco Menebröcker / Ev. Klinikum Bethel
MR Madeline Rasche
MS Marco Sorrentino
MSS Manfred-Sauer-Stiftung
MW Martina Wörz
NA Nico Ackermann
ND Nicole Donath / Haller Kreisblatt
NT Niklas Teich
OA Oliver Alexander
OAS Oliver Alexander Sammlung
OSM openstreetmap.org
PC Peter Collenbusch
PBJ pixabay.com Jazella
PO Philipp Ottendörfer / Theater Bielefeld
PP Patricia Parisi
PW Pit Wehowsky
PWS Peter Wröbel Sammlung
PZ Peter Zickermann
PZS Peter Zickermann Sammlung
RB Richarda Buchholz
RH Rolf Henrichsmeyer
RK Romy Kohlhage
RN Ralf Nonnast
RR Ruf Reisen
RS Randale Sammlung
RW Rafael Wieschollek
RZ Regina Zaczek
SB Steffi Behrmann
SDS Stiftung Deutsche Schlaganfall-Hilfe
SG Sabine Gomersall
SR Stephan Röcken
SGS Schornsteinfeger Glückstour Sammlung
SHS Shantallica Sammlung
TFS Thomas F. Starke / Westfalen-Blatt
TG Thilo Gosejohann
TGS Thilo Gosejohann Sammlung
TH Thomas Hofmann
TM Thomas Milse / OWL zeigt Herz
TN Tobias Nehls
TNS Tobias Nehls Sammlung
TS Thomas Stolcis
TSS Thomas Schier Sammlung
TW Tobias Weyrauch
UA Uli Albert
WFB Westfalen-Blatt
WW Wolfgang Wobring

Impressum

Garrelt Riepelmeier:
Das konnte ja keiner ahnen!

1. Auflage 2024
Regionalia Verlag,
ein Imprint der *Kraterleuchten GmbH*
Gartenstraße 3, 54550 Daun

Verlagsleitung:
Sven Nieder

Buchgestaltung und Satz:
Peter Zickermann, Bielefeld

Lektorat:
Andreas Beune, Bielefeld

Gedruckt in der Europäischen Union:
Finidr, CZ

ISBN 978-3-95540-716-2
www.regionalia-verlag.de

MIX
Papier aus verantwortungsvollen Quellen
FSC® C014138